Kohlhammer

Die Herausgeberinnen

Maren Bösel, Prof. Dr., Dipl.-Sozialpädagogin (FH) und Systemische Familientherapeutin. Bis Mai 2019 tätig an der Klinik für Allgemeine Innere Medizin und Psychosomatik des Universitätsklinikums Heidelberg. Im Juni 2019 Wechsel an die Fakultät für Sozial- und Rechtswissenschaften der SRH Hochschule Heidelberg. Aktuell Studiengangsleitung B. A. Soziale Arbeit. Seit 2013 Lehrbeauftragte am Heidelberger Institut für Psychotherapie des Universitätsklinikums Heidelberg.

Arbeitsschwerpunkte: Klinische Sozialarbeit mit psychisch und psychosomatisch erkrankten Menschen, Förderung der Zusammenarbeit von medizinischen und psychologischen Psychotherapeuten und Sozialarbeitern zur Verbesserung der Versorgung von Psychotherapiepatienten.

Kontaktadresse:
Fakultät für Sozial- und Rechtswissenschaften SRH Hochschule Heidelberg
Ludwig-Guttmann-Straße 6, 69123 Heidelberg
Tel.: +49 (0)6221/67 99-4 31, Fax: +49 (0)6221/88-34 82
E-Mail: maren.boesel@srh.de

Silke Birgitta Gahleitner, Prof. Dr. phil. habil., Studium der Sozialen Arbeit, Promotion in Klinischer Psychologie, Habilitation in den Erziehungswissenschaften, langjährig als Sozialarbeiterin und Psychotherapeutin in sozialtherapeutischen Einrichtungen für traumatisierte Frauen und Kinder sowie in eigener Praxis tätig. Seit 2006 lehrt und forscht sie als Professorin für Klinische Psychologie und Sozialarbeit im Arbeitsbereich Psychosoziale Diagnostik und Intervention an der Alice Salomon Hochschule in Berlin und leitet dort den Masterstudiengang »Klinische Sozialarbeit«. Von 2012 bis 2015 war sie im Zuge eines Forschungsaufenthaltes Zentrumsleitung des Zentrums für Psychotherapie und Psychosoziale Interventionen an der Donau-Universität Krems. Sie engagiert sich in verschiedenen Fachgesellschaften und Fachzeitschriften im Bereich psychosozialer Arbeit.

Lehr- und Forschungsgebiete sind: Psychosoziale Diagnostik und Intervention, Professionelle Beziehungsgestaltung, Traumatherapie, -beratung und -pädagogik sowie qualitative Forschungsmethoden.

Kontaktadresse:
Alice Salomon Hochschule – University of Applied Sciences
Alice-Salomon-Platz 5, 12627 Berlin
Tel.: +49 (0)175/2 42 23 15
E-Mail: silke.gahleitner@icloud.com

Maren Bösel
Silke Birgitta Gahleitner (Hrsg.)

Soziale Interventionen in der Psychotherapie

Interdisziplinär und interprofessionell
denken und handeln

Verlag W. Kohlhammer

Dieses Werk einschließlich aller seiner Teile ist urheberrechtlich geschützt. Jede Verwendung außerhalb der engen Grenzen des Urheberrechts ist ohne Zustimmung des Verlags unzulässig und strafbar. Das gilt insbesondere für Vervielfältigungen, Übersetzungen, Mikroverfilmungen und für die Einspeicherung und Verarbeitung in elektronischen Systemen.

Pharmakologische Daten, d. h. u. a. Angaben von Medikamenten, ihren Dosierungen und Applikationen, verändern sich fortlaufend durch klinische Erfahrung, pharmakologische Forschung und Änderung von Produktionsverfahren. Verlag und Autoren haben große Sorgfalt darauf gelegt, dass alle in diesem Buch gemachten Angaben dem derzeitigen Wissensstand entsprechen. Da jedoch die Medizin als Wissenschaft ständig im Fluss ist, da menschliche Irrtümer und Druckfehler nie völlig auszuschließen sind, können Verlag und Autoren hierfür jedoch keine Gewähr und Haftung übernehmen. Jeder Benutzer ist daher dringend angehalten, die gemachten Angaben, insbesondere in Hinsicht auf Arzneimittelnamen, enthaltene Wirkstoffe, spezifische Anwendungsbereiche und Dosierungen anhand des Medikamentenbeipackzettels und der entsprechenden Fachinformationen zu überprüfen und in eigener Verantwortung im Bereich der Patientenversorgung zu handeln. Aufgrund der Auswahl häufig angewendeter Arzneimittel besteht kein Anspruch auf Vollständigkeit.

Die Wiedergabe von Warenbezeichnungen, Handelsnamen und sonstigen Kennzeichen in diesem Buch berechtigt nicht zu der Annahme, dass diese von jedermann frei benutzt werden dürfen. Vielmehr kann es sich auch dann um eingetragene Warenzeichen oder sonstige geschützte Kennzeichen handeln, wenn sie nicht eigens als solche gekennzeichnet sind.

Es konnten nicht alle Rechtsinhaber von Abbildungen ermittelt werden. Sollte dem Verlag gegenüber der Nachweis der Rechtsinhaberschaft geführt werden, wird das branchenübliche Honorar nachträglich gezahlt.

Dieses Werk enthält Hinweise/Links zu externen Websites Dritter, auf deren Inhalt der Verlag keinen Einfluss hat und die der Haftung der jeweiligen Seitenanbieter oder -betreiber unterliegen. Zum Zeitpunkt der Verlinkung wurden die externen Websites auf mögliche Rechtsverstöße überprüft und dabei keine Rechtsverletzung festgestellt. Ohne konkrete Hinweise auf eine solche Rechtsverletzung ist eine permanente inhaltliche Kontrolle der verlinkten Seiten nicht zumutbar. Sollten jedoch Rechtsverletzungen bekannt werden, werden die betroffenen externen Links soweit möglich unverzüglich entfernt.

1. Auflage 2020

Alle Rechte vorbehalten
© W. Kohlhammer GmbH, Stuttgart
Gesamtherstellung: W. Kohlhammer GmbH, Stuttgart

Print:
ISBN 978-3-17-036620-6

E-Book-Formate:
pdf: ISBN 978-3-17-036621-3
epub: ISBN 978-3-17-036622-0
mobi: ISBN 978-3-17-036623-7

Verzeichnis der Autorinnen und Autoren

Berg, Mathias, Prof. Dr. phil., Klinisch-therapeutische Soziale Arbeit M. A., Dipl.-Sozialpädagoge, bis 2019 stellvertretender Leiter der Caritas-Erziehungs- und Familienberatungsstelle Kerpen, seit WiSe 2019/20 Professor für Theorien und Konzepte Sozialer Arbeit an der Kath. Hochschule NRW, Abt. Aachen, Systemischer Berater, Therapeut und Lehrtherapeut (DGSF) am Kölner Institut für Systemische Beratung und Therapie (KIS). Vorstandsvorsitzender der Landesarbeitsgemeinschaft für Erziehungsberatung in NRW.
Kontaktadresse: Katholische Hochschule NRW, Abt. Aachen, Robert-Schuman-Straße 25, 52066 Aachen
E-Mail: m.berg@katho-nrw.de

Bösel, Maren, Prof. Dr., Dipl.-Sozialpädagogin (FH), bis Mai 2019 tätig an der Klinik für Allgemeine Innere Medizin und Psychosomatik des Universitätsklinikums Heidelberg. Im Juni 2019 Wechsel an die Fakultät für Sozial- und Rechtswissenschaften der SRH Hochschule Heidelberg. Aktuell Studiengangsleitung B. A. Soziale Arbeit. Seit 2013 Lehrbeauftragte am Heidelberger Institut für Psychotherapie des Universitätsklinikums Heidelberg.
Kontaktadresse: Fakultät für Sozial- und Rechtswissenschaften SRH Hochschule Heidelberg, Ludwig-Guttmann-Straße 6, 69123 Heidelberg
E-Mail: maren.boesel@srh.de

Brandmaier, Maximiliane, Dr., Dipl.-Psych., Studium der Psychologie, Ethnologie und Gender Studies, Promotion in Sozialpsychologie. Mehrjähriges politisches und soziales Engagement u. a. im Flüchtlingsrat Wiesbaden. Von 2017–2018 Tätigkeit als Lehrbeauftragte für Allgemeine, Sozial-, und Entwicklungspsychologie sowie Gender Studies in der Psychologie. Derzeit in Weiterbildung zur Psychologischen Psychotherapeutin (VT).
E-Mail: mbrandma@edu.aau.at

de Andrade, Marilena, Studentische Mitarbeiterin in der Arbeitsgruppe Psychosoziale Diagnostik und Intervention.
Kontaktadresse: Alice Salomon Hochschule Berlin, Alice-Salomon-Platz 5, 12627 Berlin
E-Mail: marilena.deandrade@ash-berlin.eu

Deloie, Dario, M. A., Dipl.-Sozialarbeiter (FH), Fachsozialarbeiter für Klinische Sozialarbeit/Clinical Mentor (ECCSW), abgeschlossene Weiterbildung in Integrativer Therapie/Gestaltsoziotherapie und Gestaltpsychotherapie (FPI), Heilpraktiker

für Psychotherapie. Langjährige Tätigkeit als Sozialarbeiter zunächst in einer sozialpsychiatrischen Übergangseinrichtung, später als Klinischer Sozialarbeiter und Suchttherapeut in der medizinischen Rehabilitation Suchtkranker und im Bereich der Entzugsbehandlung. Seit 2013 Lehrkraft für besondere Aufgaben an der Fakultät für Angewandte Sozialwissenschaften der Technischen Hochschule Köln.
E-Mail: dario.deloie@th-koeln.de

Gahleitner, Silke Birgitta, Prof. Dr. phil. habil., Studium der Sozialen Arbeit, Promotion in Klinischer Psychologie, Habilitation in den Erziehungswissenschaften, langjährig als Sozialarbeiterin und Psychotherapeutin in sozialtherapeutischen Einrichtungen für traumatisierte Frauen und Kinder sowie in eigener Praxis tätig. Seit 2006 Professorin für Klinische Psychologie und Sozialarbeit im Arbeitsbereich Psychosoziale Diagnostik und Intervention an der Alice Salomon Hochschule in Berlin, von 2012 bis 2015 im Zuge eines Forschungsaufenthaltes Zentrumsleitung des Zentrums für Psychotherapie und Psychosoziale Interventionen an der Donau-Universität Krems.
Kontaktadresse: Alice Salomon Hochschule – University of Applied Sciences, Alice-Salomon-Platz 5, 12627 Berlin
E-Mail: silke.gahleitner@icloud.com

Gebrande, Julia, Prof. Dr. phil., Studium der Sozialarbeit/Sozialpädagogik (FH), Promotion an der Universität Hildesheim (Psychologie/Erziehungswissenschaften), langjährig als Sozialarbeiterin und Fachberaterin für Psychotraumatologie in einer Fachberatungsstelle bei sexualisierter Gewalt tätig. Seit 2014 lehrt und forscht sie als Professorin für Soziale Arbeit im Gesundheitswesen an der Hochschule Esslingen. Forschungsgebiete sind: Klinische Sozialarbeit, Sexualisierte Gewalt sowie Psychosoziale Traumatologie.
Kontaktadresse: Hochschule Esslingen, Flandernstr. 101, 73732 Esslingen
E-Mail: julia.gebrande@hs-esslingen.de

Golatka, Adrian, B. A. Soziale Arbeit, M. A. Klinische Sozialarbeit, ist Einrichtungsleiter einer therapeutischen Wohngruppe der Pfefferwerk Stadtkultur gGmbH Berlin und Lehrbeauftragter für psychologische Grundlagen Sozialer Arbeit an der Alice Salomon Hochschule Berlin. Er befindet sich in Ausbildung zum analytischen Kinder- und Jugendlichenpsychotherapeuten am Alfred-Adler Institut Berlin.
Kontaktadresse: Schönhauser Allee 45a, 10437 Berlin
E-Mail: a.golatka@icloud.com

Großmaß, Ruth, Prof. Dr., nach Studium der Fächer Philosophie, Germanistik, Erziehungswissenschaften langjährige Praxis in der Hochschulberatung. Daneben Lehre und Publikationen im Bereich feministische Theorie, Beratungswissenschaften. Promotion mit einer sozialtheoretischen Analyse psychosozialer Beratung. 2004–2015 Professorin für Ethik und Sozialphilosophie an der Alice Salomon Hochschule Berlin. Aktuell dort Mitarbeit im Master »Social Work as a Human Rights Profession«.

Kontaktadresse: Alice Salomon Hochschule Berlin, Alice-Salomon-Platz 5, 12627 Berlin
https://www.ash-berlin.eu/hochschule/lehrende/professor-innen/prof-dr-ruth-grossmass/

Hahn, Gernot, Dr. phil, Dipl.-Sozialpädagoge (FH) und Dipl.-Sozialtherapeut (Univ.), Leiter der Forensischen Ambulanz im Klinikum am Europakanal Erlangen. Lehrbeauftragter in Studiengängen der Klinischen Sozialarbeit, Straffälligenhilfe und Resozialisierung. Schwerpunkte seiner Arbeit sind die psychosoziale Behandlung und Begleitung psychisch kranker, straffällig gewordener Menschen, Kriminaltherapie mit Sexual- und Gewaltstraftätern.
Kontaktadresse: Klinikum am Europakanal Erlangen, Am Europakanal 71, 91056 Erlangen
E-Mail: info@gernot-hahn.de

Helmken, Insa, Dipl.-Sozialpädagogin, Bereichsleitung Ambulante Angebote.
Kontaktadresse: Friedehorst Teilhabe Leben gGmbH, Rotdornallee 64, 28717 Bremen
E-Mail: insa.helmken.thl@friedehorst.de

Kröger, Christine, Prof. Dr. rer. nat., Dipl.-Psychologin, Psychologische Psychotherapeutin, seit 2011 Professorin an der Hochschule Coburg (Professur für psychologische Grundlagen der Sozialen Arbeit und Klinische Sozialarbeit), seit 2016 Leitung des berufsbegleitenden, weiterbildenden Masterstudiengangs Klinische Sozialarbeit (in Kooperation mit der Alice Salomon Hochschule Berlin). Lehr- und Forschungsgebiete: Sozialtherapeutische Unterstützung von Menschen mit psychischen Störungen, Prävention und Diagnostik von Beziehungs- und Interaktionsstörungen bei Paaren und in Familien, Evaluation psychosozialer/sozialtherapeutischer Interventionen.
Kontaktadresse: Hochschule Coburg, Fakultät Soziale Arbeit und Gesundheit, Friedrich-Streib-Straße 2, 96450 Coburg
E-Mail: christine.kroeger@hs-coburg.de

Küppers-Naß, Melanie-Svenja, Suchttherapeutin (Master of Science in Addiction Treatment and Prevention), Dramatherapeutin (Bc./NL), staatl. anerk. Erzieherin, Klinische Sozialarbeiterin. Langjährig in sozialen Feldern tätig (Kinder- und Jugendhilfe, Heilpädagogik, Psychiatrie, ambulante und stationäre Suchtrehabilitation, Modellprojekte und Forschungsarbeiten), seit 2009 in der Fachabteilung für Suchterkrankungen im psychiatrischen Fachkrankenhaus Alexius/Josef-Krankenhaus in Neuss, Schwerpunkt Suchtambulanz, sowie als »Innerbetriebliche Suchtberaterin« tätig.
Kontaktadresse: Marienstraße 87, 42105 Wuppertal
E-Mail: melkueppers@web.de

Lebküchner, Janine, Studentin der Sozialen Arbeit an der Hochschule Esslingen.
E-Mail: j.lebkuechner@gmail.com

Leers, Stefanie, Master of Science in Addiction, Prevention & Treatment; Dipl.-Sozialpädagogin; Suchttherapeutin (VDR anerkannt); Systemische Familientherapeutin (DGSF) und Supervisorin (SG); Fachsozialarbeiterin für Klinische Sozialarbeit (ECCSW); Heilpraktikerin für Psychotherapie; staatlich anerkannte Erzieherin. Langjährige Tätigkeit in der ambulanten Suchttherapie, der Jugendhilfe sowie der Paar- und Familientherapie. Aktuell tätig als wissenschaftliche Mitarbeiterin an der katholischen Hochschule in Aachen sowie in eigener Praxis »seele-sortieren«.
E-Mail: mail@seele-sortieren.de

Pauls, Helmut, Prof. Dr., Studium der Psychologie an der Universität Bonn, Promotion an der Universität Bonn zum Dr. phil. 1980; Psychologischer Psychotherapeut; außerordentliches Mitglied der Bayerischen Landesärztekammer und Ausbildungsermächtiger für Klientenzentrierte Psychotherapie nach Rogers und Gestalttherapie; Gründer des Däumling Institutes in Siegburg 1984; Professor an der Hochschule Coburg; Gründer des IPSG-Institut für Psycho-Soziale Gesundheit, Wissenschaftliche Einrichtung an der Hochschule Coburg 1994; Aufbau des Masterstudienganges Klinische Sozialarbeit 2001, Leitung desselben bis 2011; Gründer und Geschäftsführer der Zentralstelle für Klinische Sozialarbeit (ZKS) 2001 bis 2017; Gründung des ZKS-Verlages 2011 (www.zks-verlag.de). Arbeitsschwerpunkte: Klinische Sozialarbeit, Beratung und Sozialtherapie, psychosoziale Diagnostik.

Schwarzmann, Harald, Dipl.-Sozialwirt, systemische Therapie, Suchttherapie. Von 1992 bis 2017 Einrichtungs- und Bereichsleitungsaufgaben im Bereich Psychosoziale Hilfen beim Verein für Innere Mission in Bremen mit dem Schwerpunkt ambulante Wohnkonzepte für Menschen mit kognitiver und/oder mehrfacher Beeinträchtigung (im Mittelpunkt: Unterstützungsleistungen für Menschen mit einer Mehrfachproblematik [kognitive Beeinträchtigung in Verbindung mit psychischen Erkrankungen, Suchterkrankungen etc.]). 2017–2019 Vorstandsreferent für die Umsetzung des Bundesteilhabegesetzes, Mitarbeit in Landesgremien zur Erarbeitung von Landesrahmenverträgen. Seit 2020 im Ruhestand und Tätigkeit als freier Berater in Fragen der Umsetzung des BTHGs.

Siegfarth-Häberle, Bärbel, Dipl.-Sozialarbeiterin, Systemische Familientherapeutin, MBSR-Lehrerin, langjährige Tätigkeit auf Psychotherapiestationen der Klinik für Allgemeine Innere Medizin und Psychosomatik im Universitätsklinikum Heidelberg, selbständige Tätigkeit im Rahmen von MBSR-Kursen sowie Achtsamkeitsarbeit mit Menschen, die an chronischen Schmerzen leiden.
Kontaktadresse: Universitätsklinikum, Klinik für Allgemeine Innere Medizin und Psychosomatik, Thibautstraße 4, 69115 Heidelberg
E-Mail: baerbel.siegfarth-haeberle@med.uni-heidelberg.de

Thomas, Alexander, Dipl.-Sozialpädagoge (FH)/Fachsozialarbeiter für Klinische Sozialarbeit (CSW-ECCSW); ab 2004 Leitung einer Wohngemeinschaft für Menschen mit Epilepsie in München. Weiterentwicklung des Angebots zu einem Wohnverbund mit einer WG für Menschen mit Epilepsien, einem Unterstützten Wohnen mit Menschen mit erworbenen Hirnschädigungen und/oder Epilepsien

sowie einem Projekt zur niedrigschwelligen Beratung und dem Aufbau eines UnterstützerInnenkreises für Menschen mit erworbenen Hirnschädigungen. Seit 2015 Leitung des Kompetenzzentrums für die soziale-berufliche Rehabilitation von Menschen mit erworbenen Hirnschädigungen (MeH)/Traumafolgestörungen/Epilepsien und Teilhabe Nord.
Kontaktadresse: Fortbildungsakademie der Wirtschaft (FAW) gemeinnützige Gesellschaft mbH, Marlistraße 107, 23566 Lübeck
E-Mail: alexander.thomas@faw.de

Völschow, Yvette, Univ.-Prof.'in Dr. rer. pol., Supervisorin sowie Professorin für Sozial- und Erziehungswissenschaften an der Universität Vechta mit den Schwerpunkten Beratungswissenschaften und Kriminologie, Leiterin der Arbeitsstelle für Reflexive Person- und Organisationsentwicklung sowie (Ko-)Leitung verschiedener vom Land Niedersachsen, dem BMBF und der EU-Kommission geförderter Forschungprojekte, wie z. B. dem binationalen BMBF/KIRAS-Projekt »Prävention und Intervention von Menschenhandel zum Zwecke sexueller Ausbeutung«, Leitungsmitglied des Promotionskollegs »Empirische Sicherheitsforschung«.
E-Mail: yvette.voelschow@uni-vechta.de

Wunderer, Eva, Prof. Dr., Dipl.-Psychologin, Systemische Paar- und Familientherapeutin (DGSF). Langjährige Tätigkeit im Essstörungsbereich. Seit 2009 Professur für Psychologische Aspekte Sozialer Arbeit (Schwerpunkt Kindes- und Jugendalter) an der Hochschule Landshut; Forschungsschwerpunkt Klinische Sozialarbeit mit Menschen mit Essstörungen.
Kontaktadresse: Hochschule Landshut, Am Lurzenhof 1, 84036 Landshut
E-Mail: wunderer@haw-landshut.de

Wüsten, Günther, Prof. Dr., Psychologischer Psychotherapeut mit Zertifikat in klinischer Hypnose; Supervisor in verschiedenen psychosozialen Institutionen. Leitung des MAS-Programms Psychosoziale Beratung mit Schwerpunkt Ressourcenorientierte Beratung und Entwicklung. Mitglied im ECCSW (European Center of Clinical Social Work). Arbeitet am Institut Beratung, Coaching und Sozialmanagement der Fachhochschule Nordwestschweiz, Hochschule für Soziale Arbeit, und in freier Praxis.
Kontaktadresse: Fachhochschule Nordwestschweiz, Hochschule für Soziale Arbeit, Institut Beratung, Coaching und Sozialmanagement, Riggenbachstr. 16, CH-4600 Olten
E-Mail: guenther.wuesten@fhnw.ch

Geleitwort

Warum erst jetzt, könnte man fragen, angesichts eines Buches, dass sich die Wichtigkeit sozialer und sozialarbeiterischer Aspekte in vielen ambulanten und stationären Psychotherapien zum Thema gesetzt hat.

Viele Psychotherapeuten haben ihren Werdegang vermutlich nicht zuletzt ausgehend von Fragen der sozialen Gerechtigkeit und der Linderung auch sozialer Not begonnen. Bei nicht wenigen blieb dies auch im Weiteren ein Hintergrundmotiv, geriet jedoch im Alltag der Auseinandersetzung mit den vielfältigen psychischen Verstrickungen ihrer Klientel oft eher in den Hintergrund. Nur bei Patienten und Klienten in absoluter sozialer Not war es nicht möglich, an den harten Aspekten der Realität »vorbeizukommen«. Dann herrschte allerdings oft eine gewisse Ratlosigkeit, welche Maßnahmen ergriffen werden können, wie viel Aktivität geboten ist – angesichts professioneller psychotherapeutischer Zurückhaltung – und vor allem wo das Know-how, das hier ohne Zweifel oft nötig ist, zu finden ist. Dieses Dilemma war sicher einer der Ausgangspunkte für das hier präsentierte »Projekt«.

Wir alle wissen um die Einflüsse sozialer Aspekte auf psychische Erkrankungen und natürlich auch um die sozialen Folgen, die diese haben können. Umso ungewöhnlicher ist, dass fundierte Analysen und auch Handlungsanleitungen für Psychotherapeuten in diesem Feld heute noch eher selten sind.

Vielleicht ist das Buch, das Sie in Händen halten, aber dennoch ein Ausdruck dessen, wie breit und tief sich die Psychotherapie in unserem Land inzwischen entwickelt hat. Dass die Sozialarbeit zum Thema in der Psychotherapie wird, ist auch ein Zeichen dafür, dass Patienten in Multiproblemsituationen, wie es heute heißt, eben vor Jahren kaum die Chance hatten, psychotherapeutische Unterstützung im angemessenen Maß zu erhalten. Dies hat sich geändert. Damit hat sich aber auch ein neues Feld ergeben, mit dem sich dieses Buch befasst. In beeindruckender Weise stellt es die Breite des Feldes sehr gut dar, und es ist zu hoffen, dass damit die komplementären Aufgaben im Feld der Psychotherapie noch stärker als bisher nicht nur unter Therapeuten aufgegriffen werden, sondern auch noch mehr in den Fokus der Ausbildung für Sozialarbeiter gelangen.

Die zusammengetragenen Erkenntnisse machen natürlich auch deutlich, dass die Sozialtherapie ungeachtet ihrer teils noch schwachen Verbindung zur Psychotherapie eine lange und produktive Tradition hat. Diese Tradition wird zumindest den »fachfremden« Psychotherapeuten unter den Lesern, aber eben auch den Lernenden und aktiv Tätigen in der Sozialarbeit in hervorragender Weise nähergebracht.

Es ist für mich eine ganz besondere Freude, dieses Buch zu empfehlen, weil mich mit einer der Autorinnen und Herausgeberinnen eine langjährige alltägliche Zusammenarbeit auf einer Psychotherapiestation für Patienten mit Traumafolgestörungen und schweren Persönlichkeitsbeeinträchtigungen verbunden hat. Gleichzeitig konnte ich sie in dieser Zeit bitten, im Rahmen der Ausbildung von Psychotherapeuten zu versuchen, die hier angedeuteten Lücken etwa zu schließen. Dies gelang ihr außergewöhnlich gut und diese Erfahrung war möglicherweise ebenfalls ein Motiv, sich vertieft mit dem Thema zu befassen. Die Autoren wissen also, wovon sie sprechen. Es ist dennoch ungewöhnlich und insofern beglückend zu sehen, wie hier langjährige Praxiserfahrung den Anstoß bildet und durch die produktive Kooperation mit anderen Experten für uns alle und das Feld Früchte trägt.

Ich wünsche deshalb diesem Buch von Herzen eine weite Verbreitung und Rezeption und bin sicher, dass hier ein wichtiger Schritt in der weiteren Entwicklung der interdisziplinären Kooperation von Sozialarbeit/-therapie und Psychotherapie getan wird.

Prof. Dr. Henning Schauenburg, Heidelberg

Inhalt

Verzeichnis der Autorinnen und Autoren 5

Geleitwort 11

Einleitung 17

Teil I   Psychosoziale Arbeit als Schnittstelle zwischen Sozialer Arbeit und Psychotherapie

1   Das biopsychosoziale Modell im Kontext sozialer Mitbehandlung 29
Helmut Pauls

2   Soziale Arbeit und Psychotherapie – ein schwieriges, jedoch auch fruchtbares Verhältnis 41
Maren Bösel, Silke Birgitta Gahleitner und Helmut Pauls

3   Klinische Sozialarbeit und Sozialtherapie – Expertise Sozialer Arbeit in der Behandlung von Menschen mit und in sozialen und gesundheitlichen Multiproblemlagen 52
Dario Deloie, Helmut Pauls und Gernot Hahn

Teil II   Psychosoziale Probleme und Interventionen in der psychotherapeutischen Versorgung

4   Ausgewählte soziale Problemlagen – Basiswissen für Psychotherapeuten 65
Maren Bösel

5   Psychosozial und interdisziplinär verstehen und handeln: Wie geht denn das konkret? 77
Silke Birgitta Gahleitner und Yvette Völschow

6	Die Bedeutung von Arbeitsbündnis, Realitätsprüfung und Hilfe zur Selbsthilfe in der sozialtherapeutischen Beratung der stationären Psychotherapie .... *Maren Bösel*	86
7	Die Arbeit mit Ressourcen – eine Präzisierung psychosozialer Perspektiven .... *Günther Wüsten*	92
8	Professionsgrenzen als Kompetenzgrenzen und Kooperationsgebote – ethische Aspekte psychosozialer Arbeit ... *Ruth Großmaß*	102
9	Inklusion und Teilhabe als wichtige Aspekte in den sozialen Unterstützungsleistungen und in der psychotherapeutischen Versorgung von Menschen mit kognitiven Einschränkungen ... *Harald Schwarzmann und Insa Helmken*	111

Teil III Ausgewählte Praxisfelder

10	Sozialtherapeutische poststationäre Betreuung im Rahmen der stationären psychosomatischen Behandlung – ein Fallbeispiel ... *Bärbel Siegfarth-Häberle*	119
11	Sozialtherapie in der Suchtbehandlung: Von der Notwendigkeit der Klinischen Sozialarbeit aus biopsychosozialer Perspektive ... *Stefanie Leers und Melanie-Svenja Küppers-Naß*	126
12	Erziehungs- und Familienberatung – Schnittmengen Sozialer Arbeit und Psychotherapie .... *Mathias Berg*	138
13	Psychosoziale Versorgung von Geflüchteten und Asylsuchenden .... *Maximiliane Brandmaier und Adrian Golatka*	152
14	Mehrdimensionale Bewältigung von traumatischen Erfahrungen – Die Bedeutung sozialer Interventionen für traumatisierte Menschen .... *Julia Gebrande und Janine Lebküchner*	164
15	Sozialtherapie mit straffällig gewordenen Menschen .... *Gernot Hahn*	176

16	Fallbeispiele zur Kooperation von Psychotherapie/ neuropsychologischer Therapie und Sozialer Arbeit bei neurologischen Erkrankungen	187
	Alexander Thomas und Marilena de Andrade	
17	Klinische Sozialarbeit mit Menschen mit Essstörungen	198
	Eva Wunderer	
18	Sozialtherapeutische Unterstützung von Menschen mit Psychosen aus dem schizophrenen Formenkreis	208
	Christine Kröger	

Stichwortverzeichnis 219

Einleitung

Psychische Gesundheit wird neben psychischen und körperlichen Faktoren heute auch und vor allem durch die soziale Lebenslage der Menschen im gesellschaftlichen Wandel beeinflusst. Dies ist unumstritten, ebenso die Tatsache, dass die Stellung des Menschen in der Gesellschaft und die damit verbundenen unterschiedlichen sozialen Lebensbedingungen schon immer einen besonderen Einfluss auf die Entstehung von physischen und psychischen Krankheiten hatten und haben. Bereits vor über 100 Jahren wurden daher sowohl im Bereich der Medizin als auch in der Sozialen Arbeit geeignete Konzepte der Sozialen Therapie gefordert, u. a. von Weizsäcker, Krehl, Richmond und Salomon. Die bekannt gewordene Studie zu den Auswirkungen von Arbeitslosigkeit auf die BewohnerInnen des Dorfes Marienthal zeigte bereits in den 1930er-Jahren, dass soziale Probleme wie der Verlust von Einkommen, Sozialstrukturen und Veränderungen des Selbstbildes komplexe psychische Beeinträchtigungen zur Folge haben können (Jahoda, Lazarsfeld & Zeisel, 1933/2014). Auch ohne zuvor bestehende Vulnerabilität können soziale Schwierigkeiten schwere seelische Erkrankungen auslösen (Montgomery et al., 1999).

Die Wechselwirkung von sozialen Problemen und psychischen Erkrankungen funktioniert jedoch auch umgekehrt. Eine seelische Krankheit kann auch ein zusätzlicher Risikofaktor in der Bewältigung von sozialen Schwierigkeiten sein bzw. diese u. U. sogar verstärken (vgl. Bösel, Siegfarth, Schauenburg, Nikendei & Ehrenthal, 2014; Bösel, 2017). Insgesamt betrachtet wird der Zusammenhang zwischen sozialen Problemen und seelischen Erkrankungen immer relevanter. Die Auswertung der Fehltagestatistik der gesetzlichen Krankenkassen z. B. zeigt, dass psychische Erkrankungen an Position drei der Länge der Arbeitsunfähigkeitstage stehen und eine weitere Zunahme zu erwarten ist (vgl. Gesundheitsreporte 2014: DAK, 2014; TK, 2014). Nach Auswertung der DAK stieg die Anzahl der Fehltage aufgrund von psychischen Erkrankungen von 2012 bis 2013 um 4,6 % auf 212,8 Tage pro 100 Versicherte. Untersuchungen der Techniker Krankenkasse (TK, 2014) zeigten, dass psychische Erkrankungen und Verhaltensstörungen bei Männern 187 Tage pro 100 Versicherte betrugen und damit von allen Erkrankungen an Position drei lag. Bei den weiblichen Versicherten ergab die Statistik in der Krankheitsgruppe mit 315 Tagen pro 100 Versicherte 2013 die meisten Fehltage (ebd., S. 90).

Aktuelle wissenschaftliche Untersuchungen verschiedener Bevölkerungsgruppen zeigen ebenfalls zahlreiche Zusammenhänge von sozialen Problemlagen und seelischer Erkrankung auf. Die Studie von Schubert und KollegInnen (2013) zeigt z. B., dass mehr als ein Drittel der Menschen, die Arbeitslosengeld II beziehen, von einer seelischen Erkrankung betroffen sind. Aber nicht nur Arbeitslosigkeit und Abhängigkeit von staatlichen finanziellen Hilfen führen zu einer Zunahme von Arbeitsunfähigkeitszeiten aufgrund psychischer Belastungen. Fehlbeanspruchung, zunehmende Arbeitsverdichtung oder auch erhöhte Anforderungen an flexible zeitliche und inhaltliche Arbeitsbedingungen sind weitere Faktoren, die im Zusammenhang mit erhöhten Arbeitsunfähigkeitszeiten stehen (vgl. Oppolzer, 2010; Schubert et al., 2013; Bösel, (i. V.). In diesem Zusammenhang ist zu benennen, dass Menschen mit geringerer beruflicher Stellung häufig einer hohen physischen und psychischen Belastung ausgesetzt sind. In den geringer qualifizierten Berufsgruppen bestehen weniger Handlungsspielräume, Arbeitsbedingungen zu verändern, auch gibt es weniger Möglichkeiten der Weiterqualifikation und eine steigende Bedrohung, den Arbeitsplatz zu verlieren.

Zusätzlich können geringere persönliche Ressourcen, wie eingeschränkte Problemlösungskompetenzen, geringer Selbstwert und negative Zukunftserwartungen sich ungünstig auf die Gesundheit auswirken (vgl. Ducki, 2006; Bamberg, Busch & Ducki, 2003). Eine Reihe internationaler Untersuchungen zeigt seit vielen Jahren auf, dass psychosoziale Faktoren die wichtigsten Mediatoren zwischen psychischer wie körperlicher Gesundheit und materieller Benachteiligung darstellen (vgl. u. a. WHO, 2001). Auf diese Weise kristallisiert sich als größter Einflussfaktor aller erfassten gesundheitlichen und sozialen Probleme weltweit soziale Ungleichheit heraus. Mangel an Respekt, Wertschätzung, Ansehen und sozialer Einbettung sind offenbar gewichtige Faktoren mit negativem Einfluss auf Gesundheit und Lebenserwartung (Wilkinson & Pickett, 2010). Das »abgehängte Prekariat« leidet unter der Exklusion nicht nur durch Armut, sondern diese geht – das belegen zahlreiche Untersuchungen (vgl. Franzkowiak, Homfeldt & Mühlum, 2011; Homfeldt & Sting, 2006) – mit gravierenden gesundheitlichen Risiken einher, denen das aktuelle Gesundheitssystem nicht gewachsen ist (vgl. Hanses, 2007).

Die Bearbeitung von sozialen Problemlagen hat daher auch einen großen Einfluss auf das Gelingen von psychotherapeutischen Behandlungsprozessen bzw. macht diese teilweise erst möglich (Bösel et al., 2014; Bösel, 2017, i. V.). Die Praxis zeigt, dass gravierende soziale Probleme nicht nur betroffene PatientInnen, sondern auch BehandlerInnen häufig unter großen Handlungsdruck setzen. Viele der damit verbundenen Herausforderungen scheinen im Rahmen einer Psychotherapie nur schwer lösbar. Chronifizierungen sind die Folge. Eine Möglichkeit des Umgangs mit diesen Problemen liegt in der frühzeitigen Einbindung sozialarbeiterischer Kompetenzen in den Gesamtbehandlungsplan. Dafür bedarf es des Wissens um Möglichkeiten und Grenzen der (Klinischen) Sozialarbeit im Rahmen und in Zusammenarbeit mit der Psychotherapie. Aus dem Wissen heraus, dass bisher die Ausbildungsinhalte und auch die berufliche psychotherapeutische Praxis wenig auf die Vermittlung von Kompetenzen im Umgang mit sozialen Problemen ausgelegt war, soll der vorliegende Band einen grundlegenden Einblick in die Bedeutung der Einbeziehung von sozialarbeiterischen Kompetenzen in den psychotherapeutischen Prozess und die interprofessionelle Zusammenarbeit mit dem Bereich der Sozialen Arbeit geben.

Den Herausgeberinnen erscheint es an dieser Stelle wichtig, die Notwendigkeit und die Bereicherung der Zusammenarbeit für beide Fachgebiete deutlich zu machen und damit auch eine Verbesserung des Verhältnisses der Professionen zu bewirken – zugunsten der gemeinsamen KlientInnen und PatientInnen. Dafür werden die Grundlagen von Diagnostik und Intervention der Klinischen Sozialarbeit sowohl theoretisch als auch anhand von verschiedenen Praxisfeldern vermittelt. In Teilen sollen PsychotherapeutInnen sich dadurch angeregt fühlen, einzelne soziale Interventionen in ihre Arbeit zu integrieren, zum anderen soll das Feld der Sozialen Arbeit, insbesondere der Klinischen Sozialarbeit, in seinem ganzen Umfang an PsychotherapeutInnen vermittelt und ihnen darüber für eine gelingende interprofessionelle Zusammenarbeit verdeutlicht und ans Herz gelegt werden.

Das Buch ist zu diesem Zweck in drei Bereiche unterteilt. Im ersten Abschnitt liegt der Schwerpunkt auf der Erläuterung der Schnittstellen der Sozialen Arbeit und der Psychotherapie. Einleitend erläutert *Helmut Pauls* in seinem Artikel »Das biopsychosoziale Modell im Kontext sozialer Mitbehandlung« die Notwendigkeit eines multiprofessionellen biopsychosozialen Gesundheitsförderungs- und Krankheitskonzeptes. Das biopsychosoziale Modell gibt eine Anleitung, wie Leiden und Krankheit auf verschiedenen Integrationsebenen in der Behandlung des Einzelfalls im Zusammenwirken der sozialen Lebenslage, individueller Lebensweisen und Lebenskrisen sowie krankheitsbedingter Funktionsverluste angegangen werden können. Für die Intervention im Sinne *sozial sensitiver* psychotherapeutischer Behandlung bedeutet dies, soziale Prozesse mit psychischen bei der Aufgabenbewältigung zu *synchronisieren*, d. h., im Rahmen einer ganzheitlichen Diagnostik einen integrativen biopsychosozialen Behandlungsplan zu entwickeln. Der Beitrag plädiert für ein multiprofessionelles biopsychosoziales Gesundheitsförderungs- und Krankenbehandlungskonzept, in dem Medizin, Psychiatrie, (Klinische) Sozialarbeit und Psychotherapie und auch die Pflege einen selbstverständlichen Platz einnehmen.

Maren Bösel, Silke Birgitta Gahleitner und *Helmut Pauls* gehen im darauf folgenden Beitrag »Soziale Arbeit und Psychotherapie – ein schwieriges, jedoch auch fruchtbares Verhältnis« auf die Entwicklung und den aktuellen Stand der Zusammenarbeit von Sozialer Arbeit und Psychotherapie bzw. die notwendige Verknüpfung des Sozialbereichs und Gesundheitsbereichs ein und zeigen dabei Grenzen und Potenziale auf. Basierend auf dem vorangegangenen Beitrag wird deutlich, dass eine ernsthafte Anwendung des biopsychosozialen Modells nicht bedeuten kann, die drei Integrationsebenen nur lose nebeneinander bestehen zu lassen oder eine Ebene durch eine andere zu ersetzen, sondern alle drei in der Versorgung zu verbinden, d. h., in ihrer wechselseitigen Verflechtung und Wechselwirkung zu diagnostizieren und ggf. interdisziplinär und kooperativ zu behandeln. Dafür jedoch benötigt es gemeinsame Wissensbestände unter den verschiedenen Disziplinen und Professionen, zu denen der vorliegende Artikel einen Beitrag leisten soll.

Der erste Bereich wird abgeschlossen mit einem Beitrag von *Dario Deloi, Helmut Pauls* und *Gernot Hahn*, die sich in ihrem Beitrag »Klinische Sozialarbeit und Sozialtherapie – Expertise Sozialer Arbeit in der Behandlung von Menschen mit und in sozialen und gesundheitlichen Multiproblemlagen« mit den Möglichkeiten und Grenzen der Sozialtherapie als Intervention in der Behandlung von Menschen mit und in sozialen und gesundheitlichen Problemlagen auseinandersetzen. In der Sozialtherapie realisiert sich die soeben genannte Forderung, KlientInnen und PatientInnen nicht versäult aus den jeweiligen Professionskulturen heraus zu begleiten und zu behandeln, sondern in der Versorgung auf einem hohen Qualitätsniveau zu verbinden, d. h., in ihrer wechselseitigen Verflechtung und Wechselwirkung sowohl in der Diagnostik wie auch in der Intervention zusammenzuarbeiten. Dazu bedarf es jedoch dezidierter Kenntnisse im Bereich der Netzwerkarbeit und Kooperation, die häufig in ihrem Ausmaß an Kompetenzanforderungen und zeitlichem Aufwand unterschätzt werden.

Der zweite Abschnitt des Buches erläutert zentrale Aspekte einer psychosozialen Diagnostik und Intervention. Einführend gibt *Maren Bösel* in einem sehr praxisorientierten Beitrag »Ausgewählte soziale Problemlagen – Basiswissen für Psychotherapeuten« wichtige Informationen zur Erkennung von sozialen Problemlagen in der ambulanten und stationären Psychotherapie und erläutert mögliche Handlungsstrategien für PsychotherapeutInnen. Deutlich wird dabei: In der klinischen Arbeit ist es wichtig, das Angebot der sozialarbeiterischen Beratung in die Diagnostik und Behandlung früh einzubeziehen. Die Minimierung akuter psychosozialer Probleme fördert die »Psychotherapiefähigkeit« der PatientInnen, unter Umständen ermöglicht sie diese sogar erst. Im Beitrag werden häufige soziale Problemsituationen beschrieben und die Möglichkeiten der vorläufigen Intervention durch PsychotherapeutInnen erläutert. Es wird aufgezeigt, wo sich PsychotherapeutInnen bei Bedarf über sozialrechtliche Sachverhalte informieren können und an welche Beratungsstellen PatientInnen verwiesen werden können. Über diesen Beitrag soll angehenden PsychotherapeutInnen ermöglicht werden, zentrale soziale Problemlagen mitzudenken, zu bearbeiten oder aber interprofessionell Lösungen einzuleiten.

Im darauf folgenden Beitrag »Die Bedeutung von Arbeitsbündnis, Realitätsprüfung und Hilfe zur Selbsthilfe in der sozialtherapeutischen Beratung der stationären Psychotherapie« beschreibt *Maren Bösel* die Bedeutung des Arbeitsbündnisses in der sozialtherapeutischen Beratung von PsychotherapiepatientInnen als wichtigen Baustein in der Bewältigung von psychosozialen Problemlagen. PatientInnen verbinden insbesondere mit einer stationären Behandlung oftmals den Wunsch, von den sozialen Alltagsproblemen Abstand zu bekommen. Soziale Problemlagen von PatientInnen sind jedoch in der Regel mit einer Reihe von umweltbedingten, sozioökonomischen und gesellschaftsstrukturellen Rahmenbedingungen und Anforderungen verbunden. Unterschiedliche Ausprägungen existenziellen Drucks (z. B. durch die Notwendigkeit, den Lebensunterhalt zu bestreiten, Gefährdung von Einkommen, drohende Sanktionen von Ämtern bei fehlender Mitwirkung) führen dazu, dass auch der Grad der Freiwilligkeit, sich in Beratung zu begeben, sehr unterschiedlich ist. Der Aufbau einer tragfähigen Beziehung ermöglicht im Verlauf des Beratungsprozesses jedoch auch die Konfrontation der PatientInnen mit problembehafteten Anteilen. Dabei sind jedoch strukturelle Rahmenbedingungen zu beachten, die diesen Aufbau verkomplizieren können.

Im anschließenden Beitrag »Psychosozial und interdisziplinär verstehen und handeln: Wie geht denn das konkret?« erläutern *Silke Birgitta Gahleitner* und *Yvette Völschow*« anhand einer Fallvignette, wie psychosoziales Verstehen und Handeln auf interdisziplinärer Ebene stattfinden kann. Insbesondere in sog. Hard-to-reach-Fällen stellt sich diese Zusammenarbeit als konstitutiv für eine angemessene Qualität der Behandlung heraus. Die weitreichenden Belastungen solcher und ähnlicher Biografien stellen psychosoziale Fachkräfte vor große Herausforderungen. Werden KlientInnen vom Hilfesystem jedoch adäquat unterstützt, kann ihre Überlebenskraft und -kreativität sehr konstruktive Kräfte entfalten. Vorgestellt werden professionsbegründete Prinzipien diagnostischen Fallverstehens und ein bereits bewährtes Modell für die Therapie, Beratung und Begleitung von traumabetroffenen Frauen, welches die verschiedenen Professionen in der gemeinsamen Arbeit an Hard to reach-Fällen zusammenführt und gelungene Kooperation möglich macht.

Einen Überblick zu den Unterschieden und Gemeinsamkeiten von Psychotherapie und Sozialer Arbeit in der Arbeit mit Ressourcen gibt *Günther Wüsten* in seinem Beitrag »Die Arbeit mit Ressourcen – eine Präzisierung psychosozialer Perspektiven«. In der Unterstützung und Hilfe bei sozialen Problemen geht es oft um das Erschließen von Ressourcen. Der Autor stellt ein Modell vor, das sich gut eignet, eine biopsychosoziale Perspektive zu öffnen. Im Vordergrund steht die Frage, inwieweit es einem Individuum gelingt, grundlegende Bedürfnisse in seinem Lebensführungssystem in den unterschiedlichen sozialen Systemen zu verwirklichen. Unter der sozialtherapeutischen Betrachtungsweise geraten als Folge auch die sozialen Bedingungen, insbesondere Ressourcen, in den Blick. Der Zugang zu sozialen Ressourcen bestimmt wiederum nicht nur das Ausmaß realisierter Partizipation, sondern auch das Ausmaß möglicher Gesundheit sowie die zu erwartenden Lebensjahre.

Unter dem Titel »Professionsgrenzen als Kompetenzgrenzen und Kooperationsgebote – ethische Aspekte psychosozialer Arbeit« geht *Ruth Großmaß* daraufhin auf die ethischen Aspekte der psychosozialen Arbeit ein. Die seit der Mitte des 20. Jahrhunderts stattfindende Ausdifferenzierung der Berufe im Bereich der psychosozialen Versorgung hat Spezialisierungen und Abgrenzungen hervorgebracht, gleichzeitig aber dazu geführt, dass häufig verschiedene Professionen mit denselben PatientInnen bzw. KlientInnen arbeiten. Mag im medizinischen Bereich das etablierte Überweisungssystem noch dafür sorgen, dass Interventionen und Behandlungen abgestimmt und in sich kohärent erfolgen, so ist dies bei Betrachtung der psychosozialen Versorgung als Ganzes nicht der Fall. Hier treffen Psychotherapie und Soziale Arbeit (insbesondere mit den Schwerpunkten Klinische Sozialarbeit bzw. sozialpädagogische Begleitung) als eigenständige Professionen aufeinander, die jeweils von verschiedenen Trägern organisiert werden und unterschiedlichen staatlichen Stellen gegenüber verantwortlich sind. Ethische Überlegungen können helfen, einen professionellen Umgang mit den sich daraus ergebenden Fragen und Problemen zu finden.

Abschließend werden in dem Beitrag »Inklusion und Teilhabe als wichtige Aspekte in den sozialen Unterstützungsleistungen und in der psychotherapeutischen Versorgung von Menschen mit kognitiven Einschränkungen und psychischen Erkrankungen« von *Harald Schwarzmann* und *Insa Helmken* die Bedeutung der Teilhabe an der Gesellschaft und die Möglichkeiten der Sozialen Arbeit in den Tätigkeiten mit behinderten Menschen erörtert. Sie beschreiben zum einen die Versorgungssituation von Menschen mit kognitiven Einschränkungen, zum anderen gehen sie auf die notwendigen kontext- und lebensweltorientiert ausgerichteten pädagogischen, psychotherapeutischen und psychiatrischen Interventionen ein. Das gegenwärtige Gesundheitssystem, so wird im Artikel deutlich, schafft Barrieren in der Nutzung medizinischer und psychotherapeutischer Leistungen. Dafür werden alternative Strukturen benannt, und es wird thematisiert, dass gesellschaftspolitische Konzepte wie Inklusion auch die Notwendigkeit von Änderungen in der fachlichen Konzeptionierung wie z. B. erweiterte Ansätze psychotherapeutischen Handelns erfordern.

Daraus ergibt sich die Anforderung, pädagogische, psychotherapeutische und psychiatrische Intervention kontext- und lebensweltorientiert auszurichten. Mit der Inklusion verschiebt sich auch der Fokus von rein individualistisch orientierten Konzepten zur Bewältigung von Konflikten im sozialen Feld. Abschließend wird auf konkrete Anforderungen an die soziale und (psycho-)therapeutische Arbeit mit Menschen mit kognitiven Beeinträchtigungen hingewiesen.

Der dritte Abschnitt des Buches gibt einen Einblick in verschiedene Praxisfelder, in denen Psychotherapie und Soziale Arbeit gleichermaßen involviert sind. Der einführende Artikel »Sozialtherapeutische poststationäre Betreuung im Rahmen der stationären psychosomatischen Behandlung – ein Fallbeispiel« von *Bärbel Siegfarth-Häberle* widmet sich Situationen, die (teil)stationäre Psychotherapie erforderlich machen. Diese sind in vielen Fällen auch mit sozialen Problemlagen verbunden, ohne deren Lösung psychotherapeutische Ansätze nicht nachhaltig wirken können. PatientInnen sollten im Rahmen der stationären Behandlung ermutigt werden, sich mit diesen Schwierigkeiten auseinanderzusetzen. Oftmals ist der Prozess zur Klärung der sozialen Situation mit der Entlassung der PatientInnen jedoch noch nicht abgeschlossen und erfordert weitere intensive Unterstützung, um den Behandlungserfolg nachhaltig zu sichern. In vielen Fällen befinden sich PatientInnen zum Zeitpunkt der Behandlung noch nicht in ambulanter Therapie, aufgrund von Wartezeiten und probatorischen Sitzungen ist die sozialtherapeutische Unterstützung bei schwierigen Problemlagen im Übergang daher ein wichtiger Punkt.

Einem spezifischen Feld, in dem die Sozialtherapie eine wichtige Stellung einnimmt, widmen sich *Stefanie Leers* und *Melanie-Svenja Küppers-Naß*. Unter dem Titel »Sozialtherapie in der Suchtbehandlung: Von der Notwendigkeit der Klinischen Sozialarbeit aus biopsychosozialer Perspektive« thematisieren sie in theoretischen Überlegungen sowie anhand eines Fallbeispiels die Notwendigkeit sozialtherapeutischer Behandlung als ein wesentliches Konzept in der Suchtbehandlung. Das Feld der Klinischen Sozialarbeit umfasst die soziale Suchttherapie, die in der Regel von Sozial- und SuchttherapeutInnen durchgeführt wird. Ebenso deutlich jedoch wird auch die dynamische Verzahnung von medizinischer, psychologischer und sozialer Behandlung, die verschiedene Zugänge zu ganz unterschiedlichen Problemlagen und Fallkonstellationen möglich macht.

Unter dem Titel »Erziehungs- und Familienberatung – Schnittmengen Sozialer Arbeit und Psychotherapie« stellt *Mathias Berg* anschließend die multidisziplinäre Ausrichtung der Erziehungs- und Familienberatung vor. In Beratungsstellen für Eltern, Kinder und Jugendliche, die nach dem Kinder- und Jugendhilfegesetz (§§ 17, 18, 28 SGB VIII) arbeiten, ist eine (psycho)therapeutische Qualifikation der Fachkräfte konstitutiv. Viele dieser Fachkräfte haben einen sozialarbeiterischen Professionshintergrund. So sind pädagogische und damit verbundene therapeutische Leistungen mit Kindern und Jugendlichen, wie auch mit ganzen Familien, keine heilkundliche Behandlung – dennoch berühren viele Interventionen die Schnittstelle zwischen Sozialer Arbeit und Psychotherapie. Der Artikel gibt einen Überblick zu interprofessionellen Gemeinsamkeiten wie Unterschieden in den Bereichen Diagnostik und Therapie und verortet die (Klinische) Soziale Arbeit als psychosozial und therapeutisch handelnde Profession im Konzert mit einer Reihe weiterer Berufsgruppen.

Einem weiteren wichtigen Arbeitsbereich widmen sich *Maximiliane Brandmaier* und *Adrian Golatka* unter dem Titel »Psychosoziale Versorgung von Geflüchteten und Asylsuchenden«. Geflüchtete Menschen haben aufgrund ihrer Erfahrungen von Verfolgung, Flucht und Trauma sowie der belastenden Situation im Exil ein stark erhöhtes Risiko für die Entwicklung psychischer Störungen. Aufgrund der komplexen Belastungen kann nicht nur ein hoher Bedarf an psychotherapeutischer, sondern allgemein an psychosozialer Unterstützung angenommen werden. Häufig bedarf es dabei zunächst niedrigschwelliger, stabilisierender Angebote. In der Praxis finden Psychotherapie und Soziale Arbeit weitgehend getrennt voneinander statt, wenngleich die Behandlung komplexer Traumata und psychsozialer Problemlagen ein multiprofessionelles Versorgungskonzept erfordert. Welches Potenzial eine integrierte psychosoziale Versorgung in diesem Praxisfeld bietet, wird im Artikel u. a. an einem Beispiel aus dem Jugendhilfekontext umrissen.

Das Thema Trauma nehmen auch *Julia Gebrande* und *Janine Lebküchner* auf. Unter dem Titel »Mehrdimensionale Bewältigung von traumatischen Erfahrungen: Die Bedeutung Sozialer Arbeit für traumatisierte Menschen« wird das Verhältnis von Psychotherapie und Sozialer Arbeit am Beispiel des Arbeitsfeldes Trauma genauer betrachtet. Die zentrale Frage ist: Wie können Menschen nach einer traumatischen Erfahrung bei der Bewältigung unterstützt werden, ohne dass sie durch Diagnosen pathologisiert werden und das Trauma damit auf ein individuelles Problem reduziert wird? Neben einer Kritik an der Dominanz individuumszentrierter Zugänge wird der hohe Stellenwert des Alltags für die Stabilisierung betont, und damit werden die Soziale Arbeit und die (Trauma-)Pädagogik in den Fokus genommen. Denn Stabilisierung kann überall stattfinden, und mit jeder Stabilisierung im Alltag wird auch die Integration der Traumaerinnerungen und die Bewältigung der Erlebnisse vorangebracht. Neben der Psychiatrie und der Psychotherapie ist die traumasensible Soziale Arbeit daher eine wichtige dritte Säule in der Versorgung traumatisierter Menschen, die eine ambitionierte parteiliche, soziale und politische Unterstützung anbieten kann.

Ein weiteres wichtiges Feld interdisziplinärer Kooperation ist die Straffälligenhilfe. Unter dem Titel »Sozialtherapie mit straffällig gewordenen Menschen« entfaltet *Gernot Hahn* zentrale Aspekte zu diesem Arbeitsbereich. Die Behandlung straffällig gewordener Menschen hat in den vergangenen 20 Jahren vielfältige Entwicklungen durchlaufen. Neben therapeutisch-methodischen Aspekten haben sich auch die rechtlichen Rahmenbedingungen, diagnostische und kriminalprognostische Verfahren verändert, und das Wissen über die Entstehung straffälligen Verhaltens hat sich erweitert. Die Behandlung erfolgt im Spannungsfeld von Hilfe und Kontrolle und ist auf individuelle Entwicklung einerseits, auf Überwachung und Reglementierung andererseits fokussiert. Vorrangig wird der Erfolg kriminaltherapeutischer Maßnahmen an der aktiven Verhinderung erneuter Straftaten gemessen, ein Kriterium, das alle Beteiligten, KlientInnen, TherapeutInnen und auch die Gerichte in erheblichem Maße prägt. Der Artikel entfaltet die jüngste Geschichte der Behandlung straffällig gewordener Menschen, der Rahmenbedingungen, methodischen Ansätze, diagnostischen und kriminalprognostischen Verfahren im Überblick auf und zeigt die besondere Bedeutung der Arbeit mit psychosozialen und sozialräumlichen Aspekten auf.

Neurologische Erkrankungen prägen die individuelle Welt sowie die Lebenswelt betroffener Patienten. Einen Einblick in die dortige Praxis ermöglichen *Alexander Thomas* und *Marilena de Andrade*. In ihrem Beitrag »Fallbeispiele zur Kooperation von Psychotherapie/neuropsychologischer Therapie und Sozialer Arbeit bei neurologischen Erkrankungen« zeigen sie auf, wie eng gesundheitsbezogene Soziale Arbeit in die Zusammenarbeit mit ErgotherapeutInnen, LogopädInnen, PhysiotherapeutInnen, PsychotherapeutInnen und NeuropsychologInnen eingebunden ist. Dies gilt insbesondere, wenn im Rahmen der Eingliederungshilfe Menschen mit erworbenen Hirnschädigungen und/oder Epilepsien neurokompetent im eigenen Wohnraum beraten, begleitet und unterstützt werden sollen. Anhand von vier Fallbeispielen wird diese Interdisziplinarität im Alltag des Unterstützten Wohnens (UW) und der beruflichen Rehabilitation anschaulich in den interdisziplinären Verstehenshorizonten und interprofessionellen Vorgehensweisen dargestellt.

Ein ebenfalls komplexes Problembild entfalten häufig Essstörungen Unter dem Titel »Klinische Sozialarbeit mit Menschen mit Essstörungen« erläutert *Eva Wunderer* Essstörungen als biopsychosozial bedingte Erkrankungen, die daher auch entsprechend multiprofessionell behandelt werden müssen. Menschen mit Essstörungen benötigen spezifische Unterstützung im sozialen Bereich, die – neben der individuellen Lebensweise – auch die Lebenslage der Betroffenen ins Zentrum rückt, sich an ihrer konkreten Lebenswelt orientiert. Methoden aus der (Klinischen) Sozialarbeit, beispielsweise psychosoziale Diagnostik, sozialpädagogische Beratung, Case Management, soziale Gruppenarbeit, Präventionsarbeit und Angehörigenarbeit sind daher Alltagsgeschäft. Der Buchbeitrag stellt diejenigen Handlungsbereiche in den Vordergrund, bei denen sich die deutlichsten Überschneidungen zwischen (ambulanter und stationärer) Psychotherapie und Klinischer Sozialarbeit ergeben, und zeigt, wie konkrete Unterstützung im interprofessionellen Konzert aussehen kann.

Der Band wird abgeschlossen mit einem Blick in die Arbeit mit psychoseerfahrenen und -betroffenen Menschen. Unter dem Titel »Sozialtherapeutische Unterstützung von Menschen mit Psychosen aus dem schizophrenen Formenkreis« schildert *Christine Kröger* die große Bedeutung einer gelingenden sozialtherapeutischen Unterstützung von psychoseerfahrenen Menschen und ihrem nahen sozialen Umfeld. Schizophrene Psychosen gelten als gravierende und verunsichernde Erkrankungen, die in besonderer Weise das soziale Eingebundensein und die soziale Entwicklung gefährden. Gleichzeitig ist davon auszugehen, dass die Wichtigkeit sozialer Einflussgrößen auf die Entstehung, Aufrechterhaltung und den Verlauf schizophrener Erkrankungen nach wie vor unterschätzt wird. Dementsprechend wird im vorliegenden Beitrag die Bedeutung einer gemeinsamen Unterstützung psychoseerfahrener Menschen und ihres nahen sozialen Umfelds im interprofessionellen Gefüge verdeutlicht.

Zielsetzung des vorliegenden Buches ist es, die Schnittstellen zwischen Sozialer Arbeit und Psychotherapie auszuleuchten und für PsychotherapeutInnen nutzbar zu machen. Wir hoffen, dass dies über die eingebrachten Texte für beide Professionen ermöglicht wird und darüber hinaus einen interdisziplinären Diskurs anregt, der sich in steter Weiterentwicklung dieses wichtigen Arbeitsbereiches widerspiegelt und niederschlägt.

Heidelberg und Berlin *Maren Bösel und Silke Birgitta Gahleitner*

Literatur

Bamberg, E., Busch, C. & Ducki, A. (2003). *Stress- und Ressourcenmanagement. Strategien und Methoden für die neue Arbeitswelt* (Reihe: Praxis der Arbeits- und Organisationspsychologie). Bern: Huber.

Bösel, M. (2017). Integration sozialtherapeutischer Kompetenz in der psychotherapeutischen Versorgung. In U. A. Lammel & H. Pauls (Hrsg.), *Sozialtherapie. Sozialtherapeutische Interventionen als dritte Säule der Gesundheitsversorgung* (S. 91–99). Dortmund: verlag modernes lernen.

Bösel, (i. V) Promotion: *Integration von sozialtherapeutischen Kompetenzen in die stationäre psychotherapeutische Versorgung.* Universitätsklinikum Heidelberg.

Bösel, M., Siegfarth, B., Schauenburg, H., Nikendei, C. & Ehrenthal, J. C. (2014). Integration sozialarbeiterischer Kompetenz in die psychotherapeutische Versorgung. *Psychotherapeut 59*, 6, 474–479. Zugriff am 29.03.2018 unter https://www.researchgate.net/publication/268686198.

Deutsche Angestellten Krankenkasse (DAK) (Hrsg.). (2014). *Gesundheitsreport 2014. Die Rushhour des Lebens. Gesundheit im Spannungsfeld von Job Karriere und Familie. Analyse der Arbeitsunfähigkeitsdaten.* Heidelberg: medhochzwei. Zugriff am 29.03.2018 unter https://www.dak.de/dak/download/gesundheitsreport-2014-die-rushhour-des-lebens-1374440.pdf.

Ducki, A. (2006). Anforderungen in der Arbeitswelt und ihre Auswirkungen auf die Gesundheit. In Kaufmännische Krankenkasse (KKH) (Hrsg.), *Weißbuch Prävention 2005/2006: Stress? Ursachen, Erklärungsmodelle und präventive Ansätze* (S. 141–147). Heidelberg: Springer Medizin.

Franzkowiak, P., Homfeldt, H. G. & Mühlum, A. (2011). *Lehrbuch Gesundheit*. Weinheim: Juventa.

Hanses, A. (2007). Soziale Arbeit und Gesundheit – ein schwieriges wie herausforderndes Verhältnis. In H. G. Homfeldt (Hrsg.), *Soziale Arbeit im Aufschwung zu neuen Möglichkeiten oder Rückkehr zu alten Aufgaben?* (S. 113–123). Baltmannsweiler: Schneider.

Homfeldt, H. G. & Sting, S. (2006). *Soziale Arbeit und Gesundheit. Eine Einführung.* München: Reinhardt.

Jahoda, M., Lazarsfeld, P. F. & Zeisel, H. (2014). *Die Arbeitslosen von Marienthal. Ein soziographischer Versuch über die Wirkungen langandauernder Arbeitslosigkeit. Mit einem Anhang zur Geschichte der Soziographie* (Reihe: Edition Suhrkamp, Bd. 769; 24., unveränderte Auflage). Frankfurt: Suhrkamp (Original erschienen 1933).

Montgomery, S. M., Cook, D. G., Bartley, M. J. & Wadsworth, M. E. J. (1999). Unemployment pre-dates symptoms of depression and anxiety resulting in medical consultation in young men. *International Journal of Epidemiology, 28*, 1, 95–100. Zugriff am 29.03.2018 unter https://watermark.silverchair.com/280095.pdf.

Oppolzer, A. (2010). Psychische Belastungsrisiken aus Sicht der Arbeitswissenschaft und Ansätze für die Prävention. In B. Badura, H. Schröder, J. Klose & K. Macco (Hrsg.), *Fehlzeiten-Report 2009. Arbeit und Psyche: Belastungen reduzieren – Wohlbefinden fördern Zahlen, Daten, Analysen aus allen Branchen der Wirtschaft* (S. 13–22). Heidelberg: Springer.

Schubert, H., Parthier, K., Kupka, P., Krüger, U., Holke, J. & Fuchs, P. (2013). *Menschen mit psychischen Störungen im SGB II* (IAB-Forschungsbericht, Bd. 2013/12). Nürnberg: IAB. Zugriff am 29.03.2018 unter http://doku.iab.de/forschungsbericht/2013/fb1213.pdf.

Techniker Krankenkasse (TK) (2014). *Gesundheitsreport 2014 der Techniker Krankenkasse mit Daten und Fakten zu Arbeitsunfähigkeit und Arzneiverordnungen. Schwerpunktthema: Risiko Rücken.* Hamburg: TK. Zugriff am 29.03.2018 unter https://www.tk.de/centaurus/servlet/contentblob/644772/Datei/124009/Gesundheitsreport-2014.pdf.

Wilkinson, R. G. & Pickett, K. (2010). *Gleichheit ist Glück. Warum gerechte Gesellschaften für alle besser sind* (3., verbesserte Auflage). Berlin: Tolkemitt bei Zweitausendeins (englisches Original erschienen 2009).

World Health Organization (WHO) (2001). *The World Health Report 2001. Mental health: new perspectives, new hope.* Genf: WHO. Zugriff am 29.03.2018 unter www.who.int/entity/whr/2001/en/whr01_en.pdf.

Teil I Psychosoziale Arbeit als Schnittstelle zwischen Sozialer Arbeit und Psychotherapie

1 Das biopsychosoziale Modell im Kontext sozialer Mitbehandlung

Helmut Pauls

1.1 Einführung: Das »Individuum-in-seiner-Welt«

Im Alltagsbewusstsein vieler Menschen steht mit »Krankheit« zunächst die Körperlichkeit im Fokus: Es geht um spezifische Symptom- und Verlaufsmuster biologischer Prozesse und Ursachen, wie sie bei somatischen Erkrankungen in der Regel vorkommen. In den vergangenen Jahrzehnten entwickelte sich auch ein Verständnis für psychische Erkrankungen, wobei dafür statt »Krankheit« eher der offenere Begriff der psychischen »Störung« verwendet wird (Baumann & Perrez, 2005). Die Psychotherapie ist folgerichtig mit dem »Psychotherapeutengesetz« 2001 zum berufs- und sozialrechtlich anerkannten Heilberuf geworden. Allerdings wird oft spätestens im Moment der Manifestation einer Erkrankung bzw. Störung mit körperlichen und/oder psychischen Symptomen und Folgen ein *sozialer* Zusammenhang spürbar: Die soziale Umwelt ist bei Störung, Krankheit, Krise mitbetroffen und beansprucht, oft auch mitverursachend. Insbesondere schwere und chronische Erkrankungen leiten eine gravierende soziale Diskontinuität im Leben der Betroffenen ein. Zuwendung und soziale Unterstützung werden notwendig angesichts von vielfältigen sozial unerwünschten und nicht akzeptierten Verhaltensweisen und Konsequenzen (z. B. Fernbleiben von der Arbeit). Hier wird das Soziale als Krankheits*folge* zentral: Erkrankte Menschen werden abhängig von sorgenden (versorgenden) Personen – Angehörigen, NachbarInnen, KollegInnen, ÄrztInnen, TherapeutInnen, HelferInnen. Krankheit bzw. Störung ist allerdings nicht nur für soziale *Konsequenzen* relevant, sondern sie ist nicht selten auch sozial (mit)*bedingt*. D. h., soziale Strukturen, Lebensbedingungen, Beziehungen und Handlungsformen sind für psychische und somatische Prozesse kausal zu beachten. Strotzka sprach bereits 1965 (S. 27 ff.) von »Sozialpathologie«. Sozialwissenschaftlich gesehen können sich Betrachtungen von Krankheit und Störung nicht nur auf Individuen beziehen, sondern ebenso auf größere soziale Einheiten bzw. Systeme (Familie, Nachbarschaft, Betriebe, Institutionen). Menschen sind sozial ebenso verwundbar wie psychisch und körperlich. Deshalb benötigt die somatische, psychiatrische und psychotherapeutische Gesundheitsversorgung eine Ergänzung durch eine Soziale Arbeit mit klinischer bzw. sozialtherapeutischer Expertise, die den Anspruch an komplexer Problemwahrnehmung und integrativer Problembearbeitung, der einem biopsychosozialen Modell implizit ist, theoretisch, methodisch und praktisch einlöst (vgl. Pauls & Lammel, 2017).

1.2 Biopsychosoziale Grundannahmen

In der Klinischen Sozialarbeit und auch in der Klinischen Psychologie (vgl. Perrez & Hilti, 2005, S. 406) spielt das biopsychosoziale Modell eine wichtige Rolle (Pauls, 2013a, 2011/2013b; Gahleitner, Pauls, Hintenberger & Leitner, 2014). Ein Wegbereiter für biopsychosoziales Denken war in den 1950er-Jahren die Erforschung von Risikofaktoren zum Krankheitsgeschehen unter Einbezug sozialer und psychologischer Faktoren (Hurrelmann & Laaser, 1998), sie bildete auch die Grundlage für die Konzeption präventiver Gesundheitsmaßnahmen und der Gesundheitsförderung. Wissenschaftshistorisch wichtig war weiterhin die Entstehung der Allgemeinen Systemtheorie (General Systems Theory, GST). Die GST entstand sowohl in der Biologie als auch in den Sozialwissenschaften (Bateson, 1972). Betrachtungsgegenstände oder Phänomene (Systeme) werden im Kontext der komplexen wechselseitigen Beziehungen der ihnen verknüpften Elemente verstanden bzw. im Kontext der Organisation oder Umgebung, deren Teil sie sind. Auch die Stressforschung bereitete der Entwicklung des biopsychosozialen Modells den Boden. Selye (1953) identifizierte das *allgemeine Adaptationssyndrom (GAS – General Adaptation Syndrome)* als eine unspezifische physiologische Antwort des Organismus auf eine Vielzahl von Stress auslösenden biologisch-physikalischen, psychologischen und sozialen Reizen. Die Bezeichnung *Syndrom* macht deutlich, dass es sich um verschiedene Manifestationen auf verschiedenen Integrationsebenen von Stress handelt, die zusammen auftreten. Die Funktion der *allgemeinen* Stressreaktion ist zunächst nicht nach der Art der Stress*quelle* zu differenzieren, sondern der Organismus reagiert auf die *wahrgenommene* Notwendigkeit einer Anpassungsreaktion (vgl. ebd.). Physische, psychische wie soziale Stressoren (z. B. Kälte, Nahrungsmangel, Tod des Partners/der Partnerin, Angstzustände) rufen das gleiche Syndrom hervor.

So lagen in den 1970er-Jahren wichtige theoretische und empirische Bausteine vor, als der Psychiater Engel (1977, 1980) das biopsychosoziale Krankheitsmodell formulierte, das auch psychosoziale Faktoren zur Erklärung von psychischen und körperlichen Erkrankungen heranzog. Der Grundgedanke des Engel'schen Modells »besteht darin, dass alle drei Bedingungen – die biologisch-organische, die psychische und die soziale – in sich kontinuierlich ändernden Wechselbeziehungen stehen und aus diesen Faktoren und deren Veränderungen sich Entwicklung und Verlauf von Störungen erklären lassen« (Jungnitsch, 1999, S. 31). In Genese und Verlauf von Erkrankungen gibt es ein *dynamisches* Wechselspiel der drei Ebenen, was bedeutet, dass neben den biologischen ebenfalls psychische und soziale Faktoren auch *kausal* für die Entstehung von Krankheiten in Betracht kommen. Der Mensch ist in dieser Sicht Teil umfassender Systeme und selbst wiederum ein System aus vielen Subsystemen bis hinab zur molekularen Ebene.

Dies lässt sich gut anhand chronischer sozialer Belastungszustände mit negativen Emotionen (Distress) veranschaulichen: Soziale Benachteiligungen werden als Kränkungen erlebt, die zu langandauernden belastenden emotionalen Zuständen im Organismus führen.

»Leiden an der Gesellschaft in Form von Gewalt, Benachteiligung, Überforderung, Ausschluss oder anderen Arten zwischenmenschlicher Konflikte ruft starke, wiederkehrende *negative Emotionen* der Bedrohung, Angst und Hilflosigkeit, aber auch der Irritierung und Verärgerung hervor, die ihrerseits Aktivierungszustände im Organismus auslösen (chronischer sozio-emotionaler Distress). Vermittelt über das autonome Nervensystem, das neuroendokrine und das Immunsystem vermögen solche Aktivierungen längerfristig das geordnete Zusammenspiel physiologischer Funktionen zu beeinträchtigen und pathophysiologische Prozesse zu begünstigen, bis hin zu organischen Läsionen« (Siegrist, 1998, S. 273).

Beachtet man also die biopsychosoziale Integration, dann wird das erhebliche pathogene Potenzial der sozioökonomischen Lebenssituation und des sozialen Status erklärbar: Armut, relative Benachteiligungen und ungünstige Wohn- und Arbeitsverhältnisse wirken begünstigend auf die Entwicklung und den Verlauf akuter und chronischer körperlicher und psychischer Erkrankungen. Diese sind aus biopsychosozialer Perspektive immer in ihrer Einbettung in soziale und soziokulturelle Kontexte zu sehen (also auch »soziopsychobiologisch«).

1.3 Das biopsychosoziale Modell als Grundlage kooperativer multidisziplinärer Intervention

Die Weltgesundheitsorganisation (WHO) hat in verschiedenen umfassenden globalen Rapporten, z. B. den Weltgesundheitsberichten (WHO, 2001b, 2003), die biopsychosoziale Forschungsevidenz beschrieben, mit der heute die grundlegenden Determinanten psychischer und psychosozialer bzw. soziosomatischer Gesundheit aufgezeigt und definiert werden können. Es gibt einen beeindruckenden wissenschaftlichen Konsens, dass gewisse Voraussetzungen sowohl auf gesellschaftlichem Niveau als auch individuell gegeben sein müssen, um Gesundheit zu fördern und Krankheit und Dysfunktion zu verhindern bzw. zu behandeln. Diese Faktoren werden maßgeblich durch die soziale Lebenslage der Menschen im gesellschaftlichen Wandel beeinflusst, auch wenn dann im Einzelfall Gesundheit oder Erkrankung Konsequenz individueller Lebensweisen, Lebenskrisen oder krankheitsbedingter Funktionsverluste sind (Rutz & Pauls, 2017).

Diese Erkenntnisse gingen ein in das biopsychosoziale Modell der *International Classification of Functioning, Disability and Health (ICF)* der WHO (2001a; dt. Internationale Klassifikation der Funktionsfähigkeit, Behinderung und Gesundheit, ICF; ▶ Abb. 1.1). Sie liefert eine länder- und fachübergreifende, einheitliche Sprache zur Beschreibung des funktionalen Gesundheitszustandes, der Behinderung, der sozialen Beeinträchtigung und der relevanten Umgebungsfaktoren einer Person. Erfasst werden Behinderungen und Beeinträchtigungen der Person, ihre Aktivitäten und ihre Situation sowie ihre *Teilhabe*möglichkeiten im Alltag. Die Abklärung von Ressourcen und Defiziten (Beschreibung krankheits- oder altersbedingter funktionaler Probleme) ist Voraussetzung für gezielte medizinische, psychologische und soziale Prävention und Intervention.

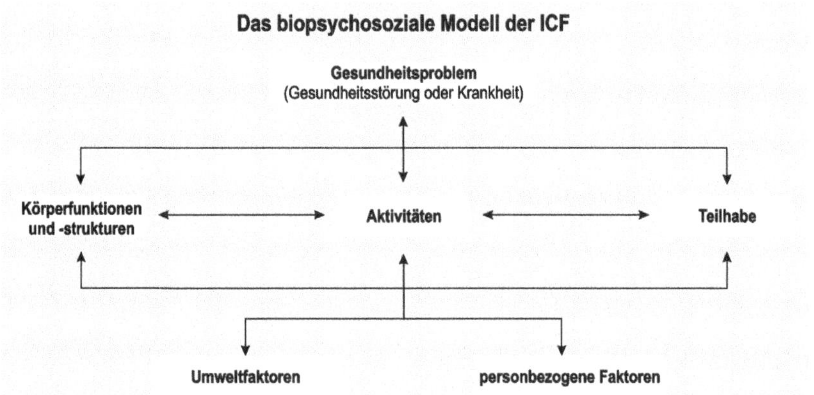

Das biopsychosoziale Modell der ICF

```
                    Gesundheitsproblem
              (Gesundheitsstörung oder Krankheit)
                            │
          ┌─────────────────┼─────────────────┐
          ▼                 ▼                 ▼
    Körperfunktionen  ◄──►  Aktivitäten  ◄──►  Teilhabe
    und -strukturen
          ▲                 ▲                 ▲
          └─────────────────┼─────────────────┘
                            │
                ┌───────────┴───────────┐
                ▼                       ▼
          Umweltfaktoren        personbezogene Faktoren
```

Abb. 1.1: Das biopsychosoziale Modell der ICF (aus DIMDI, 2005; © Copyright WHO, DIMDI, 2001–2012)

Das biopsychosoziale Modell gibt mit solchen Strukturierungen klinischer Behandlung eine Anleitung, wie Leiden und Krankheit auf verschiedenen Integrationsebenen, von der sozialen bis zur molekularen, angegangen werden können (Borrell-Carrió, Suchman & Epstein, 2004, S. 576). Seine Relevanz für das praktische sozialarbeiterische Vorgehen bei klinischen Aufgabenstellungen wird von Applegate und Shapiro (2005) folgendermaßen charakterisiert:

> »The biopsychosocial integration offers a rigorously conceptualized and research-based explanatory framework for understanding how the clinical relationship works. For social work this formulation validates and privileges the quiet, sustaining, and supportive relational backdrop to the range of interventions, from assisting individual clients with emotional problems, to advocating with others on their behalf, to gaining cooperation of others toward modifying aspects of clients' external environments. The emphasis on attachment dynamics as key to successful intervention puts as much, if not more, emphasis on the experience of ›being with‹ the client than on ›doing for‹ him or her« (S. 157).

Gemeinhin werden psychosoziale Beratung, soziale Unterstützung und Hilfen der Sozialen Arbeit als Bearbeitung von »Mittelproblemen« und dazu notwendigen Handlungsregeln verstanden, die man in Bezug auf die Lösung von sozialfunktionalen und sozialstrukturellen Problemen benötigt. Folgt man Applegate und Shapiro (2005), ist diese Betonung des Mittelbezuges zwar durchaus zutreffend, doch ebenso zutreffend ist, dass klinisch-sozialarbeiterische Fallarbeit es in hohem Maße auch mit kognitiv-emotiven Betroffenheiten der Menschen zu tun hat, die *zugleich* Orientierung und psychosoziale Beratung suchen *und* professionelle Hilfe bei der Auffindung oder Aktualisierung von Mitteln zur Problemlösung in ihrer Lebenssituation benötigen. Um sich auf die Bearbeitung der Mittelprobleme einzulassen, die sich in der Regel als engstens verzahnt mit Problemen der kognitiven wie emotionalen Orientierungsfindung erweisen, ist eine differenzierte und professionelle – oft langfristige – Beziehungsgestaltung erforderlich (Gahleitner, 2017). So präsentieren sich beispielsweise grundlegende Lebensorientierungsfragen sehr häufig zunächst als Mittelprobleme (z. B. Schulden), die nicht rein argumentativ bzw. »sachlich« beratend angegangen werden können.

Hier kommt auch deutlich die *notwendige interdisziplinäre Kooperation der Psychotherapie mit der Sozialen Arbeit* ins Spiel. Erst wenn jemand in der Lage ist, die eigenen Probleme mit dem eigenen Handeln und Erleben in Verbindung zu bringen, sie also nicht nur zu externalisieren, ist Veränderung durch eigenes Handeln in der sozialen Umgebung möglich. Ein *erlebter Selbstbezug* ist für die psychotherapeutische Bearbeitung normalerweise Voraussetzung für eine erfolgversprechende Behandlung. Gar nicht so selten kann ein solcher Selbstbezug jedoch erst in einem längeren klinisch-sozialarbeiterischen bzw. sozialtherapeutischen Hilfeprozess als Voraussetzung einer Psychotherapie oder diese begleitende Maßnahme erreicht werden. Es geht hier um einen bedeutsamen Teil der Klientel der (Klinischen) Sozialarbeit. Die Betroffenen befinden sich meist in einer Situation subjektiv und objektiv stark eingeschränkter Kontrollierbarkeit des Geschehens (also unter starkem Situationsdruck), wodurch sie ungewollten und unerwünschten negativen Erfahrungen und Situationen ausgesetzt sind, die sie in der Regel im subjektiven Erleben wahl- und chancenlos über sich ergehen lassen müssen (so zumindest ihre Wahrnehmung). In der Folge haben sie kaum einen Sinn für eigene Bewältigungskompetenzen (»mastery«) und für eigene Einfluss- oder Einwirkungsmöglichkeiten (im Sinne eines internen »locus of control«). Sie gelten oft als »hard to reach« (Labonté-Roset, Hoefert & Cornel, 2010; Gahleitner, Schulze & Pauls, 2009).

1.4 Sozial sensitive Therapie

Eine ernsthafte Anwendung des biopsychosozialen Modells bedeutet nicht, die drei Integrationsebenen nur lose nebeneinander bestehen zu lassen oder eine Ebene durch eine andere zu ersetzen (Reduktionismus). Es geht nicht darum, somatische Konzepte durch psychologische oder soziale zu ersetzen oder umgekehrt, sondern alle drei in der Versorgung zu verbinden (vgl. auch Ansen, 2001, S. 3). Sachgerecht erscheint heute die sorgfältige Beachtung aller Manifestationsebenen von Gesundheitsproblemen, die jeweils auf den unterschiedlichen Ebenen und in ihrer wechselseitigen Verflechtung und Wechselwirkung zu diagnostizieren und ggf. interdisziplinär und kooperativ zu behandeln sind. Für die Intervention im Sinne *sozial sensitiver* psychotherapeutischer Behandlung bedeutet dies, soziale Prozesse mit psychischen bei der Aufgabenbewältigung zu *synchronisieren*. Sommerfeld, Hollenstein und Krebs (2008; vgl. auch Sommerfeld, Hollenstein & Calzaferri, 2011) sehen die Aufgabenstellung Sozialer Arbeit dabei in der Koordination und Synchronisation psychischer und sozialer Prozesse im Sinne eines »integrierten Prozessbogens« (Sommerfeld et al., 2011, S. 326). Primäre sozialarbeiterische Aufgabenstellungen liegen in der Arbeit an Formen der Integration von lebensweltlichen Kontexten der Klientel, wobei man sich dabei häufig auch in der Lebenswelt der KlientInnen, in ihren »Lebensführungssystemen«, (aufsuchend) bewegt (▶ Abb. 1.2). Der psychotherapeutische Blickwinkel beinhaltet die Abklärung und Bearbeitung der psychologischen Problematik im Sinne individueller psychischer kognitiv-emotiver Funktionsmuster und ihr Zusammenwirken mit psychophysiologischen Prozessen. Die biomedizinische Perspektive beinhaltet eine somatische Betrachtungsweise und beurteilt eine eventuelle medikamentöse Versorgung der PatientInnen, auch unter Beachtung individueller psychischer Komponenten. Die Soziale Arbeit ist zuständig für die Unterstützung deren sozioökonomischer Angelegenheiten (Lebenslagesicherung) sowie Beratung und aktive und ggf. aufsuchende soziale Unterstützung unter Einbezug der Mitwelt (Angehörige und das weitere soziale Umfeld).

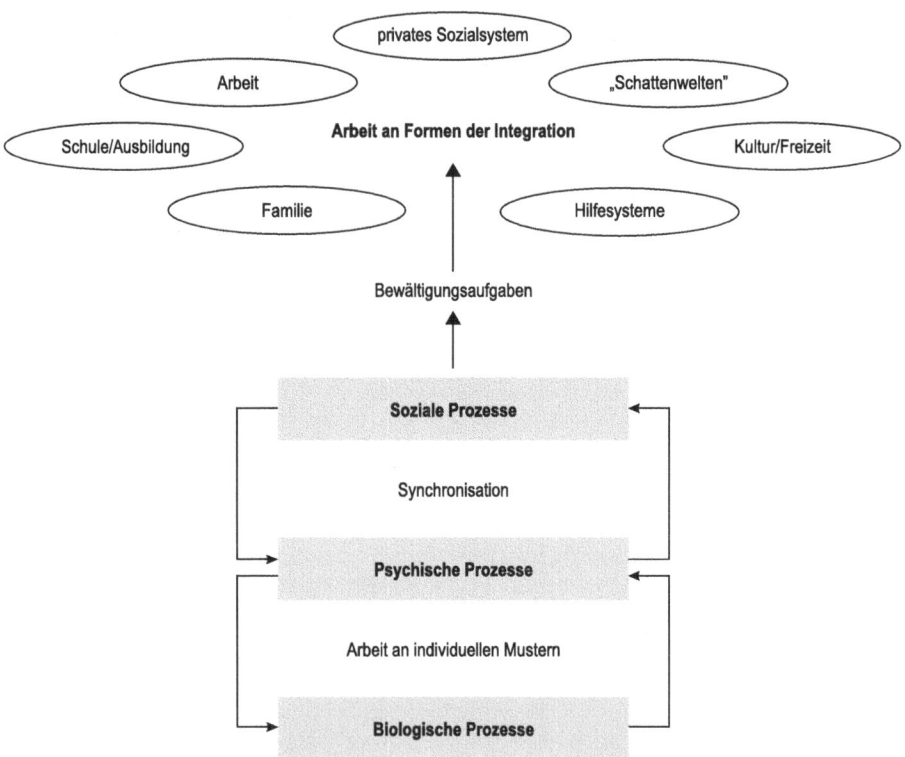

Abb. 1.2: Formen der biopsychosozialen Integration und die von der Sozialen Arbeit einzubeziehenden »Lebensführungssysteme« (aus Sommerfeld, Hollenstein & Krebs, 2008, S. 13)

Indem bspw. die Angehörigen oder auch Lehrkräfte in Schulen (z. B. in Inklusionsklassen) zu DialogpartnerInnen werden, zugleich professionelle soziale Unterstützung zur Erschließung sozialer Unterstützungsleistungen erhalten und psychosoziale Beziehungsberatung und sozialtherapeutische Begleitung erfahren, werden sie darin gestärkt, die auf sie gelegten Beanspruchungen zu tragen. KlientIn Klinischer Sozialarbeit ist deshalb oft nicht das individualisierte Subjekt allein, sondern das »Individuum-in-seiner-Welt« (»person-in-environment«; Dorfman, 1996).

Milne (1999, vgl. Pauls, 2011/2013b) fordert, im Rahmen einer *social sensitive therapy* das soziale Umfeld grundsätzlich als wesentlichen Wirkfaktor in die therapeutische Behandlung einzubeziehen. Zur Veranschaulichung führt Tabelle 1.1 typische soziale bzw. sozialtherapeutische Person-in-environment-Interventionsstrategien auf (▶ Tab. 1.1).

Tab. 1.1: Soziale Unterstützungsinterventionen im Rahmen sozialer Behandlung (Pauls, 2011/2013b, S. 322 f., modifiziert nach Milne, 1999)

Interventionsstrategie	Ziele	Methoden
Verbesserung des personalen Netzwerkes	Erweiterung der dem/der KlientIn zugänglichen sozialen Unterstützung und Ressourcen	Kontaktaufnahmen, Beratung und Koordination mit bereits vorhandenen oder potenziellen professionellen und non-professionellen UnterstützerInnen; Förderung bereits existierender Aktivitäten; Aufbau neuer Netzwerke (z. B. unterstützender Gruppen); Einstellung, Training und Anleitung von Hilfskräften
Entwicklung freiwilliger bzw. ehrenamtlicher Ressourcen	Engagement und Befähigung ehrenamtlicher HelferInnen	Klärung der Nutzbarkeit und Unterstützung der Nutzung existierender Dienste, Abbau von Schwellen; Hilfe bei der Erschließung und beim Aufbau weiterer sozialer Ressourcen; Auswahl, Training und Anleitung ehrenamtlicher HelferInnen
Unterstützung von reziproken Netzwerken (gegenseitige Hilfe)	Etablierung von Peergruppen zur gegenseitigen Unterstützung	Kontaktaufnahme mit bestehenden Selbsthilfegruppen; Aufbau neuer, ergänzender Angebote in Zusammenarbeit mit anderen Trägern (z. B. Kirchen)
Förderung organisatorisch-institutioneller und betrieblicher Abläufe und Beziehungen	Verbesserung der Qualität des Arbeitslebens	Ermutigung von Initiativen am Arbeitsplatz (z. B. Personalentwicklung) und der Partizipation an Entscheidungsprozessen (z. B. zwischen LehrerInnen und Eltern); Förderung von »lernenden Organisationen« und lernender Umwelt (»learning environment«); Veränderung von innerorganisatorischen oder innerbetrieblichen Normen der Stigmatisierung (»blame the victim«) z. B. durch Workshops zur Stressbewältigung bzw. zum Empowerment der sozialen Kompetenzen und Strukturen in der Gemeinde/Region

Tab. 1.1: Soziale Unterstützungsinterventionen im Rahmen sozialer Behandlung (Pauls, 2011/2013b, S. 322 f., modifiziert nach Milne, 1999) – Fortsetzung

Interventionsstrategie	Ziele	Methoden
Empowerment der sozialen Kompetenzen und Strukturen in der Gemeinde/Region	Schaffung von lokalen Hilfsdiensten und Bürgerinitiativen zur Befriedigung sozialer Anliegen der kommunalen Lebensgestaltung und nachbarschaftlicher Bedürfnisse	Anbieten eines Forums für Bürgerinitiativen und Erleichterung der Nutzung bürgerschaftlicher Hilfe-Initiativen (z. B. nachbarschaftliche Seniorenbetreuung; Kinderbeaufsichtigung; Freizeitgestaltung); Unterstützung von solche Projekte fördernden MeinungsführerInnen; Koordinierung von Aktivitäten (z. B. Beeinflussung der Stadtplanung oder Jugendhilfeplanung)

Die für die psychotherapeutische Perspektive wichtigen Dimensionen des Selbstbildes und der Selbstbewertung (die sich ja wesentlich in Interaktion mit und Abhängigkeit von ihren Mitmenschen entwickeln, destabilisieren oder stabilisieren) werden in den Interventionssettings und -methoden der Klinischen Sozialarbeit insbesondere durch die *konkrete Erfahrung* eigener Handlungsfähigkeit gefördert, immer auch im Rahmen von Bindung und Halt gebenden helfenden Beziehungen (Gahleitner, 2017). Sozial bzw. psychosozial beratende und behandelnde Maßnahmen Sozialer Arbeit bieten entsprechend Projekte mit einbindungs- und handlungsbezogenen Erfahrungsmöglichkeiten im Rahmen von stabilen – heilsamen – *Anerkennungsverhältnissen*. Dazu sind geeignete sozialstrukturelle Arbeitsbedingungen nötig (z. B. institutionelle Angebote, Projekte, Werkstätten, Gruppen), welche (a) die sozialemotionale Motivation der Betroffen durch spezifische Handlungsmöglichkeiten fördern und soziale Anerkennung hervorrufen sowie Zugehörigkeit ermöglichen und (b) den Betroffenen Selbsteinbindungsmöglichkeiten und positive Selbstregulationsmöglichkeiten (Selbstwirksamkeitserfahrungen, positive Selbstbewertung) anbieten (Pauls, 2011/2013b).

Um dem biopsychosozialen Modell in der Praxis gerecht zu werden, schlägt Egger (2005) Simultandiagnostik und kooperative Behandlung vor: Analyseebenen, Datenquellen und jeweilige funktionale Bereiche sollten medizinische ExpertInnen auf der biologischen Ebene, psychologische ExpertInnen auf der psychologischen Ebene und SozialexpertInnen auf der sozialen Ebene abklären bzw. einbringen. Anschließend wird im Rahmen einer ganzheitlichen Diagnostik ein integrativer biopsychosozialer Behandlungsplan entwickelt (▶ Abb. 1.3).

Simultandiagnostik und -therapie

Beobachtungsebene	Diagnostik bisherige diagnostische Erkenntnisse (Fakten von Interpretationen trennen!)	Therapie Konsequenzen für die weitere Behandlung (konkrete Schritte und Überlegungen)
biologisch organmedizinische Aspekte, biomedizinische Daten	z. B. ätiologische und pathogenetische Aspekte, Risikofaktoren; weitere Abklärung?	physikalische, medikamentöse, chirurgische Interventionen ...
psychologisch Eigenheiten des Erlebens und Verhaltens („Persönlichkeit"), individueller Lebensstil	z. B. auslösende oder aufrechterhaltende Faktoren; Persönlichkeitsaspekte, Bewältigungsstil, subjektive Krankheitstheorie	ärztliches Gespräch, psychologische Beratung, psychophysiologische Regulationsverfahren; Überweisung zur Psychotherapie? ...
ökosozial familiäre, beruflich-gesellschaft- liche und andere umwelt- bezogene Lebensbedingungen	z. B. soziales Netzwerk/sozialer Rückhalt, akut oder chronisch belastende Stressoren in Beruf/Familie/Wohnbedingungen	informative Beratung, Vermittlung von helfenden Kontakten zu Familie, Arbeitsplatz, Behörden, psychosozialen Beratungsstellen oder Vereinen

zum Verständnis des Zusammenhangs (Parallelität) der einzelnen Beobachtungsebenen:

1. Krankheitsverständnis („Expertenmodell"): Wie könnte der Patient mit seinen beobachtbaren Krankheitsphänomenen „verstanden" werden? (biopsychosoziales Erklärungsmodell)

2. Welche prinzipiellen Interventionsmöglichkeiten ergeben sich (aus Punkt 1) auf jeder der drei Ebenen des biopsychosozialen Modells?

3. Wo würden Sie den Therapie-Fokus setzen bzw. womit würden Sie beginnen?

Abb. 1.3: Simultandiagnostik und -therapie (aus Egger, 2005, S. 10)

1.5 Zur Verantwortung multiprofessioneller Behandlung

Die Perspektive einer Manifestationsebene allein fokussiert nur einen Teilbereich des Menschen (seine Körperlichkeit, seine Persönlichkeit bzw. seine sozialen Bezüge). Bei mehreren Perspektiven gemeinsam lassen sich nicht nur die Einzelperspektiven kumulieren, sondern es sollten auch neue Integrationsebenen entstehen. Interventionen auf der sozialen Ebene bleiben in der Regel erfolglos, wenn es sich primär um eine Störung auf der psychischen Ebene handelt, die spezifischer psychotherapeutischer Maßnahmen bedarf. Diese psychologischen und psychotherapeutischen Maßnahmen müssen dann zunächst oder begleitend zu sozialen Interventionsmaßnahmen durchgeführt werden. Die *soziale Intervention* erfolgt somit auf sehr komplexem Niveau und muss sicherstellen, dass die biologisch-medizinische und die psychologisch-psychotherapeutische Manifestationsebene in Diagnostik und Therapie berücksichtigt und integriert werden. Allerdings sind auch Medizin und Psychotherapie aufgerufen, die soziale Manifestationsebene verantwortlich einzubeziehen. So erfolgen nicht selten medizinisch-medikamentöse Fehlbehandlungen bei sozial bedingten Störungen aufgrund ausbleibender psychosozialer Diagnostik und klinisch-sozialer Behandlungskompetenz. Ebenso sind bei vielen Störungen psychotherapeutische Interventionen mit ihrem Fokus auf innerpsychische Dysfunktionen bei »Multi-Problem-Fällen« völlig unzureichend oder gar nicht indiziert, da aufsuchende, strukturbildend-stützende und vernetzte aktive soziale Hilfen und soziotherapeutisch-beratend-begleitende Maßnahmen notwendig sind.

Biopsychosoziale Gesundheitsprobleme sind Passungsprobleme im Sinne von Diskrepanzen bzw. Inkongruenzen zwischen verschiedenen Dimensionen des menschlichen Lebens. Deshalb werden die beteiligten Behandlungsperspektiven bzw. Integrationsebenen in ihren jeweiligen Möglichkeiten und Grenzen benötigt. »Bei einem umfassenden bio-psycho-sozialen Verständnis sind biologische Konstitution, psychische Potentiale (Dispositionen, Bewältigungskompetenzen usw.), Entwicklungsanforderungen und Belastungen (z. B. familiär, schulisch, Arbeitsfeld, subkulturelles Umfeld und alters-, geschlechts-, funktions- und bereichsspezifische Standards), Entwicklungsziele und (Selbst-)Einschätzungen des Individuums, Entwicklungs- und Unterstützungsangebote in der Umwelt, die soziale Chancenstruktur (soziale und materielle Ressourcen und Mittel) immer mehr oder weniger günstig aufeinander abgestimmt. Im günstigen Falle bilden sie ein System fördernder Anregungen und Unterstützungen, die für die Entwicklung optimale Diskrepanzen aufweisen, so dass die Person durch Mobilisierung eigener Bewältigungskompetenzen neue, reifere Lösungen entwickeln und in einem hinreichend kohärenten Bild vom Selbst-in-der-Welt in gesundheitsfördernder Weise integrieren kann. Im ungünstigen Fall wirken diese Dimensionen aber gegeneinander, so dass eine Blockierung der Entwicklung erfolgt und problematische Bewältigungsversuche« (Pauls, 2011/2013b, S. 117) bzw. Erkrankungen die Folge sind. Das inzwischen durch beeindruckende empirische Evidenz der Wechselwirkungen der drei Integrationsebenen gestützte biopsychosoziale Modell stößt die Disziplinen und Berufe der Gesundheitsarbeit, hier speziell die Psychotherapie und die Klinische Sozialarbeit (wie auch die Psychiatrie), auf ihre Verantwortung gegenüber ihren PatientInnen und KlientInnen, in angemessener Weise miteinander zu kooperieren. Es ist Zeit, ein multiprofessionelles biopsychosoziales Gesundheitsförderungs- und Krankenbehandlungskonzept zu etablieren, in dem Medizin, Psychiatrie, (Klinische) Sozialarbeit und Psychotherapie (last but not least auch die Pflege) einen selbstverständlichen Platz einnehmen.

Literatur

Ansen, H. (2001). Klinisch-methodische Kompetenzen der Sozialen Arbeit in der Beratung von Patienten. *Forum Krankenhaussozialarbeit, 5*, 1, 2–9.
Applegate, J. S. & Shapiro, J. R. (2005). *Neurobiology for clinical social work. Theory and practice* (Reihe: Norton Series on Interpersonal Neurobiology). New York: Norton.
Bateson, G. (1972). *Steps to an ecology of mind. Collected essays in anthropology, psychiatry, evolution, and epistemology* (Reihe: Chandler publications for health sciences). San Francisco, CA: Chandler.
Baumann, U. & Perrez, M. (2005). Grundbegriffe – Einleitung. In M. Perez & U. Baumann (Hrsg.), *Lehrbuch Klinische Psychologie – Psychotherapie* (Reihe: Psychologie-Lehrbuch; 3., vollständig überarbeitete Auflage; S. 31–51). Bern: Huber.
Borrell-Carrió, F., Suchman, A. L. & Epstein, R. M. (2004). The biopsychosocial model 25 years later. Principles, practice, and scientific inquiry. *Annals of Family Medicine, 2*, 6, 576–582. Zugriff am 09.02.2018 unter http://www.annfammed.org/content/2/6/576.full.pdf+html.
DIMDI (2005). ICF-Version 2005. Zugriff am 15.08.2019 unter https://www.dimdi.de/static/de/klassifikationen/icf/icfhtml2005/zusatz-02-vor-einfuehrung.htm
Dorfman, R. A. (1996). *Clinical social work. Definition, practice and vision*. New York: Brunner/Mazel.
Egger, J. W. (2005). Das biopsychosoziale Krankheitsmodell. Grundzüge eines wissenschaftlich begründeten ganzheitlichen Verständnisses von Krankheit. *Psychologische Medizin, 16*, 2, 3–12. Zugriff am 09.02.2018 unter http://www.psygraz.at/fileadmin/user_upload/Psy_2/Psy201bpsMod2005_Egger.pdf.
Engel, G. L. (1977). The need for a new medical model: A challenge for biomedicine. *Science, 196*, 4286, 129–136. Zugriff am 09.02.2018 unter http://public-health.meduni-graz.at/archiv/artikel/Artikel%201977/1977_Engel_Biopsychosocial%20model.pdf.
Engel, G. L. (1980). The clinical application of the biopsychosocial model. *The American Journal of Psychiatry, 137*, 5, 535–544. Zugriff am 09.02.2018 unter http://citeseerx.ist.psu.edu/viewdoc/download?doi=10.1.1.921.5890&rep=rep1&type=pdf.
Gahleitner, S. B. (2017). *Soziale Arbeit als Beziehungsprofession. Bindung, Beziehung und Einbettung professionell ermöglichen*. Weinheim: Beltz Juventa.
Gahleitner, S. B., Pauls, H., Hintenberger, G. & Leitner, A. (2014). »Biopsychosozial« revisited. In S. B. Gahleitner, G. Hahn & R. Glemser (Hrsg.), *Psychosoziale Interventionen* (Reihe: Klinische Sozialarbeit – Beiträge zur psychosozialen Praxis und Forschung, Bd. 6; S. 16–35). Köln: Psychiatrie-Verlag.
Gahleitner, S. B., Schulze, H. & Pauls, H. (2009). ›hard to reach‹ – ›how to reach‹? Psycho-soziale Diagnostik in der Klinischen Sozialarbeit. In P. Pantucek & D. Röh (Hrsg.), *Perspektiven sozialer Diagnostik. Über den Stand der Entwicklung von Verfahren und Standards* (S. 321–344). Münster: Lit.
Hurrelmann, K. & Laaser, U. (Hrsg.) (1998). *Handbuch Gesundheitswissenschaften* (Neuausg.). Weinheim: Juventa.
Jungnitsch, G. (2009). *Klinische Psychologie. Bd. 2: Psychologie in der sozialen Arbeit* (2., überarbeitete Auflage). Stuttgart: Kohlhammer.
Labonté-Roset, C., Hoefert, H.-W. & Cornel, H. (Hrsg.) (2010). *Hard to reach. Schwer erreichbare Klienten in der Sozialen Arbeit*. Uckerland: Schibri.
Milne, D. L. (1999). *Social therapy. A guide to social support interventions for mental health practitioners*. New York: Wiley.
Pauls, H. (2013a). Das biopsychosoziale Modell – Herkunft und Aktualität. *Resonanzen, 1*, 1, 15–31. Zugriff am 09.02.2018 unter http://www.resonanzen-journal.org/article/view/191/124.
Pauls, H. (2013b). *Klinische Sozialarbeit. Grundlagen und Methoden psycho-sozialer Behandlung* (Reihe: Grundlagentexte Soziale Berufe; 3., unveränderte Auflage). Weinheim: Beltz Juventa (letzte überarbeitete Auflage erschienen 2011).

Pauls, H. & Lammel, U. A. (2017). Einführung. In U. A. Lammel & H. Pauls (Hrsg.), *Sozialtherapie. Sozialtherapeutische Interventionen als dritte Säule der Gesundheitsversorgung* (S. 7–14). Dortmund: vml.

Perrez, M. & Hilti, N. (2005). Prävention. In M. Perrez & U. Baumann (Hrsg.), *Lehrbuch Klinische Psychologie – Psychotherapie* (Reihe: Psychologie-Lehrbuch; 3., vollständig überarbeitete Auflage; S. 398–427). Bern: Huber.

Rutz, W. & Pauls, H. (2017). Gesundheitsversorgung im gesellschaftlichen Wandel. Ein Aufruf für eine europäische biopsychosoziale Gesundheitsperspektive. In U. A. Lammel & H. Pauls (Hrsg.), *Sozialtherapie. Sozialtherapeutische Interventionen als dritte Säule der Gesundheitsversorgung* (S. 17–26). Dortmund: vml.

Selye, H. (1953). *Einführung in die Lehre vom Adaptationssyndrom.* Stuttgart: Thieme (englisches Original erschienen 1952).

Siegrist, J. (1998). Ätiologie/Bedingungsanalyse: Allgemeine Grundlagen – Soziologische Aspekte. In U. Baumann & M. Perrez (Hrsg.), *Lehrbuch Klinische Psychologie – Psychotherapie* (Reihe: Psychologie-Lehrbuch; 2., vollständig überarbeitete Auflage; S. 264–276). Bern: Huber.

Sommerfeld, P., Hollenstein, L. & Calzaferri, R. (2011). *Integration und Lebensführung. Ein forschungsgestützter Beitrag zur Theoriebildung in der Sozialen Arbeit.* Wiesbaden: VS.

Sommerfeld, P., Hollenstein, L. & Krebs, M. (2008). *Entwicklungsperspektiven der Sozialen Arbeit in der integrierten Psychiatrie Winterthur. Bericht eines kooperativen Entwicklungsprojekts.* Olten, Schweiz: Fachhochschule Nordwestschweiz. Zugriff am 09.02.2018 unter https://irf.fhnw.ch/bitstream/handle/11654/22335/arbeitsfeldanalyse.pdf?sequence=1.

Strotzka, H. (1965). *Einführung in die Sozialpsychiatrie* (Reihe: Rowohlts deutsche Enhyklopädie, Bd. 214). Reinbek: Rowohlt.

World Health Organization (WHO) (2001a). *International Classification of Functioning, Disability and Health (ICF)* (Reihe: World Health Assembly, Bd. 54). Genf: WHO.

World Health Organization (WHO) (2001b). *The World Health Report 2001. Mental health: new perspectives, new hope.* Genf: WHO. Zugriff am 09.02.2018 unter www.who.int/entity/whr/2001/en/whr01_en.pdf.

World Health Organization (WHO) (2003). *The world health report 2003. Shaping the future.* Genf: WHO. Zugriff am 09.02.2018 unter http://www.who.int/whr/2003/en/whr03_en.pdf.

2 Soziale Arbeit und Psychotherapie – ein schwieriges, jedoch auch fruchtbares Verhältnis

Maren Bösel, Silke Birgitta Gahleitner und Helmut Pauls

Der Einfluss von sozialen Faktoren auf die Entstehung von Krankheiten und die Forderungen nach geeigneten Konzepten der Sozialen Therapie rückten bereits vor über 100 Jahren in das Blickfeld von Medizin und Sozialer Arbeit. Den Menschen in seiner Ganzheit mit Körper, Geist und Seele zu sehen, forderte bereits Krehl (1898) als einer der ersten Mediziner. Er übernahm 1907 die Leitung der Medizinischen Klinik in Heidelberg (vgl. Gänshirt, 1986). Weizsäcker als Schüler von Krehl führte die Abteilung in seinem Sinne weiter und installierte die Soziale Therapie 1947 als Methode in der Behandlung von psychosomatischen PatientInnen. Er sah die Sozialtherapie als ärztliche Therapie für PatientInnen, bei denen die psychotherapeutische Behandlung nicht zum Erfolg führt. In diesen Fällen sollte versucht werden, die sozialen Faktoren der PatientInnen zu verändern, die zum Krankheitsgeschehen geführt hatten.

Weizsäcker (1947, 1930/1986) schreibt in seinen Ausführungen zwar die Soziale Therapie als Aufgabe den ÄrztInnen zu und nicht der Sozialen Arbeit, dennoch hat er mit seinem sozialen Verständnis von Gesundheit und Krankheit einen wichtigen Beitrag für die Soziale Arbeit geleistet, auch wenn die Würdigung seiner Arbeit vorrangig im Bereich der psychosomatischen Medizin erfolgte und bis heute erfolgt (vgl. Hahn, 2014). Mitscherlich wiederum als Schüler Weizsäckers gründete 1950 die erste Psychosomatische Klinik (vgl. Bräutigam, 1986). Dort wurde begonnen zu untersuchen, welche seelischen und sozialen Faktoren zur Entstehung von neurotischen, psychosomatischen und organischen Krankheiten führen können. Bereits in den 1970er-Jahren unterstützte eine Sozialarbeiterin die Arbeit der behandelnden ÄrztInnen und PsychologInnen in der dortigen Klinik.

Auf dem Gebiet der Sozialen Arbeit machten Anfang des 20. Jahrhunderts Richmond (1917) und Salomon (1926/2002) mit der Forderung nach Konzepten Sozialer Therapie aufmerksam. Sie empfahlen, dass soziale Kontextfaktoren routinemäßig im Verlauf eines diagnostischen Prozesses erhoben werden und somit in der Planung der daraus folgenden Interventionen Beachtung finden. Nach ihrer fachlichen Einschätzung war es für die Planung der Interventionen notwendig zu verstehen, wie man Menschen darin unterstützen kann, sich in den Gegebenheiten ihrer Umwelt zurechtzufinden und sich darin zu behaupten, bzw. inwiefern der Schwerpunkt auf der Umgestaltung der sozialen Rahmenbedingungen liegen sollte, damit sich KlientInnen entfalten können.

In den USA entwickelte sich in den 1920er- und 1930er-Jahren eine fruchtbare Begegnung von Psychotherapie und Sozialer Arbeit (detailliert rekonstruiert von Heekerens, 2016): Rank, Robinson und Taft waren wichtige Wegbereiter der Humanistischen Schule im Kontext von Social Case Work und »Functional School«.[1] Diese Arbeiten hatten weitreichenden Auswirkungen auf die Konzepte von Rogers (1957) zur Klientenzentrierten Therapie, auf das Psychodrama und die Gestalttherapie.

Trotz dieser historischen Traditionen und mannigfaltigen Versuche der Annäherung ist das Verhältnis zwischen Sozialer Arbeit und Psychotherapie in Deutschland und dem deutschsprachigen Raum nach wie vor von Spannungen charakterisiert (in den USA gibt es traditionell ein wesentlich offeneres Verhältnis, dort gehört eine Mehrheit der Psychotherapeutinnen und Psychotherapeuten dem Berufsstand der Social Worker an). Im Folgenden wird sich diesem Phänomen von verschiedenen Seiten aus angenähert.

2.1 Professionstheoretische Verbindungslinien und Differenzen

Soziale Arbeit befasst sich mit der »Bearbeitung gesellschaftlich und professionell als relevant angesehener Problemlagen« (Klüsche, 1999, S. 44) und verweist damit im Gegensatz zu Medizin und Psychologie auf einen parteilichen, sozialpolitisch ethischen Auftrag (vgl. hier und im Folgenden, falls nicht anders genannt, Gahleitner & Pauls, 2010). Dies bedingt unterschiedliche Professionalisierungslinien und Institutionalisierungsmodalitäten (Gildemeister & Robert, 2005, S. 1908). In den aktuell voranschreitenden gesellschaftlichen Exklusions- und Fragmentierungsprozessen benötigen Fachkräfte der Sozialen Arbeit, die mit Menschen in biopsychosozialen Notlagen arbeiten, daher Konzepte der Bewältigungsunterstützung, mit denen sie Anschluss an die biografischen Erfahrungen einschließlich der lebensweltlichen Bedingungen ihrer AdressatInnen finden (Keupp, 1991). Seit der Einrichtung des Psychotherapeutengesetzes (1998) hat die aus dem Gesundheitswesen finanzierte Psychotherapie an diese Entwicklung mehr und mehr den Anschluss verloren. Die aufwendige zugehende und netzwerkintensive Arbeit ist in den Kassenverträgen nicht vorgesehen und in der ambulanten Psychotherapiepraxis kaum zu leisten (Gahleitner, Borg-Laufs & Zurhorst, 2008).

Folgt man empirischen Befunden, ist der Bedarf an genau diesem doppelt fokussierten Angebot (Geißler-Piltz, Mühlum & Pauls, 2005) jedoch steigend und kann ohne eine hinreichende Förderung der individuellen Lebenslage mit ihren psychosozialen Faktoren ebenso wenig beantwortet werden wie durch eine zu enge Fokussierung auf psychophysische Aspekte (Pauls, 2011/2013). Psychosoziale Praxis muss daher – in einem gekonnten interdisziplinären und interprofessionellen Konzert – in

---

1 Heekerens' (2016) Explikationen zu den grundlegenden Konzepten der Functional School zeigen die Möglichkeiten eines sozial akzentuierten (psycho)therapeutischen Profils und heben besonders die Verschränkungen der Beziehungsarbeit mit Merkmalen sozialer Organisationen hervor.

der Lage sein, beide Aspekte miteinander zu verknüpfen. In diesem Zusammenhang hat Soziale Arbeit die Aufgabe, neben anderen wichtigen Kompetenzen auch therapeutische bzw. therapeutisch beratende Qualitäten in den Hilfeprozess einzubringen (Pauls & Reicherts, 2014). Diese Kompetenz – im Sinne einer »socially sensitive therapy« (Milne, 1999, S. 110) – verortet Soziale Arbeit als souveräne Disziplin im Sozial- und Gesundheitswesen, ohne ihren professionellen Auftrag »beruflich geleisteter Solidarität mit Menschen ... in sozialen Notlagen« (DBSH, 1997, S. 1) zu verraten.

Die Notwendigkeit, sich Kenntnisse über psychotherapeutische Konzepte anzueignen, um in psychosozialen Feldern der Berufspraxis gewappnet zu sein, wird aktuell immer wieder in Seminaren mit Studierenden Sozialer Arbeit und im Fachdiskurs erörtert. Allerdings gibt es hier nach dem Bruch durch die nationalsozialistische Diskreditierung einer therapeutisch orientierten (Psycho-)Sozialen Arbeit (und der jüdischen ProtagonistInnen wie Salomon, Wronsky, Kronfeld) einen weiteren geschichtlichen Bruch, der das Verhältnis der Sozialen Arbeit zu den medizinischen und psychologischen Disziplinen und Professionen in Deutschland bis heute beeinträchtigt. Insbesondere in den 1970er-Jahren übten SozialwissenschaftlerInnen Kritik an sog. pathologisierenden Konzeptionen und Praktiken. Damit wurde auch in Deutschland – in der Folge der 68er-Bewegung – eine Kontroverse innerhalb der Sozialen Arbeit ausgetragen, die Goldstein (1980) bei den Debatten um die Etablierung der Clinical Social Work in den USA mit den Begriffen »people helper« versus »societal changer« (S. 173) beschrieben hatte. Im Zentrum der Kritik standen die »Individualisierung sozialer Problemlagen« (Galuske & Müller, 2005, S. 500) und die darin implizierte »Pathologisierung der Klienten« (ebd.; vgl. auch Meinhold, 2005).

Eine fatale Folge dieser bedeutsamen »kritischen« Wende der Sozialen Arbeit (Thole, 2005) bestand jedoch darin, dass das disziplinär entstandene Vakuum in der Praxis der Fallarbeit von vielen SozialarbeiterInnen durch psychotherapeutische Fortbildungen inkl. eines Identitätswechsels dorthin gefüllt wurde (Geißler-Piltz et al., 2005). Nach Ohling (2015) war eine wichtige Ursache dieser Entwicklungen die in Deutschland tradierte »Identitätskrise« der Profession Soziale Arbeit. Die »direct practice« (Goldstein, 1980, S. 175) der »people helper« (ebd., S. 180), die in den 1970er-Jahren in den USA ein spezifisches sozialarbeiterisches Profil in der Clinical Social Work fand, entwickelte sich in Deutschland zunächst nicht selten weiter von den Aufgaben der Sozialen Arbeit weg, nicht – wie gefordert – zu den Kernproblemen benachteiligter Lebenslagen und sozialer Teilhabe im Kontext psychischer Störungen und Erkrankungen hin (Gahleitner, 2006). Mit dem Entstehen der Klinischen Sozialarbeit in Deutschland seit Mitte der 1990er-Jahre wurde der Arbeit an der sozialen Dimension menschlichen Seins sowie der Arbeit am Verhalten *und* an den Verhältnissen eine neue (teil)disziplinäre Bleibe geboten, sodass klinisch-therapeutisch arbeitende SozialarbeiterInnen nicht mehr durch eine psychotherapeutische Weiterbildung notwendigerweise die soziale gegen die psychische Dimension austauschen mussten. Ohling (2015) zeigt das bereichernde Potenzial einer solcherart orientierten Sozialarbeit exemplarisch im Kontext von Gesundheitsarbeit, Suchtkrankenhilfe, aufsuchender Familientherapie oder multisystemischer Familientherapie.

Mit der Einführung des Psychotherapeutengesetzes (1998) wurde zudem das Verständnis von Psychotherapie als verordnungsfähige Kassenleistung auf die individuum- und störungszentrierte ärztliche und psychologische Psychotherapie eingegrenzt

(Großmaß, 2004), obwohl laut Gutachten zur Lage der Psychotherapie (Meyer, Richter, Grawe, Graf von der Schulenburg & Schulte, 1991) in Deutschland für die Bundesregierung festgehalten worden war, dass ca. ein Drittel der Psychotherapien mit Erwachsenen durch SozialpädagogInnen bzw. SozialarbeiterInnen durchgeführt wurden (in der Kinder- und Jugendlichenpsychotherapie waren beinahe 90 Prozent der »PsychagogInnen« aus dieser Berufsgruppe). Als fatal für die Zusammenführung der beiden professionellen Stränge erweist sich die Tatsache, dass nach dem Psychotherapeutengesetz Tätigkeiten, »die die Aufarbeitung und Überwindung sozialer Konflikte oder sonstige Zwecke außerhalb der Heilkunde zum Gegenstand haben« (PsychThG, § 1 Abs. 3; Deutscher Bundestag, 1998), nicht zur Ausübung von heilkundlicher Psychotherapie gehören. Das Verhältnis zwischen Psychotherapie und Sozialarbeit in Deutschland ist von diesem Sachverhalt stark geprägt (vgl. zu diesem Diskurs u. a. Heekerens, 2016; Enders & Heekerens, 1994; Johach, 1993; Galuske & Müller, 2005; Gildemeister & Robert, 2005; Müller, 1995; Dörr, 2002; Eyferth & Neumann-Mehring, 1978; Pfannendörfer, 1991). Von sozialpädagogischer Seite werden dabei insbesondere die Abkehr von benachteiligten KlientInnengruppen, eine Verengung von komplexen soziopsychischen Problemdefinitionen und Hilfeformen sowie eine Vernachlässigung reflexiver Kritik in Bezug auf Machtverhältnisse befürchtet (vgl. zusammenfassend Müller, 1995). Bei genauerer Betrachtung finden sich jedoch viele Hinweise für gegenteilige Entwicklungen: Ohne die Präsenz der Sozialen Arbeit in therapeutischen Handlungsfeldern gäbe es eine beachtlich große KlientInnengruppe, die gar nicht oder nicht in der notwendigen Komplexität und methodischen Breite adäquat versorgt würde (vgl. u. a. Gahleitner, Borg-Laufs & Zurhorst, 2008; Köppel, 2005; Rauchfleisch, 1996/2004; Pauls, 2011/2013; Rutz & Pauls, 2017).

Will man es auf den Punkt bringen, könnte man sagen, Psychotherapie als »bewusster, geplanter, interaktioneller Prozess zur Beeinflussung von Verhaltensstörungen und Leidenszuständen ... mittels lehrbarer Techniken auf der Basis einer Theorie des normalen und pathologischen Verhaltens« (Strotzka, 1975, S. 4) hat Symptomminimalisierung und/oder Strukturänderung der Persönlichkeit zum Ziel. Soziale Arbeit befasst sich mit der »Bearbeitung gesellschaftlich und professionell als relevant angesehener Problemlagen« (Klüsche, 1999, S. 44) und verweist damit in Abgrenzung zu Medizin und Psychologie auf einen ethisch fundierten sozialpolitischen Auftrag. Gemeinsam ist diesen beiden Professionen eine »qualitative Differenz zu ›naturwüchsigem‹ sozialen Handeln« (Gildemeister & Robert, 2005, S. 1906). In der Sozialen Arbeit wird jedoch über das Erleben und Verhalten hinaus Verhalten in sozialen Verhältnissen adressiert (»person-in-environment«), soziale Integration und soziale Teilhabe sind das primäre Ziel. Eine (klinisch profilierte) Soziale Arbeit kann keinesfalls ausschließlich »objektive Problemverstrickungen« (ebd., S. 1904) bearbeiten, um die im Verlauf der Biografie internalisierten Folgen sozialer Probleme zu lösen (vgl. insbesondere Sommerfeld, Dällenbach, Rüegger & Hollenstein, 2016).

Im Abgrenzungsdiskurs der Sozialen Arbeit von psychotherapeutisch geprägten Konzepten und Kompetenzen (Galuske, 1998) ist allerdings nicht selten verloren gegangen, dass auch in der Psychologie, insbesondere der Gemeindepsychologie (vgl. u. a. Keupp, 1987, 1991; Kardorff, 1985) und Sozialpsychiatrie (Dörner & Plog, 1978), ein wesentlich umfassenderes Verständnis von Psychotherapie als Gesundheitsarbeit unter Einbezug des sozialen Kontextes existiert, das der Sozialen Arbeit in klinischen Handlungsfeldern sehr nahe steht (Pauls, 2011/2013). Hey (2000) kommentiert: »Psychotherapeutische Methoden basieren ... auf systematisierten Formen personaler Interaktion bzw. Kommunikation, die sich hinsichtlich ihrer Grundkonzeptionen nicht für irgendeine Berufsgruppe monopolisieren lassen« (S. 186).[2] In den USA wurde eine Reihe zielgruppen- und arbeitsfeldspezifischer Ansätze aus sozialarbeiterischer Sicht unter Einbezug psychotherapeutischer Schulen erarbeitet (vgl. u. a. Dorfman, 1996; Turner, 1997). »Case Work« als einzelfallbezogene Beratung, Begleitung und Unterstützung in prekären Lebenslagen wurde ursprünglich aus der Psychoanalyse heraus entwickelt (Dörr, 2002, 2005; Neuffer, 1990).

Auch Dorfman (1996) stellte sich diesem Spannungsverhältnis ausdrücklich und prägte in den USA den Begriff der »psychotherapy plus« (S. 41). Dieses »plus« ist definiert durch die Vielzahl von Aufgaben der SozialarbeiterInnen, die – im Unterschied zu anderen Professionen – vermitteln, unterstützen, Ressourcen erschließen, erziehen, koordinieren, beraten und den Beratungs-/Behandlungsprozess erforschen und auswerten. Damit schloss sie an die Tradition »sozialer Diagnose« und »sozialer Therapie« der Pionierinnen Richmonds (1917, 1922) und Salomons (1926/2002) an. Eine Vielzahl von Beratungsstellen fußt auf und arbeitet aus dieser Perspektive mit psychotherapeutisch geprägten Ansätzen, Methoden und Techniken, die inzwischen auch in Deutschland für eine Reihe von Arbeitsfeldern und Zielgruppen der Sozialen Arbeit ausdifferenziert wurden (vgl. u. a. Pauls, Stockmann & Reicherts, 2014; Pauls, 2011/2013; Schaub, 2008; Schwendter, 2000; Herausgabebände »Klinische Sozialarbeit« von Dörr, 2002; Gahleitner & Hahn, 2008; Ortmann & Röh, 2008; Zeitschrift »Klinische Sozialarbeit – Zeitschrift für psychosoziale Praxis und Forschung« 2005 ff.). Professionelle Beziehungsarbeit, Gesprächsführung, Beratung, Soziotherapie und Krisenintervention sind ohne diese Wissensbestände gar nicht denkbar. Aus dieser Perspektive kann von der Psychotherapie sogar als »Spezialfall sozialer Beratung« (Crefeld, 2002, S. 32) gesprochen werden, bzw. klinisch orientierte Sozialarbeit könnte aus dieser Perspektive mit ihrer gelungenen Interdependenz von Psychodynamik und Soziodynamik (Schulze, 2006) als Dach für soziale Beratung und Therapie dienen (Crefeld, 2002; Dörr, 2002; Kling-Kirchner, 2000).

2.2 Möglichkeiten einer strukturellen Integration des Spannungsverhältnisses

Die Notwendigkeit, Soziale Arbeit in die psychotherapeutische Versorgung zu integrieren, ist zwar für viele Arbeitsfelder nicht gesetzlich verankert, dennoch gibt

---

2 Methodisch haben sich z. B. der humanistische (Rogers, 1957) und der systemische (Heekerens, 1990) Ansatz von Beginn an massiv von medizinischen Vorstellungen abgegrenzt und Psychotherapie stärker als psycho-soziale Beziehungsarbeit verstanden. Auch die Verhaltenstherapie hat sich in den 1980er-Jahren in der Sozialen Arbeit engagiert und ein psychosoziales Profil gezeigt (Schmitt, 1988).

es aber oft Möglichkeiten der Integration. In der psychosomatischen Akutversorgung z. B. ist der sozialarbeiterische Anteil nicht so stark verankert wie im Bereich der stationären psychiatrischen Versorgung (vgl. Psych-PV: Deutscher Bundestag, 1998), aber es gibt durchaus Richtlinien, auf die man sich beziehen kann. Die allgemeine gesetzliche Verpflichtung von Krankenhäusern, ihren Versicherten soziale Betreuung und Beratung anzubieten und die poststationäre Nachsorge zu organisieren nach § 112 SGB V (vgl. Becker & Kingreen, 2016), kann auch für den Bereich der psychotherapeutischen Akutversorgung herangezogen werden. Darüber hinaus bietet der zur stationären Versorgung eingesetzte Katalog zur Kodierung von Operationen und Prozedurenschlüssel (OPS) des Deutschen Institutes für Medizinische Dokumentation und Information (DIMDI) eine wichtige Grundlage für die Integration von Sozialarbeit in die psychotherapeutische Versorgung.

Sowohl in der Regelbehandlung wie auch bei der psychosomatisch-psychotherapeutischen Komplexbehandlung bei psychischen und psychosomatischen Verhaltensstörungen bei Erwachsenen wird sogar erwartet, dass im Bereich der SpezialtherapeutInnen u. a. SozialarbeiterInnen im Behandlungsteam vertreten sind (DIMDI, 2016, 9-60 bis 9-64). Das Vorliegen von drohenden oder bestehenden psychosozialen Notlagen wird auch als kodier- und abrechnungswürdig benannt. Hierzu zählen nach OPS 9-646 folgende Situationen:

- »Klärung und Regelung gravierender finanzieller Notlagen (z. B. massive Verschuldung in Abhängigkeit von der jeweiligen sozialen Situation des Patienten, Privatinsolvenz oder verlorener Krankenversicherungsschutz)
- Klärung und Regelung bei unmittelbar drohender oder eingetretener Erwerbslosigkeit (z. B. Abmahnung, erfolgte Aussprache der Kündigung)
- Klärung und Regelung der Wohnsituation bei unmittelbar drohender oder eingetretener Obdachlosigkeit (z. B. hohe Zahlungsrückstände, erfolgte Kündigung der Wohnung oder Räumungsklage)
- Klärung und Regelung der Weiterversorgung abhängig betreuter Angehöriger (z. B. Kinder) bei unmittelbar fehlender Versorgung durch Dritte« (ebd.; 9-646).

Die in diesem Zusammenhang auftretenden Leistungen werden in der Regel von SozialarbeiterInnen und SozialpädagogInnen erbracht (»erhöhter Aufwand bei drohender oder bestehender psychosozialer Notlage bei Erwachsenen«; ebd.).

Als weitere richtungsweisende Grundlage für die Einbindung von sozialarbeiterischen Kompetenzen in die stationäre psychotherapeutische Versorgung dient die S3-Leitlinie »Psychosoziale Therapien bei schweren psychischen Erkrankungen« (DGPPN, 2013). Sie greift u. a. alltagsrelevante und soziale Themen auf, die in der Behandlung von Menschen mit schweren psychischen Erkrankungen eine wesentliche Rolle spielen. Hierzu zählen die Bereiche Training von Alltags- und sozialen Fähigkeiten, Arbeitsrehabilitation und Teilhabe am Arbeitsleben sowie Wohnangebote für psychisch kranke Menschen. Auch wenn die Leitlinie ihren Fokus sehr stark auf den Bereich der psychiatrischen Versorgung von schwer psychisch kranken Menschen legt, sind die genannten Bereiche der beruflichen Reintegration, der Stärkung der Alltagskompetenzen sowie Fragen der Unterstützung von selbstständigem Wohnen auch in der täglichen Arbeit auf einer psychosomatischen-psychotherapeutischen Station präsent.

2 Soziale Arbeit und Psychotherapie – ein schwieriges, jedoch auch fruchtbares Verhältnis

Neben diesen vorliegenden Richtlinien, die den Einsatz von Sozialer Arbeit im Bereich der Psychotherapie auf der rechtlichen Ebene stützen, ist es jedoch notwendig, die beiden Disziplinen auch handlungstheoretisch einander anzunähern. Beratende sozialarbeiterische und therapeutische Aufgaben können nicht als einander ausschließend betrachtet werden, sondern weisen eine hohe Überschneidungsfläche auf, die sich interprofessionell hervorragend qualitätssteigernd nutzen lässt (vgl. z. B. für das Feld der Kinder- und Jugendhilfe Gahleitner, 2017; Romanowski & Pauls, 2017). Die gravierenden sozialen Probleme, die häufig mit den psychischen und psychosomatischen Erkrankungen verbunden sind, setzen die betroffenen PatientInnen und BehandlerInnen im Falle des Nichtgelingens der Verbindung sonst oft unter großen Handlungsdruck. Viele der damit verbundenen Herausforderungen scheinen im Rahmen einer Psychotherapie nur schwer lösbar und können zu Chronifizierung beitragen (vgl. für den Bereich der Suchtbehandlung eine exemplarische Falldarstellung bei Lammel & Funk, 2017).

PsychotherapeutInnen in ihrer täglichen Arbeit Handlungsstrategien zu vermitteln, um mit gravierenden sozialen Problemen ihrer PatientInnen einen fachlich adäquaten Umgang zu finden, ist daher von einer großen Bedeutsamkeit. In der psychotherapeutischen Versorgung zeigt sich jedoch, dass weder die Ausbildungsinhalte noch die beruflichen Rahmenbedingungen ärztlicher oder psychologischer PsychotherapeutInnen darauf ausgerichtet sind, hinreichende Kompetenzen zu erwerben, um den komplexen sozialen Problemen hochbelasteter PatientInnen angemessen begegnen zu können. Drei einander ergänzende Strategien scheinen vor diesem Hintergrund von hoher Relevanz, um sozialen Krisen von betroffenen PatientInnen adäquat zu begegnen: (1) die Steigerung der Sensibilität von PsychotherapeutInnen für das Erkennen von ernsthaften sozialen Krisen und der Kompetenzen in deren Begleitung, (2) die Verbesserung der Zusammenarbeit mit der Klinischen Sozialarbeit und (3) die Integration von sozialtherapeutischen Konzepten in einen psychotherapeutischen Gesamtbehandlungsplan (vgl. Bösel, Siegfarth, Schauenburg, Nikendei & Ehrenthal, 2014; Bösel, 2017)

In den nun folgenden Kapiteln im Abschnitt B und C wird vertiefend auf die genannten Strategien eingegangen. Abschließend kann zudem konstatiert werden, dass es im Bereich der Ausbildung von PsychotherapeutInnen in den letzten Jahren erste Ansätze gibt, dem Aspekt der sozialen Faktoren und den notwendigen Handlungsstrategien im Umgang mit ihnen einen höheren Stellenwert einzuräumen. So gibt es z. B. im Masterstudiengang Klinische Psychologie und Psychotherapie am Psychologischen Institut der Universität Kassel ein verpflichtendes Blockseminar zu dieser Thematik, und seit 2012 ist hierzu eine Lehrveranstaltungsreihe fester Bestandteil im Rahmen der Psychotherapieausbildung am HIP der Uniklinik Heidelberg. Es lässt also hoffen, dass die Professionen sich in der Zukunft weniger in Abgrenzung als in Zusammenarbeit definieren.

Literatur

Becker, U. & Kingreen, T. (Hrsg.). (2016). *SGB V. Recht des öffentlichen Gesundheitswesens.* (16., überarbeitete und erweiterte Auflage). München: Beck.

Bösel, M. (2017). Integration sozialtherapeutischer Kompetenz in der psychotherapeutischen Versorgung. In U. A. Lammel & H. Pauls (Hrsg.), *Sozialtherapie. Sozialtherapeutische Interventionen als dritte Säule der Gesundheitsversorgung* (S. 91–99). Dortmund: vml.

Bösel, M., Siegfarth, B., Schauenburg, H., Nikendei, C. & Ehrenthal, J. C. (2014). Integration sozialarbeiterischer Kompetenz in die psychotherapeutische Versorgung. *Psychotherapeut, 59,* 6, 474–479. Zugriff am 14.01.2018 unter https://www.researchgate.net/publication/268686198_Integration_sozialarbeiterischer_Kompetenz_in_die_psychotherapeutische_Versorgung.

Bräutigam, W. (1986). Psychosomatische Klinik. In G. Schettler (Hrsg.), *Das Klinikum der Universität Heidelberg und seine Institute. Ein Bericht der Klinik- und Abteilungsdirektoren zur Geschichte und den Aufgaben der Kliniken und Instituten am Klinikum der Ruprecht-Karls-Universität Heidelberg* (S. 137–140). Berlin: Springer.

Crefeld, W. (2002). Klinische Sozialarbeit – nur des Kaisers neue Kleider? In M. Dörr (Hrsg.), *Klinische Sozialarbeit, eine notwendige Kontroverse* (S. 23–39). Baltmannsweiler: Schneider.

Deutsche Gesellschaft für Psychiatrie und Psychotherapie, Psychosomatik und Nervenheilkunde (DGPPN) (Hrsg.). (2013). *S3-Leitlinie Psychosoziale Therapien bei schweren psychischen Erkrankungen. S3-Praxisleitlinien in Psychiatrie und Psychotherapie.* Heidelberg: Springer. Zugriff am 14.01.2018 unter https://www.dgppn.de/_Resources/Persistent/624d163d1df61ca1e079a5ca496f6b6595e83d6b/S3-LL-PsychosozTherapien_Langversion.pdf.

Deutscher Berufsverband für Soziale Arbeit (DBSH) (1997). *Professionell handeln auf ethischen Grundlagen. Berufsethische Prinzipien des DBSH.* Essen: DBSH.

Deutscher Bundestag (1998). *Gesetz über die Berufe des Psychologischen Psychotherapeuten und des Kinder- und Jugendlichenpsychotherapeuten (Psychotherapeutengesetz – PsychThG).* Psychotherapeutengesetz vom 16. Juni 1998 (BGBl. I S. 1311), das zuletzt durch Artikel 6 des Gesetzes vom 23. Dezember 2016 (BGBl. I S. 3191) geändert worden ist. Berlin: Deutscher Bundestag. Zugriff am 14.01.2018 unter https://www.gesetze-im-internet.de/psychthg/BJNR131110998.html.

Deutsches Institut für Medizinische Dokumentation und Information (DIMDI) (2016). *Operationen- und Prozedurenschlüssel (OPS). Version 2016.* Köln: DIMDI. Zugriff am 14.01.2018 unter https://www.dimdi.de/static/de/klassi/ops/kodesuche/onlinefassungen/opshtml2016/.

Dörner, K. & Plog, U. (1978). *Irren ist menschlich oder Lehrbuch der Psychiatrie, Psychotherapie.* Wunstorf: Psychiatrie-Verlag.

Dörr, M. (Hrsg.). (2002). *Klinische Sozialarbeit – eine notwendige Kontroverse.* Baltmannsweiler: Schneider.

Dörr, M. (2005). *Soziale Arbeit in der Psychiatrie.* München: Reinhardt.

Dorfman, R. A. (1996). *Clinical social work. Definition, practice and vision.* New York: Brunner/Mazel.

Enders, W. & Heekerens, H.-P. (1994). Licht am Horizont. Neues zu »Soziale Arbeit und Psychotherapie«. *Neue Praxis, 24,* 4, 361–365.

Eyferth, H. & Neumann-Mehring, S. (Hrsg.) (1978). *Sozialarbeit und Therapie* (Reihe: Neue Praxis – Sonderhefte, Bd. 4). Lahnstein: Neue Praxis.

Gahleitner, S. B. (2006). ›ICD plus‹ und ›Therapie plus‹ – Diagnostik und Intervention in der Klinischen Sozialarbeit. *Klinische Sozialarbeit, 2,* Online-Sonderausgabe, 12–22. Zugriff am 14.01.2018 unter http://www.zks-verlag.de/files_s620_e2327_o25428_0_size_o_klinsa_special_2006.pdf.

Gahleitner, S. B. (2017). *Soziale Arbeit als Beziehungsprofession. Bindung, Beziehung und Einbettung professionell ermöglichen.* Weinheim: Beltz Juventa.

Gahleitner, S. B., Borg-Laufs, M. & Zurhorst, G. (2008). Kinder- und Jugendlichenpsychotherapie nach der Bologna-Reform. Perspektiven der Sozialarbeit, Sozialpädagogik und Heilpädagogik – sieben Thesen. *Verhaltenstherapie mit Kindern & Jugendlichen, 4,* 2, 123–126.

Gahleitner, S. B. & Hahn, G. (Hrsg.). (2008). *Klinische Sozialarbeit. Zielgruppen und Arbeitsfelder*. Bonn: Psychiatrie-Verlag.

Gahleitner, S. B. & Pauls, H. (2010). Soziale Arbeit und Psychotherapie. Zum Verhältnis sozialer und psychotherapeutischer Unterstützungen und Hilfen. In W. Thole (Hrsg.), *Grundriss Soziale Arbeit. Ein einführendes Handbuch* (3., überarbeitete Auflage; S. 367–374). Wiesbaden: VS.

Galuske, M. (1998). *Methoden der Sozialen Arbeit. Eine Einführung*. Weinheim: Juventa.

Galuske, M. & Müller, W. C. (2005). Handlungsformen der Sozialen Arbeit – Geschichte und Entwicklung. In W. Thole (Hrsg.), *Grundriss Soziale Arbeit. Ein einführendes Handbuch* (2., überarbeitete und aktualisierte Auflage; S. 485–508). Wiesbaden: VS.

Gänshirt, H. (1986). Neurologische Klinik. In G. Schettler (Hrsg.), *Das Klinikum der Universität Heidelberg und seine Institute. Ein Bericht der Klinik- und Abteilungsdirektoren zur Geschichte und den Aufgaben der Kliniken und Instituten am Klinikum der Ruprecht-Karls-Universität Heidelberg* (S. 124–127). Berlin: Springer.

Geißler-Piltz, B., Mühlum, A. & Pauls, H. (2005). *Klinische Sozialarbeit*. München: Reinhardt.

Gildemeister, R. & Robert, G. (2005). Sozialpädagogik und Therapie. In H.-U. Otto & H. Thiersch (Hrsg.), *Handbuch der Sozialarbeit/Sozialpädagogik* (S. 1901–1909). Neuwied: Luchterhand.

Goldstein, E. G. (1980). Knowledge base of clinical social work. *Social Work, 25*, 3, 173–178.

Großmaß, R. (2004). Psychotherapie und Beratung. In F. Nestmann, F. Engel & U. Sickendiek (Hrsg.), *Das Handbuch der Beratung. Bd. 1: Disziplinen und Zugänge* (S. 89–102). Tübingen: DGTV.

Hahn, G. (2014). Sozialtherapie – Begriffsgeschichte und Gegenstandsbestimmung. *Klinische Sozialarbeit, 10*, 2, 12–15.

Heekerens, H.-P. (1990). Soziale Arbeit und systemische Therapie. *Soziale Arbeit. Zeitschrift für soziale und sozialverwandte Gebiete, 39*, 8, 282–286.

Heekerens, H.-P. (2016). *Psychotherapie und Soziale Arbeit- Studien zu einer wechselvollen Beziehungsgeschichte*. Weitramsdorf: ZKS-Verlag. Zugriff am 02.02.2018 unter http://www.zks-verlag.de/files_s620_e2325_o25918_0_size_o_hans-peter-heekerens-psychotherapie-und-soziale-arbeit.pdf.

Hey, G. (2000). Klinische Sozialarbeit. Zu den Aufgaben Sozialer Arbeit in Einrichtungen des Gesundheitswesens. In S. Sting & G. Zurhorst (Hrsg.), *Gesundheit und Soziale Arbeit. Gesundheit und Gesundheitsförderung in den Praxisfeldern Sozialer Arbeit* (S. 163–175). Weinheim: Juventa.

Johach, H. (1993). *Soziale Therapie und Alltagspraxis. Ethische und methodische Aspekte einer Theorie der sozialen Berufe*. Weinheim: Juventa.

Kardorff, E. v. (Hrsg.). (1985). *Modellprogramm Psychiatrie. Psychiatrie auf Reformkurs?* Bonn: Psychiatrie Verlag.

Keupp, H. (1987). *Psychosoziale Praxis im gesellschaftlichen Umbruch*. Bonn: Psychiatrie Verlag. Zugriff am 14.01.2018 unter http://bidok.uibk.ac.at/library/keupp-praxis.html#idp1895152.

Keupp, H. (1991). Beratung und Therapie. Neue gesellschaftliche Anforderungen an die soziale Arbeit. Die Rede vom »Psychoboom« greift zu kurz. *Blätter der Wohlfahrtspflege, 138*, 1, 3–5.

Kling-Kirchner, C. (2000). Klinische Sozialarbeit und soziale Beratung. Spezialisierungen wie Suchtberatung, Supervision und Familientherapiekönnen in einem Fachgebiet »Klinische Sozialarbeit« aufgehen. *Blätter der Wohlfahrtspflege, 147*, 5/6, 107–109.

Klinische Sozialarbeit (2005 ff.). *Klinische Sozialarbeit – Zeitschrift für psychosoziale Praxis und Forschung*.

Klüsche, W. (1999). Zum Gehalt der für die Bestimmung des Gegenstandes Sozialer Arbeit verwendeten Begriffe. In W. Klüsche (Hrsg.), *Ein Stück weitergedacht ... Beiträge zur Theorie und Wissenschaftsentwicklung der Sozialen Arbeit* (S. 44–49). Freiburg: Lambertus.

Köppel, M. (2005). Soziale Arbeit muss im Gesundheitswesen strukturell verortet werden. Unverzichtbarer Baustein ganzheitlicher Therapie – neue Forschungsergebnisse bieten Chancen. *Forum sozialarbeit + gesundheit, 1*, 1, 6–9.

Krehl, L. v. (1898). *Pathologische Physiologie. Ein Lehrbuch für Studirende und Ärzte*. Leipzig: Vogel.

Lammel, U. A. & Funk, K. (2017). Sozialtherapeutische Ansätze in der ambulanten und stationären Suchtarbeit. In U. A. Lammel & H. Pauls (Hrsg.), *Sozialtherapie. Sozialtherapeutische Interventionen als dritte Säule der Gesundheitsversorgung* (S. 194–209). Dortmund: vml.

Meinhold, M. (2005). Über Einzelfallhilfe und Case Management. In W. Thole (Hrsg.), *Grundriss Soziale Arbeit. Ein einführendes Handbuch* (2., überarbeitete und aktualisierte Auflage; S. 509–521). Wiesbaden: VS.

Meyer, A. E., Richter, R., Grawe, K., Graf von der Schulenburg, J.-M. & Schulte, B. (1991). *Forschungsgutachten zu Fragen eines Psychotherapeutengesetzes im Auftrag des Bundesministeriums für Jugend, Familie, Frauen und Gesundheit*. Hamburg: UKE.

Milne, D. L. (1999). *Social therapy. A guide to social support interventions for mental health practitioners*. New York: Wiley.

Müller, W. C. (1995). *Wie Helfen zum Beruf wurde. Eine Methodengeschichte der Sozialarbeit. Bd. 1: 1945–1995* (3., erweiterte und neu gestaltete Auflage). Weinheim: Beltz.

Neuffer, M. (1990). *Die Kunst des Helfens. Geschichte der sozialen Einzelhilfe in Deutschland*. Weinheim: Beltz.

Ohling, M. (2015). *Soziale Arbeit und Psychotherapie. Veränderung der beruflichen Identität von SozialpädagogInnen durch Weiterbildung in psychotherapeutisch orientierten Verfahren* (Reihe: Grundlagetexte Soziale Berufe). Weinheim: Beltz Juventa.

Ortmann, K. & Röh, D. (Hrsg.). (2008). *Klinische Sozialarbeit. Konzepte – Praxis – Perspektiven*. Freiburg: Lambertus.

Pauls, H. (2013). *Klinische Sozialarbeit. Grundlagen und Methoden psycho-sozialer Behandlung* (Reihe: Grundlagentexte Soziale Berufe; 3., unveränderte Auflage). Weinheim: Beltz Juventa (letzte überarbeitete Auflage erschienen 2011).

Pauls, H. & Reicherts, M. (2013). Allgemeine Basiskompetenzen für sozialtherapeutische Beratung – ein Konzept zur Systematisierung. In H. Pauls, P. Stockmann & M. Reicherts (Hrsg.), *Beratungskompetenzen für die psychosoziale Fallarbeit. Ein sozialtherapeutisches Profil* (S. 57–78). Freiburg: Lambertus.

Pauls, H., Stockmann, P. & Reicherts, M. (Hrsg.) (2013). *Beratungskompetenzen für die psychosoziale Fallarbeit. Ein sozialtherapeutisches Profil*. Freiburg: Lambertus.

Pfannendörfer, G. (Hrsg.). (1991). Beratung und Therapie [Themenheft]. *Blätter der Wohlfahrtspflege, 138*, 1.

Rauchfleisch, U. (2004). *Menschen in psychosozialer Not. Beratung, Betreuung, Therapie* (2., unveränderte Auflage). Göttingen: Vandenhoeck & Ruprecht (Erstauflage erschienen 1996).

Richmond, M. E. (1917). *Social diagnosis*. New York: Russell Sage Foundation. Zugriff am 14.01.2018 unter http://www.historyofsocialwork.org/PDFs/1917,%20Richmond,%20Social%20Diagnosis%20OCR%20C.pdf.

Richmond, M. E. (1922). *What is social casework?* New York: Sage. Zugriff am 14.01.2018 unter https://archive.org/details/whatissocialcase00richuoft.

Rogers, C. R. (1957). The necessary and sufficient conditions of therapeutic personality change. *Journal of Consulting Psychology, 21*, 2, 95–103.

Romanowski, C. & Pauls, H. (2017). Sozialtherapeutische Unterstützung der Teilhabefähigkeit psychisch kranker Kinder und Jugendlicher im ambulanten Setting. In U. A. Lammel & H. Pauls (Hrsg.), *Sozialtherapie. Sozialtherapeutische Interventionen als dritte Säule der Gesundheitsversorgung* (S. 158–168). Dortmund: vml.

Rutz, W. & Pauls, H. (2017). Gesundheitsversorgung im gesellschaftlichen Wandel. Ein Aufruf für eine europäische biopsychosoziale Gesundheitsperspektive. In U. A. Lammel & H. Pauls (Hrsg.), *Sozialtherapie. Sozialtherapeutische Interventionen als dritte Säule der Gesundheitsversorgung* (S. 17–26). Dortmund: vml.

Salomon, A. (2002). *Soziale Diagnose*. Berlin: Alice-Salomon-Fachhochschule (Original erschienen 1926).

Schaub, H.-A. (2008). *Klinische Sozialarbeit. Ausgewählte Theorien, Methoden und Arbeitsfelder in Praxis und Forschung.* Göttingen: V&R unipress.

Schmitt, R. (1988). Psychosoziale Verhaltenstherapie? Einzelfallhilfe und Familienhilfe als praktischer Versuch. *Verhaltenstherapie & psychosoziale Praxis, 20,* 2, 176–187. Zugriff am 14.01.2018 unter http://nbn-resolving.de/urn:nbn:de:0168-ssoar-3475.

Schulze, H. (2006). *Migrieren – Arbeiten – Krankwerden. Eine biographietheoretische Untersuchung.* Bielefeld: Transcript.

Schwendter, R. (2000). *Einführung in die Soziale Therapie.* Tübingen: DGVT.

Sommerfeld, P., Dällenbach, R., Rüegger, C. & Hollenstein, L. (2016). *Klinische Soziale Arbeit und Psychiatrie. Entwicklungslinien einer handlungstheoretischen Wissensbasis.* Wiesbaden: Springer VS.

Strotzka, H. (1975). *Psychotherapie. Grundlagen, Verfahren, Indikationen.* München: Urban & Schwarzenberg.

Thole, W. (2005). Soziale Arbeit als Profession und Disziplin. In W. Thole (Hrsg.), *Grundriss Soziale Arbeit. Ein einführendes Handbuch* (2., überarbeitete und aktualisierte Auflage; S. 13–60). Wiesbaden: VS.

Turner, F. J. (Hrsg.). (1997). *Social work treatment. Interlocking theoretical approaches* (4., aktualisierte und erweiterte Auflage). New York: The Free Press.

Weizsäcker, V. v. (1947). *Körpergeschehen und Neurose. Analytische Studie über somatische Symptombildungen.* Stuttgart: Klett.

Weizsäcker, V. v. (1986). Soziale Krankheit und soziale Gesundung. In V. v. Weizsäcker, *Gesammelte Schriften. Bd. 8: Soziale Krankheit und soziale Gesundung. Soziale Medizin* (S. 31–95). Frankfurt: Suhrkamp (Original erschienen 1930).

3 Klinische Sozialarbeit und Sozialtherapie – Expertise Sozialer Arbeit in der Behandlung von Menschen mit und in sozialen und gesundheitlichen Multiproblemlagen

Dario Deloie, Helmut Pauls und Gernot Hahn

3.1 Problemstellung: Die »Hard-to-reach«-Klientel und ihre multiple Notlage

Die Klinische Sozialarbeit widmet sich seit mehreren Jahrzehnten aus biopsychosozialer Perspektive einer mehrfach belasteten Klientel, die oft für die Psychotherapie besonders schwer oder – zunächst – gar nicht erreichbar ist. Für diese Menschen, die als besonders herausfordernd betrachtet werden, haben sich in den unterschiedlichen Disziplinen Begriffe etabliert, die spezifische Sichtweisen auf die KlientInnen eröffnen und Handlungsoptionen evozieren. Im tiefenpsychologischen Kontext beispielsweise fand der Begriff »frühe Störung« Anwendung, der den Zeitpunkt der Genese der Problemlage in Augenschein nimmt. Häufig wird auch von »SystemsprengerInnen« oder »Drehtür-Klientel« gesprochen – Begriffen, die die Belastungen der KlientInnen und der behandelnden Institutionen kennzeichnen. Die »S3-Leitlinie: Psychosoziale Therapie bei schweren psychischen Erkrankungen« (DGPPN, 2013) spricht der internationalen Literatur entsprechend von Menschen mit »severe mental illness« (ebd., S. 3), die über einen längeren Zeitraum »Krankheitssymptome aufweisen, die mit erheblichen Auswirkungen auf die Aktivitäten des täglichen Lebens und das soziale Funktionsniveau einhergehen ... [und] mit einer intensiven Inanspruchnahme des Behandlungs- und psychosozialen Hilfesystems verbunden sind« (ebd.; Erg. v. Verf.). In der Klinischen Sozialarbeit hat sich in der Zwischenzeit der Begriff »Hard-to-reach«-Klientel etabliert und bezeichnet damit KlientInnen, »die dringend Unterstützung benötigen, jedoch vom Gesundheits- und Sozialsystem nur mangelhaft versorgt und erreicht werden. Oft sind sie durch multiple, häufig existenzielle, Problemlagen und Krankheitszustände bedroht. Meist verfügen sie in ihrem Umfeld nicht über eine ausreichende soziale An- und Einbindung« (Gahleitner, 2012, S. 37). Bei dieser Klientel kommt es zu einer Akkumulation psychischer Erkrankung und sozialer Problemlagen. Im Kontext der Klinischen Sozialarbeit ist der Begriff weiter gefasst als bei der DGPPN und bezieht neben psychischen Erkrankungen auch andere psychosoziale Notlagen ein. Pauls (2011/2013, S. 22) hat in seiner Monografie zur Klinischen Sozialarbeit den Gegenstandsbereich bzw. die Zielgruppe von Menschen in psychosozialen Krisen, multiplen Problemlagen und mit psychischen, psychosomatischen, soziosomatischen und körperlichen Erkrankungen im Fokus. Gahleitner (2012), die Bezug nimmt auf Labonté-Roset, Hofert und Cornel (2010), sieht darin KlientInnen, die aus belasteten Milieus stammen und keinen adäquaten Zugang zu Hilfesystemen finden. Im Fokus sind dabei einerseits die Barrieren aufseiten der Hilfesysteme, die nicht mit passgenauen Angeboten auf Notlagen antworten, auf der anderen Seite die KlientInnen, die aufgrund früher »zumeist ... schwer erschütterter Bindungsrepräsentationen – sozial schlecht integriert sind und ... [deren] Vertrauen in Menschen und Institutionen durch zahlreiche Abbrüche zerstört wurde« (Gahleitner, 2012, S. 38; Erg. v. Verf.).

Entlang der oben dargestellten Überlegungen sind sozialtherapeutische Maßnahmen Klinischer Sozialarbeit in die Krankenbehandlung immer dann einzubeziehen, wenn die soziale Dimension der Klientel in störungs- bzw. krankheitsrelevantem Ausmaß betroffen ist. Dabei wird der Beitrag innerhalb eines biopsychosozialen Modells von Krankheit und Gesundheit nicht auf die Folgeschäden als tertiäre Soziogenese begrenzt. Soziale Faktoren können, wie ein schlechter sozioökonomischer Status, primäre psychische und/oder somatische Erkrankungen in Verlauf, Ausprägung der Symptomatik und Grad der Chronifizierung verstärken, im Sinne einer indirekten Soziogenese. Stehen soziale Aspekte innerhalb einer multifaktoriellen Genese im Zentrum, kann – Strotzka (1975) folgend – von einer primären oder direkten Soziogenese gesprochen werden (vgl. auch Pauls, 2011/2013; Deloie, 2015). Beispielhaft sei das Modell der beruflichen Gratifikationskrisen (vgl. Siegrist, 1996, S. 97–117) aufgeführt, das – vereinfacht gesagt – einen Zusammenhang zwischen hoher Arbeitslast, geringer Belohnung und beispielsweise dem Neuauftreten von Alkoholabhängigkeitserkrankungen bei Männern aufzeigen konnte (Head, Stansdeld & Siegrist, 2004). Dass ein solches Modell nie allein ein soziales sein kann, zeigt sich daran, dass bei der beschriebenen Kohorte von Männern vor der Entwicklung der Suchterkrankung starke negative Emotionen als Reaktion auf die Verletzung der sonstigen stabilen kulturellen Norm zwischen Arbeit und Belohnung (reziprokes Verhältnis zwischen Nehmen und Geben) auftraten – also psychologische Merkmale. Die Indikation für die sozialarbeiterische (Mit-)Behandlung kann zusammenfassend mit Pauls und Lammel (2017) in pathogenen Prozessen gesehen werden, die »durch prekäre und belastende soziale Lebenslagen in bedeutsamer Weise ausgelöst und aufrechterhalten werden und/oder komplikationsreich verlaufen und mit sozialen Konsequenzen verbunden sind, die die Patientinnen und Patienten nicht nur belasten, sondern den Heilungsverlauf in relevanter Weise beeinflussen« (S. 8). Damit liegen im Zentrum des Behandlungsgeschehens »sozialpathologische Risikofaktoren«, die in anderen Heilberufen, wie beispielsweise der Psychotherapie oder Psychiatrie, nur von marginalem Interesse sind (Pauls & Hahn, 2015, S. 32).

3.2 Klinische Sozialarbeit als Antwort auf einen spezifischen Bedarf

Als Reaktion auf veränderte gesellschaftliche Entwicklungen und die Auswirkungen sozialer Probleme auf die Gesundheit von sozial marginalisierten und besonders bedürftigen Menschen bildete sich bereits mit Beginn des 20. Jahrhunderts in den

Vereinigten Staaten und parallel dazu in Deutschland ein neues berufliches Profil des Helfens heraus: Social Work bzw. Sozialarbeit. Bereits früh erkannten die ersten Protagonistinnen, dass das krankheitsbedingte Leid des einzelnen Menschen im Zusammenhang mit den Umweltfaktoren stand. Salomon und Wronsky (z. B. 1926) stellten in den 1920er-Jahren in der Folge von Richmond (1917) explizit und ausführlich sozialtherapeutische Anwendungskonzepte vor. Sie wurden allerdings durch den Nationalsozialismus unterdrückt und gerieten weitgehend in Vergessenheit. Richmond lenkte die Aufmerksamkeit auf die Person in der Umgebung (vgl. »person-in-environment« nach Bartlett, 1970). Einen wichtigen Beitrag zur historischen Identität der Clinical Social Work in den USA leistete die »funktionale« Schule des US-amerikanischen Social Casework, mit ihren Begründerinnen Robinson (1930) und Taft sowie deren Mentor Rank (zur Rolle der Functional School und Ranks vgl. Heekerens & Ohling, 2005; zum Verhältnis von Sozialer Arbeit und Psychotherapie vgl. Heekerens, 2016). Der Begriff *Clinical Social Work* (CSW) trat gegen Ende der 1960er-, Anfang der 1970er-Jahre in den professionellen Sprachgebrauch in den USA ein. Die Charakterisierung der Clinical Social Work durch Maguire (2002) betont theoretische und methodische Merkmale, die auch unser Verständnis der Sozialtherapie kennzeichnen: »Clinical social work practice is a systems-based approach that integrates advanced methods with empirically validated techniques and an eclectic framework« (S. 36; vgl. auch Pauls, 2011/2013, S. 15).

In Deutschland wurde der Begriff Klinische Sozialarbeit von Senftleben 1988 synonym für den Krankenhaussozialdienst kritisch verwendet. Feinbier, der 1997 die erste deutschsprachige Monografie zur Klinischen Sozialarbeit verfasste, führte den Begriff aus der terminologischen Engführung des Krankenhaussozialdienstes heraus. Der Sozialarbeitswissenschaftler Wendt stellte 1995 einen Bezug zum amerikanischen Clinical Social Work her und definiert Klinische Sozialarbeit »als Einsatz professioneller Sozialarbeit in der Behandlung psychosozialer und soziosomatischer Beeinträchtigungen und Störungen sowie in der Teilhabe an der Heilbehandlung von Krankheiten und an der Wiederherstellung von Gesundheit generell« (Wendt, 1998, S. 173). Es folgte eine Reihe grundlegender Veröffentlichungen zur Präzisierung. 2011 fasste Deloie den Stand um die Diskussion der Klinischen Sozialarbeit zusammen und unterscheidet Ansätze Klinischer Sozialarbeit nach dem Einbezug bezugswissenschaftlicher Quellen und unterschiedlicher Interventionsformen:

- gesundheitsbezogene, gesundheitsfördernde Klinische Sozialarbeit (u. a.: Feinbier, 1997; Senftleben, 1988);
- beratende Klinische Sozialarbeit (u. a. Ansen, 2008), verortet im Arbeitsfeld des Gesundheitswesens; die Differenz beider Perspektiven zu einer generalistisch orientierten Sozialen Arbeit ist kaum zu identifizieren;
- Klinische Sozialarbeit als Sozialtherapie für Menschen in Multiproblemlagen (Binner & Ortmann, 2008; Ortmann & Röh, 2014a, b); Sozialtherapie sollte sich dabei aus den Theorien der Sozialen Arbeit erklären;
- Klinische Sozialarbeit als psychosozialer Behandlungsansatz und Teildisziplin Sozialer Arbeit mit dem Paradigma der »Person-in-Environment-Perspektive« (Pauls, 2004, 2011/2013; mit der bisher umfangreichsten Monografie zu Klinischer Sozialarbeit).

Pauls (2011/2013) öffnet den Blick für sozialstrukturelle Lebensbedingungen bzw. die konkreten Lebenslagen Betroffener und damit verbundene Exklusionsphänomene (ebd.). Psychosoziale Behandlung trägt »zur Verbesserung der psycho-sozialen Passung zwischen Klient bzw. Klientensystem und Umwelt« (ebd., S. 16) bei; Zielgruppe sind (wie bei Binner & Ortmann, 2008; Ortmann & Röh, 2014a, b) die »Hard-to-reach«-AdressatInnen, die unter »schweren Belastungen, Krisen und psychischen, sozio- und psychosomatischen sowie chronischen Erkrankungen« leiden (Pauls, 2011/2013, S. 16). Damit wird im Ansatz von Pauls – und da können wir Stimmer (2012) folgen – für die Klinische Sozialarbeit eine »eigenständige Entwicklung von Theorien und Methoden der Sozialen Arbeit in Verbindung mit Nachbardisziplinen (Psychologie, Medizin, Psychotherapie, Psychiatrie …)« (S. 143) betont.

3.3 Sozialtherapie als methodisches Konzept der Klinischen Sozialarbeit

Seit einigen Jahren widmet sich die *Sektion Klinische Sozialarbeit der Deutschen Gesellschaft für Soziale Arbeit* in mehreren (mit) angestoßenen Publikationen und wissenschaftlichen Kolloquien Fragen der sozialtherapeutischen Intervention (auch »Soziale Therapie«; die Termini Soziotherapie nach § 37a SGB V und Soziale Psychotherapie nach Deloie, 2011, werden als Sonderformen der Sozialtherapie identifiziert). Sozialtherapie kann allgemein als ein Ansatz der sozialarbeiterischen Behandlung bezeichnet werden, die differenzierte soziale und psychosoziale Interventionsformen inkludiert (vgl. Pauls & Lammel, 2017, S. 8). Eine umfassende Definition findet sich bei Deloie (2017, S. 180):

> »Sozialtherapie wird verstanden als ein wissenschaftliches Methodenkonzept der Klinischen Sozialarbeit und deren zugrunde liegenden Leitideen, das auf /Menschen mit multiplen gesundheitlichen und psychosozialen Problemlagen und ihre oftmals prekäre Umwelt gerichtet ist. Vor dem Hintergrund der zentralen Person-in-Environment-Perspektive und auf Basis einer professionellen Beziehungsgestaltung erfolgen die psychosozialen Interventionen auf drei Ebenen: der Ebene der Person, der Ebene der Umwelt und der Passung zwischen der individuellen und sozial-strukturellen Ebene. Als methodische Handlungsformen kommen u. a. zum Einsatz die psychosoziale Diagnostik, die psychosoziale Beratung, die Förderung von sozialer Unterstützung, die Netzwerkarbeit, das Casemanagement, die soziale Rehabilitation, die Krisenintervention und die Milieutherapie. Die Sozialtherapie trägt zur Behandlung von psychosozialen Notlagen bei, unterstützt Klientinnen und Klienten bei ihrer persönlichen, sozialen und schulisch-beruflichen Entwicklung, ist gesundheitsfördernd und versucht, soziale und strukturelle Problemlagen abzubauen bzw. präventiv zu verhindern. Das Hauptziel jeder sozialtherapeutischen Intervention ist die gesellschaftliche Teilhabe. Sozialtherapie kann somit als ein heilendes und inklusionsförderndes Verfahren für Hard-to-reach-Klienten verstanden werden.«

Um dem Anspruch dieses Ansatzes gerecht zu werden, greift Klinische Sozialarbeit bzw. das methodische Konzept der Sozialtherapie auf eine Vielzahl von Wissensbeständen, u. a. der Sozialwissenschaften einschließlich und besonders der Sozialen

Arbeit, der Medizin, der Psychologie – insbesondere der Klinischen Psychologie – und der Psychotherapie zurück. Ortmann, Röh und Ansen (2017, S. 37–40) nehmen theoretischen Bezug auf systemtheoretische Grundlagen mit dem Fokus der Einbindung des Menschen in seine soziale Umwelt. Im Zentrum des Interesses stehen die Kommunikationsprozesse insbesondere in familiären Systemen. Spezifisch beziehen sie die soziale Netzwerkforschung mit dem Konzept des Social Support ein, d. h. Überlegungen zu vorhandenen bzw. fehlenden, ggf. aktivierbaren, aber auch malignen sozialen, materiellen und emotionalen Unterstützungsleistungen, die aus Familien, Freundeskreisen, Nachbarschaften etc. hervorgehen. Eine wichtige Rolle spielen auch milieutherapeutische Überlegungen, die Röh (2017) für die Sozialpsychiatrie skizziert hat (S. 142 ff.) und die auf alle Felder der Sozialtherapie übertragbar sind. Sie beschreiben Orte in stationären, aber auch ambulanten Settings, die u. a. Schutz und Geborgenheit bieten und damit Lern- und Entwicklungsmöglichkeiten eröffnen. Es zeigt sich eine Nähe zum Konzept »schützende Inselerfahrungen« nach Gahleitner (2005, S. 63) in der Arbeit mit traumatisierten Menschen und dem Konzept »heilende Atmosphäre/therapeutisches Klima« nach Petzold (1993, S. 1168 ff.). Ortmann und Röh (2014a) nehmen auch Bezug auf den Capabilities Approach: »In der Diskussion um eine handlungstheoretische Begründung Sozialer Arbeit geraten neben normativ-gerechtigkeitstheoretischen auch akteursbezogene Zielebenen stärker in den Fokus ... Die im Anschluss an den Capabilities Approach herausgearbeitete Gegenstands- und Funktionsbestimmung Sozialer Arbeit sieht neben der Arbeit an auskömmlicher Ausstattung im Sinne sozioökonomischer und sozioökologischer Ressourcen und Chancen auch die Befähigung zur Ressourcennutzung als zweite Säule vor« (S. 79). Insgesamt konzeptualisieren Ortmann, Röh und Ansen (2017) eine Sozialtherapie, die bewusst keine Anleihen in den Psychotherapiewissenschaften nimmt. Neben sozialwissenschaftlichen Wissensbeständen bezieht Pauls (2011/2013) mit seinem psychosozialen Behandlungsansatz ebenso wie Gahleitner, Deloie und Stitz (2014), Sieper und Petzold (2011) und Deloie und Lammel (2017), die integrative Konzepte der Sozialtherapie vertreten, explizit auch Erkenntnisse und Methoden der Psychotherapie und der Neurowissenschaften ein. Diese Integration wirkt sich damit auch auf die methodische Ausrichtung der Sozialtherapie aus (vertiefend Pauls, 2011/2013, S. 124–176; Deloie & Lammel, 2017).

3.4 Sozialtherapeutische Kompetenzen und Interventionen

Die sozialtherapeutischen Interventionen richten sich – vereinfacht ausgedrückt – an den Themen aus, die erkrankte bzw. von Erkrankung bedrohte Menschen in Multiproblemlagen mitbringen. Eine Differenzierung zur Orientierung bietet hier der trifokale Ansatz (Deloie, 2011, 2015; ▶ Tab. 3.1) mit seinem erweiterten Fokus:

(a) Die sozioökonomische Dimension erfasst die prekäre Lebenslage der KlientInnen, beispielsweise eine prekäre Wohnsituation und schlechte Bildungschancen; (b) der Bereich der interpersonellen Dimension erfasst die soziale Einbindung, z. B. belastende Beziehungen mit malignen Abhängigkeitsstrukturen und einer geringen sozialen Einbindung; (c) die intrapersonelle Dimension erfasst die individuelle psychische Ebene, beispielsweise Gefühle der inneren Leere, aggressiven Impulse und immer wiederkehrendes Craving. Die Belastungen in den unterschiedlichen Dimensionen können dabei nicht isoliert betrachtet werden, da sie sich gegenseitig beeinflussen im Negativen wie auch im Positiven. Beispielsweise sind Beschwerden im innerpsychischen Bereich immer wieder im starken Maße abhängig von Belastungen in Beziehungen oder Stress im Wohnbereich.

Tab. 3.1: Der trifokale Ansatz in der Suchttherapie (nach Deloie, 2015, S. 14)

Dimension	Wissensbestände	Kompetenzen	Diagnostik	Interventionen/Methoden
Sozioökonomische Dimension	• Wissenschaft der Sozialen Arbeit • Lebensweltorientierung • sozialökologische Orientierung • Methodenlehre • Interventionslehre • Gesundheitsförderung	• sozialarbeiterische Kompetenzen (grundständige Sozialarbeit)	• Lebenslagendiagnostik (z. B. Inklusions-Chart 4)	• Sozial(rechtliche) Beratung • Case Management (Vermittlung) • Begleitung • Betreuung
Interpersonelle Dimension	• Wissenschaft der (Klinischen) Sozialen Arbeit • Netzwerkforschung • soziale Unterstützungsforschung • Gemeindepsychologie • Salutogenesemodelle • Resilienzforschung	• sozialarbeiterische, sozialtherapeutische Kompetenzen	• Netzwerkdiagnostik (z. B. Netzwerkkarte, Ecomap, Genogramm) • biopsychosoziale Diagnostik (ICF, Fünf Säulen der Identität)	• Rückfallpräventionsprogramme • Familientherapie • Angehörigenberatung • soziale Netzwerktherapie • Förderung von sozialer Unterstützung • sozialtherapeutische Beratung etc.
Intrapersonelle Dimension	• Wissenschaft der (Klinischen) Sozialen Arbeit	• psychosoziale und suchttherapeutische Kompetenzen	• Kontinuumsanalyse/biografische Diagnostik	• aktives Zuhören • gestalttherapeutische Techniken zur

Tab. 3.1: Der trifokale Ansatz in der Suchttherapie (nach Deloie, 2015, S. 14) – Fortsetzung

Dimension	Wissensbestände	Kompetenzen	Diagnostik	Interventionen/ Methoden
	• Psycho-/ Sozial- und Suchttherapieforschung • psychotherapeutische Paradigmen • Pathogenese-Salutogenese-Modelle (Soziogenese der Sucht)		(z. B. Lebenspanorama) • störungsspezifische Diagnostik (z. B. Rückfallpanorama)	Erlebnisaktivierung und Einsichtförderung • motivierende Gesprächsführung • Rückfallpräventionsprogramme • Entspannungsverfahren

Die Interdependenz und Komplexität der Symptome und Problemlagen erfordert somit eine ganzheitliche Behandlung im Sinne eines biopsychosozialen Modells, die von den SozialtherapeutInnen als Kernkompetenz die Fähigkeit zu multidimensionalem Verständnis des Hilfebedarfs und zu multiperspektivischen Lösungsstrategien erfordert. Die von Pauls und Mühlum (2005) formulierten notwendigen klinischen Kompetenzen für die psychosoziale Praxis Klinischer Sozialarbeit wurden Pauls und Reicherts (2013) für die sozialtherapeutische Behandlung ausdifferenziert und erweitert. Die Autoren benennen in ihrem Mehrebenenmodell (1) elementare interaktionale, (2) beziehungsorientierte, (3) einfache und (4) komplexe aufgabenorientierte und (5) systemisch-institutionelle Kompetenzen (▶ Abb. 3.1).

Elementar-interaktionale Kompetenzen: Als beispielhafte Interventionen benennen Pauls und Reicherts (2013) das Arrangement eines adäquaten Settings, das Zuwenden von Aufmerksamkeit und das aktive Zuhören. Insbesondere bei vulnerablen KlientInnen ist das Vertrauen schaffende, behutsame initiale Vorgehen von besonderem Wert. Wenn auch im therapeutischen Prozess zu Beginn viel Aufmerksamkeit auf diese Interventionen gelegt werden muss, ist eine ständige Anpassung im weiteren Verlauf zwingend notwendig. So wird z. B. das Setting im Laufe der sozialtherapeutischen Behandlung häufig verändert bzw. erweitert. Stehen zu Beginn beispielsweise Einzelgespräche im Zentrum der Behandlung, wird im weiteren Verlauf ggf. Gruppenarbeit angeschlossen. Zur Klärung der interpersonellen Schwierigkeiten und zur Stärkung des Social Support werden ggf. flankierend Familiengespräche angeboten. Weiterhin finden häufig Gespräche in der unmittelbaren Lebenswelt statt, z. B. aufsuchend in der Wohnung. Bei der Setting-Gestaltung kommt es zu einer Erweiterung der klassischen »Kommstrukturen«, wie in sonstigen therapeutischen Settings hin zu »Gehstrukturen«.

Beziehungsorientierte Kompetenzen: Als zentraler Wirkfaktor psychosozialer Behandlung wird die therapeutische Beziehung beschrieben, und dies gilt gleichermaßen für die Sozialtherapie auf Basis von Klinischer Sozialarbeit. Gahleitner hat 2017 in ihrer Monografie »Soziale Arbeit als Beziehungsprofession« die außerordentliche Bedeutung einer beziehungsorientierten Haltung und der beziehungssensiblen

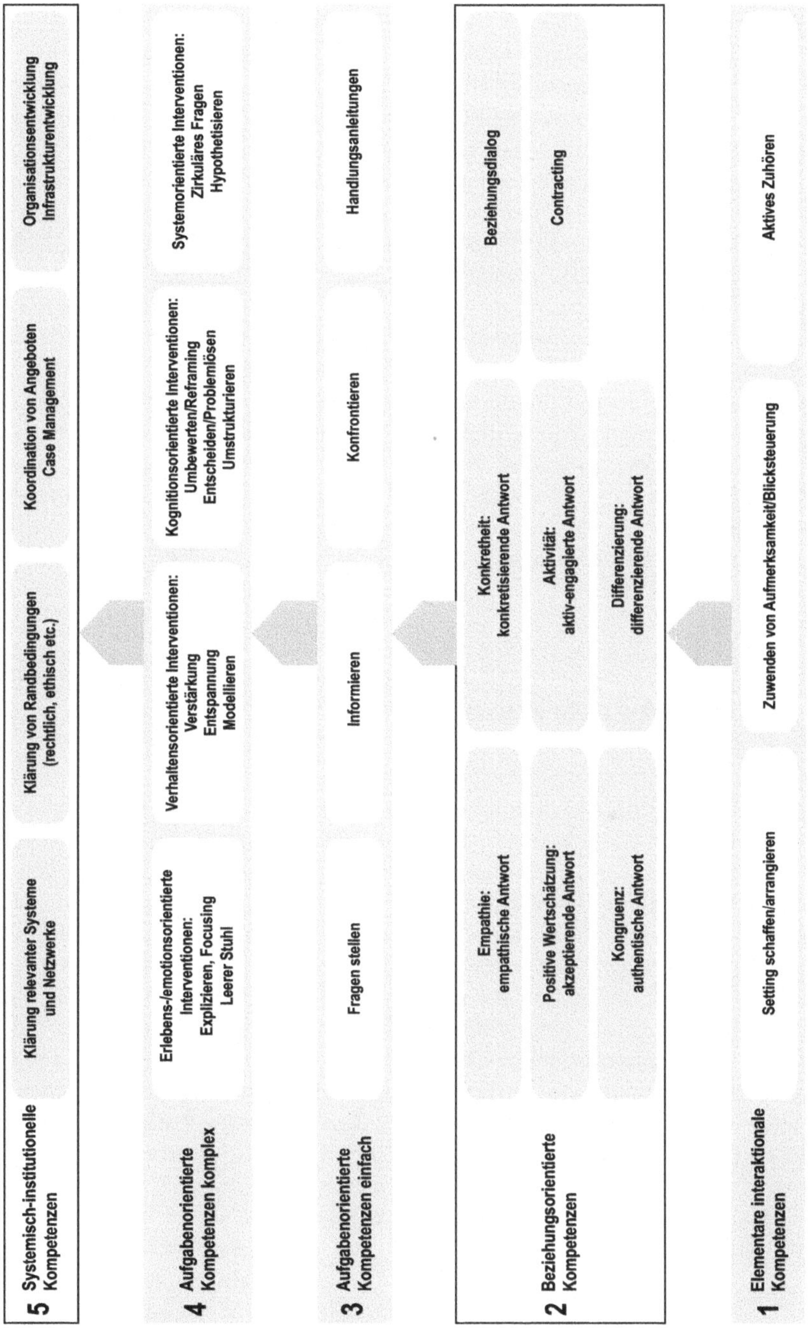

3 Klinische Sozialarbeit und Sozialtherapie

5 Systemisch-institutionelle Kompetenzen	Klärung relevanter Systeme und Netzwerke	Klärung von Randbedingungen (rechtlich, ethisch etc.)	Koordination von Angeboten Case Management	Organisationsentwicklung Infrastrukturentwicklung
4 Aufgabenorientierte Kompetenzen komplex	Erlebens-/emotionsorientierte Interventionen: Explizieren, Focusing, Leerer Stuhl	Verhaltensorientierte Interventionen: Verstärkung, Entspannung, Modellieren	Kognitionsorientierte Interventionen: Umbewerten/Reframing, Entscheiden/Problemlösen, Umstrukturieren	Systemorientierte Interventionen: Zirkuläres Fragen, Hypothetisieren
3 Aufgabenorientierte Kompetenzen einfach	Fragen stellen	Informieren	Konfrontieren	Handlungsanleitungen
2 Beziehungsorientierte Kompetenzen	Empathie: empathische Antwort / Positive Wertschätzung: akzeptierende Antwort / Kongruenz: authentische Antwort	Konkretheit: konkretisierende Antwort / Aktivität: aktiv-engagierte Antwort / Differenzierung: differenzierende Antwort	Beziehungsdialog / Contracting	
1 Elementare interaktionale Kompetenzen	Setting schaffen/arrangieren	Zuwenden von Aufmerksamkeit/Blicksteuerung	Aktives Zuhören	

Abb. 3.1: Mehrebenenmodell sozialtherapeutischer Beratungskompetenzen mit exemplarischen Interventionen (aus Pauls & Reicherts, 2013, S. 66)

Interventionen skizziert, insbesondere für Menschen mit Multiproblemlagen, wo es oft einer sensiblen »Steuerung« der Nähe-Distanz-Regulation bedarf.

Aufgabenorientierte Kompetenzen (einfach): Bei den sog. »einfachen« Kompetenzen geht es häufig darum, im Sinne »informierter KlientInnen« im Rahmen der Soziopsychoedukation über Erkrankungen, mögliche prototypische Verläufe, Auslöser von Rückfällen zu informieren und Möglichkeiten der alternativen Bewältigung zu skizzieren, wozu auch Handlungsanweisungen bzw. Hilfen für den Umgang mit Behörden, Informationen über Rechte und »adäquate Umgangsformen« gehören.

Aufgabenorientierte Kompetenzen (komplex): Mit zunehmender Stabilität können häufig auch spezifische therapeutische Methoden angewandt werden (vgl. Deloie, 2011; Deloie & Lammel, 2017), beispielsweise Rollenspiele zur Sensibilisierung für krisenauslösende Situationen.

System-institutionelle Kompetenzen: Die Einbettung in benigne bzw. förderliche soziale Netzwerke ist als sozialtherapeutisches Ziel im Sinne der Teilhabe zentral, um langfristig Stabilität, Gesundung und Zufriedenheit zu ermöglichen. Aufgrund der biografischen Belastungen im zwischenmenschlichen Bereich und des geringen sozialen Supports in Peergroups ist häufig eine simple Integration, z. B. in eine Selbsthilfegruppe, nicht möglich. Es bedarf der Information über die potenziell heilsame Funktion von Gruppen, das Aussuchen einer geeigneten Gruppe und die aktive Vermittlung in eine Gruppe.

3.5 Schlussbemerkung

Krankheit oder Leiden eines Menschen sind nicht ausschließlich persönliche Angelegenheit, sondern Phänomene, die ihn mit Personen und Umständen seiner sozialen Umwelt verbinden. Sozialtherapie im Rahmen Klinischer Sozialarbeit erweitert somit einen individualisierenden Blick auf psychosozial und sozial mitbedingte bzw. relevante Erkrankungen und Probleme durch Beachtung und Einbeziehung des sozialen Kontextes. Sie ist angezeigt, wenn weder eine einseitig sozialsystemisch orientierte Sozialarbeit mit »äußeren« sozialen Veränderungen ausreicht, schwerwiegende gesundheitliche Probleme zu lösen, noch eine individualisierende psychotherapeutische Behandlung. Sie unternimmt durch die Einbeziehung der sozialen Situation die Verknüpfung von individueller Externalisierung von Problemen mit einer Internalisierung der Ressourcen zur Problemlösung. Die Veränderung der sozialökologischen und systemischen Kontextbedingungen der KlientInnen im Sinne eines verbesserten Austausches mit ihrem Umfeld hängt zunächst davon ab, welche Möglichkeiten dieses überhaupt bietet, aber eben auch davon, »welche Optionen der Person durch ihre innere Struktur zur Verfügung stehen« (Kleve, 1999, S. 39). Hier zeigt sich ein weites Feld der Kooperation von Psychotherapie und Sozialtherapie im Rahmen Klinischer Sozialarbeit.

Literatur

Ansen, H. (2008). Soziale Beratung in der Klinischen Sozialarbeit und ihr spezifischer Behandlungsauftrag bei Krankheit. In K. Ortmann & D. Röh (Hrsg.), *Klinische Sozialarbeit. Konzepte – Praxis – Perspektiven* (S. 51–69). Freiburg: Lambertus.

Bartlett, H. M. (1970). *The common base of social work practice*. New York: National Association of Social Workers.

Binner, U. & Ortmann, K. (2008). Klinische Sozialarbeit als Sozialtherapie. In K. Ortmann & D. Röh (Hrsg.), *Klinische Sozialarbeit. Konzepte – Praxis – Perspektiven* (S. 71–87). Freiburg: Lambertus.

Deloie, D. (2011). *Soziale Psychotherapie als Klinische Sozialarbeit: Traditionslinien – Theoretische Grundlagen – Methoden* (Reihe: Therapie & Beratung). Gießen: Psychosozial-Verlag.

Deloie, D. (2015). Welche Kompetenzen brauchen therapeutische SozialarbeiterInnen in der Suchtrehabilitation? Sozialtherapeutische Impulse Klinischer Sozialarbeit. *Praxis Klinische Verhaltensmedizin & Rehabilitation, 95*, 1, 4–18.

Deloie, D. (2017). Sozialtherapeutische Grundhaltung. In J. Bischkopf, D. Deimel, C. Walther & R.-B. Zimmermann (Hrsg.), *Soziale Arbeit in der Psychiatrie* (Reihe: Lehrbuch; Neuausg.; S. 178–190). Köln: Psychiatrie-Verlag.

Deloie, D. & Lammel, U. A. (2017). Sozialtherapeutische Grundrichtungen. In U. A. Lammel & H. Pauls (Hrsg.), *Sozialtherapie. Sozialtherapeutische Interventionen als dritte Säule der Gesundheitsversorgung* (S. 100–115). Dortmund: vml.

DGPPN – Deutsche Gesellschaft für Psychiatrie und Psychotherapie, Psychosomatik und Nervenheilkunde (Hrsg.) (2013). *S3-Leitlinie Psychosoziale Therapien bei schweren psychischen Erkrankungen. S3-Praxisleitlinien in Psychiatrie und Psychotherapie*. Heidelberg: Springer. Zugriff am 08.02.2018 unter https://www.dgppn.de/_Resources/Persistent/624d163d1df61ca1e079a5ca496f6b6595e83d6b/S3-LL-PsychosozTherapien_Langversion.pdf.

Feinbier, R. J. (1997). *Klinische Sozialarbeit. Ein Prolog*. Sankt Augustin: Asgard-Verlag Hippe.

Gahleitner, S. B. (2005). *Neue Bindungen wagen. Beziehungsorientierte Therapie bei sexueller Traumatisierung* (Reihe: Personzentrierte Beratung & Therapie, Bd. 2). München: Reinhardt.

Gahleitner, S. B. (2012). »Und wenn es schwierig wird«? Therapeutische Beziehungsgestaltung im »hard to reach«-Bereich. *Integrative Therapie, 38*, 1, 37–59.

Gahleitner, S. B. (2017). *Soziale Arbeit als Beziehungsprofession. Bindung, Beziehung und Einbettung professionell ermöglichen*. Weinheim: Beltz Juventa.

Gahleitner, S. B., Deloie, D. & Stitz, A. (2014). Integrative Sozialtherapie. *Klinische Sozialarbeit, 10*, 2, 8–9.

Head, J., Stansdeld, S. A. & Siegrist, J. (2004). The psychosocial work environment and alcohol dependence: a prospective study. *Occupational and Environmental Medicine, 61*, 3, 219–224. Zugriff am 08.02.2018 unter http://oem.bmj.com/content/oemed/61/3/219.full.pdf.

Heekerens, H.-P. (2016). *Psychotherapie und Soziale Arbeit- Studien zu einer wechselvollen Beziehungsgeschichte*. Weitramsdorf: ZKS-Verlag. Zugriff am 08.02.2018 unter http://www.zks-verlag.de/files_s620_e2325_o25918_0_size_o_hans-peter-heekerens-psychotherapie-und-soziale-arbeit.pdf.

Heekerens, H.-P. & Ohling, M. (2005). Am Anfang war Otto Rank: 80 Jahre Experienzielle Therapie. *Integrative Therapie, 31*, 3, 276–293.

Kleve, H. (1999). *Postmoderne Sozialarbeit. Ein systemtheoretisch-konstruktivistischer Beitrag zur Sozialarbeitswissenschaft*. Aachen: Kersting.

Labonté-Roset, C., Hoefert, H.-W. & Cornel, H. (Hrsg.) (2010). *Hard to reach. Schwer erreichbare Klienten in der Sozialen Arbeit*. Uckerland: Schibri.

Maguire, L. (2002). *Clinical social work. Beyond generalist practice with individuals, groups, and families*. Pacific Grove, CA: Brooks & Cole-Thomson.

Ortmann, K. & Röh, D. (2014a). Sozialtherapie als Konzept der Klinischen Sozialarbeit – eine sozialarbeitswissenschaftliche Fundierung. In S. B. Gahleitner, G. Hahn & R. Glemser

(Hrsg.), *Psychosoziale Interventionen* (Reihe: Klinische Sozialarbeit – Beiträge zur psychosozialen Praxis und Forschung, Bd. 6; S. 71–91). Köln: Psychiatrie-Verlag.

Ortmann, K. & Röh, D. (2014b). Sozialtherapie – Soziale Teilhabe ermöglichen und soziale Ressourcen erschließen. *Klinische Sozialarbeit, 10*, 2, 10–11.

Ortmann, K., Röh, D. & Ansen, H. (2017). Sozialtherapie als Handlungskonzept der Klinischen Sozialarbeit. In U. A. Lammel & H. Pauls (Hrsg.), *Sozialtherapie. Sozialtherapeutische Interventionen als dritte Säule der Gesundheitsversorgung* (S. 27–45). Dortmund: vml.

Pauls, H. (2013). *Klinische Sozialarbeit. Grundlagen und Methoden psycho-sozialer Behandlung* (Reihe: Grundlagentexte Soziale Berufe; 3., unveränderte Auflage). Weinheim: Beltz Juventa (Erstauflage erschienen 2004; letzte überarbeitete Auflage erschienen 2011).

Pauls, H. & Hahn, G. (2015). Sozialtherapie. In U. A. Lammel, J. Jungbauer & A. Trost (Hrsg.), *Klinisch-therapeutische Soziale Arbeit. Grundpositionen – Forschungsbefunde – Praxiskonzepte* (S. 29–43). Dortmund: vml.

Pauls, H. & Lammel, U. A. (2017). Einführung. In U. A. Lammel & H. Pauls (Hrsg.), *Sozialtherapie. Sozialtherapeutische Interventionen als dritte Säule der Gesundheitsversorgung* (S. 7–14). Dortmund: vml.

Pauls, H. & Mühlum, A. (2005). »Klinische Kompetenzen«. Eine Ortsbestimmung der Sektion Klinische Sozialarbeit. *Zentralblatt für Jugendrecht, 92*, 1, 18–20.

Pauls, H. & Reicherts, M. (2013). Allgemeine Basiskompetenzen für sozialtherapeutische Beratung – ein Konzept zur Systematisierung. In H. Pauls, P. Stockmann & M. Reicherts (Hrsg.), *Beratungskompetenzen für die psychosoziale Fallarbeit. Ein sozialtherapeutisches Profil* (S. 57–78). Freiburg: Lambertus.

Petzold, H. G. (1993). *Integrative Therapie. Modelle, Theorien und Methoden für eine schulenübergreifende Psychotherapie. Bd. 3: Klinische Praxeologie* (Reihe: Integrative Therapie, Bd. 2,3). Paderborn: Junfermann.

Richmond, M. E. (1917). *Social diagnosis*. New York: Russell Sage Foundation. Zugriff am 08.02.2018 unter http://www.historyofsocialwork.org/PDFs/1917,%20Richmond,%20Social%20Diagnosis%20OCR%20C.pdf.

Robinson, V. (1930). *A changing psychology in social work*. Chapel Hill: University of North Carolina Press.

Röh, D. (2017). Sozialtherapie in der Sozialpsychiatrie – Was sie ist und was sie leisten kann. In U. A. Lammel & H. Pauls (Hrsg.), *Sozialtherapie. Sozialtherapeutische Interventionen als dritte Säule der Gesundheitsversorgung* (S. 137–148). Dortmund: vml.

Salomon, A. & Wronsky, S. (1926). *Soziale Therapie. Ausgewählte Akten aus der Fürsorge-Arbeit. Für Unterrichtszwecke zusammengestellt und bearbeitet*. Berlin: Heymann.

Senftleben, H. U. (1988). *Klinische Sozialarbeit. Eine empirische Untersuchung in hessischen Krankenhäusern des somatischen Versorgungsbereichs* (Reihe: Veröffentlichungen aus Lehre, angewandter Forschung und Weiterbildung, Bd. 5). Wiesbaden: Fhw.

Siegrist, J. (1996). *Soziale Krisen und Gesundheit. Eine Theorie der Gesundheitsförderung am Beispiel von Herz-Kreislauf-Risiken* (Reihe: Gesundheitspsychologie, Bd. 5). Göttingen: Hogrefe.

Sieper, J. & Petzold, H. G. (2011). Soziotherapie/Sozialtherapie – ein unverzichtbares Instrument gegen soziale Exklusion und für die psychosoziale Hilfeleistung in »prekären Lebenslagen«. *Polyloge, 11*, Art. 3. Zugriff am 08.02.2018 unter http://www.fpi-publikation.de/images/stories/downloads/polyloge/sieper-petzhold-soziotherapie_sozialtherapie_2011a-03-2011.pdf.

Stimmer, F. (2012). *Grundlagen des methodischen Handelns in der Sozialen Arbeit* (Reihe: Sozialpädagogik; 3., völlig überarb. und erw. Aufl.). Stuttgart: Kohlhammer.

Strotzka, H. (1975). *Psychotherapie. Grundlagen, Verfahren, Indikationen*. München: Urban & Schwarzenberg.

Wendt, W. R. (1995). Die klinische Sozialarbeit braucht ein Profil. *Blätter der Wohlfahrtspflege, 142*, 10, 256–257.

Wendt, W. R. (1998). Behandeln können. Klinische Kompetenzen in Praxisfeldern Sozialer Arbeit. *Blätter der Wohlfahrtspflege, 145*, 9/10, 173–175.

Teil II Psychosoziale Probleme und Interventionen in der psychotherapeutischen Versorgung

4 Ausgewählte soziale Problemlagen – Basiswissen für Psychotherapeuten

Maren Bösel

In der klinischen Arbeit ist es wichtig, das Angebot der sozialarbeiterischen Beratung in die Diagnostik und Behandlung früh einzubeziehen. Die Minimierung akuter psychosozialer Probleme fördert die »Psychotherapiefähigkeit« des Patienten, unter Umständen ermöglicht sie diese sogar erst. Vielen Patienten, die sich bei Psychotherapeuten vorstellen, fällt es jedoch diesbezüglich schwer, Hilfe in Anspruch zu nehmen. Gleichzeitig wissen sie häufig nichts über Unterstützungsangebote. Ein erster wichtiger Schritt besteht deshalb in der Sensibilisierung der Therapeuten für das Erkennen von gravierenden sozialen Schwierigkeiten. Ein Instrument, das sich für Psychotherapeuten bewährt hat, weil es sowohl tendenziell objektivierbare soziale Einschränkungen als auch subjektive Attribuierungsprozesse abbildet, ist die Achse I der Operationalisierten Psychodynamischen Diagnostik (Krankheitserleben und Behandlungsvoraussetzungen; OPD-2; Waage et.al., 2011). Hier werden neben Dauer und Schwere der Problematik verschiedene Bereiche erfasst, die bei der Abbildung therapierelevanter Aspekte von Krankheitsverständnis und -erleben, Veränderungskonzepten, -ressourcen und -hemmnissen der Patienten hilfreich sind. Hervorzuheben sind die Darstellungen sozialer Probleme, ein an sozialen Faktoren orientiertes Krankheitsmodell, gewünschte Behandlungen im sozialen Bereich, das Vorhandensein psychosozialer Unterstützung, aber auch Aspekte von »Krankheitsgewinn«. Dies kann Therapeuten bei der Einschätzung unterstützen inwiefern z. B. die Klärung der psychosozialen Schwierigkeiten zunächst im Vordergrund stehen sollte.

Im Folgenden werden sehr häufige soziale Problemsituationen beschrieben und die Möglichkeiten der ersten Intervention durch den Psychotherapeuten erläutert. Es wird aufgezeigt, wo sich Psychotherapeuten bei Bedarf über sozialrechtliche Sachverhalte informieren können und an welche Beratungsstellen Patienten verwiesen werden können.

4.1 Welche sozialen Problemlagen erfordern eine zeitnahe sozialarbeiterische Beratung und Intervention?

Es gibt eine Reihe an sozialen Problemen, die einer erfolgreichen Therapie entgegenstehen können. In diesem Zusammenhang wurde im Rahmen des Stufenmodells der Einbeziehung der sozialarbeiterischen Kompetenzen an der Psychosomatischen Universitätsklinik Heidelberg eine Indikationsliste zu gravierenden und aus eigener Erfahrung die Therapie deutlich erschwerenden sozialen Problemen entwickelt. Diese Indikationsliste kann auch ambulanten Therapeuten ein wichtiger Anhaltspunkt sein, wann auf jeden Fall eine sozialarbeiterische bzw. sozialtherapeutische Institution hinzugezogen werden sollte.

Indikationsliste zur dringenden Einbeziehung sozialarbeiterischer Kompetenzen

- (Drohende) Wohnungslosigkeit;
- unklare Krankenversicherung;
- Auslaufen des Krankengeldanspruches – Arbeitsunfähigkeit länger als ein Jahr;
- aktuell unklare Einkommensverhältnisse, starke finanzielle Probleme;
- unklare Kinderbetreuungssituation;
- Klärungsbedarf bei anstehenden Gerichtsverfahren/-terminen;
- ungeklärter Aufenthaltsstatus oder Abschiebungsgefahr;
- akute Gefährdung des Arbeitsplatzes durch die Krankheit/den stationären Aufenthalt (Patient in Probezeit, Patient will kündigen);
- Patient hat einen Antrag auf Erwerbsunfähigkeitsrente gestellt bzw. Verlängerung der Rente steht an;
- Patient hat einen Antrag auf medizinische Reha gestellt bzw. bewilligt bekommen.

Drohende Wohnungslosigkeit, unklarer Krankenversicherungsstatus sowie massive finanzielle Probleme bedürfen einer raschen Abklärung im ambulanten Rahmen durch eine Sozialberatungsstelle, damit es zu keinen existenziellen Notlagen kommt, die den Patienten die Grundlage von sozialer Stabilität nehmen.

Arbeitsunfähigkeiten von über einem Jahr bedürfen einer zeitnahen sozialtherapeutischen Beratung, um einer Aussteuerung vom Krankengeld entgegenzuwirken und ggf. fördernde Maßnahmen im Bereich der beruflichen Rehabilitation (Leistungen zur Teilhabe am Arbeitsleben nach dem SGB IX) einzuleiten.

Befindet sich ein Patient in der *Probezeit* und es besteht eine Indikation für eine stationäre Behandlung, sollte gut abgewogen werden, inwiefern die stationäre psychotherapeutische Behandlung auf die Zeit nach Ablauf der Probezeit verschoben werden kann, damit eine sehr wahrscheinliche Kündigung verhindert werden kann. Immer wieder fühlen sich Patienten aufgrund ihrer Erkrankung und den damit verbundenen Belastungen am Arbeitsplatz überfordert und haben den starken Impuls, ihren Arbeitsplatz zu kündigen. Dies sollten Patienten nicht ohne Rücksprache mit einem Sozialarbeiter/einer Sozialarbeiterin machen. Es ist zum einen wichtig, dass der Patient eingehend über die sozialrechtlichen Folgen einer eigenen Kündigung aufgeklärt wird und eine erste Beratung erhält, wie er mit der aktuellen Situation umgehen kann. Die Erfahrung der Sozialtherapie im Rahmen der stationären Psychotherapie zeigt, dass in vielen Fällen der Patient eine alternative Umgangsmöglichkeit zur

Kündigung findet, wenn er ausreichend Zeit und Raum erhält, über seine Schwierigkeiten zu sprechen.

Bei laufenden und geplanten Antragsverfahren zur *Erwerbsminderungsrente* ist es zum einen wichtig zu erfragen, ob der Patient über alternative Möglichkeiten, wie z. B. Leistungen zur Teilhabe am Arbeitsleben aufgeklärt ist. Es gilt in der Regel das Prinzip »Reha vor Rente«. Zum anderen kann es bei entsprechenden Anträgen Probleme mit der Kostenübernahme für eine stationäre psychotherapeutische Behandlung durch die Krankenkasse geben, da die Veränderungsmotivation des Patienten in Frage gestellt wird. Die Erfahrung mit Patienten mit einem laufenden Rentenverfahren in der stationären Psychotherapie zeigt oftmals eine sehr ambivalente Veränderungsmotivation.

Für die stationäre psychotherapeutische Behandlung in einem Akutkrankenhaus kann es problematisch sein, wenn ein *medizinischer Rehabilitationsantrag* gestellt bzw. genehmigt worden ist. Es kann sein, dass die Krankenkassen keine Indikation für eine stationäre Behandlung in einem Akutkrankenhaus sehen, da Rehabilitationsfähigkeit besteht. In diesen Fällen sollte im Vorfeld der Behandlung Rücksprache mit der Krankenkasse gehalten werden. Dies kann der Patient u. a. mit Unterstützung eines entsprechenden Briefes des ambulanten Therapeuten oder des Hausarztes machen. Außerdem sollte mit dem Patienten geklärt werden, welche Behandlung für ihn im Fokus steht, damit ein Klinikhopping verhindert wird.

Ausländische Patienten bei denen der Aufenthaltsstatus unklar ist, sollten sich bei sozialrechtlichen Fragen und zur Planung einer stationären Behandlung mit einer Sozialberatungsstelle für Migranten und Flüchtlinge in Verbindung setzen, da hierbei auch häufig die Kostenübernahme geklärt werden muss. Aufenthaltsgenehmigungen bzw. Duldungen sind meistens begrenzt auf einen gewissen örtlichen Umkreis. Teilweise benötigen die Patienten daher eine Genehmigung, den Landkreis oder das Stadtgebiet verlassen zu dürfen, um in die Klinik gehen zu können.

Sollte es aufgrund der Erkrankung des Patienten *Probleme in der Kinderbetreuung* geben, kann eine Sozialberatungsstelle bzw. der zuständige Sozialarbeiter der Klinik die Möglichkeit der Haushaltshilfe klären bzw. bei komplexeren Probleme die Kontaktaufnahme mit dem Jugendamt für eine entsprechende Beratung herstellen.

Die Klärung der Situation von *Gerichtsverfahren* kann wichtig sein, um Anliegen von Patienten, z. B. Atteste ausgestellt zu bekommen, einordnen zu können. Da die Klärung von Sachständen häufig auch sehr komplexes sozialrechtliches Hintergrundwissen voraussetzt, kann es notwendig sein, die Sozialarbeit auch in diesem Punkte einzubeziehen.

Im folgenden Kapitel wird auf einzelne bereits erwähnte soziale Probleme und Fragestellungen genauer eingegangen und es werden weitere Themen erläutert (▶ Kap. 4.2).

4.2 Häufige soziale Problemlagen – Welche Unterstützungsmöglichkeiten können in der Psychotherapie aufgezeigt werden?

4.2.1 Finanzielle Engpässe und Schuldenregulation

Menschen können aus ganz unterschiedlichen Gründen in finanzielle Engpässe geraten. Längere Krankheit, Arbeitslosigkeit und Schwierigkeiten, mit Geld umzugehen, sind nur einige Gründe hierfür. Es gibt zahlreiche finanzielle Unterstützungsmöglichkeiten, um die existenziellen Alltagsdinge, wie z. B. Miete, Lebensmittel und Kinderbetreuung zu sichern. Hierzu zählen u. a. Wohngeld, ergänzendes Arbeitslosengeld II und Kinderbetreuungszuschüsse der Städte.

Vielen Menschen fällt es nicht leicht, diese Unterstützungsmöglichkeiten anzunehmen. Dies ist auch darin begründet, dass die Beantragung nicht immer leicht ist und die Auskünfte der Ämter und der Umgang mit den Antragsstellern teilweise sehr unbefriedigend sind. In den meisten größeren Städten gibt es Sozialberatungsstellen, die Auskunft über Anspruchsvoraussetzungen und Unterstützung bei der Antragsstellung geben. Die Adressen findet man oft auf den jeweiligen Internetseiten der Städte. Die sozialen Träger wie Caritas, Diakonie und AWO verfügen sehr häufig über Sozialberatungsstellen. Eine allgemeine Datenbank mit der Erläuterung von sozialrechtlichen Begrifflichkeiten bietet die Seite www.betanet.de.

Patienten, die mit Schulden kämpfen und starke Schwierigkeiten im Umgang mit Geld haben, können sich auch bereits bei geringen Schulden an eine Schuldnerberatungsstelle wenden. Leider bestehen häufig sehr lange Wartezeiten. Sollte eine absolute Notsituation vorliegen, wie z. B. Kontenpfändung, drohende Mietrückstände etc., sollte dies bei der Anmeldung für eine Schuldenberatung gesagt werden. Häufig gibt es in solchen Situationen eine schnellere Erstberatung. Unabhängig davon, wie ausweglos die Situation ist, sollte der Kontakt zum Gläubiger gesucht werden. Es ist nie zu spät, sich um seine Schuldenregulierung zu kümmern. Besondere Aufmerksamkeit ist bei Zahlungsrückständen wie Ordnungswidrigkeiten, gerichtlichen Vollstreckungsbescheiden u. Ä. geboten. Hier kann es auch zu Androhung und Umsetzung von Ersatzfreiheitsstrafen kommen.

Adressen von regionalen Schuldnerberatungsstellen findet man über die Homepage http://www.bag-sb.de (Bundesarbeitsgemeinschaft Schuldberatungsstellen) oder über die Homepage der jeweiligen Städte. Bei kleineren Städten sollte man auf der Seite der nächstgrößeren Stadt suchen.

4.2.2 Ängste und Resignation im Umgang mit Behörden

Wie bereits angesprochen, ist es nicht immer einfach und zufriedenstellend, mit Ämtern zu kommunizieren. Häufig werden Anfragen abgewiesen, ungenaue Informationen gegeben und Antragsformulare sind schwer zu verstehen.

Hierzu ein paar einfache Grundsätze:

- Anträge sollten immer schriftlich gestellt werden, damit man auch eine schriftliche Antwort erhält, die man z. B. von einer Sozialberatungsstelle prüfen lassen kann.
- Anträge können erst einmal auch formlos gestellt werden.
- Versteht man einen Bescheid nicht und ist sich über seine Richtigkeit unsicher, sollte man erst einmal fristgerecht Widerspruch einlegen und mitteilen, dass die Begründung nachgereicht wird. Damit erhält man ausreichend Zeit, sich Unterstützung durch einen Anwalt oder eine Beratungsstelle zu holen.
- Bei den Amtsgerichten kann man bei geringem Einkommen einen Beratungsgutschein beantragen, um eine Rechtsberatung einholen zu können. Sollte ein Rechtsverfahren erfolgen, kann man die Unterstützung durch eine Verfahrenskostenhilfe bzw. Prozesskostenhilfe erfragen.

4.2.3 Hilfe bei drohender Wohnungslosigkeit

Eile ist geboten, wenn Menschen ihre Miete nicht zahlen können. Bereits zwei Mietzahlungen im Rückstand können zu einer Kündigung des Mietverhältnisses durch den Vermieter führen. Sozialberatungsstellen und Ämter für soziale Angelegenheiten können in solchen Notsituationen die richtigen Wege aufzeigen. Teilweise können Mietschulden als Darlehen durch die Sozialämter bzw. Jobcenter erst einmal ausgeglichen werden. Es erfolgt natürlich eine entsprechende Prüfung des Einkommens und der Vermögensverhältnisse. Ein Gespräch mit dem Vermieter ist auf jeden Fall sehr wichtig, um individuelle Lösungen zu besprechen.

4.2.4 Lange Arbeitsunfähigkeit – Aussteuerung vom Krankengeld

An dieser Stelle wird zunächst auf die Begrenzung von Krankengeld und die Folgen der Aussteuerung eingegangen. Wissen über die Bezugsdauer von Krankengeld und die Folgen einer Aussteuerung vom Krankengeld können für die Arbeit mit psychosomatischen Patienten in der Psychotherapie wichtig sein, da Ängste, Vermeidungsverhalten und Schwierigkeiten im Umgang mit Konfliktsituationen nicht selten Thema werden. Sehr oft zögern Patienten, sich mit der beruflichen Situation auseinanderzusetzen. Dies kann aber sehr schwerwiegende existenzielle Folgen für die soziale Alltagssituation haben.

Der Anspruch auf Krankengeld endet mit der Zahlung von 78 Wochen Krankengeld innerhalb von 3 Jahren bei ein und derselben Erkrankung/demselben Erkrankungsbild. In den 78 Wochen sind mögliche Lohnfortzahlungen des Arbeitgebers und Übergangsgelder bei einer zwischenzeitlichen Rehabilitationsmaßnahme enthalten. Der Anspruch auf Krankengeld endet ebenfalls bei einer nahtlosen Arbeitsunfähigkeit von 78 Wochen, auch wenn unterschiedliche Erkrankungen zugrunde liegen.

Die Patienten erhalten einige Zeit vor Ablauf des Krankengeldbezugs ein Schreiben von der Krankenkasse. Darin wird mitgeteilt, dass in Kürze der Anspruch auf Krankengeld ausläuft und die Mitgliedschaft bei der Krankenkasse endet (Aussteuerung).

Das Schreiben beinhaltet zudem, dass der Empfänger sich an die Agentur für Arbeit wenden soll, um dort prüfen zu lassen, ob er einen Anspruch auf

Arbeitslosengeld I oder Arbeitslosengeld II hat. Für Patienten ist es oftmals sehr irritierend, dass sie einen Antrag auf Arbeitslosengeld stellen sollen, auch wenn sie ihren Arbeitsplatz noch haben. Dies ist aber so vom Gesetzgeber vorgegeben.

Sehr häufig werden Patienten bei einer Aussteuerung vom Krankengeld durch die Agentur für Arbeit aufgefordert, einen Rentenantrag zu stellen. Auf Möglichkeiten der beruflichen Förderung, wie z.B. eine Leistung zur Teilhabe am Arbeitsleben (berufl. Reha), wird oftmals nicht hingewiesen. Als Hintergrund hierfür ist zu vermuten, dass die Agentur für Arbeit für diese Maßnahmen nicht Kostenträger und damit auch nicht mehr zuständig ist.

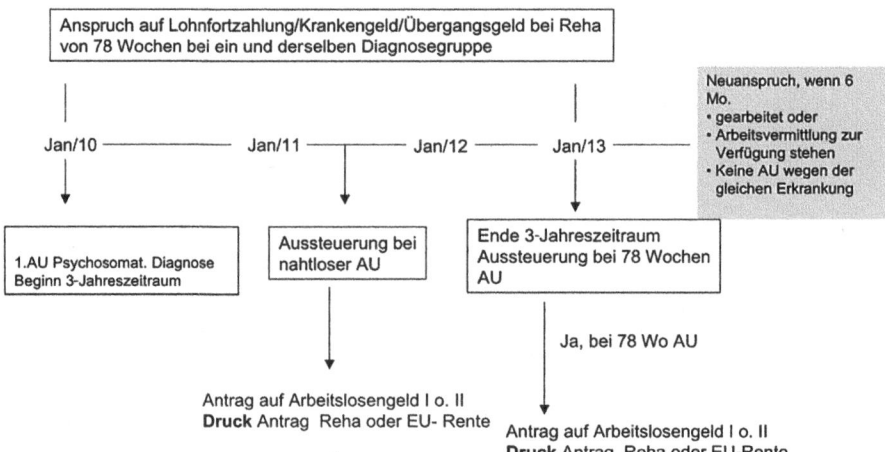

Abb. 4.1: Anspruchsdauer von Krankengeld und die Folgen der Aussteuerung

Die Folgen der Aussteuerung für die berufliche Integration und die möglichen präventiven Maßnahmen sind im Kasten 4.1 dargestellt (▶ Kasten 4.1).

Im Zusammenhang mit einer Aussteuerung vom Krankengeld und der sehr häufigen Empfehlung, einen Erwerbsminderungsrentenantrag zu stellen, ist auf den Grundsatz »Reha vor Rente« hinzuweisen. Reha kann in diesem Fall Leistungen zur Teilhabe am Arbeitsleben oder auch medizinische Reha heißen. Auch Institutionen wie die Agentur für Arbeit weisen teilweise nicht auf die Möglichkeit der Leistungen zur Teilhabe am Arbeitsleben hin, sondern empfehlen oftmals viel zu schnell den Antrag auf Erwerbsminderungsrente.

Kasten 4.1: Probleme der beruflichen Reintegration nach der Aussteuerung

Arbeitsunfähigkeit und Krankengeld

Probleme der beruflichen Reintegration bei Aussteuerung

- Wegfall des Anspruchs auf stufenweise Wiedereingliederung
- emotionale Belastung des Patienten durch Antrag auf ALG I oder II
- wenig zeitlicher Denk- und Fühlraum – Klärung der beruflichen Perspektive – Druck der Arbeitsagentur

- vor der drohenden Aussteuerung Möglichkeiten der beruflichen Reintegration prüfen
    - Belastungstest durch stufenweise Wiedereingliederung
    - Reduzierung der Arbeitszeit/Anpassung der Aufgaben für einen bestimmten Zeitraum
    - Beratung zu Leistungen zur Teilhabe am Arbeitsleben
    - Beratung bei Schwerbehinderung – Integrationsfachdienst

4.2.5 Lange Arbeitslosigkeit und mangelndes Selbstvertrauen

Von Langzeitarbeitslosigkeit spricht der Gesetzgeber bei einer Arbeitslosigkeit von über einem Jahr. (§ 18 SGB III). Je nach Qualifikation und individueller Situation gibt es unterschiedliche Fördermaßnahmen. Wichtig ist in diesem Zusammenhang, bei Patienten mit einer psychosomatischen Erkrankung auch über die Möglichkeit von Leistungen zur Teilhabe am Arbeitsleben nachzudenken. Der Bereich der Leistungen zur Teilhabe am Arbeitsleben (berufliche Reha) nach dem SGB IX bietet häufig mehr Möglichkeiten als der allgemeine Bereich der beruflichen Förderung nach dem SGB III. Eine berufliche Rehabilitation heißt nicht immer automatisch einen neuen Beruf erlernen zu müssen, sondern erst einmal die Leistungsfähigkeit in einer Belastungserprobung zu prüfen, um den jeweiligen Förderbedarf und den Leistungsstand festzustellen. In vielen Fällen kann auch eine berufliche Trainingsmaßnahme (z. B. Anpassungsqualifikation) zur Reintegration führen. Ergebnis kann auch sein, dass beim Patienten kein Förderungsbedarf besteht, da er eine gute Leistungsfähigkeit hat. Dies kann eine wichtige und notwendige Rückmeldung an den Patienten sein.

Wichtig zu wissen ist es, dass Menschen, die arbeitslos sind, sich nicht alleine auf die Vermittlungsangebote der Arbeitsagenturen verlassen, sondern eigeninitiativ handeln sollten. Dabei ist aber zu beachten, dass auch Praktika und Probearbeiten mit der Agentur für Arbeit besprochen werden sollten.

In einigen Großstädten gibt es auch Arbeitslosenzentren, in denen arbeitslose Menschen sozialrechtliche Beratung und Unterstützung beim Schreiben von Bewerbungen etc. erhalten. Ein Zentrum gibt es z. B. in Mannheim (www.mannheimer-arbeitslosenzentrum.d). Eine Übersicht zu den Arbeitslosenzentren ist z. B. für Baden Württemberg im Netz unter www.lagalo.de (Landesarbeitsgemeinschaft der Arbeitslosentreffs und Arbeitslosenzentren in Baden Württemberg) und für NRW unter https://www.mais.nrw/erwerbslosenberatungsstellen zu finden.

4.2.6 Vermehrte Ausbildungsabbrüche – zunehmend fehlende Perspektive

Nicht selten werden junge Menschen zwischen 18 und 25 Jahren durch Jobcenter, Arbeitsagenturen oder nach Jugendhilfemaßnahmen in Psychotherapie geschickt. Häufig sind die Probleme dieser Patientengruppe mit Ausbildungsabbrüchen und einer fehlenden Zukunftsperspektive gekoppelt. Es ist aus sozialarbeiterischer Sicht sehr wichtig, dass diese Patientengruppe, soweit dies noch möglich ist, mit der Berufsberatung zusammen nach beruflichen Integrationschancen sucht. Die Berufsberatung ist grundsätzlich für junge Erwachsene bis zum vollendeten 25. Lebensjahr zuständig. Patienten, die Arbeitslosengeld II beziehen (Hartz IV), sollten sich mit ihrem Fallmanager im Jobcenter in Verbindung setzen, um die Möglichkeit der Berufsberatung abzuklären.

Die Berufsberatung hat sehr unterschiedliche Mittel, jungen Menschen bei der beruflichen Integration zu helfen.

Tab. 4.1: Auszug aus dem Merkblatt der Bundesagentur für Arbeit: Angebote der Berufsberatung (2017, S. 5–6)

Was machen wir?	
Wir gehen in die Schulen und **orientieren Sie** über berufliche Möglichkeiten und Fragen zur Berufs- und Studienwahl.	**Wir bieten Ihnen** ein umfassendes Medien- und Veranstaltungsangebot **im Berufsinformationszentrum (BiZ)** der Agentur für Arbeit.
Wir beraten Sie in persönlichen Einzelgesprächen in der Agentur für Arbeit, in Schulen und in anderen Einrichtungen.	**Wir organisieren** z. B. Vorträge rund um die Themen Ausbildung, Studium und Beruf, Berufserkundungen, Messen mit Arbeitgebern, Veranstaltungen für Eltern und Erziehungsberechtigte von jungen Menschen am Übergang Schule – Beruf/Studium u. a.
Wir unterstützen Sie dabei, Ihre Stärken zu erkennen und einen Beruf zu finden, der Ihren Fähigkeiten und Interessen entspricht.	
Wir unterstützen Sie bei der Suche nach betrieblichen Ausbildungsstellen, schulischen Ausbildungsmöglichkeiten und zeigen Studienwege und Zugangsvoraussetzungen auf.	**Wir organisieren Veranstaltungen,** die Ihnen einen vertieften Einblick in die Welt der Berufe bieten oder Sie bei der Erkundung eigener Interessen und Stärken unterstützen, z. B. an den bundesweiten Aktionstagen Girls'Day und Boys'Day.

Tab. 4.1: Auszug aus dem Merkblatt der Bundesagentur für Arbeit: Angebote der Berufsberatung (2017, S. 5–6) – Fortsetzung

Was machen wir?	
Wir helfen bei Ihrer Suche nach Praktikastellen über die JOBBÖRSE »www.jobboerse.arbeitsagentur.de«.	**Wir unterstützen Sie,** wenn es nicht gleich mit einer Ausbildungsstelle klappt, **mit Angeboten der Berufsvorbereitung** wie einer berufsvorbereitenden Bildungsmaßnahme (BvB) oder einer Einstiegsqualifizierung (EQ).
Wir informieren Sie durch ein umfangreiches Internetangebot unter »www.arbeitsagentur.de« sowie mit Schriften und anderen Medien wie »www.planet-beruf.de« und »www.abi.de«.	**Wir unterstützen Sie während Ihrer Berufsausbildung** mit kostenlosem Förderunterricht (Assistierte Ausbildung AsA, ausbildungsbegleitende Hilfen abH), wenn Sie Schwierigkeiten in der Berufsschule haben.
	Wir fördern Ihre Berufsausbildung mit finanziellen Hilfen, wenn bestimmte Voraussetzungen erfüllt sind.

Gesprächstermine bei der Berufsberatung für eine persönliche Beratung können *telefonisch* unter der kostenfreien »Service-Rufnummer *0800 4 5555 00 oder persönlich* in der örtlichen Agentur für Arbeit sowie *online* vereinbart werden: Klicken Sie unter »*www.arbeitsagentur.de*« auf »Meine eServices« > Berufsberatung.

Zusätzlich gibt es *Beratungsteams für akademische Berufe*, die sich auf Fragen von Abiturientinnen und Abiturienten und anderen Studienberechtigten spezialisiert haben. Um Anliegen von jungen Menschen mit Behinderungen kümmern sich unsere *Teams für Reha/SB*.

4.2.7 Überforderung in der Erziehung und Versorgung von Kindern

Viele Eltern scheuen sich, Hilfe bei familiären Fragen und Probleme anzunehmen aus der Sorge heraus, ihnen könnte das Sorgerecht für ihre Kinder entzogen werden. Es ist wichtig, Eltern zu vermitteln, dass Jugendämter neben ihrer Wächterfunktion eine beratende Aufgabe haben und es Sorgeberechtigten erst einmal freisteht, nach einer Beratung zu entscheiden, ob sie das Hilfsangebot annehmen oder nicht. Eine Palette an Unterstützungsmöglichkeiten bietet die Hilfe zur Erziehung, die im SGB VIII verankert ist. Hierzu zählen u. a. aufsuchende Hilfen, wie die sozialpädagogische Familienhilfe, die sowohl bei Alltagsaufgaben wie Haushaltsführung und Umgang mit Behörden wie auch in Erziehungsfragen, gangbare Wege aufzeigen kann. Darüber hinaus gibt es auch die aufsuchende ambulante Familientherapie, wenn therapeutische Unterstützung notwendig ist. Bei Sorgen und Problemen mit jugendlichen Kindern kann auch ein Erziehungsbeistand, der sowohl den Eltern, wie auch dem Jugendlichen zur Verfügung steht, eine gute Möglichkeit der vorübergehenden Hilfestellung sein.

Bei reinen Erziehungsfragen kann erst einmal der Weg in eine Erziehungsberatungsstelle sinnvoll sein. Alle größeren Städte verfügen über entsprechende Beratungsstellen. Die Beratung ist kostenlos. Auf der Internetseite der Bundeskonferenz für Erziehungsberatung e. V. (www.bke.de) befindet sich eine Datenbank für die Suche nach regionalen Beratungsstellen.

4.2.8 Überforderung mit der Alltagsstrukturierung

Die sozialpsychiatrischen Dienste der jeweiligen Gemeinden und Städte unterstützen Menschen, die aus psychischen Gründen große Probleme haben, sich selbst angemessen zu versorgen und den notwendigen Anforderungen des Alltages nachzukommen. Je nach Schwere der Problematik ist ein Kontakt im Monat bis hin zu einem betreuten Wohnen mit mehreren Hausbesuchen im Monat notwendig. Da Patienten oftmals Schwierigkeiten haben, diese Institutionen von sich aus aufzusuchen, kann es hilfreich sein, einen ersten Kontakt, z. B. über den Hausarzt, herzustellen oder herstellen zu lassen. Die Adressen der jeweiligen Sozialpsychiatrischen Dienste sind gut über die einschlägigen Suchmaschinen im Internet zu finden. In der Regel haben die örtlichen Gesundheitsämter die Adressen ebenfalls.

4.2.9 Familiäre Belastung durch zu pflegende Angehörige

Nicht selten kommt es vor, dass Patienten im Rahmen der Psychotherapie berichten, dass sie aufgrund der Pflege von Angehörigen sehr belastet sind. Oftmals haben die Patienten keine ausreichende Beratung über Unterstützungsmöglichkeiten erhalten. Die örtlichen Pflegestützpunkte bieten diesbezüglich eine gute und kostenlose Anlaufstelle für eine eingehende Beratung, auch zu Kurzzeit- und Verhinderungspflegemöglichkeiten (http://www.bw-pflegestuetzpunkt.de).

In Kapitel 4.3 sind weitere Adressen und Links zu Beratungsstellen und Informationsportalen aufgelistet (▶ Kap. 4.3).

4.3 Wichtige Adressen und Links

Im folgenden Abschnitt sind wichtige Adressen und Anlaufstellen aufgelistet, die die Therapeuten sowie auch die Patienten unterstützen können, sich unabhängig sozialrechtlich und kostenlos zu informieren.

**Bürgertelefon des Bundesministeriums für Gesundheit (BMG)
Unabhängige Anlaufstelle für alle Fragen rund um das deutsche
Gesundheitssystem**

Das Bundesministerium für Gesundheit bietet allen Bürgerinnen und Bürgern eine unabhängige Anlaufstelle für alle Fragen rund um das deutsche Gesundheitssystem an.

Das Bürgertelefon informiert über gesetzliche Grundlagen und klärt über mögliche gesetzliche Ansprüche auf. Außerdem können individuelle Probleme erörtert und Anregungen aufgenommen werden. Zudem vermittelt das Bürgertelefon Adressen und Ansprechpartner.

Die Beratungstelefone des Bundesministeriums für Gesundheit sind von Montag bis Donnerstag von 8 bis 18 Uhr und am Freitag von 8 bis 12 Uhr zu erreichen:

- Bürgertelefon zur Krankenversicherung: 030/340 60 66 01,
- Bürgertelefon zur Pflegeversicherung: 030/340 60 66 02,
- Bürgertelefon zur gesundheitlichen Prävention: 030/340 60 66 03.

Des Weiteren bietet das Bundesministerium für Gesundheit einen Beratungsservice für Gehörlose und Hörgeschädigte (Schreibtelefon) an:

- Telefon: 030/340 60 66 09,
- Fax: 030/340 60 66 07,
- E-Mail: info.deaf@bmg.bund.de und info.gehoerlos@bmg.bund.de.

Das Gebärdentelefon ISDN-Bildtelefon ist unter 030/340 60 66 08 zu erreichen. Das Gebärdentelefon »Video over IP« können Sie über folgende Adresse kontaktieren: gebaerdentelefon.bmg@sip.bmg.buergerservice-bund.de

Unabhängige Deutsche Patientenberatung

Zu seinen Rechten als Patient kann man sich von der *Unabhängigen Deutschen Patientenberatung* beraten lassen.

Die UPD berät im gesetzlichen Auftrag rund um das Thema Gesundheit – bei rechtlichen und medizinischen Fragen sowie bei psychosozialen Problemen im Umgang mit Krankheiten. Das Angebot ist kostenfrei, neutral und unabhängig.

Die Beratung findet telefonisch, persönlich (in bis zu 30 Gemeinden und Städten) sowie online statt (*www.patientenberatung.de*).

Bürgertelefone des Bundesministeriums für Arbeit und Soziales

- Bürgertelefon – Rente: 030/221 911 001
- Bürgertelefon – Unfallversicherung und Ehrenamt: 030/221 911 002
- Bürgertelefon – Arbeitsmarktpolitik und -förderung: 030/221 911 003
- Bürgertelefon – Arbeitsrecht: 030/221 911 004
- Mindestlohn – Hotline: 030/60 28 00 28
- Bürgertelefon – Teilzeit, Altersteilzeit, Minijobs: 030/221 911 005
- Bürgertelefon zum Thema Behinderung: 030/221 911 006

Bundesministerium für Familie, Senioren, Frauen und Jugend (BMFSFJ)

Das Servicetelefon bietet Information und Beratung rund um Themen wie Familien, Kinder und Jugend oder Gleichstellung:
Telefon: 030/201 791 30

Allgemeine sozialrechtliche Informationen

www.betanet.de

Informationen zu Leistungen zur Teilhabe am Arbeitsleben

http://www.talentplus.de/lexikon/L/leistungen_zur_teilhabe_am_arbeitsleben_html

Ein Portal zu Arbeitsleben und Behinderung

http://www.rehadat.info/de

Zusätzlich kann man sich auch kostenlos an die örtlichen *Sozialberatungsstellen der Wohlfahrtsverbände* wenden, z. B. des *Caritasverbands*, des *Diakonischen Werks*, der *AWO*, des *Paritätischen Wohlfahrtsverbands*, des *Roten Kreuzes* etc. Zu finden sind diese Anlaufstellen entweder über die Internetseiten der größeren Städte oder direkt mit Verbands- und Ortsnamen.

Literatur

Becker, U. & Kingreen, T. (Hrsg.) (2017). *Sozialgesetzbuch. Textausgabe mit ausführlichem Sachverzeichnis.* 46., neu bearbeitete Auflage, Sonderausgabe. München: dtv (dtv Beck-Texte im dtv, 5024).

Bösel, M., Siegfarth, B., Schauenburg, H., Nikendei, C. & Ehrenthal, J. C. (2014). Integration sozialarbeiterischer Kompetenz in die psychotherapeutische Versorgung. *Psychotherapeut, 59* (6), 474–479. DOI: 10.1007/s00278-014-1078-9.

Bundesagentur für Arbeit (2017). *Merkblatt 11. Angebote der Berufsberatung für Jugendliche und junge Erwachsene.* Pößneck: GGP Media GmbH.

Waage, M., Hake, K., Schneider, W., Waage, M. & Vogel, M. (2011). Die Operationalisierte Psychodynamische Diagnostik (OPD-2): Validität der Achse I »Krankheitserleben und Behandlungsvoraussetzungen«. *Psychotherapie, Psychosomatik, medizinische Psychologie, 61* (3–4), 154–161. DOI: 10.1055/s-0030-1261874.

5 Psychosozial und interdisziplinär verstehen und handeln: Wie geht denn das konkret?

Silke Birgitta Gahleitner und Yvette Völschow

5.1 Fallvignette Jaomi Jamal – nach Gewalterfahrungen zurück ins Lebens finden

Jaomi Jamal[3] wuchs in Afrika in einer Großfamilie auf, das Leben von Beginn an stets unter Bedrohung: »Ich erinnere mich nicht mehr viel an meine Familie. Weil, ich habe keine gute Erfahrung gehabt ... Man sagt in Englisch, it was a dysfunctional family« (Interviewzitat, Gahleitner et al., 2018, S. 61). Selbst grundlegende Bedürfnisse wie Nahrung werden den Kindern häufig verweigert. Die negativen Kindheitserfahrungen prägen Jaomi Jamals Einstellung zu anderen: »Das ich habe eigentlich alle Männer gehasst, ... habe gedacht, Männer ist so wie, alle Männer ist so wie meine Vater.« Elterliche Fürsorge und Liebe erfährt Jaomi Jamal nur bei ihrer Mutter. Bereits früh gerät sie unter den Einfluss von Vodoo-Praktiken. Die Perspektivlosigkeit im eigenen Heimatland treibt sie dazu, sich auf das Risiko zu reisen einzulassen: »Du bist nach Hilfe, kann viele Sachen glaube, ob es stimmt oder nicht, du musst einfach raus from der Situation ... Deswegen ich hab' jemand geglaubt ..., und er hat gesagt: ›Ja, wir werden alles machen, und wir werden nach Europa gehen‹, und ich brauche keine Angst zu haben« (ebd., S. 63).

Vor ihrem ersten Kontakt mit dem Milieu beschreibt sich Jaomi Jamal als junge, gutgläubige Frau: »Ich war immer noch Jungfrau und ganz naiv, ganz naiv. Jung, schön und naiv und glaubst egal was« (ebd.). Danach wird sie in das Zielland gebracht, wo ihr die Arbeit als einfache Variante zum schnellen Geldverdienst präsentiert wird: »Nach paar Tagen er hat per Telefon erzählt, was wir werden hier in diesem Land machen ... Er hat gesagt: ›Ja, weißt du was, ist nicht so einfach, wie ich habe gedacht. In diese Land man kann nicht ohne ohne Pass oder Papier arbeiten. Es ist schwer, Internetcafé ist nicht so einfach oder Putzfrau oder so, weißt du, gibt's eine Möglichkeit, dass man kann so schnell Geld verdienen, das ist äh Prostitution« (ebd., S. 63 f.). In der Folge wird Jaomi Jamal, zur Prostitution

---

3 Das Fallbeispiel stammt aus einem Teilprojekt des deutsch-österreichischen Forschungsprojekts PRIMSA (Prävention und Intervention bei Menschenhandel zum Zweck sexueller Ausbeutung) und hatte zum Ziel, passfähige Hilfsangebote für Betroffene zu entwickeln. Das Projekt wurde von der Förderrichtlinie »Zivile Sicherheit – Schutz vor organisierter Kriminalität« des Bundesministeriums für Bildung und Forschung (BMBF) sowie vom österreichischen Förderprogramm für Sicherheitsforschung KIRAS des Bundesministeriums für Verkehr, Innovation und Technologie (BMVIT) gefördert. Alle genannten Zitate stammen aus dem zugehörigen Forschungsbericht (vgl. Gahleitner et al., 2018).

gezwungen: »Und das war eine schreckliche Erfahrung. Das war schlimm für mich« (ebd., S. 66). Mit Drohungen gegen ihr eigenes Leben und das Leben ihrer Mutter – als dem einzigen wichtigen Menschen in ihrem Leben – wird Jaomi Jamal fortwährend unter Druck gesetzt: »Und er hat gesagt: ›Ja, du hast versprochen mit der Voodoo priest, dass du musst alles tun. Weißt du wissen, wie ist es in Afrika, wann jemand ist verschwunden, ist verschwunden, gestorben geworden, keiner wird fragen. Du wissen, deine Mutter ist da. Die Entscheidung ist deine, du musst ganz aufpassen« (ebd., S. 65).

Durch die erlebte Manipulation vertraut Jaomi Jamal niemandem, auch den Behörden nicht. Die Angst bleibt und zeigt sich mit fortlaufender Dauer auch auf körperlicher Ebene: »Dass ich hab' so viel Angst gehabt, dass der Angst äh wird so wie, it becomes physical. I don't know how to explain it. Man hat nur mehr Angst. Man kommt irgendwann, wann du hast Angst, es, es bekommt so, es bekommt so, du hast so, wie sagt man das? Weil so, es ist so schwer zu erklären. I have I have so Panik. I panic over Kleinigkeiten, mach' ich Sorgen für nichts. Vielleicht: ›Oh, du musst um 15 Uhr kochen‹. Bubububu [macht Herzgeräusch nach]. Für nichts, so das ist, so Kontrolle ist so schwer. ›Okay, du musst, du hast Termin um 16 Uhr‹. Bubububu. Ich konnte es nicht kontrollieren« (ebd., S. 67). In den Jahren im Frauenhandel kämpft Jaomi Jamal folglich einfach nur um ihr Überleben. Zu mehr hat sie keinerlei Kraft.

Die Verleugnung ihrer wahren Identität belastet Jaomi Jamal ebenfalls schwer: »Der falsche Name, das ist nicht mein. Jede Zeit, wann man nenn', nenne mir diese falsche Name, ist wie, du drehst das Messer, das ist schon da in meine Herz. Du drehst es. Es blutet ... Und äh, weil ich möchte frei. Ich hab die ganze Zeit gebetet: ›Jesus, bitte gib mir meine Name zurück. Gib mir meine Name zurück. Gib mir meine Name zurück. Diese falsche, diese, die ist nicht meine. Bitte hilf mir. Befrei mir. Ich möchte diese Leben nicht mehr leben‹«. Über weite Strecken ist Jaomi Jamal suizidal: »Und, jede Tag ich suche eine Weg. Was war eine schnellste Weg, dass man kann sterben?« (ebd.). Nach Jahren in der Zwangsprostitution ist Jaomi Jamal mit ihren Kräften am Ende: »Es war so 2008, ich konnte nicht mehr. Ich vertrau' keine mehr, egal, ob du bist schwarz oder weiß, ich vertraue dich einfach nicht« (ebd., S. 69).

5.2 Soziale Arbeit als Vertrauens- und Beziehungsprofession

Die weitreichenden Belastungen solcher und ähnlicher Biografien stellen psychosoziale Fachkräfte vor große Herausforderungen. Werden die AdressatInnen vom Hilfesystem jedoch adäquat unterstützt, kann ihre Überlebenskraft und -kreativität sehr konstruktive Kräfte entfalten. Wie also kann ein Neuanfang nach derart schwerer Gewalterfahrung gelingen, und wie kann er von der psychosozialen Hilfelandschaft unterstützt werden? Im ersten Schritt (vgl. dazu ausführlich Gahleitner et al., 2017)

5 Psychosozial und interdisziplinär verstehen und handeln: Wie geht denn das konkret?

bedarf es einer adäquaten Antwort auf den erlebten Vertrauensmissbrauch, also unterstützender psychosozialer Erfahrungen als positivem Gegenhorizont (Keupp, 1997) im Kontrast zu den jahrelangen Gewalthandlungen, Erniedrigungen und Beziehungsenttäuschungen. Kompetente Beratung und Therapie muss daher in diesem Bereich in besonderer Weise in der Lage sein, »prothetische soziale Netzwerke« (Petzold, 2003, S. 742) sowie »schützende Inselerfahrungen« (Gahleitner, 2005, S. 63; 2011, S. 40; vgl. auch bereits Petzold, Goffin & Oudhof, 1993) für Betroffene zu ermöglichen – und dies von der ersten Stunde an und im interdisziplinären Konzert. Diese sog. »sozialökologische Orientierung« (vgl. Heiner, 2013, S. 27) gehört auch zu den grundlegenden berufsethischen Dimensionen von lebensweltorientiertem sozialarbeiterischem Handeln – verbunden mit einem Set an entsprechenden methodischen Standards: Dazu zählen neben der »sozioökologischen Orientierung« (▶ Abb. 5.1, Punkt 2) auch eine »partizipative Orientierung« (Punkt 1), eine »mehrperspektivische Orientierung« (Punkt 3) und eine »reflexive Orientierung« (Punkt 4).

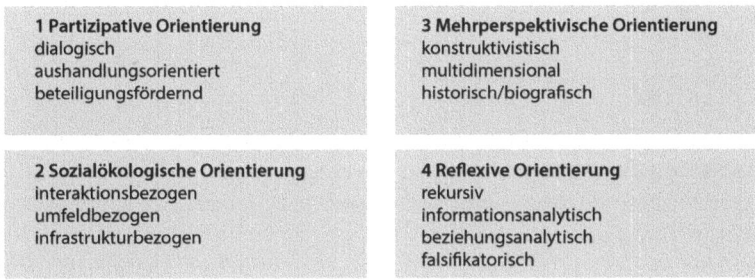

Abb. 5.1: Professionsbegründete Prinzipien diagnostischen Fallverstehens (aus Heiner, 2013, S. 28)

Gerade nach Erfahrungen von Gewalt, Diskriminierung und Stigmatisierung ist es von zentraler Bedeutung, dass psychosoziale Arbeit als gemeinsames und partizipatives Produkt von Klientel und Professionellen hergestellt wird. Die erfahrene und lebensbedrohliche Ohnmacht darf sich nicht im Hilfeprozess wiederholen. Das methodische wie diagnostische Vorgehen ist daher aushandlungsorientiert und beteiligungsfördernd (vgl. Heiner, 2013). »Divergierende Ansichten ... werden nicht nur toleriert und offen angesprochen. Sie stellen beim diagnostischen Fallverstehen zugleich einen Anlass dar, (zusätzliche) Informationen einzuholen, um alternative Wahrnehmungen und Interpretationen zu fördern, die in einem dialogischen Klima gemeinsam gedeutet und gewichtet werden«, so Heiner (ebd., S. 29, vgl. dazu ebenfalls Punkt 4). Dazu gehört auch, nicht dogmatisch bestimmten methodischen Vorgehensweisen zu unterliegen, sondern stets eine mehrperspektivische Orientierung zu verfolgen: »Von einer sozial-konstruktivistischen Erkenntnistheorie ausgehend soll dies eine multidimensionale Analyse der aktuellen Probleme ermöglichen«, so Heiner (ebd., S. 30). Über den gesamten Prozess hinweg ist eine reflexive Grundorientierung vonnöten.

Aus dieser Perspektive sind Folgeerscheinungen schwieriger Lebensereignisse durch adäquate Begegnungs- und Behandlungsstrategien an vielen Stellen mitgestaltbar. Die belastenden Erfahrungen werden ständig weiter aktualisiert und modifiziert. Ob Betroffenen angemessene professionelle Unterstützung und gesellschaftliche Wertschätzung und Unterstützung statt Abwertung und Tabuisierung entgegenkommt (Weiß, 2011), spielt daher für den Heilungsprozess eine entscheidende Rolle. Dieser sozialen Verantwortung wird die Umgebungsgesellschaft – aber auch die professionelle Community – häufig nicht gerecht (Herman, 1992). Das Hilfegeschehen ist daher in weit mehr Prozesse eingebunden als jeweils nur die einzelne Begegnung mit KlientInnen. Fasst man die Ergebnisse eines größeren Forschungsprojekts zum Thema Frauenhandel zusammen, zeigt sich, dass dabei strukturelle und sozialpolitische Voraussetzungen eine ebenso große Rolle spielen wie die Kompetenzen der beteiligten Fachkräfte. Auf Basis dieser Faktoren erfolgen die konkreten Interventionen, die sodann in den Frauen selbst Veränderungsprozesse anregen. Erst dann – bei einem Gelingen auf all diesen Ebenen – entsteht ein erfolgreicher Prozess der Hilfeleistung. Dazu treten charakteristische Spannungsverhältnisse, die die Fachkräfte jeweils antinomisch im Hilfeprozess reflexiv auszubalancieren haben: zwischen Fördern und Fordern, zwischen Beziehung und Grenzsetzung sowie zwischen Sicherheit bieten und komplexen rechtlichen und anderen Rahmenbedingungen (vgl. ausführlich Gahleitner et al., 2018, S. 201).

Am soeben Beschriebenen wird deutlich: Diese Anforderungen erfüllt keine Profession alleine, sondern es ist ein interdisziplinär angelegtes und interprofessionell ausgeführtes Geschehen notwendig (Gahleitner et al., 2017). Bereits zu Beginn eines erfolgreichen gemeinsamen psychosozialen Unterstützungsprozesses braucht es ein angemessenes gemeinsames Verstehen und Verstandenwerden. Dafür bedarf es umfassender und interprofessioneller Diagnostikmodelle. Biografie und Entwicklung eines Menschen, soziales Umfeld und umgebende Umwelt bieten dafür einen wichtigen Referenzrahmen. Zielsetzung muss eine lebens-, subjekt- und situationsnahe Diagnostik (Überblick Gahleitner & Weiß, 2016; an einem Fallbeispiel Gahleitner, 2011; für den Bereich von Flucht und Migration vgl. Gahleitner, Zimmermann & Zito, 2017) sein, ein »Diagnostisches Fallverstehen« (Heiner, 2010) im interprofessionellen Gefüge, das für eine sorgfältige Abklärung der komplexen Problematiken verschiedenste Informationen zusammenfügt – sowohl zur Pathologie im medizinisch-psychologischen Sinne als auch zur Biografie und ebenso zur aktuell vorliegenden Lebenssituation inkl. der psychosozialen Ressourcen. Auf dieser Basis ist es auch möglich, eine salutogene, ressourcenorientierte Haltung in der Intervention umzusetzen, die auch die phänomentypischen Grenzen des Gegenübers im Blick hat.

Im Zentrum der Überlegungen steht die Frage: Wie ist es unter solchen Voraussetzungen möglich, die ehemaligen Erfahrungen möglichst konstruktiv zu bewältigen? Entlang dieses Ansatzes hat sich – international betrachtet – in Traumatherapie, Traumaberatung wie Traumapädagogik – ein hilfreiches »Phasen-Modell« (▶ Abb. 5.2; vgl. u. a. für die Psychotherapie Herman, 1992; Lebowitz, Harvey & Herman, 1993; für den Bereich der Traumapädagogik Gahleitner, 2011) herauskristallisiert, mit dessen Hilfe sich ein konstruktives Vorgehen gut veranschaulichen lässt und das hier – in seinen interprofessionellen Implikationen für die Zusammenarbeit von Psychotherapie und Sozialer Arbeit – kurz dargestellt werden soll (vgl. dazu auch Gebrande & Lebküchner, ▶ Kap. 14).

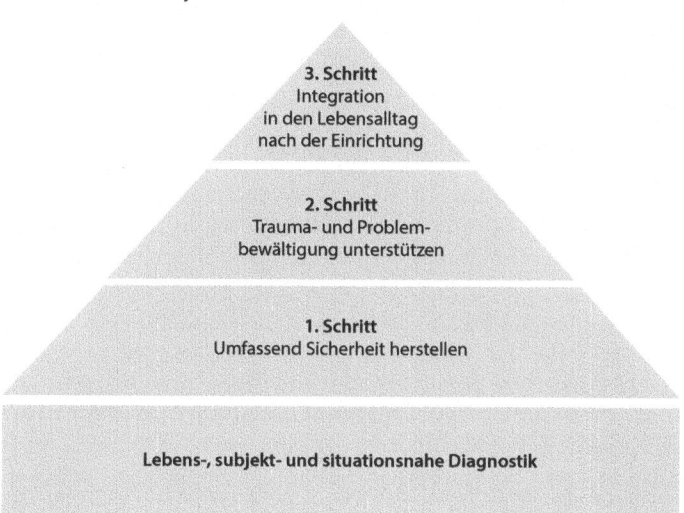

Abb. 5.2: Psychosoziale Interventionsschritte auf der Basis einer lebens-, subjekt- und situationsnahen Diagnostik (aus Gahleitner et al., 2018, S. 204)

Grundvoraussetzung dafür ist – nach einer aufschlussreichen Diagnostik – die Herstellung von innerer und äußerer Sicherheit sowie Vertrauen. Dazu gehören vor allem der trauma-, bindungs- und beziehungssensible Aufbau der professionellen Beziehung und die Erschließung weiterer sozialer Ressourcen. Kühn (2006) hat diese Grundvoraussetzung im traumapädagogischen Bereich mit der Pädagogik des »Sicheren Orts« beschrieben. Es geht also – auch in der Rolle der/s TherapeutIn nicht nur um den Aufbau einer einzelnen dyadischen Beziehung, sondern um die Unterstützung umfassender Beziehungsnetzwerke aus stabilen Bindungsverhältnissen – bis hinein in konstruktive Vernetzungssettings unter Institutionen (vgl. Gahleitner, 2011; vgl. auch Weiß, 2011). Gerade nach schwerem Trauma und Vertrauensverlust im Bereich des Frauenhandels müssen neben den existenziellen und emotionalen Bedarfslagen der Klientel auch komplexe Interventionsnetzwerke unter Berücksichtigung rechtlicher, institutioneller und sozialräumlicher Aspekte gehandhabt werden. Insofern hat z. B. auch der Aufenthaltsstatus für betroffene Frauen eine direkte Einwirkung auf die Möglichkeit, Vertrauen und unterstützende Beziehungen für sie zu schaffen. Nach Aussage der betroffenen Frauen ist es diese Verflechtung von umfassenden Sachhilfen mit einer ebenso umfassenden psychosozialen Unterstützung, die ihnen den Entwicklungsprozess in ein neues Leben ermöglicht. Neben der existenziell sächlichen Unterstützung ist es also in erster Linie die spezifische Beziehungs- und Fachkompetenz bezüglich der psychosozialen Situation der Frauen, die nach ihren eigenen Aussagen die beschriebene Qualität hervorbringt.

Beim Verlassen des Prostitutionsmilieus stellt für Jaomi Jamal der Glaube eine wichtige Stütze dar. Professionelle Unterstützung kann sie letztlich daher am besten von MitarbeiterInnen einer Einrichtung der Diakonie annehmen: »Bis ein Tag die Diakonie-Frau ist zu mir gekommen, und er hat gesagt: ›Wie lange? Du bist schon lange in diese Land, und musst du zu Rechtsanwalt gehen‹« (Interviewzitat, Gahleitner et al., 2018, S. 70). Der Vertrauensaufbau auch zu diesen MitarbeiterInnen und die Annahme von Hilfe fällt ihr zunächst aber sehr schwer: »Ich hab' sie auch nicht vertraut. Es war schwer. Für ein Jahr sie kommt zweimal in der Woche. Ich kuck' dich an so, in meine Kopf ich kämpfe. Darf ich? Darf ich nicht? Darf ich? Darf ich nicht? Darf ich? Darf ich nicht? Darf ich? Nein. Ich kann sie nicht vertrauen. Ich kann sie nicht vertrauen. Darf ich?« (ebd., S. 70 f.). Jaomi Jamal beginnt zunächst, alles niederzuschreiben: »So habe ich der ganze Geschichte geschrieben, ja, ... und ich geh' wieder zu Rechtsanwalt, nach eine Woche er sagt: ›Schreib noch mehr‹« (ebd., S. 71). Aufgrund ihrer massiven Angst, sich der Polizei anzuvertrauen, gelingt es ihr jedoch zunächst nicht, den Behörden ihre wahre Geschichte mitzuteilen. Mit vereinten Kräften der Beratungsstelle, des zugewandten Rechtsanwaltes und eines Priesters aus ihrer Kirche gelingt es ihr schließlich, ihre Identität, also ihren richtigen Namen, preiszugeben und neue Schritte einzuleiten. Jaomi Jamal stellt einen Asylantrag und bekommt dabei von verschiedenen Seiten Unterstützung: »Ich war sehr froh und äh, ja, ich war sehr froh, und ich war sehr froh, dass ich hab' meine Name zurück ... Die Wahrheit hat mich frei gemacht« (ebd., S. 72). Durch ihr neues Umfeld schöpft sie wieder Hoffnung und neuen Mut für ihre Zukunft: »Aha, für jede Tag. Oh, my god, endlich ich bin nicht alleine. People can also see my opinion, respect my opinion. Und das hat mir Hoffnung gegeben, um weiterzukämpfen« (ebd., S. 74).

In einer zweiten Phase kann dann nach dem Sicherheits- und Vertrauensaufbau die Auseinandersetzung mit traumatischen und anderen problematischen Inhalten in der Biografie stattfinden. Beratung und Begleitung haben hier die Aufgabe, Möglichkeiten eines Bewältigungsprozesses äußerst behutsam auszuloten. Ist also der erste Schritt in ein neues Leben geglückt und eine gewisse Stabilität eingetreten, kann auch ein Herantasten an das Erlebte und dessen Folgebelastungen geschehen. Diese behutsame und traumasensible Unterstützung kann Frauen auch dazu motivieren, sich in therapeutische Betreuung zu begeben und dort Teile des Geschehens aufzuarbeiten. In stationären Settings wie z. B. Frauenhäusern ist im Vergleich zu derzeitig verbreiteten Angeboten noch ein Vielfaches mehr und häufig 24 Stunden am Tag gefordert, um behutsam und zugleich strukturierend selbstexplorative Prozesse zu ermöglichen und alltagsnah ein Mehr an Handlungskompetenz, Selbstkontrolle und Selbstwirksamkeit für die Betroffenen erreichbar zu machen. Insofern bedeutet nicht nur die Traumakonfrontation, sondern bereits das Lösen zentraler Problemlagen, die durch das Trauma entstanden sind, einen wichtigen Schritt auf dem Weg zur Bewältigung. Voraussetzung dafür jedoch ist, dass die Gedanken und Gefühle Traumatisierter auf die oben beschriebene Weise professionell diagnostiziert, verstanden und angenommen werden. Diese Überlegungen führen abermals zurück zu der Bedeutung emotional in Richtung Annahme und Akzeptanz korrigierender Beziehungserfahrungen. Auch sie stellen eine aktive Traumabearbeitung dar, so das klare Statement der Traumapädagogik (Weiß, 2011).

> Auch bei Jaomi Jamal hat die lange Zeit im Zwangsprostitutionskontext tiefe Spuren hinterlassen. Viele Folgeerscheinungen werden für sie erst jetzt in voller Tiefe sichtbar. Vor einiger Zeit hat sie eine Therapie angefangen, die in enger Vernetzung mit der Beratungsstelle und den kirchlichen Organisationen den Prozess mit ihr weiter vorantreibt. Es geht voran, jedoch in kleinen Schritten. Immer noch erlebt Jaomi Jamal depressive Stimmungen: »Ich kann alleine zu Hause, ich habe keine Hobby mehr, weil, als ich depressiv war ... wann du fragst mich: ›Was machst du gerne? Was liebst du?‹ Ich hab' keine Ahnung mehr. ... Ja, obwohl ich möchte jetzt etwas studieren, Plan und alles ist studieren. Aber wann man fragt, was machst du gerne für Hobbies, I don't know anymore, because I lost it. I was so much, so long time in prostitution, I don't remember anymore« (ebd., S. 74).

Dennoch: Letztendlich ermöglicht das Engagement aller professionellen HelferInnen gemeinsam, dass die Frauen auf diesem Boden die Motivation für neue Perspektiven und ein eigenes, neues Leben aufbauen können. Das bedeutet für die Betroffenen von Zwangsprostitution, mehr und unterschiedliche Einblicke in das eigene Geschehen und mehr Kontrolle über ihre Gefühle und Erfahrungen zu bekommen. Es ermutigt sie, früher oder später auch auf der Interaktions- und Handlungsebene zur Übernahme von mehr Verantwortung, nicht für die Erfahrungen selbst, sondern vor allem für den Umgang damit, für das eigene Leben und das auf die Zukunft ausgerichtete Verhalten. So wird ein Bewusstsein für die Gefahr von Grenzüberschreitung geschaffen, individuelle Stärken werden betont, und einer Stigmatisierung sowie Reviktimisierung im Alltag wird vorgebeugt. Unter neuen Bedingungen ist nun eventuell sogar eine stärkere Fokussierung auf die individuellen Möglichkeiten und Grenzen in der Gegenwart möglich. Die Verantwortung für das eigene Leben zu übernehmen und neue Perspektiven für sich und in Interaktion mit anderen zu erschließen, wird zu den zentralen Aufgaben und zur Chance. Insbesondere ist hier auf Methoden aus der Biografiearbeit zu verweisen (vgl. Übersicht Gahleitner, 2011). Sie sind im therapeutischen Setting gut und sicher angesiedelt, wenn es einen guten Austausch mit der Alltagsebene gibt. Sie erweisen sich in diesem Kontext als eine behutsame Herangehensweise, Selbstverstehensprozesse zu fördern (vgl. auch das Curriculum von DeGPT und BAG, 2011).

Auf diese Weise zu einer Annahme des Traumas zu verhelfen, zu einer Einsicht in die Grenzen und Möglichkeiten der Bearbeitung und der damit verbundenen Veränderungen, erleichtert eine Zuwendung zu aktuellen Lebens- und Alltagsthemen im umgebenden Kontext und eine Annäherung an die eigenen Fähigkeiten und Möglichkeiten. Die einzelnen Schritte sind nicht immer statisch nur in dieser Reihenfolge zu denken, sondern können sich gegenseitig durchdringen und andere Verläufe annehmen. Sie lassen sich fast nahtlos mit dem bereits existierenden Leitfaden Beratung des Bundesweiten Koordinationskreises gegen Frauenhandel und Gewalt an Frauen im Migrationsprozess (KOK; vgl. Rabe et al., 2012) kombinieren, der auf verschiedensten Interventionsebenen detailliert Möglichkeiten der alltagsnahen Unterstützung für betroffene Frauen aufzeigt. Der Weg ist interdisziplinär zu denken. Psychotherapeutische Interventionen können auf diesem Wege sehr hilfreich sein. Zentral im Bewältigungsprozess – welche interprofessionelle Gruppe immer die Frauen begleitet – ist daher eine bindungs- und traumasensible Begleitung des unmittelbaren Lebensalltags der Frauen, durch Fachkräfte, die sowohl beratend, begleitend und stützend als auch therapeutisch ausdifferenziert und fachkompetent den Bewältigungsprozess unterstützen. Solche Interventionen werden von den Frauen als veränderungsrelevant für ihre Situation und ihren Bewältigungsprozess betrachtet. Dies bedeutet: Die jeweils vor Ort eingesetzten, konkreten Fachkräfte können einen Unterschied machen, je nachdem, wie feldkompetent, fachkompetent, bindungs- und traumasensibel die einzelnen PolizistInnen, BeraterInnen etc. sich im Einsatz verhalten und wie gut sie es bewerkstelligen, ein hilfreiches gemeinsames Netz bereitzustellen.

Literatur

Deutschsprachige Gesellschaft für Psychotraumatologie (DeGPT) & Bundesarbeitsgemeinschaft Traumapädagogik (BAG-TP) (2011). *Mindeststandards zur Zusatzqualifikation: Traumapädagogik und Traumazentrierte Fachberatung nach den Empfehlungen der DeGPT/BAG*. Hamburg: DeGPT. Zugriff am 13.01.2018 unter http://www.degpt.de/DeGPT-Dateien/Curriculum%20Traumap%C3%A4d_final.pdf.

Gahleitner, S. B. (2005). *Neue Bindungen wagen. Beziehungsorientierte Therapie bei sexueller Traumatisierung*. München: Reinhardt.

Gahleitner, S. B. (2011). *Das Therapeutische Milieu in der Arbeit mit Kindern und Jugendlichen. Trauma- und Beziehungsarbeit in stationären Einrichtungen*. Bonn: Psychiatrie-Verlag.

Gahleitner, S. B., Gerlich, K., Heiler, R., Hinterwallner, H., Huber, E., Körner, M., Pfaffenlehner, J. & Yvette, V. (2017). Psychosoziale Arbeit mit Frauen aus dem Frauenhandel. Ein Plädoyer für bindungs- und traumasensible interprofessionelle Zusammenarbeit. *Trauma & Gewalt, 11*, 1, 22–34.

Gahleitner, S. B., Gerlich, K., Heiler, R., Hinterwallner, H., Schneider, M. & Yvette, V. (2018). *Psychosoziale Arbeit mit traumatisierten Frauen aus Gewaltverhältnissen. Ergebnisse aus einer Studie zum Thema Menschenhandel mit dem Zweck sexueller Ausbeutung*. Kröning: Asanger.

Gahleitner, S. B. & Weiß, W. (2016). Traumapädagogisches diagnostisches (Fall-)Verstehen. In W. Weiß, T. Kessler & S. B. Gahleitner (Hrsg.), *Handbuch Traumapädagogik*. S. 262–271). Weinheim: Beltz.

Gahleitner, S. B., Zimmermann, D. & Zito, D. (2017). *Psychosoziale und traumapädagogische Arbeit mit geflüchteten Menschen*. Göttingen: Vandenhoeck & Ruprecht.

Heiner, M. (2010). Diagnostik in der Sozialen Arbeit: Zielsetzung, Gegenstand und Dimensionen. *Archiv für Wissenschaft und Praxis der sozialen Arbeit, 41*, 4, 14–28.

Heiner, M. (2013). Wege zu einer integrativen Grundlagendiagnostik in der Sozialen Arbeit. In S. B. Gahleitner, G. Hahn & R. Glemser (Hrsg.), *Psychosoziale Diagnostik*. S. 18–34). Bonn: Psychiatrie-Verlag.

Herman, J. L. (1992). *Trauma and recovery. From domestic abuse to political terror*. London: Harper Collins.

Keupp, H. (1997). *Ermutigung zum aufrechten Gang*. Tübingen: DGVT.

Kühn, M. (2006). *Bausteine einer »Pädagogik des Sicheren Ortes« – Aspekte eines pädagogischen Umgangs mit traumatisierten Kindern in der Jugendhilfe.* Vortrag bei der Fachtagung »(Akut) traumatisierte Kinder und Jugendliche in Pädagogik und Jugendhilfe« in Merseburg am 17./ 18.02.2006. Zugriff am 13.01.2018 unter http://www.jugendsozialarbeit.de/media/raw/ martin_kuehn.pdf.

Lebowitz, L., Harvey, M. R. & Herman, J. L. (1993). A stage-by-dimension model of recovery from sexual trauma. *Journal of Interpersonal Violence, 8,* 3, 378–391.

Petzold, H. G. (2003). *Integrative Therapie. Modelle, Theorien & Methoden einer schulenübergreifenden Psychotherapie. Band 1: Klinische Philosophie.* (2., überarbeitete und erweiterte Auflage). Paderborn: Junfermann.

Petzold, H. G., Goffin, J. J. M. & Oudhof, J. (1993). Protektive Faktoren und Prozesse – die »positive« Perspektive in der longitudinalen, »klinischen Entwicklungspsychologie« und ihre Umsetzung in die Praxis der Integrativen Therapie. In H. G. Petzold & J. Sieper (Hrsg.), *Integration und Kreation. Band 1: Modelle und Konzepte der Integrativen Therapie, Agogik und Arbeit mit kreativen Medien.* S. 173–266). Paderborn: Junfermann.

Rabe, C., Heye, S. & Müller-Güldemeister, S. (2012). *Handbuch zur Aus- und Fortbildung und Qualitätssicherung für Fachberatungsstellen für Betroffene von Frauen-/Menschenhandel.* Berlin: KOK.

Weiß, W. (2011). *Philipp sucht sein Ich. Zum pädagogischen Umgang mit Traumata in den Erziehungshilfen.* (6., überarbeitete Auflage). Weinheim: Juventa.

6 Die Bedeutung von Arbeitsbündnis, Realitätsprüfung und Hilfe zur Selbsthilfe in der sozialtherapeutischen Beratung der stationären Psychotherapie

Maren Bösel

Vielen Patienten fällt es im Alltag sehr schwer, soziale Fragen, die häufig mit sozialrechtlichen Problemen verbunden sind, aktiv zu klären. Unsicherheiten, Ängste und negative Erfahrungen mit Ämtern und Behörden sowie eine nicht selten vorliegende Schamproblematik hinsichtlich der Annahme von Unterstützung führen dazu, dass Patienten sehr lange ungeklärte soziale Situationen mit sich herumtragen, was emotional stark belastend ist. Hinzu kommt, dass Patienten insbesondere mit einer stationären Behandlung den Wunsch verbinden, erst einmal von den sozialen Alltagsproblemen Abstand zu bekommen. In diesem Zusammenhang wird auf die Arbeiten von Oevermann (2013) und Kähler (2015) verwiesen, die sich mit den Besonderheiten des Aufbaus und der Gestaltung von Arbeitsbündnissen im Bereich der Sozialen Arbeit auseinandergesetzt haben. Soziale Problemlagen von Patienten sind in der Regel mit umweltbedingten, sozioökonomischen und gesellschaftsstrukturellen Rahmenbedingungen und Anforderungen verbunden. Unterschiedliche Ausprägungen existenziellen Drucks (z. B. durch die Notwendigkeit, den Lebensunterhalt zu bestreiten, Gefährdung von Einkommen, drohende Sanktionen von Ämtern bei fehlender Mitwirkung) führen dazu, dass auch der Grad der Freiwilligkeit, sich in Beratung zu begeben, sehr unterschiedlich ist. Ein weiterer erschwerender Faktor für den Aufbau des Arbeitsbündnisses besteht darin, dass Sozialarbeiter in der Regel in Institutionen arbeiten und an deren strukturellen Rahmenbedingungen gebunden sind. Darüber hinaus müssen sie bei sozialrechtlichen Fragestellungen die gesetzlichen Grundlagen und Pflichten des Staates beachten, unabhängig von ihrer eigenen individuellen fachlichen Meinung. Die Notwendigkeit, den unterschiedlichen Personengruppen innerhalb einer Einrichtung Rechnung zu tragen, sowie die Beachtung von gesellschaftlichen und rechtlichen Aspekten unter Berücksichtigung der eigenen Handlungsfähigkeit und Sicherheit bringt die Herausforderung mit sich, dass Belange von Klienten/Patienten von Seiten der Sozialarbeit relativiert werden müssen. Da die soziale Stabilisierung im engen Zusammenhang mit einer gesundheitlichen Stabilisierung steht, ist es aus sozialtherapeutischer Sicht aber wichtig, bereits zu Beginn einer ambulanten bzw. im Vorfeld einer stationären Psychotherapie Zusammenhänge zwischen sozialer und psychischer Stabilisierung zu erläutern. Grundvoraussetzung hierfür ist der Aufbau eines tragfähigen Arbeitsbündnisses. Wie dieses trotz der angesprochenen herausfordernden Voraussetzungen auf Seiten der Sozialarbeit und der Patienten aufgebaut und gestaltet werden kann und welche wichtige Rolle dabei die Vernetzung mit den Kollegen der Psychotherapie spielt, wird in den folgenden Kapiteln erläutert.

6.1 Motivationsarbeit und Aufbau eines Arbeitsbündnisses im psychotherapeutischen Rahmen

Der Aufbau eines stabilen Arbeitsbündnisses ist sowohl im ambulanten psychotherapeutischen Kontext wie im stationären Setting wichtig, damit der Patient motiviert wird und er Zutrauen erlangt, sich auch mit existenziellen sozialen Fragen auseinanderzusetzen. Im Zusammenhang mit dem Aufbau eines Arbeitsbündnisses und der Beziehungsgestaltung in der Beratung weist Großmann (2007) auf unterschiedliche Typen von Arbeitsbeziehungen hin. Beratung mit dem Ziel der Orientierungshilfe ist am stärksten mit dem Aspekt von Freiwilligkeit verbunden. Je mehr Freiwilligkeit im Spiel ist, umso leichter fällt es Patienten, ihre persönliche Situation und ihre Sorgen darzulegen. Der Aufbau einer tragfähigen Beziehung ermöglicht im Verlauf des Beratungsprozesses auch die Konfrontation des Patienten mit seinen destruktiven Anteilen. Großmann schreibt dazu »... eine Klarifizierung solcher Anteile kann auch die Beratungsbeziehung stärken – erleben die Klienten in der Kritik doch auch, dass ihnen etwas zugetraut wird« (2007, S. 8). Nach Kähler (2015) ist es im Erstgespräch zwischen Sozialarbeit und Besucher, wie er den Klienten nennt, wichtig, ein Vertrauensverhältnis aufzubauen. Hierzu gehören die Bereitschaft und die Fähigkeit, dem Klienten zuzuhören, zu beobachten, wie er sich auf die Gesprächssituation einlässt, seine Sichtweise zu akzeptieren und nicht sofort Änderungen anzustreben. Es geht dabei nicht um Zustimmung durch den Sozialarbeiter, sondern um die Möglichkeit, dass der Patient/Klient seine Lage unzensiert darstellen kann. Je befremdender seine Selbstdarstellung ist, desto wichtiger ist im Verlauf die Abklärung seiner Wertvorstellungen und Denkmuster. Oevermann (2013) verweist in seinen Ausführungen auf mögliche Fallstricke der Sozialarbeit. In den Interventionen ist darauf zu achten, dass es im Wechselspiel von Übertragung und Gegenübertragung nicht zum Gefühl der Bevormundung auf Seiten des Hilfesuchenden kommt, sich aber auch der Sozialarbeiter nicht mit moralischen Bewertungen des Gegenübers verbündet, beispielsweise der Haltung, dass die »böse Gesellschaft« schuld sei.

> »Die für die Professionalisierung der sozialarbeiterischen Praxis zentrale Abstinenz von moralischen Bewertungen der Entstehungsgründe der Notlage des Klienten im Dienste einer nüchternen Diagnostik der konkreten Umstände der akuten Lage steht nicht im Widerspruch dazu, mit dem Klienten vor allem die ihm selbst realistisch zur Verfügung stehenden Möglichkeiten einer Veränderung seiner Lage detailliert und hartnäckig zu erörtern und ihn damit auch zu konfrontieren« (Oevermann, 2013, S. 137).

Noch einmal schwieriger gestaltet sich die Etablierung des Arbeitsbündnisses in einem eher sanktionierenden Setting, wie z. B. einer geschlossenen psychiatrischen Einrichtung. Nach Großmann (2007) ist es in solch einem Rahmen besonders wichtig, dass Angebote gemacht werden und eine Transparenz über die Gesprächsbedingungen erfolgt, um die Bereitschaft der Klienten, den Beratungsprozess zu nutzen, zu fördern.

In der psychotherapeutischen Praxis kann es bedeuten, einen Teil der probatorischen Sitzungen im Sinne einer Kurzintervention zu nutzen, um mit dem Patienten zu erarbeiten, welche sozialen Bereiche trotz oder gerade aufgrund der damit verbundenen Unannehmlichkeiten zunächst stabilisiert werden müssen, bevor das Arbeiten an Symptomen oder anderen Themen beginnen kann. Das kann bedeuten, den Patienten initial über Beratungsangebote zu informieren oder ihm vorzuschlagen, mit Beratungsstellen Kontakt aufzunehmen, bis hin zur Vorgabe, den Beginn einer Behandlung von konkreten Schritten des Patienten – z. B. der Vereinbarung eines Erstgesprächs bei einer Schuldnerberatungsstelle – abhängig zu machen.

Im stationären Setting der Psychosomatischen Klinik des Universitätsklinikums Heidelberg erhält jeder Patient in der Regel innerhalb der ersten stationären Behandlungswoche ein sozialanamnestisches Gespräch, in welchem er über das Angebot der Sozialtherapie mit ihren Möglichkeiten und Grenzen aufgeklärt und gemeinsam ein möglicher sozialarbeiterischer Beratungsfokus herausgearbeitet wird. Je nach Komplexität der sozialen Fragestellungen erfolgt ein sofortiger Beginn der sozialtherapeutischen Begleitung bzw. wird ein Termin zum späteren Zeitpunkt verabredet. Vor allem materielle Problemlagen, wie z. B. kein gesichertes Einkommen, hohe Schulden, ungeöffnete Briefe oder unklarer Versicherungsstatus erfordern nach Möglichkeit einen frühen Beratungsbeginn.

Berufliche Fragen der Reintegration werden häufig erst in einer fortgeschrittenen Phase der Therapie thematisiert. Dies gilt sowohl für ambulante Behandlungen als auch für stationäre Settings. Zu diesem Zeitpunkt verfügen Patienten oft wieder über einen größeren emotionalen Spielraum, der ihnen erlaubt, sich mit Zukunftsthemen wie der beruflichen Reintegration auseinanderzusetzen. Ein Teil der Patienten muss aber auch in dieser Phase durch gezielte Ansprache motiviert werden, sich mit der Zukunftsplanung zu beschäftigen. Sozialarbeiterische Kompetenz kann hier die psychotherapeutische Behandlung direkt ergänzen, da sie häufig sehr konkret an sozialen Fragen arbeitet und oftmals über mehr Wissen über spezifische Herausforderungen und Fallstricke verfügt.

6.2 Realitätsprüfung und Informationsvermittlung

Eine gezielte Erhebung der sozialen Lebenssituation mit den Themenbereichen Beruf-, Wohn-und Finanzsituation sowie die Frage nach der Freizeitgestaltung und dem sozialen Umfeld im sozialanamnestischen Gespräch ermöglicht sehr gut, bestehende Informationsdefizite bzw. Fehlannahmen aufzugreifen. Hier ergänzt sozialarbeiterische Kompetenz die psychotherapeutische erheblich, da sie mögliche Schwierigkeiten und Muster bei Patienten schneller erkennt, sich in aktuellen Gesetzeslagen besser auskennt und oftmals zeitnah erste Schritte auf den Weg bringen kann, die auch den Patienten ermöglichen, mit realen sozialen Konsequenzen behaftete Probleme von maladaptiven Ängsten zu trennen und dann beides an angemessener Stelle zu bearbeiten.

Da es einem Teil der Patienten nicht leicht fällt, über ihre soziale Situation im Gespräch zu berichten, wird in Heidelberg unterstützend ein Selbsteinschätzungsbogen mit Fragen zur sozialen Situation eingesetzt. Der Bogen wurde aus der täglichen Arbeitserfahrung heraus entwickelt und modifiziert. Die Patienten gehen sehr unterschiedlich mit dem Bogen um. Unabhängig davon, ob der Patient viele Informationen eingetragen oder gar nichts geschrieben hat, ist der Bogen im Erstkontakt mit dem Patienten eine gute Gesprächsgrundlage. Immer wieder erwähnen Patienten insbesondere schambesetzte Themen in dem Bogen, die sie im Gespräch von sich aus nicht erwähnen würden. Hierzu zählen u. a. Schulden oder anstehende Gerichtsverfahren. Das Gespräch ist auch bei den Patienten nötig, die sehr kompetent im Umgang mit sozialen Problemen wirken, denn häufig erweist es sich erst bei fachlicher Nachfrage, dass sie eigentlich nur sehr begrenzt informiert sind. Dies sind Situationen, in denen Psychotherapeuten beispielsweise einen weiteren Anstieg sozialer Probleme feststellen, obwohl die psychischen Aspekte ausreichend bearbeitet werden und der Eindruck besteht, der Patient unternehme die nötigen Schritte zur Klärung der sozialen Fragen.

6.3 Patienten akut im Umgang mit Behörden begleiten – Hilfe zur Selbsthilfe

Ein wesentlicher Baustein im psychosozialen Stabilisierungsprozess von Patienten im Rahmen der stationären Psychotherapie ist die Reaktivierung und Erweiterung von Handlungskompetenzen. Pauls (2013) betont, dass es notwendig ist, je nach Situation des Patienten zu entscheiden, welche grundlegenden Interventions- bzw. Handlungsmuster zum Einsatz kommen sollten. Er benennt als grundsätzliche Möglichkeiten u. a. die direkte Einflussnahme und die Förderung innerpsychischer Veränderungsprozesse. Der Erfolg der aktiven Unterstützung durch die Klinische Sozialarbeit setzt nach Pauls voraus, dass der Klient/Patient zur verantwortlichen Mitarbeit angehalten wird. Als einen Schwerpunkt der täglichen klinischen Praxis sehen Bösel et. al. (2014, 2017) in diesem Zusammenhang die immer wiederkehrende Herausforderung der Bewältigung von sozialrechtlichen Anforderungen. Zur nachhaltigen Alltagsstabilisierung gehört das Erlernen des Umgangs mit Unsicherheiten. Die Ängste können aus der Erfahrung von Ablehnung, Insuffizienzgefühlen oder auch der Schwierigkeit Hilfe annehmen zu können, resultieren.

> »Wer gut informiert ist, sich nicht scheut, Anträge zu stellen und sich bei Bedarf Hilfe holen kann, hat eine bessere Voraussetzung, um eine Grundstabilität in schwierigen Alltagssituationen zu behalten. Der Verlust der sozialen Handlungsfähigkeit, wozu der genannte Bereich der behördlichen Angelegenheiten gehört, hat häufig einen gravierenden negativen Einfluss auf die Gesundheit. Daher ist es im ambulanten wie auch stationären sozialtherapeutischen Beratungsprozess sehr wichtig, mit dem Patienten aktuelle offene sozialrechtliche Fragen bzw. Situationen, die im Alltag immer wieder verunsichern, herauszuarbeiten. Dabei ist es von besonderer Bedeutung, individuell sowohl die Kompetenzen als auch den Förderbedarf herauszufiltern. Bei akuten Problemen, wo möglicherweise Gefahr im Verzug ist, kann es den Patienten auch vorerst entlasten, wenn der Sozialarbeiter die Situation klärt. Es ist aber wichtig, den Patienten so viel wie möglich einzubinden und ihm schrittweise die Verant-

wortung für die Klärung seiner Angelegenheiten zuzutrauen. Gemeinsame Telefonate, Rollenspielübungen, Informationsvermittlung zu Rechten und Pflichten sind nur einige Beispiele für Interventionen zur schrittweisen Erweiterung der Handlungskompetenzen. Patienten haben sehr häufig das Gefühl, dass es an ihrem Unvermögen liegt, wenn sie administrative Anforderungen nicht bewältigen, unabhängig davon, ob andere Menschen damit eventuell auch Schwierigkeiten haben könnten. Nicht unerwähnt bleiben sollte in diesem Zusammenhang, dass das Aufzeigen von gesellschaftlichen Hintergründen zur Entlastung des Patienten führen kann. Hierzu gehören z. B. Kürzung von Finanzmitteln und Überlastung von Mitarbeitern in Behörden, die oftmals einen nicht unwesentlichen Einfluss auf Reaktionen gegenüber Klienten haben. Im Rahmen von ambulanter oder auch stationärer Psychotherapie beginnen Patienten häufig erst wieder, sich mit den oben genannten sozialen Alltagsaufgaben auseinanderzusetzen. Hierbei gibt es aber immer wieder Situationen, die den Patienten überfordern können. Es ist aus sozialtherapeutischer Sicht enorm wichtig, dass die Patienten im Verlauf der Behandlung angesprochen werden, wenn sie sich aufgrund von Misserfolgen zurückziehen, Aufgaben vermeiden oder auch sich zu hohe Ziele stecken. Die Motivationsarbeit ist daher ein prozessbegleitendes Element der Sozialtherapie und nicht nur im Zusammenhang mit dem Aufbau des Arbeitsbündnisses zu Beginn der Behandlung wichtig« (Bösel, 2017, S. 96, dort vgl. Bösel et al., 2014).

Neben der sozialtherapeutischen Einzelberatung im stationären Setting, ist auf einer der stationären Psychotherapiestationen in der Uniklinik in Heidelberg ein sozialtherapeutisches Gruppenangebot im Therapieplan verankert. Auf dessen Bedeutung für die Aktivierung der eigenen Handlungskompetenzen von Patienten wird im folgenden Abschnitt eingegangen.

6.4 Sozialtherapeutische stationäre Gruppenarbeit als Ergänzung zur psychosozialen Einzelberatung

Das Angebot, psychosoziale Frage- und Problemstellungen in Gruppen zu bearbeiten, hat sich aus unserer stationären Erfahrung heraus als eine sehr wirksame sozialtherapeutische Methode in der Arbeit mit den Patienten herausgestellt. Der Austausch, das Erkennen von eigenen Kompetenzen und Fähigkeiten sowie das Erarbeiten und Einüben von neuen Handlungsstrategien stehen im Fokus unseres sozialtherapeutischen Gruppenkonzeptes.

Die Integration von sozialtherapeutischen Gruppenangeboten im regulären Therapieplan hat aus unserer Sicht verschiedene Vorteile. Eine Vielzahl von Patienten zeigt sich erleichtert, wenn sie feststellen, dass auch andere Menschen in der Bewältigung von Alltagsanforderungen an Grenzen stoßen. Dadurch kann es Patienten schneller gelingen, emotionale Hemmschwellen im Benennen von sozialen Problemen abzubauen. Die Erkenntnis, Anforderungen in bestimmten Alltagssituationen kompetent zu bewältigen, kann ebenfalls sehr entlastend und motivierend wirken. Patienten, die dazu neigen, Auseinandersetzungen mit ihren sozialen Problemen zu vermeiden, können sich im Schutz der Gruppe schrittweise ihren Themen durch Zuhören, Beobachten und allgemein nützlichen Übungen und Aufgabestellungen annähern.

Die Themen in den jeweiligen Gruppensitzungen werden von den Patienten selbst eingebracht. Hierzu zählen z. B. Vorbereitung von anstehenden Arbeitgebergesprächen, Umgang mit schwierigen Situationen mit Ämtern oder Behörden, Planung von Alltagsstruktur, Austausch im Umgang mit verschiedenen Überforderungssituationen im Berufsleben und im familiären Alltag, Informationsvermittlung zu sozialrechtlichen Fragen, Aufbau und Erhalt von sozialen Kontakten. Die Patienten eng in die Entscheidung der Themenauswahl einzubeziehen ist darin begründet, dass somit wesentlich leichter deren Fragestellungen aufgegriffen, ihre Kompetenzen zusätzlich gestärkt und ihre Eigenmotivation gefördert werden können. Die Verknüpfung von Einzelberatung und Gruppe ist aus sozialarbeiterischer Sicht sehr sinnvoll. Insbesondere die Vorbereitung von schwierigen anstehenden Gesprächen, z. B. mit Ämtern oder dem Arbeitgeber, erfordert oftmals eine individuelle Erarbeitung von Handlungsstrategien im Einzelkontakt. Die Arbeit in der Gruppe bietet einen vielseitigen Rahmen zum Einüben der Gesprächsstrategien, zur Auseinandersetzung mit dem »Im-Mittelpunkt-Stehen« und zum Erlernen des Umgangs mit unterschiedlichen Rückmeldungen.

Zusammenfassend kann man sagen, dass es in der Therapie von Patienten mit psychosomatischen Erkrankungen nicht um eine entweder soziale oder psychotherapeutische Behandlung gehen sollte, sondern um ein klares Sowohl-als-Auch. Eine integrierte Behandlungsplanung wird der Lebensrealität vieler Patienten gerecht.

Literatur

Becker-Lenz., R (Hrsg.) (2013). *Professionalität in der Sozialen Arbeit*. Wiesbaden: VS Verlag Sozialwisssenschaften und Springer Fachmedien.
Bösel, M. (2017). Integration sozialtherapeutischer Kompetenz in der psychotherapeutischen Versorgung. In U. A. Lammel & H. Pauls (Hrsg.), *Sozialtherapie – Sozialtherapeutische Interventionen als dritte Säule der Gesundheitsversorgung* (S. 91–99). Dortmund: verlag modernes lernen.
Großmaß, R. (2007). Beziehungsgestaltung in der Beratung. *Klinische Sozialarbeit 3* (4), 7–8.
Kähler, H. D. & Gregusch, P. (2014). *Erstgespräche in der sozialen Einzelhilfe*. 6., erw. Aufl. Freiburg im Breisgau: Lambertus.
Lammel, U. A. & Pauls, H. (Hrsg.) (2017). Sozialtherapie – Sozialtherapeutische Interventionen als dritte Säule der Gesundheitsversorgung. Dortmund: verlag modernes lernen.
Oevermann, U. (2013). Die Problematik der Strukturlogik des Arbeitsbündnisses und der Dynamik von Übertragung und Gegenübertragung in einer professionalisierten Praxis von Sozialarbeit. In R. Becker-Lenz. (Hrsg.), *Professionalität in der Sozialen Arbeit* (S. 119–147). Wiesbaden: VS Verlag Sozialwisssenschaften und Springer Fachmedien.

7 Die Arbeit mit Ressourcen – eine Präzisierung psychosozialer Perspektiven

Günther Wüsten

Welchen Stellenwert hat die Arbeit mit Ressourcen in den Professionen der Sozialen Arbeit und Psychotherapie? Der Beitrag versucht, eine übersichtliche Auslegeordnung von Unterschieden und Gemeinsamkeiten beider Professionen im Hinblick auf Ressourcen zu leisten.

7.1 Psychische Störungen und ihre sozialen Bedingungen

33 % der weiblichen und 22 % der männlichen Bevölkerung litten im letzten Jahr in Deutschland an einer psychischen Störung (Thieme, 2017, Aufruf 19.9.2017, psychisch kranke Menschen). Häufig treten Angststörungen und affektive Störungen, insbesondere Depressionen, auf. Über drei Millionen Menschen in Deutschland leiden im Laufe eines Jahres an Depression (Jacobi et al., 2004). In der Schweiz sind etwa 7 % der Bevölkerung im Laufe eines Jahres von einer Depression betroffen. Die Lebenszeitprävalenz nur für affektive Störungen liegt bei etwa 20 % (Kessler, Berglund et al., 2005). Frauen erkranken etwa doppelt so häufig wie Männer, und Baer (2013) konstatiert, es ist klar, dass Depressionen nicht von einer Ursache herrühren, sondern es ein Zusammenspiel von biologischen, psychischen und sozialen Faktoren gibt. Als empirische Risikofaktoren gelten weibliches Geschlecht, jüngeres Alter, Missbrauch psychotroper Substanzen, Verlustereignisse, niedriger sozioökonomischer Status, genetische Variablen, chronische körperliche Erkrankungen, mangelnde soziale Unterstützung, chronische soziale oder interpersonale Belastung (z. B. durch Spannung in der Partnerschaft) und städtische Umgebung (Schramm, 2010). Viele der empirischen Risikofaktoren liegen im Aufmerksamkeitskreis der Sozialen Arbeit. Man könnte sagen, die empirischen Risikofaktoren für Depressionen sind überwiegend sozialer Natur. Die am meisten favorisierte Interventionsebene ist biologischer Natur in Form von Pharmakotherapie. Dies, obwohl die Studien von Kirsch et al. (2008) sowie Turner und Rosenthal (2008) zeigen, dass eine medikamentöse Behandlung etwa ähnlich wirkungslos ist wie eine Placebo-Behandlung. Profitieren von medikamentöser Behandlung konnten nur Patienten und Patientinnen mit schweren Formen von Depression.

Soziale, psychotherapeutische oder sozialtherapeutische Interventionen könnten wesentlich zur Verbesserung depressiver Erkrankungen beitragen, sei es bei der Verringerung von Risikofaktoren oder in der Behandlung. Das Behandlungspotenzial steht natürlich nicht nur bei depressiven Störungen zur Verfügung, sondern generell bei psychischer Belastung oder Erkrankung.

7.2 Das Verhältnis von Sozialer Arbeit und Psychotherapie

In den letzten Jahren hat sich das Verhältnis von Sozialer Arbeit und Psychotherapie gewandelt. Gewandelt hat sich aber auch das Selbstverständnis von Psychotherapie wie auch von Sozialer Arbeit. Die Gesundheitsgesetzgebung in Deutschland und das damit verbundene Psychotherapeutengesetz haben der psychologischen Psychotherapie Zugang in die Gesundheitsversorgung und in die abrechnungsfähige Behandlung von psychischen Störungen gewährt. Dies hat im Allgemeinen zu einer Verbesserung der beruflichen Situation der Psychotherapeuten oder Psychotherapeutinnen geführt, verbunden mit einer Verbesserung der Versorgung bei den Patientinnen und Patienten. Psychotherapie als Profession gewann mit dieser Veränderung auch an Status und Einfluss. Psychotherapie wird in der Folge nun enger an die Diagnostik der ICD-10 und des DSM gebunden. Damit fokussiert sie mehr auf die Behandlung psychischer Störungen. Fast unmerklich hat sich die Psychotherapie damit von einem bisher ebenfalls sehr bedeutsamen Feld, nämlich dem der Selbstentwicklung, der Selbstentfaltung und Selbstverwirklichung, verabschiedet. Dieses Feld wird heute dankbar von einer heterogenen Gruppe von zum Teil semiprofessionellen Akteuren bearbeitet. Für die Psychotherapie in Deutschland ist diese Entwicklung nicht nur positiv.

Das Selbstverständnis der Sozialen Arbeit hat sich ebenfalls gewandelt. Die ehemals vorhandenen Bereiche Soziale Arbeit und Sozialpädagogik wurden in den 1990er-Jahren gemeinsam mit der Bologna-Reform verbunden. Eines der relevanten Ziele für die Entwicklung des Faches, für Profession und Disziplin ist die Realisierung eines eigenen Promotionsverfahrens und selbstverständlich dazugehörende Masterabschlüsse. Diese Ausrichtung ist von grundlegendem Wert. Im Schatten der Bologna-Reform sind einige bedeutsame Inhalte der Sozialpädagogik in den Hintergrund getreten. Dieses sind die vielfach mit der Sozialpädagogik verbundenen Schwerpunkte aus den Bereichen Bildung, Freizeit- und Kulturpädagogik, und dies, obgleich in diesen Bereichen sehr wertvolle Zugänge enthalten sind, welche für die Klientinnen und Klienten wegen ihres wertfreien und offenen Zugangs ein hohes partizipatives Potenzial haben. Beispielsweise Migration nicht nur unter dem Aspekt von Notlagen zu betrachten, sondern als kulturelle Chance zu erfahren, eröffnet andere Sichtweisen. Sozialpädagogische Perspektiven legen oft auf eine beiläufige Weise eine Sicht auf Ressourcen nahe, ohne die Probleme zu negieren.

Das Verhältnis von Sozialer Arbeit und Psychotherapie ist über lange Zeit auch von Abgrenzung geprägt. Diese Tendenz hat sich zum Teil weiter verstärkt und wird beispielsweise von der kritischen Sozialarbeit vertreten wie von May (2016). Anhorn und Balzereit (2016) haben zu diesem Themengebiet gar ein ganzes Handbuch verfasst.

Trotz einer weitgehend polarisierend geführten Abgrenzungsdiskussion, in welcher wiederkehrend vor der Psychologisierung der Sozialen Arbeit gewarnt wird (May, 2016), arbeiten beide Professionen in ineinandergreifenden Berufsfeldern mit einem gleichen oder ähnlichen Methoden-Tool. Gerade weil eine große Nähe von Sozialer Arbeit zur Psychotherapie besteht, lohnt es sich, die Unterschiede herauszuarbeiten.

Ohling (2016) präzisiert den Diskurs und liefert wertvolle Differenzierungen, welche einerseits eine bessere begriffliche Einordnung erlauben und andererseits – trotz Gemeinsamkeiten der Professionen – dennoch zu griffigen Abgrenzungen führen. In der Unterstützung psychisch kranker Menschen treffen ich unterschiedliche Professionen. Konzeptuelle Grundlage der Behandlung ist in der Regel das biopsychosoziale Modell von Engel (1980). In der Psychiatrie führt dies schnell zu einer Dominanz des biologisch-pharmakologischen Zugangs, welcher, je nach Fall, unbegründet sein kann und von Medizinern geleitet wird. Psychotherapie wird von Psychiaterinnen und Psychiatern durchgeführt, welche sich häufig auf eine Verbesserung der Compliance konzentrieren und damit den biologischen Zugang weiterverfolgen. Psychologische Psychotherapie wird von den Psychologinnen oder Psychologen durchgeführt. Die Soziale Arbeit kümmert sich um die Versorgung. Es besteht das Risiko, hierbei Soziale Arbeit auf ihre administrativen Aufgaben zu reduzieren und damit einen essenziellen Bestandteil, nämlich die Bearbeitung der sozialen Dimension (Sommerfeld, 2016), außen vor zu lassen.

Die klinische Sozialarbeit setzt einen Kontrapunkt, weil sie sich abkehrt von einer reinen Versorgungs-Sozialarbeit und zudem noch einen eigenen Behandlungszugang konstatiert (Pauls, 2013). Vor dem Hintergrund psychiatrischer Versorgung bestehen unterschiedliche und zum Teil unscharf voneinander getrennte Begrifflichkeiten und Verständnisse.

Eine grundlegende Frage ist, wie begründet sich Soziale Arbeit, wenn sie therapeutische Arbeit umfasst und wie kann sie von Psychotherapie, deren Methoden sie teilweise anwendet, abgegrenzt werden, so dass ein eigenständiges Verständnis entsteht, welches Soziale Arbeit nicht als kleine Psychotherapie konstituiert? Die untenstehende Übersicht, welche sich an die Ausführungen von Ohling (2015, S. 36–88) anlehnt, fokussiert die unterschiedlichen Inhalte Sozialer Arbeit in therapeutischen Kontexten und psychotherapeutischer Arbeit (▶ Tab. 7.1).

Tab. 7.1: Unterschiedliche Inhalte Sozialer Arbeit in therapeutischen Kontexten und psychotherapeutischer Arbeit (in Anlehnung an Ohling, 2015)

	Soziale Arbeit	Psychotherapie
Gegenstand	Soziale Gerechtigkeit, Verbesserung von Teilhabe und Partizipation	Veränderungsprozesse im Erleben und Verhalten
Sozialer Kontext	Soziale Arbeit mischt sich in Verhältnisse ein, beispielsweise im Gemeinwesen, in Schule und Ausbildung, Arbeitssysteme und Peergroups.	In der Regel arbeitet sie mit einer Klientin oder einem Klienten, um unter bestimmten Bedingungen ein möglichst »gutes Leben« zu führen. Die Arbeit bezieht sich oft auf das Erleben und Verhalten, selten auf die Verhältnisse.

Tab. 7.1: Unterschiedliche Inhalte Sozialer Arbeit in therapeutischen Kontexten und psychotherapeutischer Arbeit (in Anlehnung an Ohling, 2015) – Fortsetzung

	Soziale Arbeit	Psychotherapie
Aufgaben	Unterstützung und Hilfe bei sozialen Problemen. Oft geht es um das Erschließen von Ressourcen; um aktive Hilfe bei der Linderung sozialer Notlagen, vielfach, um eine Stabilisierung schwieriger prekärer Lebensbedingungen. Eine anwaltschaftliche und aktive Hilfe in herausfordernden sozialen Situationen ist in besonderer Weise Merkmal einer vertrauensvollen Behandlungsbeziehung. Behandlung und Unterstützung sind keine Widersprüche, sondern Synergien im Kontext beispielsweise klinischer Sozialarbeit.	Behandlung bei psychischen Krankheiten und Problemen. Seit der Verabschiedung des Psychotherapeutengesetzes fokussiert die Psychotherapie auf die heilkundliche Behandlung von psychischer Erkrankung gemäss ICD-10 oder DSM-5.
Setting	Prozessnähe: Sozialarbeitende sind Teil des Alltagsprozesses und intervenieren aus diesem heraus, um in sozialen Situationen zu Verbesserungen beizutragen. Vorteil: Sie intervenieren sehr nahe am Prozess.	Findet in der Regel in formalisierten Settings, zu bestimmten Zeitsequenzen, außerhalb des alltäglichen Lebens, statt. Vorteil: Die Distanzierung vom Alltag ermöglicht evtl. eine größere Übersicht.
Kompetenzen	In vielen Arbeitsfeldern haben Sozialarbeitende oder Sozialpädagoginnen oder -pädagogen rechtliche und administrative Kompetenzen von weitreichender Bedeutung (doppeltes Mandat).	In der Psychotherapie spielen diese administrativen und rechtlichen Kompetenzen in der Regel keine oder nur in wenigen Fällen eine Rolle.
Zugang	Soziale Arbeit setzt weniger voraus. Sie ist vielfach an Niederschwelligkeit orientiert. Sie behandelt auch dort, wo Psychotherapie keinen Zugang findet. Sie behandelt die wirklich schweren Fälle im Sinne der »Hard-to-Reach-Klientel«. Soziale Arbeit müsste aufgrund der Schwere der Aufgaben und deren Komplexität mindestens gleichwertig wie Psychotherapie entlohnt werden.	Ist eher hochschwellig und hat anspruchsvolle Eingangsvoraussetzungen. Je nach Setting können diese darin bestehen, Termine zu bestimmten Zeiten einzuhalten. Ein gewisses Maß an Motivation muss in der Regel vorhanden sein und es fallen, je nachdem, Kosten an. Die Teilnahme an Psychotherapie setzt voraus, dass Hilfebedürftige sich in ein formalisiertes Setting begeben und in der Regel über eine gewisse Krankheitseinsicht verfügen. Die Hilfesuchenden, welche diese Hilfe in Anspruch nehmen, verfügen meist noch über viele Ressourcen.

Die Tabelle betont die Unterschiede von Sozialer Arbeit und Psychotherapie. Ohne Frage bestehen viele Schnittstellen zwischen Sozialer Arbeit und Psychotherapie. Aus einer psychosozialen Perspektive werden sowohl die Person als auch die sozialen Umgebungsbezüge betrachtet. Diese Sichtweise ist nicht neu und hat in der Sozialen Arbeit eine lange Tradition. Schon Alice Salomon und Sidonie Wronsky waren 1926 die Herausgeberinnen der Schriftenreihe »Soziale Therapie: Ausgewählte Akten aus der Fürsorge-Arbeit«. Sie beobachteten die Zusammenhänge von sozialen Bedingungen und Gesundheit der Person. Mary Richmond (1917) gilt mit der Publikation »Social Diagnosis« als eine der Begründerinnen sozialtherapeutischer Methoden und Konzepte. Pauls (2017) legt den engen Zusammenhang von sozialen Bedingungen und individuellen Handlungsmöglichkeiten dar. Neben den konzeptionellen Grundlagen entwickeln sich auch diagnostische Methoden, welche die Interaktion von Person und Umgebung näher betrachten. Eines der bekannteren ist das Modell des PIE (Person-In-Environment) von Karls und Wanderei (1994), welches individuelles Handeln und Erleben in sozialen Kontexten betrachtet. Es beinhaltet ein Assessment mit vier Faktoren:

- Faktor I: Probleme in sozialen Rollen,
- Faktor II: Umgebungsprobleme im Gemeinwesen,
- Faktor III: Psychische Erkrankungen,
- Faktor IV: Körperliche Erkrankungen.

Explizit werden hiermit auch die Kontextbedingungen analysiert.

7.3 Das konsistenztheoretische Modell im Kontext von Lebenswelten in der psychosozialen Praxis

Das schon erwähnte biopsychosoziale Modell von Engel wird vielfach als eine der Grundlagen psychosozialer und sozialtherapeutischer Behandlung angesehen. Ein Kritikpunkt am Modell besagt, dass das biopsychosoziale Modell zwar einen guten Rahmen bildet, aber
eher recht hoch angesiedelt und damit für eine Analyse und Interventionsplanung nur wenig nutzbar ist (Sommerfeld, 2016).
Sommerfeld (2016) entwickelt, ausgehend auf empirischer Forschung, das Modell der Lebensführungssysteme. Dieses erlaubt eine weiterführende Differenzierung als das biopsychosoziale Modell, da es besser herausarbeitet, wie sich Lebenswelten in unterschiedlichen sozialen Systemen bilden und wie sie in soziale Kontexte eingebettet sind.
Um die psychischen Aspekte genauer zu analysieren, eignet sich das wissenschaftlich gut fundierte Modell der Konsistenztheorie nach Grawe (2004). Setzt man diese Bedürfnistheorie in den Kontext von Lebenswelten, kann man die Frage, wie Bedürfnisse realisiert werden könnten besser beantworten. Mit einem differenzierten

Blick auf soziale Bedingungen und einem sehr gut begründeten Modell des psychischen Geschehens kann eine psychosoziale Perspektive eröffnet werden, welche eine differenzierte Analyse von Ressourcen und Interventionsplanung ermöglicht.

Hierbei geht es sowohl um das Erschließen von Ressourcen als auch um die Aktivierung von Ressourcen im Sinne des Ressourcenerlebens. Nachfolgend werden Grundbedürfnisse im Kontext ihrer sozialen Bedingungen analysiert.

Grawe konstruiert sein Modell auf dem Hintergrund vielfältiger empirischer Belege und erarbeitet ein Modell, welches das Ausmaß psychischer Gesundheit in den Kontext gelingender Bedürfnisbefriedigung stellt. Dieses geht als Konsistenztheorie in die Literatur ein. Konsistenz beschreibt dabei das Ausmaß gelingender Bedürfnisbefriedigung, welche mit dem Erleben von subjektivem Wohlbefinden verbunden ist. Nicht gelingende Bedürfnisbefriedigung hingegen wird als Inkongruenz wahrgenommen. Das Erleben von Bedürfnisbefriedigung geht mit dem Erleben von Wohlbefinden einher, Strategien und Pläne, welche der Bedürfnisbefriedigung dienen, sind in motivationalen Schemata gespeichert und können dem Annäherungssystem zugerechnet werden. Die Strategie zur Vermeidung von schädigenden, belastenden Einflüssen aus der Umgebung und das Vermeiden von Frustrierung grundlegender Bedürfnisse ist in Vermeidungsschemata gespeichert und diese können dem Vermeidungssystem zugeordnet werden. Die Aktivität des Vermeidungssystems wird in negationalen Zielen erkennbar, wie z. B. weniger arbeiten, sich vor Kritik schützen, Konflikte vermeiden, sich nicht blamieren etc. Eine Problematik negationaler Ziele ist, dass ihre Erreichbarkeit unüberprüfbar bleibt und sie damit zu psychischen Energiefressern werden.

Grawe konstituiert vier psychische Grundbedürfnisse: (1) Das Bedürfnis nach Orientierung und Kontrolle, welches auch als das Bedürfnis nach Autonomie und Gestaltung des eigenen Lebens bezeichnet werden könnte. Dieses Bedürfnis steht theoretisch im Kontext der Kontrolltheorien (Flammer, 1990; Rotter, 1966) und der humanistischen Ansätze. (2) Das Bedürfnis nach Bindung. Dieses Bedürfnis lässt sich aus der umfassenden Bindungstheorie sehr gut herleiten, beispielsweise Ainsworth (1978). Gahleitner (2017) und Grossmann (2012) zeigen hierbei einen engen Zusammenhang zwischen positiver Bindungserfahrung, psychischer Gesundheit oder Erkrankung und Heilungschancen, welche eng mit dem Bindungserleben zusammenhängen. (3) Das Bedürfnis nach Selbstwerterhöhung bzw. das Bedürfnis nach Selbstwertschutz. Dieses Bedürfnis lässt sich im Kontext psychischer Gesundheit gut begründen. Das Motiv, sich selber positiver zu bewerten, ist sogar bei einem schlechten Selbstwertgefühl ausgeprägt und zeigt sich beispielsweise in dem Phänomen der Abwärtsvergleiche (Grawe, 2004). Bei einer schlechten Note in der Schule schaut man gerne mal nach unten, um zu sehen, ob jemand noch schlechter war, weil das eben nützlich für den Selbstwert ist. (4) Das Bedürfnis nach einer positiven Lust-/Unlustbilanz. Dieses könnte auch als das Bedürfnis nach subjektivem Wohlbefinden bezeichnet werden. Es lassen sich verschieden Konzepte zur Begründung finden, am eindrücklichsten sind allerdings hier die umfassend experimentell belegten Aussagen der Lerntheorien zu nennen. Denn insgesamt gesehen kann man sagen, dass die Paradigmen der Lerntheorie nichts Anderes bedeuten, als auf der individuellen Ebene mehr positive Konsequenzen für sich zu erreichen als negative. Das Erreichen von mehr positiven Konsequenzen bedient unser Belohnungssystem und ist mit dem

Erleben von subjektivem Wohlbefinden verbunden. Zum Bedürfnis nach einer positiven Lust-/Unlustbilanz gehört nicht nur der Wunsch, sondern auch die Fähigkeit, zu genießen (Koppenhöfer, 2004).

Kritisch kann angemerkt werden, dass das Erleben bzw. Realisieren einzelner Bedürfnisse nicht trennscharf voneinander erfolgt. So kann das Erleben positiver Beziehungen gleichzeitig auch den Selbstwert stärken, oder anders herum, kann die Frustration in Beziehungen auch zu einer Störung im Selbstwerterleben führen. Mangelnde Trennschärfe grundlegender Bedürfnisse findet sich als Problematik allerdings auch in anderen Bedürfnistheorien wieder. Nebst der sehr guten Herleitung der psychischen Grundbedürfnisse ermöglicht das Modell von Grawe auch eine hohe Funktionalität, insbesondere dann, wenn es um psychosoziale Perspektiven geht.

Grundannahmen der Konsistenztheorie

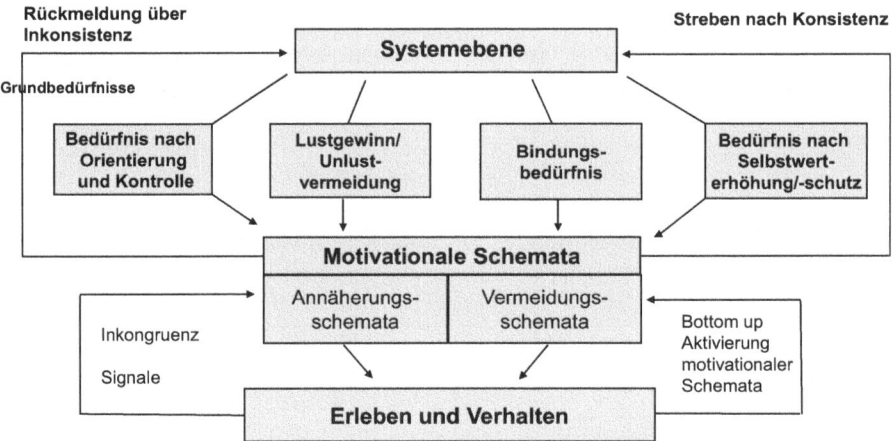

Abb. 7.1: Konsistenztheoretisches Modell des psychischen Geschehens (aus Grawe, 2004, S. 189)

Das Modell von Grawe leitet die psychischen Grundbedürfnisse sehr gut her. Es kann um die soziale Perspektive, z. B. durch die Abbildung von Lebenswelten, ergänzt werden.

Sommerfeld spricht von Lebensführungssystemen unter anderem als »Sozio-Biotope«. Die menschliche Existenz lässt sich hiernach nur in einem systemischen Zusammenhang denken. Ein Lebensführungssystem eines Individuums setzt sich aus unterschiedlichen sozialen Systemen zusammen, welche wiederum in weitere Systemstrukturen eingebunden sind. Er unterscheidet Hilfsysteme, Beschäftigungssystem, Familiensystem, private Sozialsysteme, Schattenwelten und Kultur und Freizeit. Eine ausführliche Beschreibung des Modells der Lebensführungssysteme findet sich bei Sommerfeld (2016, S. 59).

Der Begriff der Erfahrungswelt stellt ein personales, generelles, menschliches Motiv in den Vordergrund. Das Motiv könnte auch als Bedürfnis zu lernen bezeichnet werden. Das Bedürfnis nach Erfahrungen bzw. das Bedürfnis zu lernen – oder mit anderen Worten – das Bedürfnis, Risiken einzugehen, kann in den Kontext der Risikoforschung eingebettet werden.

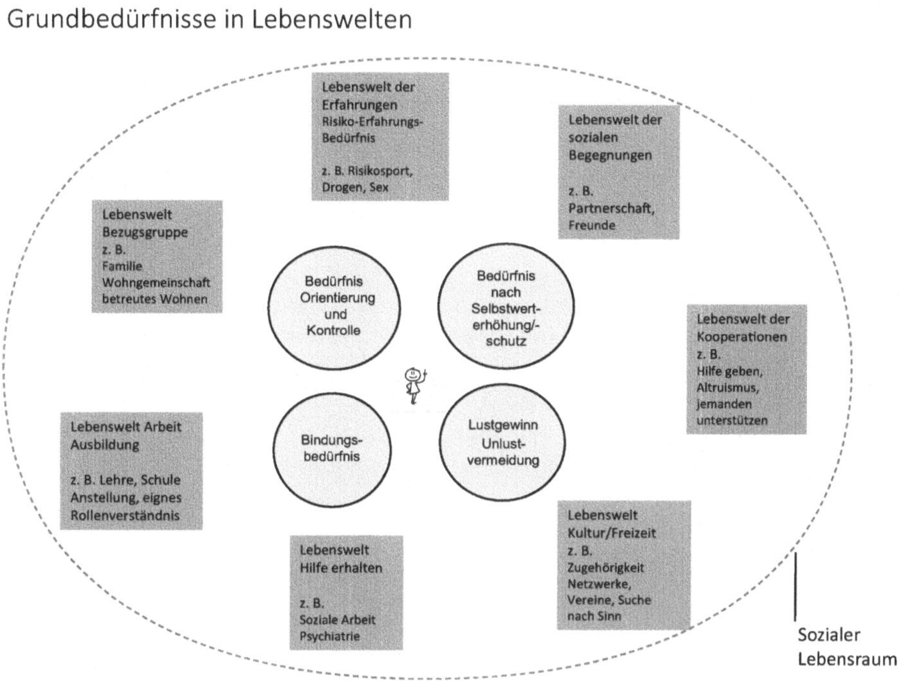

Grundbedürfnisse in Lebenswelten

[Diagramm: Ellipse mit zentralen Bedürfniskreisen (Bedürfnis Orientierung und Kontrolle; Bedürfnis nach Selbstwerterhöhung/-schutz; Bindungsbedürfnis; Lustgewinn Unlustvermeidung) umgeben von Lebensweltboxen:
- Lebenswelt der Erfahrungen, Risiko-Erfahrungs-Bedürfnis, z. B. Risikosport, Drogen, Sex
- Lebenswelt der sozialen Begegnungen, z. B. Partnerschaft, Freunde
- Lebenswelt Bezugsgruppe, z. B. Familie, Wohngemeinschaft, betreutes Wohnen
- Lebenswelt der Kooperationen, z. B. Hilfe geben, Altruismus, jemanden unterstützen
- Lebenswelt Arbeit Ausbildung, z. B. Lehre, Schule, Anstellung, eignes Rollenverständnis
- Lebenswelt Kultur/Freizeit, z. B. Zugehörigkeit, Netzwerke, Vereine, Suche nach Sinn
- Lebenswelt Hilfe erhalten, z. B. Soziale Arbeit, Psychiatrie

Rechts außen: Sozialer Lebensraum]

Abb. 7.2: Grundbedürfnisse in Lebenswelten

Das Modell eignet sich gut, um eine eher allgemeine biopsychosoziale Perspektive zu differenzieren. In dieser vorgeschlagenen Sichtweise steht die Frage im Vordergrund, inwieweit es einem Individuum gelingt, grundlegende Bedürfnisse in seinen Lebenswelten in den unterschiedlichen sozialen Systemen zu verwirklichen. Mit welchen Restriktionen muss es zurechtkommen, welche Ereignisse oder sozialen Bedingungen beschädigen und beeinträchtigen die Realisierung elementarer Bedürfnisse? Die Veränderung des Fokusses nimmt nun nicht mehr nur die psychischen Prozesse wie bei Grawe in den Blick, sondern gleichzeitig auch die Interaktionen, die eine Person in verschiedenen sozialen Systemen hat, sowie ihre Lebenswelt als Gesamtes. Unter einer sozialtherapeutischen Betrachtungsweise geraten als Folge auch die sozialen Bedingungen, insbesondere Ressourcen, in den Blick. Einerseits geht es hierbei um eine gute und differenzierende Analyse, wie sie z. B. mit der Checkliste Sozialer Ressourcen (Wüsten, 2019) durchgeführt werden könnte, ebenso natürlich wie durch Interviews, welche den Möglichkeitsraum der behandelnden Person erkunden. Eine Analyse des aktuellen Sozialraums, der gegebenen sozialen einflussnehmenden Systeme, der gesellschaftlichen Bedingungen und Restriktionen gehören ebenso zu einer umfassenden Analyse, um Interventionen auf individueller oder struktureller sozialer Ebene zu planen und durchzuführen.

Der Zugang zu sozialen Ressourcen bestimmt nicht nur das Ausmaß realisierter Partizipation, sondern auch den Grad möglicher Gesundheit sowie die zu erwartenden Lebensjahre. Soziale Ressourcen nehmen eine Schlüsselfunktion ein für einen Bezug auf die Lebensqualität, die Chancengleichheit und die Lebenserwartung (Bachmann, 2014). Der Zusammenhang von gesundheitlicher und sozialer Ungleichheit gilt heute als empirisch evident (Richter & Hurrelmann, 2009). Richter und Hurrelmann verweisen darauf, dass Menschen mit geringer Bildung, wenig Einkommen und niedrigem beruflichen Status ein deutlich höheres Risiko aufweisen, frühzeitig zu sterben. Die Analyse von psychosozialen Dynamiken und die Sicherung des Zugangs zu sozialen und individuellen Ressourcen sind somit ein elementarer Bestandteil sozialtherapeutischer und psychosozialer Arbeit. Die vorgeschlagene Sichtweise bietet eine differenzierende Perspektive für die Analyse von Ressourcen. Von einer gelingenden Ressourcenaktivierung kann man sprechen, wenn es einem Individuum gelingt, relevante Bedürfnisse in zugänglichen Lebenswelten im Kontext sozialer Situationen relativ konfliktfrei – im Sinne einer positiven Annäherung – zu erreichen (Flückiger & Wüsten, 2015). Das schließt dysfunktionale, überwiegend von Vermeidung geprägte Verhaltensweisen aus. Das Modell eröffnet damit Perspektiven zum Erkunden des Ressourcenraums.

Literatur

Ainsworth, M. D., Blehar, M. C., Waters, E. & Walls, S. (1978). *Patterns of attachment: A psychological study of the strange situation*. New York: Earlbaum.

Anhorn, R. & Balzereit, M. (2016). *Handbuch Therapeutisierung und Soziale Arbeit*. Wiesbaden: Springer VS.

Bachmann, N. (2014). Soziale Ressourcen als Gesundheitsschutz. In Obsan (Hrsg.), *Schweizerisches Gesundheitsobservatorium (Vol. 27)*. Bern: www.obsan.ch.

Baer, N., Schuler, D., Füglister-Dousse, S. & Moreau-Gruet, F. (2013). *Depressionen in der Schweizer Bevölkerung: Daten zur Epidemiologie, Behandlung und sozial-beruflichen Integration*. Zugriff am 22.11.2019 unter: http://www.obsan.admin.ch/sites/default/files/publications/2015/obsan_56_bericht.pdf

Deloie, D. (2011). *Soziale Psychotherapie als Klinische Sozialarbeit. Traditionslinien – Theoretische Grundlagen – Methoden*. Gießen: Psychosozial-Verlag.

Engel, G. L. (1980). The clinical application of the biopsychosocial model. *The American Journal of Psychiatry, 137*(5), 535–544.

Flammer, A. (1990). *Erfahrungen der eigenen Wirksamkeit. Einführung in die Psychologie der Kontrollmeinung*. Bern: Huber.

Flückiger, C. & Wüsten, G. (2015). *Ressourcenaktivierung. Ein Manual für die Praxis*. Bern: Huber.

Gahleitner, S. (2017). *Soziale Arbeit als Beziehungsprofession: Bindung, Beziehung und Einbettung professionell ermöglichen*. Weinheim/Basel: Beltz, Juventa.

Grawe, K. (2004). *Neuropsychotherapie*. Göttingen: Hogrefe.
Grossmann, K. & Grossmann, K. E. (2012). *Bindungen – Das Gefüge psychischer Sicherheit. Attachment. The composition of psychological security*. Stuttgart: Klett Cotta.
Jacobi, F., Wittchen, H. U., Hölting, C. et al. (2004). Prevalence, co-morbidity and correlates of mental disorders in the general population: results from the German health interview and examination survey (ghs). *Psychological Medicine, 34*, 597–611.
Karls, J. M. & Wandrei, K. E. (1994). *Person-In-Environment System. The PIE Classification System for Social Functioning Problems*. Washington, DC: Nasw Press.
Kessler, R., Berglund, P. & Demler, O. (2005). Lifetime prevalence and age-of-onset Distributions of Dsm-iv Disorders in the national comorbidity survey replication. *Archives of General Psychiatry, 62*, 593–602.
Kirsch, N., Deanon, B., Huedo, Mendina, T. et al. (2008). Initial severity and antidepressant benefits: A meta-analysis of data submitted to Food and Drug Administration. *PolS Med, 5*(2), 45.
Koppenhöfer, E. (2004). *Kleine Schule des Genießens. Ein verhaltenstherapeutisch orientierter Behandlungsansatz zum Aufbau positiven Erlebens und Handelns*. Lengerich: Pabst.
May, M. (2016). Zur Psychologisierung und Therapeutisierung der Methoden Sozialer Arbeit. In R. Anhorn & M. Balzereit (Hrsg.), *Handbuch Therapeutisierung und Soziale Arbeit*. Wiesbaden: Springer VS.
Ohling, M. (2015). *Soziale Arbeit und Psychotherapie. Veränderung der beruflichen Identität von Sozialpädagoginnen durch Weiterbildungen in psychotherapeutisch orientierten Verfahren*. Weinheim und Basel: Beltz, Juventa.
Pauls, H. & Hahn, G. (2017). Gesundheit durch Soziale Teilhabe – Betrachtungen zur Entwicklung der Sozialtherapie von Sidonie Wronsky bis heute. In U. A. Lammel & H. Pauls (Hrsg.), *Sozialtherapie*. Dortmund: Verlag Modernes Lernen.
Pauls H., Petra, S. & Michael, R. (2013). *Beratungskompetenzen für die psychosoziale Fallarbeit. Ein sozialtherapeutisches Profil*. Freiburg im Breisgau: Lambertus.
Richmond, M. (1917). *Social Diagnosis*. New York: Russel Sage Foundation.
Richter, M. & Hurrelmann, K. (2009). *Gesundheitliche Ungleichheit. Grundlagen, Probleme, Perspektiven*. Wiesbaden: VS Verlag für Sozialwissenschaften.
Rotter, J. B. (1966). Generalized expectancies for internal versus external control of reinforcement. *Psychological Monographs, 80*.
Schramm, S. (2010). *Interpersonelle Psychotherapie*. Stuttgart: Schattauer.
Sommerfeld, P., Dällenbach, R., Rüegger, C. & Hollensein, L. (2016). *Klinische Soziale Arbeit und Psychiatrie. Entwicklung einer handlungstheoretischen Wissensbasis*. Wiesbaden: Springer VS.
Thieme (2017). Psychisch kranke Menschen in Deutschland – Psychiatrie, Psychotherapie und Psychosomatik. Georg Thieme Verlag. Zugriff am 22.11.2019 unter https://www.thieme.de/de/psychiatrie-psychotherapie-psychosomatik/psychisch-kranke-menschen-deutschland-92051.htm
Turner, E. & Rosenthal, R. (2008). Efficacy of antidepressions. *BMJ, 336*.
Wüsten, G. (2019). Analyse sozialer Ressourcen in der klinischen Sozialarbeit. In S. Dettmers & J. Bischkopf (Hrsg.), *Handbuch gesundheitsbezogene Soziale Arbeit*. München: Reinhardt.

8 Professionsgrenzen als Kompetenzgrenzen und Kooperationsgebote – ethische Aspekte psychosozialer Arbeit

Ruth Großmaß

In allen psychosozialen Berufsfeldern ist Ethik heute zu einem Thema in Ausbildung und Praxis geworden. Dieses Phänomen ist allerdings relativ neu – erst in den vergangenen 15 Jahren hat sich eine Art Selbstverständlichkeit für die Einbeziehung von »Ethik« hergestellt – und so scheint gerade diese neue Selbstverständlichkeit erklärungsbedürftig: Denn moralische Haltungen und Überzeugungen (religiöser oder weltlicher Art) gehören zwar vielfach zur Motivation, wenn jemand einen »sozialen« oder »pflegenden« Beruf ergreift. Die Berufe selbst aber sind *wissenschaftlich fundiert* und in ihren Praktiken und Methoden *fachlich begründet*. Welche Rolle spielt dann die Ethik? Will man diese Frage beantworten, dann gilt es, sich die Entwicklung der helfenden Berufe und deren gesellschaftliche Einbindung anzuschauen. Ein Blick in die Entstehungsgeschichte dieser Berufe kann das verdeutlichen.

8.1 Zum historischen Hintergrund der helfenden Berufe

Soziale Unterstützung und medizinische Hilfen gehören, soweit wir das heute wissen, zu allen Formen menschlicher Gesellschaft und haben als zentrale Bereiche gemeinschaftlichen Sorgens (»Care«) eine lange Geschichte. Nicht immer jedoch wurden sie *beruflich* ausgeübt. Auch die schon in der Antike bekannte Figur des Arztes hatte noch nicht sehr viel mit den heutigen, wissenschaftlich ausgebildeten MedizinerInnen gemeinsam (vgl. Foucault, 1975/1988); und viel von dem, was heutige soziale Berufe an Unterstützung leisten, war auch in den europäischen Ländern lange in die alltäglichen Praktiken von Familie, Nachbarschaft und religiösen Gemeinschaften integriert. Soziale Unterstützung war, wie wir heute sagen würden, *lebensweltlich* organisiert (Großmaß & Perko, 2011, S. 13 f.). In ihrer lebensweltlichen Form waren und sind Hilfeleistungen und Pflege in die moralischen Verpflichtungen naher Beziehungen eingebunden, diese moralische Bindung kann jedoch nicht die Grundlage beruflichen Helfens sein, das sich in einem längeren historischen Prozess von lebensweltlicher Fürsorge abgelöst hat.

Mit den Veränderungen, die in den westlichen Gesellschaften mit dem 16. Jahrhundert beginnen und sozialhistorisch als »Moderne« gefasst werden, startet ein gesellschaftlicher Differenzierungsprozess, in dem Krankenversorgung und soziale wie seelische (Für-)Sorge Schritt für Schritt zu eigenständigen Berufen werden. Anfänge beruflicher Formation existieren seit der Mitte des 19. Jahrhunderts, erste Binnendifferenzierungen mit der Herausbildung abgegrenzter Professionen (vgl. Stichweh, 1992) finden in der ersten Hälfte des 20. Jahrhunderts statt. Seit der Mitte des 20. Jahrhunderts, in der »zweiten« bzw. »reflexiven« Moderne (Giddens, 1990/1996) erleben die medizinischen wie auch die sozialen/sozialpädagogischen Berufe einen beachtlichen Entwicklungsschub, wobei vor allem der Erfolg »weicher« Interventionsformen (psychologische und fachärztliche Psychotherapie im medizinischen Feld, sozialpädagogische Begleitung und Beratung im Bereich der Sozialen Arbeit) ins Auge fällt.

Sowohl Psychotherapie als auch Soziale Arbeit, wie wir sie heute kennen, sind Produkte dieser »zweiten Moderne«, die als »reflexive« eine Psychologisierung des Alltagslebens hervorgebracht hat. Krisen und Schwierigkeiten der individuellen Lebensführung werden heute nicht ausschließlich auf materielle Belastungen zurückgeführt, sondern als psychosoziale erlebt. Erkrankungen werden nicht mehr ausschließlich somatisch verstanden, sondern auch in ihrer psychischen Dimension wahrgenommen. Psychotherapie, mit dem erweiterten Spektrum der humanistischen und systemischen Therapien, und Soziale Arbeit, mit den neuen Arbeitsfeldern Krisenintervention, Beratung und sozialpädagogische Begleitung chronisch Kranker, tragen diesem veränderten Verständnis Rechnung. Als Berufe tragen sie alle die Merkmale der »neuen Professionen« (Bourdieu, 1997/2001, S. 199 ff.), längere Phasen der Auseinandersetzung um Anerkennung eingeschlossen.

8.2 Professionalisierung und Ethik

Wie bei den klassischen Professionen geht es auch bei diesen neuen Professionen um »personenbezogene Dienstleistungen« (Dewe, 2006) die – wenn auch politisch umkämpft und in Machtstrukturen eingebunden – an *gesellschaftlich geteilte Normen* (wie das Gebot der Hilfe in Notlagen, die Forderung von Chancengleichheit und sozialer Gerechtigkeit) gebunden sind. Gemeinsames Merkmal dieser neuen Professionen ist, dass sie in Ausübung ihrer Aufgabe in private Lebensverhältnisse eingreifen, und zwar mit Methoden und Praktiken, die nicht nur zu äußeren Veränderungen führen, sondern auch das Selbstverhältnis der PatientInnen/KlientInnen betreffen. Emotionalität, Affektleben, Selbstbild und Lebensziele werden zum Gegenstand von Interventionen, und dies mit Methoden und in Beziehungsformen, die weniger auf expliziter Zustimmung denn auf Vertrauen basieren. Insbesondere in Gesellschaften, in denen Persönlichkeitsrechte und Selbstbestimmung einen großen Stellenwert haben, folgt daraus eine entsprechend große *Verantwortung aufseiten der Professionellen* – Verantwortung dafür, Einfluss und Intervention auf die Realisierung der Behandlungsziele zu begrenzen, hinsichtlich der Wirkung des fachlichen Handelns möglichst transparent zu sein sowie die Persönlichkeitsrechte der behandelten Personen durchgängig zu respektieren. Diese Verantwortung anzunehmen und auf das berufliche Handeln zu beziehen, ist weder durch die moralischen Bindungen sozialer Gemeinschaften gedeckt, noch kann es der persönlichen Moral der einzelnen Fachkräfte überlassen werden. Eine *Professionsethik*, die sich auf die ethische Dimension des beruflichen Handelns einlässt, wird daher erforderlich.

Die Notwendigkeit, diese normativen Grundlagen nicht nur über Anleitung und Kooperation im Berufshabitus zu verankern, sondern auch in der Fach-Community zu diskutieren und *explizit auszuformulieren*, folgt zum einen aus dem Anspruch, als Profession eigenständig zu arbeiten und die berufsethische Kontrolle selbst zu gewährleisten – auch ÄrztInnen und AnwältInnen verpflichten sich dazu, das Wohl ihrer Klientel zu achten und zu fördern. Zum anderen gab es in beiden Berufsgruppen wiederholt Anlässe, sich mit dem eigenen Ethos bewusst auseinanderzusetzen, da seit den 1980er-Jahren immer wieder z. T. gravierendes Fehlverhalten einzelner MitarbeiterInnen öffentlich wurde – sexuelle Übergriffe, Gewaltausübung und Diskriminierung ethnischer bzw. religiöser Minderheiten haben nicht nur eine rechtliche, sondern auch eine berufsmoralische Bedeutung.

8.3 Ethische Standards und ethische Reflexion

In den Diskussionen um ethische Aspekte des beruflichen Handelns sind einerseits allgemeinere Normen (nationalstaatliche Gesetze und Menschenrechte) mit Bezug auf das eigene Arbeitsfeld zum Thema geworden. Andererseits ging es um die Verdeutlichung der im Menschenbild von Behandlungs- und Handlungsmethoden angelegten ethischen Festlegungen (Großmaß, 2009a; Sickendiek, 2013). Das Ergebnis solcher Diskussionen ist die Formulierung und Explikation grundlegender Normen für das eigene Berufsfeld. Damit allein jedoch ist den professionsethischen Anforderungen noch nicht ausreichend Rechnung getragen. Ethische Normen verlangen in der beruflichen Praxis in unterschiedlicher Weise Geltung und erfordern unterschiedliche Formen der Umsetzung. Gesetzliche Grundlagen sind bindend, bedürfen aber der Interpretation, damit Zielformulierungen fachlicher Art entstehen. Allgemeine Normen wie »Schadensvermeidung« und »respektvoller Umgang«, aber auch »Chancengleichheit« und »soziale Gerechtigkeit« benötigen eine Konkretisierung für unterschiedliche Arbeitsfelder; professionsspezifische Normen wie »Vertraulichkeit der mitgeteilten Inhalte« und »Klärung der Arbeitsbeziehung« müssen fallspezifisch umgesetzt werden. Alle Ebenen präsent zu haben und »professionell« zu berücksichtigen, ist nicht unbedingt einfach. In den Berufsverbänden ist man diesem Problem begegnet, indem »ethische Prinzipien« oder »Standards« ausgearbeitet wurden, die in Form eines überschaubaren »Kodex« die wichtigsten Eckpunkte der normativen Grundlagen beruflichen Handelns in systematisierter Form festhalten (vgl. für die Soziale Arbeit IFSW, 2012; für die Psychotherapie exemplarisch DGVT, 2001; DPV, 2008).

Solche Kodizes vermitteln aufgrund ihrer äußeren Form den Eindruck von Vollständigkeit und Verbindlichkeit. Das sollte allerdings nicht darüber hinwegtäuschen, dass es sich dabei um *Konventionen* handelt; Auswahl, Schwerpunktsetzung und Formulierung sind in einem kommunikativen Abstimmungsprozess des jeweiligen Verbandes entstanden. Sowohl die Vollständigkeit der aufgenommenen Punkte als auch deren Geltungsbereich sind daher relativ. Zudem ist eine verbindliche Geltung nur dann gegeben, wenn die Berufsausübung an die Mitgliedschaft im Verband gekoppelt ist, wenn es eine Kommission gibt, die sich mit Fehlverhalten auseinandersetzt, und ein transparentes Beschwerdeverfahren auch der Klientel offensteht. Für die psychotherapeutischen Fachverbände trifft dies inzwischen weitgehend zu. Für die Soziale Arbeit in Deutschland aber hat der Kodex aufgrund der anderen rechtlichen Stellung des Berufes eher die Bedeutung eines Orientierungsrahmens. Unabhängig davon, welchen Grad der Verbindlichkeit ein solcher Kodex für eine Berufsgruppe hat, ob ein solches Instrument zur Verfügung steht oder die normativen Grundlagen des beruflichen Handelns weniger formalisiert unter Fachkollegen diskutiert werden, bedarf es theoretischen Wissens und fallbezogener Praxiskompetenz, um einen Kodex für die berufliche Praxis produktiv werden zu lassen. Ethische Reflexion, in der die moralische Dimension des fachlichen Handelns praxisbezogen diskutiert und die ethischen Kategorien fallbezogen konkretisiert werden, gehört deshalb als fester Bestandteil zum professionellen Handeln (Großmaß, 2013; Großmaß & Perko, 2011).

8.4 Unterschiede zwischen Sozialer Arbeit und Psychotherapie: Setting, Diagnostik, organisatorische Struktur

Trotz der aufgezeigten Gemeinsamkeiten (Psychotherapie und Soziale Arbeit sind neue Professionen und leisten psychosoziale Arbeit), trotz z. T. sich überschneidender Methoden-Sets (etwa in der Gesprächsführung) unterscheiden sich Psychotherapie und Soziale Arbeit. Sie haben einen unterschiedlichen Auftrag (Heilung versus Hilfe), sie sind verschiedenen gesellschaftlichen Systemen (Medizin versus Soziale Hilfen) zugeordnet und richten ihre Interventionen nach unterschiedlichen Zielen aus (Therapie versus Unterstützung). Dies wird beispielsweise bei einem Blick in einleitende Formulierungen der ethischen Standards deutlich.

Für die Soziale Arbeit heißt es z. B.: »The social work profession promotes social change, problem solving in human relationships and the empowerment and liberation of people to enhance well-being« (IFSW, 2012, o. S.). Der Psychoanalytikerverband dagegen leitet seine Standards wie folgt ein: »Die ethischen Grundsätze folgen den im psychoanalytischen Denken enthaltenen humanistischen Wertvorstellungen. Daraus ergeben sich ethische Verpflichtungen gegenüber Patienten, Kollegen und der Öffentlichkeit« (DPV, 2008, S. 1).

Diese Differenzen weisen nicht nur auf unterschiedliche Perspektiven hin: eher individualisierend aufseiten der Psychotherapie, mit dem Fokus auf Beziehungen und soziale Lebensverhältnisse bei der Sozialen Arbeit. Es zeigt sich bei der Psychotherapie auch eine engere Methodenbindung und bei den Werten, auf die man sich jeweils bezieht, werden unterschiedliche Akzente gesetzt (humanistische Wertvorstellungen versus Empowerment).

Gerade die Einbindung der psychosozialen Tätigkeit in die Strukturen und *Organisationsformen einer Profession* (Bezug zu einer Wissenschaftsdisziplin, Nachweis eigenständiger Be-/Handlungsmethoden und Wirksamkeitskriterien) trägt dazu bei, dass unterschiedliche Problemzugänge, Diagnostiken, Settings *und* professionsethische Schwerpunkte ausgebildet werden. Der unterschiedliche Arbeitsauftrag führt zu unterschiedlichen Arbeitsfeldern: Psychotherapie findet in Kliniken und freien Praxen statt, Soziale Arbeit in Ämtern und bei freien Trägern. Es gibt Arbeitsbereiche der Psychotherapie (Psychoanalysen und -therapien in der Privatpraxis wie z. B. die Behandlung von neurotischen Arbeitsschwierigkeiten oder Sexualproblemen), in denen eine Berührung mit Interventionen von SozialarbeiterInnen ausgesprochen ungewöhnlich ist. Ebenso gibt es Arbeitsfelder in der Sozialen Arbeit (z. B. offene Jugendarbeit, Arbeit im Jobcenter oder sozialpädagogische SeniorInnenbetreuung), in denen Psychotherapie höchstens als seltener Kostenfaktor vorkommt. Ausschließlich in der *psychosozialen Versorgung* gibt es Berührungen im Klientelkontakt sowie Überweisungen mit der Notwendigkeit von kollegialen Absprachen.

8.5 Psychosoziale Arbeit: Berührungspunkte von Psychotherapie und Sozialer Arbeit

Psychotherapie und Soziale Arbeit begegnen sich da, wo die Problemlage der KlientInnen und/oder PatientInnen beide Formen der Hilfeleistung erfordert: in biografischen Lebenskrisen mit Gefährdung der äußeren materiellen Lebensgrundlage, nach Gewalterfahrungen, bei chronischen psychischen Erkrankungen, bei Suchterkrankungen oder beim Aufwachsen(müssen) von Kindern und Jugendlichen in brüchigen familiären Verhältnissen. Professionsethische Gesichtspunkte haben gerade bei dieser Klientel ein besonderes Gewicht, weil die Art der Belastung oder Erkrankung die Fähigkeit des Selbstschutzes reduziert und zugleich häufig Versorgungsformen wie Heimunterbringung, Inobhutnahme oder Hospitalisierung greifen, die Selbstbestimmung und individuelle Freiheit der davon Betroffenen zusätzlich einschränken. Im professionellen Kontakt sind Absprachen und kollegiale Verständigung dringend erforderlich, treffen doch in der Arbeit mit dieser Klientel nacheinander oder gleichzeitig Psychotherapie, Psychoedukation, gemeindepsychiatrische Angebote und (psycho)soziale Hilfen (insbesondere Klinische Sozialarbeit, Beratung und sozialpädagogische Begleitung) als eigenständige professionelle Interventionsformen aufeinander – mit jeweils unterschiedlichem fachlichen Zugang, meist von verschiedenen Trägern organisiert und unterschiedlichen staatlichen Stellen gegenüber verantwortlich.

In der alltäglichen Arbeit führt diese Konstellation nicht selten zu identifikatorischem Engagement einerseits und zu Überschneidungen und schwierigen Abgrenzungen andererseits. Manchmal produziert die Konkurrenz zwischen den fachlichen Zugängen sich konkurrierende Diagnosen. Situationen professioneller Hilflosigkeit entstehen immer wieder, gerade wenn es um Hilfe nach Gewalterfahrung geht, sie werden nicht selten durch Entwertungen der jeweils anderen verarbeitet. Nun sind Kämpfe um Definitionsmacht aus organisationsanalytischer Sicht nicht überraschend (Kühl, 2011), gerade in diesem Aufgabenfeld aber sind sie besonders heikel, bedeutet psychosoziale Arbeit doch, mit psychisch und sozial belasteten Menschen in einer nahen, fast persönlichen Beziehung zu arbeiten (vgl. Großmaß, 2009b). Die mit der schwierigen Kooperation über Professionsgrenzen hinweg verbundenen ethischen Fragen sind bisher weder in den Kodizes der einzelnen Professionen angemessen berücksichtigt, noch sind sie in der berufsethischen Reflexion ein zentrales Thema. Sie verdienen jedoch Aufmerksamkeit.

8.6 Ethische Herausforderungen an den Professionsgrenzen im psychosozialen Feld

Professionen produzieren nicht nur Gegenstandsbeschreibungen, Methoden und Interventionsstrategien, sie bilden auch professionstypische Haltungen, ein spezifisches Ethos und professionseigene Wahrnehmungs- und Bewertungsmuster aus; kurz: Es entstehen (Fach-)Kulturen. Folgen wir einem inhaltlich-beschreibenden Begriff von »Kultur« (Welsch, 2010, S. 39), dann lässt sich konstatieren, dass sich an den Professionsgrenzen *kulturell Fremde* begegnen – Fremde allerdings, die über die jeweils anderen viel zu wissen glauben.

Nun ist es durchaus naheliegend, aus der eigenen Kultur heraus die Kommunikationsgepflogenheiten und Interventionen einer anderen Profession, mit der man im Arbeitsalltag zu tun hat, mit den Wahrnehmungsmustern der eigenen Profession zu sehen und zu bewerten. Aus der Perspektive klinischer PsychotherapeutInnen erscheinen dann die SozialarbeiterInnen oft als unabgegrenzt und lebensweltlich agierend; PsychotherapeutInnen werden von der anderen Seite als formalistisch und hierarchiefixiert wahrgenommen. Beide Wahrnehmungsmuster nutzen Bewertungsschemata, die in der eigenen Praxis Professionalität sichern, dabei aber die Tatsache vernachlässigen, dass diese Fachlichkeit nicht für alle Interventionsformen maßgeblich ist. Unterschiedliche Professionen bilden *unterschiedliche Fachkulturen* aus. Diese Verschiedenheit unberücksichtigt zu lassen, heißt, die Eigenständigkeit der jeweils anderen Profession zu ignorieren und deren spezifische Kompetenz zu leugnen.

Die ethische Reflexion der Schwierigkeiten an den Grenzen der Professionen kann sich gut an den normativen Anforderungen orientieren, die für den Umgang mit kultureller Differenz generell gelten (vgl. Auernheimer, 2010). Gelingende transkulturelle Kommunikation basiert auf der wechselseitigen Anerkennung der Verschiedenheit und des eigenen Nichtwissens hinsichtlich von Ritualen und Selbstverständlichkeiten der anderen Kultur. Gelingende Kooperation basiert auf dem Respekt vor der Kompetenz und dem Wissen der jeweils Anderen, weshalb eine professionsethische Forderung nur lauten kann, nicht nur – wie in den ethischen Kodizes formuliert – die eigenen KollegInnen zu respektieren und in ihrer Kompetenz anzuerkennen, sondern auch den erweiterten KollegInnenkreis psychosozialer Professionen. Dafür ist es hilfreich, die fachlichen Differenzen nicht einzuebnen, sondern deutlich hervorzuheben. Hier einige Beispiele:

- *Einbindung ins medizinische System versus Einbindung in soziale Hilfe:* Psychotherapie und Soziale Arbeit gehören unterschiedlichen Systemen gesellschaftlicher Versorgung an. Das medizinische System – seit dem Inkrafttreten des Psychotherapeutengesetzes 1999 (PsychThG, 2016) ist auch die psychologische Psychotherapie verbindlich darin eingeordnet – ist hierarchisch organisiert und arbeitet mit einer klaren Überweisungsstruktur, die auf der ärztlichen Kompetenz und Verantwortung basiert. Die Soziale Arbeit hat ihre Grundlage in einem Spektrum von Sozialgesetzen, durch das die Unterstützungs*ansprüche* der BürgerInnen festgelegt werden. Mit Ausnahme der in Ämtern organisierten Sozialen Arbeit (die Interventions*pflichten* hat) erfolgt Soziale Arbeit in einer Angebotsstruktur, mit unterschiedlicher Finanzierung und in der Regel auf Team-Konzepten basierend. Es bilden sich daher in den beiden Professionen unterschiedliche Kommunikations- und Kooperationserwartungen (Anweisung versus kollegiale Abstimmung) aus. Professionsethisch bedeutet dies, sich auf – die jeweils andere Seite respektierende – Aushandlungsprozesse einzustellen.
- *Bezugswissenschaften Medizin/Psychologie versus Sozialwissenschaften:* Unterschiedliche Wissenschaftsbezüge haben unterschiedliche Wissensbestände und disziplinäre Denkformen zur Folge. Für die Kooperation in der psychosozialen Arbeit ist daher die Bereitschaft zu transdisziplinärem Denken (Großmaß, 2017) und Kommunizieren erforderlich. Dies bedeutet, die Unvollständigkeit des eigenen Wissens anzuerkennen, fallspezifisch das Wissen der anderen Profession zu erfragen und die Bedeutung beider Wissensbezüge fallbezogen gemeinsam zu erarbeiten.
- *Medizinische Diagnose versus soziale Diagnose:* Auch wenn in der Sozialen Arbeit nicht alle das »Fallverstehen« als soziale Diagnose bezeichnen würden, so treffen in der psychosozialen Arbeit doch zwei verschiedene Typen von Problem-/Symptomverstehen aufeinander, die jeweils insofern »diagnostisch« sind, als relativ klare Interventionen damit begründet bzw. daraus abgeleitet werden. Medizinische und soziale Diagnose folgen einer unterschiedlichen Logik. Medizinische Diagnosen folgen einem Krankheitskonzept und streben Gesundheit an, soziale Diagnosen beziehen sich auf die Möglichkeiten der Lebensbewältigung und initiieren Empowerment-Prozesse. Dies ist einer der Bereiche, in denen es VertreterInnen beider Professionen schwer fällt, einander zu verstehen, ist doch die diagnostisch begründete Arbeitsweise der anderen Profession nicht immer förderlich für den Erfolg der eigenen Intervention. Manche Medikamente schränken die lebensweltlichen Bewältigungsmöglichkeiten ein, manche sozialpädagogische Haltung »stört«

den therapeutischen Prozess. In solchen Konfliktfällen sind gemeinsame Fallbesprechungen erforderlich, die tragfähige Kompromisse ermöglichen.
- *Klinisches Setting versus offenes soziales Setting:* Das Setting, in dem Psychotherapie und Soziale Arbeit das Kerngeschäft ihrer Klientelkontakte organisieren, stellt von außen gesehen vielleicht das deutlichste Unterscheidungsmerkmal dar: Psychotherapie findet in einer Praxis oder Klinik statt, innerhalb einer Überweisungsstruktur, die auch den Zugang, die Behandlungszeiten und die Begrenzung der Behandlung regelt. Die Asymmetrie der therapeutischen Situation wird so in Struktur umgesetzt, dass bereits der Weg in die Therapie eine Vorbereitung und Einübung in das Behandlungssetting darstellt. Für die Soziale Arbeit wird eine vergleichbare Ordnung nur bei Tätigkeiten im Amt sichtbar. Bei psychosozialer Arbeit im engeren Sinne basiert die Soziale Arbeit in viel größerem Maße auf mit den KlientInnen ausgehandelten Arbeitsvereinbarungen, die Arbeitssituationen sind vielfältig, und die Herstellung eines Arbeitsbündnisses erfolgt weniger explizit und häufig prozesshaft. Diese Unterschiede werden auch da wirksam, wo PsychotherapeutInnen und SozialarbeiterInnen – wie z. B. in einer Suchtklinik oder in betreuten Wohneinrichtungen – innerhalb derselben Institution tätig sind. KlientInnen und PatientInnen benötigen daher von beiden Seiten Informationen für den Übergang und zum Ineinandergreifen der beiden Arbeitsformen. Um dies ethisch angemessen und inhaltlich kompetent leisten zu können, ist Kommunikation und Zusammenarbeit zwischen den PraktikerInnen nötig – getragen von wechselseitigem Respekt und von Wertschätzung der Arbeit der jeweils anderen.

Diese sicher nicht vollständige Auflistung der Unterschiede zwischen den beiden Professionen und der daraus folgenden ethischen Anforderungen an ihrer Grenze verdeutlicht nicht nur, in welcher Weise ethische Reflexion Zusammenarbeit stärken und Konfliktlinien entschärfen kann. Sie macht auch deutlich, dass dies auf beiden Seiten ein gut entwickeltes Selbstbewusstsein hinsichtlich der eigenen fachlichen Kompetenzen und der wissenschaftlichen und professionellen Eigenständigkeit voraussetzt.

Literatur

Auernheimer, G. (2010). Interkulturelle Kommunikation, mehrdimensional betrachtet, mit Konsequenzen für das Verständnis von interkultureller Kompetenz. In G. Auernheimer (Hrsg.), *Interkulturelle Kompetenz und pädagogische Professionalität* (Reihe: Interkulturelle Studien, Bd. 13; 3., unveränderte Auflage; S. 35–66). Wiesbaden: Springer VS (letzte überarbeitete Auflage erschienen 2008).

Bourdieu, P. (2001). *Meditationen. Zur Kritik der scholastischen Vernunft.* Frankfurt: Suhrkamp (französisches Original erschienen 1997).

Dewe, B. (2006). Professionsverständnisse – eine berufssoziologische Betrachtung. In J. Pundt (Hrsg.), *Professionalisierung im Gesundheitswesen. Positionen – Potenziale – Perspektiven* (Reihe: Handbuch Gesundheitswissenschaften; S. 23–35). Bern: Huber.

DGVT – Deutsche Gesellschaft für Verhaltenstherapie (2001). *Präambel*. Tübingen: DGVT. Zugriff am 07.02.2018 unter https://www.dgvt.de/aktuell/verein/wirberuns/ethischerahmen richtlinienderd/.

Deutsche Psychoanalytische Vereinigung (DPV) (2010). *Psychoanalytische Berufsethik der Deutschen Psychoanalytischen Vereinigung. Zweig der Internationalen Psychoanalytischen Vereinigung*. Berlin: DPV. Zugriff am 07.02.2018 unter https://www.dpv-psa.de/fileadmin/downloads/organisation/Satzung-Richtlinien/04_DPV-_Ethikrichtlinien_2008-11.pdf.

Foucault, M. (1988). *Die Geburt der Klinik. Eine Archäologie des ärztlichen Blicks* (ungekürzte Ausgabe). Frankfurt: Fischer (französisches Original erschienen 1975).

Giddens, A. (1996). *Konsequenzen der Moderne*. Frankfurt: Suhrkamp (englisches Original erschienen 1990).

Großmaß, R. (2009a). Achtung, Differenzsensibilität, Beziehungsverantwortung – Ansatzpunkte einer Ethik psychosozialer Arbeit. In S. B. Gahleitner & C. L. Gunderson (Hrsg.), *Gender – Trauma – Sucht. Neues aus Forschung, Diagnostik und Praxis* (S. 39–60). Kröning: Asanger.

Großmaß, R. (2009b). Therapeutische Beziehungen: Distante Nähe. In K. Lenz & F. Nestmann (Hrsg.), *Handbuch persönliche Beziehungen* (S. 545–563). Weinheim: Juventa.

Großmaß, R. (2013). Ethical Reasoning. Ethik in der beruflichen Praxis. In R. Großmaß & R. Anhorn (Hrsg.), *Kritik der Moralisierung. Theoretische Grundlagen – Diskurskritik – Klärungsvorschläge für die berufliche Praxis* (Reihe: Perspektiven kritischer sozialer Arbeit, Bd. 15; S. 209–226). Wiesbaden: Springer VS.

Großmaß, R. (2017). Interdisziplinarität und philosophische Reflexion: Zur Bedeutung transversalen Denkens in der Sozialen Arbeit. In G. Perko (Hrsg.), *Philosophie in der Sozialen Arbeit* (S. 153–170). Weinheim: Juventa.

Großmaß, R. & Perko, G. (2011). *Ethik für Soziale Berufe* (Reihe: Soziale Arbeit, Sozialpädagogik). Paderborn: Schöningh.

International Federation of Social Workers (IFSW) (2012). *Statement of ethical principles*. Bern: IFSW. Zugriff am 07.02.2018 unter http://ifsw.org/policies/statement-of-ethical-principles/.

Kühl, S. (2011). *Organisationen. Eine sehr kurze Einführung*. Wiesbaden: Springer.

Bundesministerium der Justiz (BMJ) (1998). *Gesetz über die Berufe des Psychologischen Psychotherapeuten und des Kinder- und Jugendlichenpsychotherapeuten (Psychotherapeutengesetz – PsychThG)*. Bonn: BMJ. Zugriff am 07.02.2018 unter https://www.gesetze-im-internet.de/psychthg/BJNR131110998.html.

Sickendiek, U. (2013). Diversität in der Beratung: Unterschiedlichen Lebenswelten gerecht werden. In F. Nestmann, F. Engel & U. Sickendiek (Hrsg.), *Das Handbuch der Beratung. Bd. 3: Neue Beratungswelten: Fortschritte und Kontroversen* (S. 1429–1446). Tübingen: DGVT.

Stichweh, R. (1992). Professionen in Deutschland im 19. und 20. Jahrhundert. *Ius Commune, 19*, 1, 279–288. Zugriff am 07.02.2018 unter http://www.rg.mpg.de/948175/ic19_12_stichweh.pdf.

Welsch, W. (2010). Was ist eigentlich Transkulturalität? In L. Darowska, T. Lüttenberg & C. Machold (Hrsg.), *Hochschule als transkultureller Raum? Kultur, Bildung und Differenz in der Universität* (Reihe: Kultur und soziale Praxis; S. 39–66). Bielefeld: transcript.

9 Inklusion und Teilhabe als wichtige Aspekte in den sozialen Unterstützungsleistungen und in der psychotherapeutischen Versorgung von Menschen mit kognitiven Einschränkungen

Harald Schwarzmann und Insa Helmken

9.1 Der Weg zum Konzept von Inklusion und Teilhabe

In den letzten 80 Jahren hat sich das Verständnis der Probleme von Menschen mit einer sogenannten »geistigen Behinderung« tiefgreifend gewandelt, und damit war eine Umgestaltung der »Behindertenhilfe« verbunden.

Unter den Nationalsozialisten wurden psychisch kranke und »geistig behinderte Menschen« systematisch »vernichtet«. Ein exkludierendes Verwahranstaltssystem in Großeinrichtungen mit strukturellen und unmittelbaren Gewaltstrukturen prägte die sogenannte »Behindertenhilfe« bis in die 1970er-Jahre und wurde durch die Psychiatrie-Enquête 1974 als menschenunwürdig qualifiziert. In der Folge wurden die Komplexeinrichtungen, die z. T. noch bis in die jüngste Vergangenheit Orte der Ausgliederung darstellten, verkleinert oder aufgelöst.

Damit ging auch ein Paradigmenwechsel im Verständnis von Menschen mit Behinderungen einher. Nach der Auflösung der Komplexeinrichtungen wurden sie im Idealfall in die städtischen und gemeindlichen Quartiere reintegriert. Die damit verbundenen *Normalisierungs- und Integrationskonzepte* waren in dieser Phase der Entwicklung auf Anpassung an die vorhandenen sozialen Strukturen und Kulturen ausgerichtet, also an dem, was als »normal« angesehen wurde, hatten also eher soziale Akzeptanz und Regulation von Konflikten im Fokus. Dies stellte für Menschen, die zuvor in den Großeinrichtungen unter völlig anderen Bedingungen gelebt hatten, eine enorme persönliche Herausforderung dar, denn die Entwicklungsanforderungen an sie hatten sich damit grundlegend geändert.

Die in diesem Zusammenhang auftretenden inneren und äußeren Konflikte konnten entweder mit den beschränkt vorhandenen pädagogischen Mitteln gelöst werden, oder sie manifestierten sich in Ermangelung von flankierenden psychiatrischen, psychologischen und intensiv heilpädagogischen Angeboten in symptomatischen Verhaltensproblemen. Diese konnten in größerem Umfang wegen fehlender therapeutischer Alternativen häufig nur medikamentös behandelt werden, denn »mit der Verkleinerung oder Auflösung der Komplexeinrichtungen ... wurden und werden vorhandene therapeutische Fachdienste, seien es psychologische oder ärztliche Dienste, ... reduziert oder vollständig aufgelöst. Dies geschieht nicht zuletzt unter der irrigen Annahme, dass diese Leistungen genauso gut oder sogar besser vom medizinischen Regelversorgungssystem erbracht werden können. Die Folgen dieses

Abbaus medizinisch-therapeutischer Fachlichkeit sind vielfältig. Den Betroffenen, ihren Angehörigen oder professionellen Begleitern stehen kaum behinderungsspezifisch orientierte, niederschwellige und kontextorientierte Behandlung, Beratung, Supervision u. a. Unterstützung zur Verfügung. Einrichtungen und Dienste der Behindertenhilfe können nicht mehr auf eine in den pädagogisch-heilpädagogischen Prozess der Begleitung integrierte medizinisch-therapeutische Fachlichkeit zurückgreifen« (Seidel, 2011, S. 134).

Ein wichtiger Schritt in dieser Entwicklung war die Etablierung des Konzeptes von Inklusion und Teilhabe. Verankert in der Behindertenrechtskonvention (BRK; 2006 von den UN beschlossen, 2009 von Deutschland ratifiziert), werden die sozialen und politischen Rechte von Menschen mit Behinderungen gestärkt und es wird nunmehr eine Entwicklungsanforderung an die soziale Gemeinschaft und die Gesellschaft gestellt.

9.2 Begriffserklärung Inklusion und Teilhabe

Die Grundlage für das Verständnis von Inklusion ist der Begriff der egalitären Differenz: »Wir sind es gewohnt, Unterschiede zwischen Menschen oder auch zwischen Bevölkerungsgruppen immer in Hierarchien zu denken – also in Kategorien des Besser und Schlechter. Der Begriff der egalitären Differenz reklamiert den Anspruch, Unterschiede zunächst einmal als Verschiedenheit hinzunehmen, ohne gleich hierarchisierende Wertungen vorzunehmen« (Katzenbach & Schroeder, 2007, o. S.) und ist insofern »das sozialphilosophische Komplement zur gesellschaftstheoretischen Idee der Inklusion« (ebd.).

Schon Adorno hat 1945 in der Aufarbeitung der nationalsozialistischen Gräueltaten darauf hingewiesen: »Eine emanzipierte Gesellschaft wäre kein Einheitsstaat, sondern die Verwirklichung des Allgemeinen in der Versöhnung der Differenzen. Politik, der es im Ernst noch darum ginge, sollte deswegen die abstrakte Gleichheit nicht einmal als Idee propagieren« (Adorno, 1951/2003, S. 114), sondern alternativ »den besseren Zustand aber denken als den, in dem man ohne Angst verschieden sein kann« (ebd.).

Luhmann (1980/2004) definiert Inklusion unter systemtheoretischen Gesichtspunkten:

> »Jede Person muss danach Zugang zu allen Funktionskreisen erhalten können je nach Bedarf, nach Situationslagen, nach funktionsrelevanten Fähigkeiten und sonstigen Relevanz-Gesichtspunkten ... Das Prinzip der Inklusion ersetzt jene Solidarität, die darauf beruhte, dass man einer und nur einer Gruppe angehörte. Die universelle Inklusion wird mit Wertpostulaten wie Freiheit und Gleichheit idealisiert; sie ist in Wahrheit natürlich keineswegs freigestellt oder gleich verteilt, aber sie ist durch die Differenzierungsform der Gesellschaft nicht mehr vorreguliert« (S. 31).

Dabei ist in der sozialen Dynamik zwischen Inklusion und Exklusion nicht nur das Recht der einzelnen Person auf Teilhabe an der Gesellschaft verankert, sondern auch der Anspruch an die soziale Umgebung, die Verschiedenheit zu integrieren bzw. zu tolerieren.

Zur Stärkung der Teilhabe und Selbstbestimmung von Menschen mit Behinderung wurde im Dezember 2016 das Bundesteilhabegesetz (BTHG) verabschiedet. Es greift den Geist der UN-Behindertenrechtskonvention in seiner Zielsetzung und Ausgestaltung auf. Manche Veränderungen stellen gleichzeitig einen Systemwechsel dar: Die neuen gesetzlichen Vorschriften bringen Erweiterungen bei den Leistungen, die den Bereich der Rehabilitation stärken und Zugang zu Leistungen erleichtern. Das BTHG wird stufenweise bis 2023 umgesetzt.

9.3 Inklusionskonzept

Das Konzept der Inklusion ist nicht nur ein politisches Konzept mit Leitlinien, um die Rechte von Menschen mit Behinderungen durchzusetzen, sondern die hier entwickelten Gedanken weisen in ihren Konsequenzen über die Lebenswelt von Menschen mit kognitiver Beeinträchtigung weit hinaus. Sie vermitteln durch die Betonung der Diversität von Lebenskonzepten den Theorien der Sozialen Arbeit und der Psychotherapie grundsätzlich neue Perspektiven, Wertmaßstäbe, Haltungen und professionelle Handlungsstrategien. Insofern handelt es sich hier um einen Ansatz, der rein auf das Individuum abzielende Sichtweisen herausfordert und den Menschen im Kontext fokussiert. Vielfältigkeit der Lebenskonzepte wird entgegen dem klassischen Zielwert von »Normalisierung und Integration« überführt in »Selbstbestimmung der Betroffenen«. Daraus ergibt sich ein Anspruch an die soziale Gemeinschaft, besondere Lebenskonzepte und ihre Auswirkungen im positiven Sinne erst einmal zu akzeptieren, zu inkludieren und grundsätzlich die Vielfältigkeit des Lebens zu schätzen.

Mit der programmatischen Auflösung der »Sonderwelten« wie stationären Einrichtungen und Komplexeinrichtungen ist eine Öffnung in den sozialen Raum geschaffen, die neue Rechte und Freiheiten bietet, aber auch Anforderungen an soziale Kompetenzen, Selbstverantwortung und Konfliktfähigkeit stellt. Die neuen Möglichkeiten und damit verbundenen Anforderungen sind zwar programmatisch als Zielwerte formuliert, können aber letztlich nur mit intensiver Unterstützung bzw. Assistenz der Betroffenen und ihrer sozialen Umgebung erfolgreich bewältigt werden. Dies erfordert darüber hinaus auch eine deutliche qualitative Entwicklung im Selbstverständnis und in der Professionalität der Unterstützungsleistungen in der »Behindertenhilfe«. Ein klassisch personenzentrierter Ansatz muss in diesem Sinne durch umweltbezogene Strategien der Sozialen Arbeit ergänzt werden.

Die »Sonderwelten« hatten oftmals zwar ihre Rahmenbedingungen, die die individuelle Persönlichkeit und deren Bedürfnisse missachteten und bisweilen sogar von struktureller Gewalt geprägt waren. Aber es herrschten dort überschaubare Regeln, die eine Orientierung ermöglichten und die Komplexität der Anforderungen um den Preis des Verlustes an Freiheit reduzierten. Dies drückte sich im schlechtesten

Falle in Hospitalisierungsphänomenen aus. Das daraus entstandene Leiden war z. B. durch Ausgrenzung, fehlende Wertschätzung, Missachtung oder Nichtwahrnehmung persönlicher Bedürfnisse gekennzeichnet. Ein in diesem Zusammenhang gezeigtes »herausforderndes Verhalten« wurde unter den damaligen Bedingungen aber in der fachlichen Wahrnehmung eher der geistigen Behinderung als den Lebensbedingungen zugeschrieben.

Der veränderte Blick auf Behinderungen, entsprechend dem Satz »Man ist nicht behindert, sondern man wird behindert« und dem biopsychosozialen Konzept der ICF, erweitert die Sichtweisen und Handlungsmöglichkeiten. Daraus leiten sich die Ansprüche ab, Barrieren umfänglich zu beseitigen und damit eine vollwertige und gleichberechtigte Teilhabe zu ermöglichen. Das eröffnet auch einen veränderten Blick auf die notwendigen sozialen und psychologischen Unterstützungsleistungen. Erst die Betrachtung des Menschen in seinem Kontext und darauf, in welchem interaktionellen Raum sich welches Verhalten zeigt, eröffnet den Weg zu Lösungen und fördert Entwicklung. Ohne ein Verständnis des komplexen Zusammenspiels der persönlichen Situation, die sich aus einer Beeinträchtigung und damit korrespondierenden Lebenserfahrungen ergibt, ohne eine Kenntnis der Bedürfnisse und Lebensbedingungen und -werte eines Menschen mit kognitiven Beeinträchtigungen können unterstützende Leistungen wie pädagogische Maßnahmen, Beratung oder (Psycho-)Therapie kaum wirksam sein.

9.4 Komplexere Anforderungen erfordern mehr und andere Unterstützungsleistungen

Wie bereits ausgeführt sind Unterstützungsleistungen notwendiger und komplexer, je mehr Prinzipien von Inklusion, Teilhabe und Selbstbestimmung umgesetzt werden.

Waren z. B. Sexualität und Partnerschaft vor 20 Jahren noch ein Thema, das bei Menschen mit kognitiver Einschränkung mit Tabus und in Einrichtungen bei Eltern und pädagogischem Betreuungspersonal mit großer Unsicherheit belegt war, wenn nicht gar unterdrückt wurde. Ein Mensch, der bisher ein partnerschaftliches Zusammenleben noch nicht erfahren hat, benötigt unter diesen Umständen Unterstützung bei der Gestaltung einer Beziehung. Das betrifft in ähnlicher Weise auch andere soziale Situationen und die Zielqualität der Beteiligung und Selbstbestimmung der Menschen mit kognitiven Einschränkungen, was durch die explizite Hinwendung zur Umsetzung von quartiersbezogenen Inklusions- und Teilhabeaspekten zu erheblichen Problemen führen kann. Nicht nur dies birgt eine Anforderung an die Entwicklung der Persönlichkeit, sondern bei manchen KlientInnen zusätzlich die Notwendigkeit der Bewältigung von grundlegenden psychischen Problemen.

Der bereits zitierte Leitsatz »Man ist nicht behindert, sondern man wird behindert« macht deutlich, dass unter den Bedingungen einer Einschränkung im Laufe des

Lebens Erfahrungen gemacht werden, die als Hindernisse, Barrieren, Verletzungen und Ausgrenzung wirken und die die Beziehungen zur Welt mehr prägen können als die ursprüngliche Beeinträchtigung. Das drückt sich auch in der Wendung »Normal bin ich nicht behindert« (Palmowski & Heuwinkel, 2014) aus: ein Sprachspiel, das »bewährte« Begriffe auflöst und neue Sichtweisen herausfordert.

Wenn Familien nicht von Beginn an bei der Entwicklung ihres Kindes mit Einschränkungen durch ihren sozialen Kontext unterstützt werden, zeigt sich, dass schon im frühen Kindesalter gehäuft Behinderungsfaktoren auftreten. Gelingt jedoch eine gute Integration der damit verbundenen Herausforderungen, kann sich z. B. ein Mensch mit Down-Syndrom zu einer kompetenten und ausgereiften Persönlichkeit entwickeln, und der kognitiven Beeinträchtigung in seinem Leben kommt nur eine nachrangige Bedeutung zu.

So sind heute Phänomene einer sogenannten »geistigen Behinderung« im Bereich kognitiver Beeinträchtigung überformt von schwierigen Lebenserfahrungen, die besondere Lebensbewältigungsstrategien erzeugen und wiederum zu sozialen Konflikten führen. In der Außenwahrnehmung ist die kognitive Einschränkung kaum von den Folgen schwieriger Lebenserfahrungen und den damit verbundenen »Behinderungen« zu trennen.

Daher kommt es in der Unterstützung von Menschen mit kognitiver Beeinträchtigung besonders auf die Bewältigung innerer Konflikte und deren Folgen in Beziehungen und in der Gestaltung des Lebens an. Es geht um die Entwicklung der Persönlichkeit, die Ermutigung zu autonomen Entscheidungen, Vertrauensbildung und Entwicklung des Vertrauens in die Lebenswelt. Natürlich gehört auch ganz lebenspraktische Unterstützung dazu, allerdings ist das nicht nur funktional und versorgend zu verstehen, sondern bietet gleichzeitig die Bühne für Erfahrungen mit sich selbst, mit anderen und letztendlich mit Selbstwirksamkeit, um Selbstverantwortung zu übernehmen.

Die zentrale Basis für die Weiterentwicklung ist ein wertschätzender, autonomiefördernder und von einer stabilen und verlässlichen Beziehungsgestaltung geprägter Unterstützungskontext. Die Veränderung und Entwicklung von Persönlichkeit benötigt immer auch ein individuelles Maß an Sicherheit und äußerer Stabilität. Je unsicherer und bedrohlicher die Welt erlebt wird, umso mehr Bedürfnis nach Vertrautem zeigt sich, und sei es durch die stabilisierende Funktion eines symptomatischen Verhaltens, das bekannte Reaktionsmuster der sozialen Umgebung auslöst, die wiederum für Betroffene bekannt und kalkulierbar sind.

In diesem Sinne ist ein auf enge Zusammenarbeit ausgerichtetes Hilfesystem psychologischer und sozialpädagogischer bzw. heilpädagogischer Fachdisziplinen notwendig. Dort, wo psychotherapeutische Klärungsprozesse und Interventionen zu inneren Veränderungen führen, können diese auf der Basis einer stabilen und vertrauten Beziehung zu den unterstützenden Personen im gelebten Alltag erfahrbar gemacht werden. Dabei käme im Sinne eines koordinierten Handelns der sozialen (Beziehungs-)Arbeit die Verankerung neuer Erfahrungen zu. In einem erweiterten Therapieverständnis könnte auch auf eingeschliffene und symptomstabilisierende Interaktionen im Unterstützungssystem lösungsorientiert eingewirkt werden. Letztlich kommt es darauf an, ob und wie die Erfahrungen und Grundhaltungen aus diesen unterschiedlichen fachlichen Perspektiven und Disziplinen zu einem neuen

Modell verstehender und lebensfördernder Unterstützungsleistungen in Kooperation gebracht werden können, um das anspruchsvolle Leitmotiv der Inklusion zu verwirklichen.

Im Abschnitt Praxisfelder wird am Beispiel der Arbeit mit PatientInnen mit neurologischen Erkrankungen nochmals auf die Bedeutung der Teilhabe eingegangen.

Literatur

Adorno, T. W. (2003). *Gesammelte Schriften. Bd. 4: Minima Moralia. Reflexionen aus dem beschädigten Leben.* Frankfurt: Suhrkamp (Original erschienen 1951).

Katzenbach, D. & Schroeder, J. (2007).»Ohne Angst verschieden sein können«. Über Inklusion und ihre Machbarkeit. *Zeitschrift für Inklusion*, 2, 1, Art. 1. Zugriff am 14.04.2018 unter http://www.inklusion-online.net/index.php/inklusion-online/article/view/176/176.

Luhmann, N. (2004). *Gesellschaftsstruktur und Semantik. Studien zur Wissenssoziologie der modernen Gesellschaft. Bd. 1* (unveränderter Nachdruck). Frankfurt: Suhrkamp (Original erschienen 1980).

Palmowski, W. & Heuwinkel, M. (2014). *»Normal bin ich nicht behindert!« Wirklichkeitskonstruktionen bei Menschen, die behindert werden – Unterschiede, die Welten machen.* Dortmund: vml.

Seidel, M. (2011). Gesundheitsleistungen für Menschen mit geistiger und mehrfacher Behinderung in der Eingliederungshilfe und in der Kranenversorgung – Rahmenbedingungen und Schnittstellen. In K. Hennicke (Hrsg.), *Praxis der Psychotherapie bei erwachsenen Menschen mit geistiger Behinderung (S. 126–147).* Marburg: Lebenshilfe-Verlag.

Teil III Ausgewählte Praxisfelder

10 Sozialtherapeutische poststationäre Betreuung im Rahmen der stationären psychosomatischen Behandlung – ein Fallbeispiel

Bärbel Siegfarth-Häberle

10.1 Einleitung

Situationen, die (teil-)stationäre Psychotherapie erforderlich machen, sind in vielen Fällen auch mit sozialen Problemlagen verbunden, ohne deren Lösung psychotherapeutische Ansätze nicht nachhaltig wirksam sein können. Patienten werden im Rahmen der stationären Behandlung ermutigt, sich mit diesen Schwierigkeiten auseinanderzusetzen. Nach ausführlicher Exploration der Situation werden gemeinsam mit dem Patienten Vorgehensweisen zur Bewältigung der Herausforderungen entwickelt und konkrete Schritte zur Umsetzung im Gespräch begleitet und evaluiert. Oftmals ist der Prozess zur Klärung der sozialen Situation mit der Entlassung der Patienten jedoch noch nicht abgeschlossen und erfordert weitere intensive Unterstützung, um den Behandlungserfolg nachhaltig zu sichern.

In vielen Fällen ist es möglich, Patienten im stationären Kontext ausreichend zu unterstützen und an ambulante Hilfssysteme anzubinden.

Eine große Rolle in der weiteren Versorgung spielen beispielsweise Sozialberatungsstellen, wenn konkrete existenzielle Fragen nach der Entlassung geklärt werden müssen. Für stärker psychisch eingeschränkte bzw. auch strukturell sehr schwache Menschen leisten die Sozialpsychiatrischen Dienste eine wertvolle Arbeit. Menschen mit einer Schwerbehinderung oder Gleichstellung finden Hilfe bei den Integrationsfachdiensten, sofern ein Arbeitsplatz noch vorhanden ist oder die Personen bereits als Rehabilitanden anerkannt wurden. Fachberatungsstellen wie Schuldner- oder Suchtberatung leisten ebenfalls konkrete Unterstützung in Bezug auf spezielle Problemlagen. Bei nachhaltigen psychischen Einschränkungen verbunden mit fehlender beruflicher Perspektive gibt es die Möglichkeit, Leistungen zur Teilhabe am Arbeitsleben zu beantragen.

Viele Problemlagen können im stationären Kontext genügend bearbeitet werden, so dass häufig auch eine weiterführende ambulante Therapie nach der Entlassung zur stabilen Lebensgestaltung der Patienten ausreicht.

So leisten viele Institutionen und Helfer im ambulanten Kontext wertvolle Unterstützung, die hier zunächst einmal gewürdigt werden soll.

Gleichzeitig gibt es jedoch für ein bestimmtes Klientel unserer Erfahrung nach Lücken in der ambulanten Versorgung, aufgrund derer Patienten mit komplexeren Problemlagen nicht die Hilfe erfahren können, die sie benötigen. Insbesondere betrifft dies Patienten, die nicht schwerpunktmäßig psychiatrisch behandlungsbedürftig sind und insofern auch das Angebot der Sozialpsychiatrischen Dienste nicht passend ist. Viele Dienste beraten sehr spezifisch zu bestimmten Problemlagen und sind aufgrund fehlender finanzieller Mittel oder aufgrund konzeptioneller Vorgaben nicht dafür ausgestattet, Klienten im Rahmen eines klassischen Case-Managements umfassend über einen längeren Zeitraum zu begleiten und dabei auf die vielschichtigen Schwierigkeiten einzugehen. Den Bedarf sehen wir vor allem bei Patienten in Übergangssituationen, wie beispielsweise Patienten, die in der Ablösung vom Elternhaus Schwierigkeiten haben. Schwierige familiäre Verhältnisse können nicht die erforderlichen Ressourcen bieten, und aufgrund der Volljährigkeit greifen auch keine Hilfen nach dem Jugendhilfegesetz. Gleichzeitig benötigen die Patienten, die während des Klinikaufenthaltes die Erforderlichkeit der Ablösung erkannt haben, intensive Unterstützung bei den nächsten anstehenden Schritten. Einen weiteren Bedarf sehen wir auch bei Patienten, die aus gesundheitlichen Gründen ohne intensive Hilfen auf dem allgemeinen Arbeitsmarkt nicht Fuß fassen können und Unterstützung bei der Beantragung von Leistungen zur Teilhabe am Arbeitsleben benötigen. Der Prozess von der Antragsstellung bis zur Entscheidung ist häufig sehr langwierig und nicht selten mit Rückschlägen, z. B. durch Ablehnungsbescheide oder lange Bearbeitungszeiten, verbunden. Die Betreuung der Patienten in sozialrechtlicher Hinsicht und Unterstützung bei psychisch bedingten Motivationseinbrüchen sind wichtige Aufgaben in der sozialtherapeutischen Nachbetreuung. Auch bei schwierigen Arbeitsverhältnissen und gleichzeitig starken Ängsten vor einem Wiedereinstieg macht es häufig Sinn, Patienten noch einige Male zu sehen, um anfängliche Schwierigkeiten beim Berufseinstieg zu besprechen. Häufig besteht der Bedarf bei Patienten, die intensive Unterstützung benötigen und nicht dem klassisch-(sozial)psychiatrischen Bereich zuzuordnen sind.

In der Folge sollen anhand eines Fallbeispiels die Möglichkeiten und Chancen einer guten Versorgung im Anschluss an eine stationäre Behandlung aufgezeigt werden und gleichzeitig soll auf eine Versorgungslücke aufmerksam gemacht werden. Bei diesem Fallbeispiel handelt es sich um die Beschreibung eines tatsächlichen Verlaufs einer Nachbetreuung, die deutlich macht, wie wichtig es ist, die Komplexität der sozialen Lebensrealität im Blick zu haben.

10.2 Fallbeispiel

10.2.1 Anamnese und stationärer sozialtherapeutischer Prozess

Bei der Patientin handelte es sich um eine junge Frau, die dreimal stationär auf einer unserer psychosomatischen Stationen in der Klinik für Allgemeine Innere Medizin und Psychosomatik im Universitätsklinikum Heidelberg behandelt wurde. Erstmals wurde sie im Alter von 24 Jahren wegen folgender Diagnosen bei uns aufgenommen:

- Somatoforme autonome Funktionsstörung des unteren Gastrointestinaltraktes,

- Sonstige Essstörung,
- Panikstörung,
- Ängstlich-vermeidende Persönlichkeitsstörung.

Die Patientin stammte aus einem Elternhaus, in dem die Beziehung der Eltern dadurch geprägt war, dass kaum Beziehung stattfand. Der Vater wurde als »einsamer Wolf« beschrieben, der kaum über soziale Kontakte verfügte und sehr zurückgezogen lebte, während der Mutter eine kindlich-klagende, überforderte Rolle zugeschrieben wurde, die kaum Verantwortungsübernahme für die eigene Situation zuließ. Die Patientin fühlte sich für beide Eltern verantwortlich, es bestand kaum Raum dafür, mit eigenen Bedürfnissen wahrgenommen zu werden. Die Familie wirkte emotional karg und die Atmosphäre depressiv getönt. Die Symptomatik der Patientin schien durch Verlustängste bei nicht erfolgreicher Ablösung aus dem Elternhaus ausgelöst.

Gleichzeitig verfügte die Patientin über gute Ressourcen, wie beispielsweise ausgeprägte Intelligenz und Reflexionsvermögen. Zum Zeitpunkt der ersten Behandlung befand sie sich nach erfolgreichem Abitur in einem ingenieurwissenschaftlichen Studium. Außerdem verfügte sie über ein außerordentlich musikalisches Talent, beherrschte mehrere Instrumente und liebte außerdem auch sportliche Herausforderungen.

Im Weiteren soll der sozialtherapeutische Prozess beschrieben werden, der sich über mehrere Jahre erstreckte.

Während der ersten psychotherapeutischen Behandlung in der Klinik lag der sozialtherapeutische Fokus auf der Vorbereitung des Wiedereinstiegs in das Studium sowie der Planung einer Zeitstruktur bis zum Beginn des Semesters. Ziel war, dass die Patientin nach der Entlassung mit der Unterstützung ambulanter Psychotherapie ihr Studium wieder aufnehmen konnte, da dieses ihren Fähigkeiten entsprach und sie es inhaltlich nicht in Frage stellte.

Ein Jahr später kam es erneut zur Aufnahme auf unserer Station. Zu diesem Zeitpunkt hatte die Patientin ihr Studium abgebrochen, und es fehlte jegliche Perspektive. Der sozialtherapeutische Auftrag lag in konkreten Hilfestellungen in Bezug auf die Ablösung vom Elternhaus. Themen waren der Auszug sowie die Entwicklung einer beruflichen Perspektive. Während der Behandlung begann die Patientin sich WG-Zimmer anzuschauen. Das Vorgehen bei der Zimmersuche wurde gemeinsam überlegt und Wohnungsbesichtigungen nachbesprochen. Noch während der Behandlung erhielt sie die Zusage für ein Zimmer.

In Bezug auf die berufliche Perspektive wurden Überlegungen angestellt, dass Leistungen zur Teilhabe am Arbeitsleben in Form einer Berufsfindungsmaßnahme und im Anschluss daran eine betreute Ausbildung wichtig sein könnten, da die psychische Brüchigkeit sehr stark war. Gleichzeitig blieb die Frage offen, ob die Beantragung dieser Leistungen zu diesem Zeitpunkt erfolgreich gewesen wäre, da der bislang behandelnde niedergelassene Psychiater auf Drängen des Vaters hin der Arbeitsagentur die Arbeitsunfähigkeit und eine psychische Behinderung der Patientin bescheinigt hatte, mit dem Ziel, den Kindergeldbezug zu verlängern. Bei vorhandener Arbeitsunfähigkeit wären Leistungen zur Teilhabe am Arbeitsleben abgelehnt worden. Aus diesem Grund war es für die Patientin wichtig, mittels einer Tätigkeit ihre Arbeitsfähigkeit unter Beweis zu stellen. Weiterhin sollte ihr ein Job Struktur geben und sie bei ihrem Versuch, alleine zu leben, unterstützen. Ein anderer wesentlicher Aspekt einer sozialversicherungspflichtigen Beschäftigung schien die Ermöglichung eines Wechsels von der privaten in die gesetzliche Krankenversicherung zu sein, der in ihrem Fall die ambulante psychotherapeutische Versorgung im erforderlichen Rahmen möglich machte. Neben der Wohnungssuche war also die Jobsuche ein weiterer sozialtherapeutischer Schwerpunkt. Bewerbungsunterlagen wurden gemeinsam gesichtet und die Jobsuche geplant.

Ziele der sozialtherapeutischen Behandlung waren:

- Auszug aus dem Elternhaus,
- Finden eines Jobs (Tagesstruktur; Überprüfen der Belastbarkeit; eigenes Einkommen; Sicherung der psychotherapeutischen Versorgung),
- bei Erreichen der Stabilität durch die genannten Punkte: Planung einer qualifizierten beruflichen Perspektive (Leistungen zur Teilhabe).

Zunächst wurde versucht, die Patientin an den Sozialpsychiatrischen Dienst anzubinden, um die Unterstützung bei der Erreichung dieser Ziele zu gewährleisten. Beratungsgespräche wurden noch im stationären Kontext vermittelt, wobei die Anbindung nicht gelang. Die Patientin war zwar aufgrund von Ängsten und der Depression psychisch sehr brüchig, fühlte sie sich jedoch in einem klassisch psychiatrischen Kontext neben Menschen mit schweren Psychosen und anderen schwerwiegenden psychiatrischen Erkrankungen nicht passend, so dass keine Vertrauensbasis entstehen konnte. Ein klassisch psychiatrischer Kontext schien nicht anschlussfähig.

An diesem Punkt begann die Arbeit der Nachbetreuung nach der Entlassung aus dem stationären Kontext, die insgesamt über einen Zeitraum von zwei Jahren stattgefunden hatte.

10.2.2 Poststationärer sozialtherapeutischer Beratungsprozess

Die sozialtherapeutische Unterstützung der Patientin in der Ablösungsphase sowie die konkreten Ziele wurden im Team beschlossen, und Inhalte der Gespräche wurden wiederum als Feedback dem Team zurückgemeldet.

Was wurde nun in der Nachbetreuung geleistet:

- *Arbeitsthemen:*
  Bewerbungsunterlagen wurden gesichtet, Vorstellungsgespräche vor- und nachbereitet. Die Patientin fand eine Aushilfsstelle in Teilzeit im Verkauf. Sie wurde im Umgang mit Konflikten mit Arbeitskollegen und Kunden unterstützt, wodurch ein Abbruch der Arbeitstätigkeit aufgrund immer wieder vorhandenem starken Belastungserleben vermieden werden konnte. Als sie

nach einem Jahr die Stelle kündigte, wurde ihr erfolgreich geholfen, Änderungsvorschläge für ihr Arbeitszeugnis durchzusetzen.
- *Wohnungsthemen:*
Noch in der Endphase ihrer Behandlung erhielt die Patientin eine Zusage für ein WG-Zimmer. Im Laufe der Nachbetreuung kam es zu Schwierigkeiten in der Auseinandersetzung mit Mitbewohnern, mit dem Vermieter und mit der Wohnungsgesellschaft, so dass auch hier immer wieder Bedarf vorhanden war, die Patientin darin zu unterstützen, ihre Bedürfnisse zu äußern und auch ihre Rechte durchzusetzen.
- *Finanzierungsthemen:*
Zahlreiche sozialrechtliche Fragen in Bezug auf ALG I, ALG II und Krankengeld wurden geklärt.

Wiederum ein Jahr später, nachdem die Patientin ihre Arbeitsfähigkeit unter Beweis gestellt hatte, entstand Raum für die Frage einer qualifizierten Ausbildung. Nach vielfältigen Ambivalenzen und der Erkenntnis, dass ein Studium zum damaligen Zeitpunkt nicht in Frage kam, gab es noch einmal eine psychische Krise, die eine weitere Behandlung in der Klinik erforderlich machte. Dabei wurde deutlich, dass Leistungen zur Teilhabe letztlich doch einen wichtigen stabilen Rahmen ermöglichen würden. Das sozialtherapeutische Ziel nach der Entlassung aus der Klinik bestand nun darin, die während der Behandlung entwickelte Motivation zur Beantragung von Leistungen zur Teilhabe am Arbeitsleben in die Tat umzusetzen und die Patientin in diesem Prozess zu unterstützen. Nach der Beantragung war die Rückenstärkung im Vorfeld der psychologischen Testung wesentlich, und nach der Anerkennung als Rehabilitandin stand die Begleitung bis zum Beginn der Maßnahme im Vordergrund. Dieser verzögerte sich zunächst durch die Diagnostizierung einer supraventrikulären Tachykardie und einer dadurch erforderlichen Katheterablation und später noch einmal durch Streikaktivitäten des Reha-Trägers. Beides führte erneut zu psychischen Instabilitäten, die jedoch im ambulanten Rahmen aufgefangen werden konnten. Nachdem letztlich ein Reha-Assessment (Berufsfindungsmaßnahme, die auf der Ermittlung der Belastungsfähigkeit und der Erhebung des Begabungsprofils basiert) stattgefunden hatte, wurden die Ergebnisse besprochen und auch das Feedback der berufsvorbereitenden Maßnahme, die im Anschluss folgte.

Ein Erfolg bei den Bemühungen um Leistungen zur Teilhabe am Arbeitsleben lag in der Zusage des Kostenträgers für eine Ausbildung zur Wirtschaftsinformatikerin. Mit dieser Zusage war die Patientin sehr glücklich und freute sich darauf, endlich mit einer qualifizierten Ausbildung starten zu können.

Kurz vor Beginn der Ausbildung wurde die Arbeitsbeziehung beendet und der Abschied gestaltet. Ausbildungsbezogene Schwierigkeiten und Fragen konnten von nun an mit dem betreuenden Personal des Reha-Trägers geklärt werden. Außerdem befand sich die Patientin inzwischen in einem tragfähigen therapeutischen Prozess, der aufkommende Krisen abfedern konnte.

10.3 Zusammenfassung, Fazit und Ausblick

Inzwischen sind zwei Jahre vergangen, und die ehemalige Patientin befindet sich nun in der Endphase ihrer Ausbildung. Sowohl nach der Zwischenprüfung als auch kürzlich bat sie um einen Termin, um sich nochmals in sehr wertschätzender Weise für die Hilfe zu bedanken und ihren Erfolg mitzuteilen. Sie berichtete, dass ein sehr guter Abschluss und ein zuvor erfolgreich abgeleistetes Praktikum ihr bereits eine Stellenzusage bei einem für sie interessanten Unternehmen verschafft haben. Die weitere berufliche Perspektive ist somit gebahnt.

Dieser recht intensive Prozess der Begleitung macht deutlich, dass es Fälle gibt, in denen eine psychotherapeutische Unterstützung alleine nicht ausreichend ist. Die Komplexität mancher sozialen Situationen erfordert neben psychotherapeutischen Prozessen ein lösungsorientiertes Vorgehen bei Problemlagen, die quer durch verschiedene Bereiche Hilfestellungen verlangen. Dabei werden ebenso sozial- und arbeitsrechtliches Wissen verlangt, Knowhow im Umgang mit Behörden und Kostenträgern sowie auch die Befähigung, Klienten persönlich zu stärken und immer wieder Ressourcen freizulegen. Dabei ergänzen sich Psychotherapie und Soziale Arbeit bzw. Sozialtherapie und ermöglichen gemeinsam den notwendigen und bestmöglichen Unterstützungsbedarf. Die intensive Beziehungsarbeit im Rahmen der ambulanten Psychotherapie und die lösungsorientierte Unterstützung der Patienten an der Schnittstelle zur Realität durch sozialtherapeutische Maßnahmen bilden gemeinsam einen Katalysator für die persönliche Entwicklung und eine wachsende Resilienz der Patienten.

Der Bedarf an sozialtherapeutischer Unterstützung zeigt sich auch daran, dass erfreulicherweise niedergelassene Therapeuten inzwischen in etlichen Fällen ihre Patienten auch längere Zeit nach der Entlassung an uns Sozialtherapeuten der Klinik zurückverweisen. Dies ist der Fall, wenn die sozialen Problemlagen eine Entwicklung des Patienten im psychotherapeutischen Kontext behindern und Hilfe im Bereich Soziale Arbeit erfordern. Häufig geht es dabei um Patienten, bei denen die gesundheitlichen Beeinträchtigungen eine Integration auf dem Arbeitsmarkt verhindern und Leistungen zur Teilhabe am Arbeitsleben wesentlich sind. Die fehlende Perspektive lässt in diesen Fällen auch den psychotherapeutischen Prozess stagnieren. Die gesamte Bandbreite an Hilfestellungen für die Patienten beginnt bei der Motivationsarbeit, Leistungen zur Teilhabe am Arbeitsleben zu beantragen, wird fortgeführt durch die Unterstützung bei der Antragsstellung, beinhaltet auch die Überbrückung bis zu einer Entscheidung und gegebenenfalls auch bei schwierigen interaktionellen Sequenzen eine Triangulierung durch die Kontaktaufnahme mit dem potenziellen Kostenträger. Der Prozess endet letztlich mit Beginn einer Maßnahme beim Reha-Träger, da die weitere Betreuung durch das Personal der Einrichtung gewährleistet ist.

Schwierige Arbeitskontexte (bei starken Ängsten vor einem beruflichen Wiedereinstieg) können einige Nachbetreuungstermine nach der Entlassung erfordern, insbesondere wenn noch keine ambulante Psychotherapie vorhanden ist. In vielen Fällen befinden sich Patienten zum Zeitpunkt der Behandlung noch nicht in ambulanter Therapie, und aufgrund von Wartezeiten und probatorischen Sitzungen ist die sozialtherapeutische Unterstützung bei schwierigen Problemlagen im Übergang ein wichtiger Punkt.

Neben den Kenntnissen in sozial- und arbeitsrechtlichen Kontexten scheinen das Wissen um die psychischen Problemlagen von Patienten und die bereits im stationären Rahmen entstandene vertrauensvolle Arbeitsbeziehung Wirkfaktoren zu sein, die auch nach der Entlassung im Übergang einen weiteren hilfreichen Prozess ermöglichen können. Unserer Erfahrung nach kann die nachbetreuende Arbeit im Anschluss an eine Behandlung auf einer psychosomatischen Station deshalb die Anbindung an den bereits vertrauten Sozialtherapeuten sinnvoll machen, sofern es ein klares Ziel gibt, das in einem überschaubaren Zeitrahmen zu erreichen ist.

Der oben beschriebene Fall zeigt jedoch auch auf, dass es intensivere und längerfristige Bedarfe gibt, die die Anbindung an niedergelassene Berater sinnvoll erscheinen lassen. Gerade bei nicht klassisch-psychiatrisch erkrankten, aber doch in bestimmten Lebensphasen psychisch stark beeinträchtigten Menschen erleben wir immer wieder Versorgungslücken, deren Schließung wir uns erhoffen.

Inhaltlich wichtig erscheint uns, dass der Beratungsprozess nicht auf spezielle Problemlagen beschränkt bleibt und der Klient in seiner Gesamtsituation gesehen wird. Ein klares Ziel muss vorhanden sein, die jeweiligen konkreten Schritte auf dem Weg dorthin müssen die Bereitschaft einschließen, Herausforderungen und Hindernisse in unterschiedlichen Themenfeldern zu bewältigen. Kenntnisse in Bezug auf psychische Problemlagen und psychotherapeutische Prozesse sind vorauszusetzen, und eine Zusatzausbildung im therapeutischen Bereich liefert Werkzeuge, um die Überwindung von Krisensituationen zu meistern und stagnierende Prozesse in Gang zu bringen. Aufgrund der psychischen Problemlagen der Klienten kommt dabei dem Umgang mit Widerständen in Bezug auf konkret erforderliche Schritte eine besondere Bedeutung zu. Das bedeutet, dass beraterische Kompetenzen um therapeutisches Wissen ergänzt werden sollten, um an der Schnittstelle zur Realität den Klienten in seinem Vorankommen bestmöglich zu unterstützen.

Zusammenfassend kann gesagt werden, dass wir die nachbetreuende Arbeit im Anschluss an die Behandlung in unserer Klinik als einen sehr wichtigen Aspekt der Gesamtbehandlung betrachten, der die Nachhaltigkeit der erworbenen Stabilität der Patienten unterstützt.

Literatur

Bösel, M. (2017). Integration sozialtherapeutischer Kompetenz in der psychotherapeutischen Versorgung. In U. A. Lammel & H. Pauls (Hrsg.), *Sozialtherapie – Sozialtherapeutische Interventionen als dritte Säule der Gesundheitsversorgung* (S. 91–99). Dortmund: verlag modernes lernen.

Bösel, M., Siegfarth, B., Schauenburg, H., Nikendei, C. & Ehrenthal, J. C. (2014). Integration sozialarbeiterischer Kompetenz in die psychotherapeutische Versorgung. *Psychotherapeut, 59*, 6, 474–479.

11 Sozialtherapie in der Suchtbehandlung: Von der Notwendigkeit der Klinischen Sozialarbeit aus biopsychosozialer Perspektive

Stefanie Leers und Melanie-Svenja Küppers-Naß

> »Das Gehirn macht zwischen »social pain« (sozialem Schmerz) und »physical pain« (körperlichem Schmerz) kaum einen Unterschied.«
> (Panksepp, 2005, S. 376)

Die Behandlung der Suchterkrankung hat mit zunehmender Forschung und gesellschaftlichen Veränderungen Erkenntnisse geliefert, die zu Paradigmenwechseln führen und moderne Behandlungsansätze und -methoden integrieren. Hierzu zählen u. a. neurobiologische Erkenntnisse (z. B. Suchtkonditionierung des Hirnstoffwechsels), die einen akzeptierenden Umgang mit Verhaltens- und Substanzrückfällen fokussieren. Jedoch auch die Anerkennung der Suchterkrankung durch den Public-Health-Ansatz, die Ansätze zur Inklusion, die im SGB IX zur Teilhabe festgehalten sind, legen der Fokus deutlich auf mehr Unterstützung zur Teilhabe am Leben in der Gesellschaft unter Stärkung der Eigenverantwortlichkeit und Selbstbestimmung (vgl. DHS, 2018).

In diesem Artikel wird die Notwendigkeit sozialtherapeutischer Ansätze in der Suchtbehandlung dargestellt. Es soll die Bedeutung eines biopsychosozialen Behandlungsansatzes hervorgehoben und durch ein Fallbeispiel lebendig gemacht werden.

Feuerlein (2008, S. 18) sowie Lammel und Funk (2017, S. 195) fassen die Entstehung und Aufrechterhaltung von Abhängigkeitserkrankungen in einem Triasmodell zusammen: auf der Ebene der Droge (Substanzwirkung), in Bezug auf die Höhe des Konsums sowie die Dauer der Einnahme; auf der Ebene des Individuums, welche die physischen und psychischen Prädispositionen umfassen und des sozialen Umfeldes, welches die Zugehörigkeit der sozialen Schicht, der wirtschaftlichen Gegebenheiten, der beruflichen Aktivität und der familiären Einflüsse beschreibt. Das Triasmodell, auch Suchtdreieck genannt, zeigt eine hohe Ähnlichkeit zum biopsychosozialen Modell (▶ Abb. 11.1) auf, das die Aspekte der körperlichen, psychologischen und sozialen Ebene als Behandlungsansätze für Krankheit aufzeigt.

Die sozialen Aspekte sind sowohl in der Ätiologie (z. B. suchttolerantes Umfeld resp. Gesellschaft) als auch bei den Diagnosekriterien des ICD-10/DSM-5 (Fortsetzung trotz schädlicher sozialer Folgen) sowie als Einfluss für Behandlungseffekte (z. B. noch im Arbeitsverhältnis) ausschlaggebend (vgl. Kruse, Körkel & Schmalz, 2000, S. 106, S. 110). Von daher können die Abhängigkeitserkrankungen als »soziale Krankheit« angesehen werden (vgl. Deloie, 2013, S. 6). Auch Engel (1913–1999) beschrieb die Interdependenz und die Abhängigkeit zwischen biologischen und sozialwissenschaftlichen Modellen zur Krankheitserklärung. Durch die Entwicklung des biopsychosozialen Ansatzes wurde eine Tür zur interdisziplinären Zusammenarbeit der unterschiedlichen Professionen geöffnet (vgl. Geißler-Piltz, Mühlum & Pauls, 2005, S. 22).

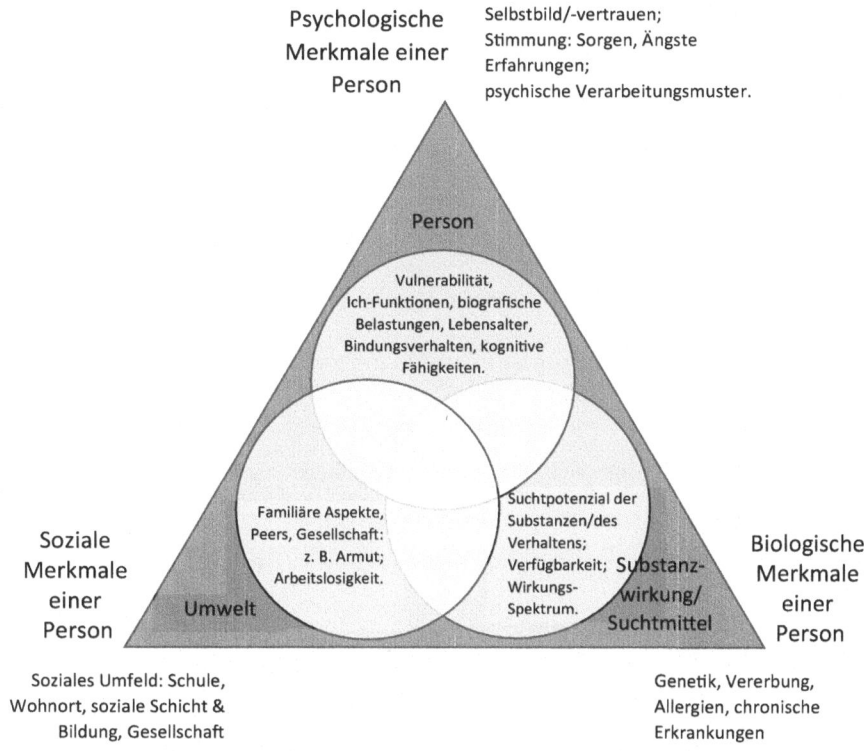

Abb. 11.1: Biopsychosoziales Abhängigkeitsmodell

Sozialtherapeutische Ansätze haben neben der ärztlichen und psychotherapeutischen Behandlung eine besondere Bedeutung in der sozialen Suchttherapie, da dort das soziale Umfeld und Milieu häufig durch die Suchterkrankung mitbetroffen, defizitär oder nicht vorhanden ist. Meist kommen Suchtklienten aus multiplen Problemlagen, die sich auch schon über Generationen hinweg manifestiert haben oder die durch die Chronifizierung der Sucht entstanden sind. Die daraus resultierenden sozialen Schwierigkeiten tragen maßgeblich zur Aufrechterhaltung der Sucht bei.

Die Weltgesundheitsorganisation (WHO) hat die Bedeutung der sozialen Ebene im Triasmodell 2001 und 2003 in den Weltgesundheitsberichten unterschiedlicher biopsychosozialer Forschungen dargestellt. Darin herrscht Konsens darüber, dass neben den körperlichen und psychischen Faktoren soziale Faktoren auf der Ebene des Individuums und der Gesellschaft gegeben sein müssen, um Krankheit abzuwenden und Gesundheit zu fördern (vgl. Rutz & Pauls, 2017, S. 20). Die Einlassung auf das biopsychosoziale Modell und dessen Integration durch alle Berufsgruppen verleiht der Arbeit im klinischen, sozialtherapeutischen Suchtbereich eine besondere Qualität. Dabei soll die Hilfe insbesondere »eine angemessene professionelle Antwort auf gesundheitliche Überforderung durch psychosoziale Verarbeitungsprozesse postmoderner Lebensverhältnisse – für alle darin lebende Menschen – bereitstellen« (vgl. Gahleitner, 2014, S. 57).

Suchtklienten weisen zudem häufig eine Beziehungs- bzw. Bindungsstörung auf. Forschungen im Bereich Bindung und Trauma zeigen, wie medizinisch-biologische Fakten und Forschungen mit denen der Sozialwissenschaft in Verbindung treten, sich gegenseitig bereichern, ergänzen und erweitern können (vgl. Geißler-Piltz, Mühlum & Pauls, 2005, S. 23-2). Diese Beziehungs- bzw Bindungsstörung resultiert häufig aus emotionaler Vernachlässigung und kann somit als Bindungstraumata angesehen werden. Die sogenannte ACE-Studie über »adverse childhood experiences« (vgl. Felitti, 2002) zeigt, dass Menschen die frühe Traumata erfahren mussten, seien es psychische oder physische, häufiger unter sozialen Problemen und Benachteiligungen leiden, wie z. B. Armut, Wohnungslosigkeit (vgl. Gahleitner, 2014, S. 58).

Professionelle Sozialtherapie widmet sich mit multiperspektiver Sichtweise diesen komplexen psychosozialen Problemlagen.

> »Sie beschäftigt sich beispielsweise mit den Folgen sexueller und physischer Gewalt gegen Kinder und Frauen, Folgen von Flucht und Migration, chronisch somatischen und psychischen Leiden von Kindern, Jugendlichen und Erwachsenen, Alkoholismus und Drogenmissbrauch, verschiedenen Formen sozialer Abweichung, psychiatrischen Alterserkrankungen sowie den Folgen, die diese Störungen und Krankheiten für die Familien und ihre Angehörigen haben« (Beushausen, 2014, S. 6).

Dafür bedarf es des Wissens um Möglichkeiten und Grenzen der Klinischen Sozialarbeit im Rahmen der Suchttherapie. Das Einbeziehen einer sozialarbeiterischen Perspektive, welche vor allem Krankheit in einem sozialen Kontinuum sieht, ist hier wesentlich. Unter der Berücksichtigung des trifokalen Behandlungsansatzes nach Deloie (2011) können psychische, physische und soziale Probleme erfasst werden und in die sozialtherapeutische Behandlung mit einfließen.

11.1 Behandlungsansätze in der sozialen Suchttherapie

Grundlegend für sozial- und suchttherapeutisches Handeln ist das biopsychosoziale Krankheitsverständnis. Demnach lassen sich gesundheitliche Probleme auf den Ebenen der physiologischen, psychischen und sozialen Systemebene erfassen. Diese bedingen sich gegenseitig und interagieren untrennbar miteinander (vgl. Ortmann, Röh & Harald, 2017, S. 29). Die Grundorientierung des biopsychosozialen Modells ist, dass die biologischen, psychologischen und sozialen Faktoren für sich allein genommen und in ihrer komplexen Wechselwirkung für die Entstehung und den Verlauf von Krankheit, also auch für die Suchterkrankung, zu berücksichtigen sind (vgl. Pauls, 2013, S. 98).

In der sozialen Suchttherapie liegt die Aufmerksamkeit insbesondere auf sozialen Belastungen (vgl. Röh, Ortmann & Ansen, 2017, S. 29). Denn Suchterkrankungen gehen meist mit schwerwiegenden sozialen Folgen einher. Eine Abhängigkeitserkrankung wird meist erst erkannt, wenn soziale oder körperliche Folgen unübersehbar sind.

Zudem ist die Zielgruppe der Hard-to-Reach-Klienten eine besondere Herausforderung (▶ Kap. 3). Sie sind häufig durch multiple Problemlagen gekennzeichnet. Hierzu gehört, dass meistens mehrere Personen/soziale Bereiche gleichzeitig betroffen sind, häufig Schwierigkeiten über mehrere Generationen hinweg bestehen und schwierige Lebensumbrüche, sogenannte »Live-Events«, in der Biografie zu finden sind. Es kommt zu unterschiedlichen Problemen im sozialen Umfeld; z. B. Freunde, Hobby, Beruf sind belastet, nicht vorhanden resp. brechen weg, das Leben findet im sozialen Brennpunkt statt. Häufig sind Bildungsprobleme, defizitäre Gesundheitssorge vorzufinden sowie ein niedriger finanzieller Status, Arbeitslosigkeit oder sogar Armut. Es besteht Wohnungsnot und damit einhergehende soziale Isolierung. Eine emotionale Unterversorgung/Vernachlässigung ist biografisch festzustellen. Aus diesen Gesichtspunkten heraus ist es bei suchterkrankten Menschen zu Behandlungsbeginn unerlässlich, psychiatrische Diagnosen und/oder langanhaltende physische Erkrankungen in Erwägung zu ziehen resp. diagnostisch festzustellen.

Aber nicht nur den belastenden Faktoren sollte eine erhöhte Aufmerksamkeit gewidmet werden. Denn die sozialen und zwischenmenschlichen Ressourcen können aufgezeigt und für eine Genesung nutzbar gemacht werden. Hier bietet sich vor allem die Netzwerkarbeit an, um vorhandene Ressourcen und soziale Unterstützungsmöglichkeiten herauszufinden und nutzbar zu machen (vgl. ebenda). Ressourcen sind für die Bewältigung des täglichen Lebens, von krisenhaften Situationen und Lebensumbrüchen von großer Bedeutung (vgl. Beushausen 2014, S 123). Hierzu zählen die inneren Ressourcen, wie z. B. das Selbstwertgefühl, sowie äußere Ressourcen, wie z. B. tragfähige soziale Beziehungen oder ein sicherer Arbeitsplatz (vgl. ebenda, S. 125, sowie Becker, 2006).

Vor allem in der sozialtherapeutischen Suchthilfe ist die Expertise der SozialarbeiterInnen resp. SuchttherapeutInnen, die über Ausbildung und Vernetzung in sozialen Systemen und Netzwerken verfügen können, unerlässlich. Es finden sich häufig chronische Verläufe psychischer und sozialer Problemlagen, die mitunter durch jahrelangen Suchtmittelkonsum entstanden und chronifiziert sind. Somit kann dem Suchtklientel Unterstützung und Verbesserung der sozialen Problemlagen und des soziales Netzwerk ermöglicht werden, was mitunter unerlässlich für eine physische, psychische und soziale Stabilisierung ist.

11.2 Fallvignette

Herr B. (52 J.) stellte sich 2015 in der der psychiatrischen Fachklinik angegliederten Suchtambulanz vor. Der Patient beschrieb Symptome einer schweren depressiven Episode sowie regelmäßiges mittleres bis schweres Craving bzgl. Amphetaminen, zu diesem Zeitpunkt lebte der Patient bereits 1 Jahr alkohol- und drogenfrei. Phasenweise gelang es ihm nur unter enormen Kraftaufwand, Alltagserledigungen zu bewältigen. Der Kontakt zu anderen Menschen war für ihn stark belastend, soziale Situationen lösten starke Nervosität, Gefühle von Panik und mittelgradige Schweißausbrüche aus.

Hier wird bereits deutlich, dass die soziale Ebene des Patienten stark beeinträchtigt war. Herr B. benannte zwei stationäre Vorbehandlungen aufgrund der Depressivität. Diagnostisch war festzuhalten: Herr B. zeigte eine emotional instabile Persönlichkeitsstörung impulsiven Typus neben einer rezidivierenden depressiven Störung schwereren Verlaufs. Bzgl. der Suchterkrankung wurde von einem Abhängigkeitssyndrom von Alkohol, Cannabis, Kokain, Amphetaminen und Nikotin ausgegangen, damals bis auf Nikotinabusus abstinent. Auf somatischer Ebene zeigte sich eine Adipositas, eine Hypercholersterinämie, Diabetes mellitus Typ 2, chronisch obstruktive Lungenerkrankung sowie eine Schlafapnoe. Der Patient formulierte eine Gesamtstabilisierung seiner prekären Situation als das Hauptziel der Behandlung.

Biografische Einblicke

Herr B. beschrieb biografisch-anamnestisch eine von diversen Stressoren belastete Kindheit. Er wuchs mit seiner Schwester zwischen dem 6. und 14. Lebensjahr aufgrund von Überlastung der Eltern in diversen Kinderheimen auf, dort habe er emotionale und physische Gewalterfahrungen erlitten, später auch durch den alkoholabhängigen Vater. Herr B. entwickelte dadurch einen starken Gerechtigkeitssinn und eine hohe Anpassungsfähigkeit. Die Mutter habe in gesundheitlich stabileren Phasen für emotionale Zuwendung gesorgt. Als positiv besetzte Personen sah Herr B. seinen Großvater mütterlicherseits, mit diesem habe er immer wieder Zeit im Garten verbracht. Dieser war warmherzig und unterstützend.

Auch im schulischen und beruflichen Werdegang des Patienten lassen sich die prekären und sozialen, multiplen Problemlagen erkennen, jedoch auch die Ressourcen. Herr B. beendete die Schulzeit regulär mit dem Hauptschulabschluss, er war ein guter Schüler. Es folgte die Ausbildung zum Dachdecker. Herr B. zeigte Ressourcen wie Ausdauer, Pflichtbewusstsein, Ordnung, Pünktlichkeit und Zuverlässigkeit, die im weiteren Lebensverlauf stützende Wirkung hatten. Jedoch hatte das damalige soziale Umfeld einen negativ-belastenden Einfluss: In Phasen von Arbeitslosigkeit hatte der Patient durch damalige Freunde Betrugs- und Gewaltdelikte betrieben, hierdurch war es auch zu Inhaftierungen gekommen.

Nach der letzten Haftphase im Alter von 24 Jahren gründete Herr B. eine Familie und war seither nicht mehr delinquent. Phasenweise kam es sogar zu langjährigen Arbeitsverhältnissen, welche zu einer Stabilisierung und einer höheren Lebensqualität beitrugen. Eine regelmäßige Erwerbstätigkeit stellte einen hohen Wert für ihn dar. Trotz der hohen Zufriedenheit im Beruf kam es jedoch im letzten Arbeitsjahr (2009) zu einer Mobbing-Situation. Nach längerer Arbeitsunfähigkeit entschied sich Herr B. zu kündigen, da er sich den Belastungen nicht mehr gewachsen sah.

Suchtanamnese

Herr B. begann im Alter von 14 Jahren zeitgleich mit dem Konsum von Alkohol und Nikotin. In Anlehnung an das Suchtdreieck nach Feuerlein (2008) zeigen sich folgende biopsychosoziale Faktoren: Die zu vermuteten biologischen Disposition des Patienten (genetisch durch Suchterkrankung des Vaters, hohes Stresserleben durch emotionale Belastungen in der Sozialisation) zeigt eine erhöhte Vulnerabilität auf. Des Weiteren beschrieb der Patient die psychische Wirkweise der Substanzen einflussgebend auf die Entstehung der Suchterkrankung. Insbesondere die anxiolytische und stimulierende Wirkung von Alkohol und Nikotin, später Kokain und Amphetamine hatte Herr B. bzgl. der persönlichkeitsimmanenten psychischen emotionalen Instabilität sehr positiv erlebt. Die sedierende Wirkung des THC setzt er nur gezielt nach Schlafentzug durch die Amphetamine ein. Die soziale Ebene des Suchtdreiecks wird durch das suchtnahe soziale Umfeld deutlich unterstrichen, die sozialen Kontakte des Patienten definierten sich über eine hohe Toleranz gegenüber dem Konsum von Suchtmitteln verbunden mit einer ständigen Verfügbarkeit der diversen Substanzen. Die Ressourcen der Zuverlässigkeit und des Pflichtbewusstseins führten dazu, dass Herr B. seiner Erwerbstätigkeit nachging und den Konsum dadurch einschränkte und somit eine lange Phase des Missbrauchs betrieb.

Der Beginn der Abhängigkeitserkrankung lässt sich ab dem 45. Lebensjahr mit zunehmenden sozialen Belastungen (privaten und beruflichen Schwierigkeiten) vermuten. Neben den biologischen Faktoren zeigten sich die eingeschränkte psychische Belastbarkeit sowie die sozialen Auswirkungen (Ehekrise, drogenabhängige Söhne, Mobbing-Situation am Arbeitsplatz, Arbeitsplatzverlust) als suchtaufrechterhaltende Bedingungen. Mit dem 52. Lebensjahr entschied sich Herr B. aufgrund seiner zunehmend prekären finanziellen Situation und psychisch stets größeren depressiven Einbrüchen zu einem Konsumstopp von Amphetaminen, Alkohol und THC. Die Nikotinabhängigkeit bestand weiterhin. Wie zuvor dargestellt, zeigen Menschen mit Suchtproblemen auf mehreren sozialen und familiären Ebenen multiple Problemlagen auf, die meist schon über mehrere Generationen hinweg bestehen. Die daraus resultierenden psychosozialen Schwierigkeiten tragen maßgeblich zur Aufrechterhaltung der Sucht bei.

Soziale Dimension

Aus der Ehe sind zwei Söhne hervorgegangen (aktuell 30 und 28 Jahre). Die Ehe verlief konflikthaft, 2006 beabsichtigte Herr B., sich von seiner Ehefrau zu trennen. Diese setzte das Gerücht in die Welt, dass Herr B. ein »Kinderschänder« sei. Die Söhne waren ebenfalls seit vielen Jahren drogenabhängig und bestritten ihren Lebensunterhalt durch kriminelle Delikte, dies belastete Herrn B. stark. Er trennte sich schließlich 2009 von seiner Ehefrau und zog in eine Wohngegend, die als »sozialer Brennpunkt« sowie als ein suchtnahes Umfeld beschrieben werden kann. In dieser Wohnung kam es dann mit Bekannten häufig zu tagelangem exzessiven Drogen- und Alkoholkonsum. Aufgrund des suchtnahen Umfeldes zog sich Herr B. mit Beginn der Abstinenz zunehmend mehr zurück. Es bestand weiterhin regelmäßiger Kontakt zu seiner Mutter, seiner Schwester und den drogenabhängigen Söhnen sowie der getrennt lebenden Ehefrau. Frühere Freundschaften kamen aufgrund des langjährigen gemeinsamen Alkohol- und Drogenkonsums nicht mehr in Frage. Des Weiteren belastete Herrn B. das Gerücht des »sexuellen Missbrauchs« weiterhin stark, so dass er frühere soziale Kontakte nicht mehr suchte. Die Darstellung des sozialen Netzwerkes von Herrn B. zeigte eine hohe Dichte weniger Sozialkontakte und eine hohe Dependenz der wenigen sozialen Kontakte voneinander. Hieraus leitet sich das Behandlungsziel der Erweiterung des sozialen Netzwerkes ab.

Sozialrechtliche Situation

Die Schulden beliefen sich auf 10 000 Euro und waren durch eine private Insolvenz reguliert. Herr B. bezog seit 2015 Erwerbsminderungsrente und ergänzende Sozialleistungen, die finanzielle Situation war dementsprechend belastend. Die Antragsverfahren sowie die Kontakte zu den entsprechenden Behörden bewältigte er nur unter Konsum von Amphetaminen und später von Bedarfsmedikation, da es immer wieder zu lautstarken Konflikten mit einzelnen Sachbearbeitern kam. Wiederholt lebte er ohne Bezüge, was bei ihm starke Existenzängste auslöste. Hier zeigen sich erneut die suchtaufrechterhaltenden Bedingungen durch die starken sozialen Belastungen, die psychisch gering ausgeprägte Impulssteuerung und defizitäre Verarbeitung von aversiv erlebten Emotionen. Häufig dominiert bei psychisch und suchterkrankten Menschen eine kognitive und emotionale Überforderung, diese sozialen Schwierigkeiten angemessen bewältigen zu können.

Interessen und Freizeit

Herr B. fuhr gerne, am liebsten täglich, weite Strecken mit dem Fahrrad, was für ihn eine gute Tagesstruktur sowie Entspannung darstellte. In stabileren Lebensphasen reparierte er mit handwerklichem Geschick auch Zweiräder. Er besaß eine größere Musik- und Filmsammlung (Unterhaltung und Naturdokumentationen).

Die Therapieplanung und der Behandlungsverlauf aus multidimensionaler Perspektive und mit multiperspektivischen Lösungsstrategien

Am Beispiel von Herrn B. lässt sich die mehrdimensionale Behandlung der sozialen Suchttherapie in Beziehung zu den Disziplinen aus der psychotherapeutischen und ärztlichen Behandlung erkennen. Dies zeigt, dass eine Koexistenz dieser Disziplinen unerlässlich ist.

Analog zum biopsychosozialen Modell und nach dem Triasmodell der Suchterkrankung nach Feuerlein (2008) wurde im Behandlungsprozess immer wieder dynamisch zwischen den einzelnen Dimensionen interveniert. Zunächst fokussierten wir auf biologisch-psychotherapeutischer Ebene durch die gezielte fachärztliche psychiatrische Behandlung eine engmaschige psychopharmakologische Begleitung mit dem Ziel einer Verbesserung der Impulskontrolle sowie der depressiven Einbrüche. Auf der Ebene der Psychotherapie wurde Herrn B. eine 14-tägig stattfindende einzeltherapeutische Begleitung angeboten. Gruppentherapeutische Angebote sowie ebenso mögliche stationäre psychotherapeutische Maßnahmen lehnte er zunächst strikt ab.

Ergänzende sozialtherapeutische Angebote, insbesondere zur psychischen Gesamtstabilisierung, jedoch auch zur Verbesserung der sozialen Integration resp. der sozialen Kompetenzen wurden vorgestellt. Herr B. zeigte sich offen bzgl. der Einbindung in die ambulante Gruppe »Ergotherapie«. Weitere sozialtherapeutische Angebote, z. B. sich in das örtliche Suchthilfeangebot zu integrieren, lehnte er vorerst deutlich ab.

Der Aufbau der therapeutischen Arbeitsbeziehung

Herr B. zeigte im einzeltherapeutischen Setting eine ausreichende Behandlungsmotivation, das Kontaktverhalten fiel deutlich als zurückhaltend, misstrauisch und stark angespannt auf. Hier zeigten sich bereits erste, stark ausgeprägte persönlichkeitsimmanente Schutzmechanismen, die die Einbindung in soziale Kontexte sowie das therapeutische Arbeitsbündnis erschwerten. Aus diesen Ersteindrücken heraus wurde der psychotherapeutische Fokus zunächst auf den Aufbau der therapeutischen Arbeitsbeziehung gelegt, mit dem Ziel, eine erste Stabilisierung zu erreichen und Motivationsarbeit für weitere therapeutische Maßnahmen zu leisten (vgl. Beck, 1999, S. 167–172). Herr B. beschrieb lebensmüde Gedanken, schloss jedoch suizidale Absichten aus.

Verbesserung des Cravings und Erhöhung der Medikamentencompliance

Wir fokussierten sozial-/suchttherapeutisch den konstruktiven Umgang mit Craving sowie mittels motivationaler Interventionen die Bearbeitung der Ambivalenz zwischen Suchtmittelkonsum und abstinenter Lebensführung (vgl. Moggi, 2004, S. 68–69). Zur ersten Stabilisierung erarbeiteten wir aus psychotherapeutischer Perspektive mit verhaltenstherapeutischem Fokus einen Tagesplan, um Antriebslosigkeit und Gefühle von innerer Leere zu verringern. Bzgl. der Medikamentencompliance wurde im Verlauf der ersten Behandlungsmonate eine hohe Ambivalenz deutlich, phasenweise setzt Herr B. Medikamente eigenständig ab. Dies ist ein häufig vorkommendes Symptom in der Behandlung bei suchterkrankten Personen, insbesondere im Bereich der Komorbidität (Moggi, 2004, S. 67–68). Die depressiven Einbrüche häuften sich, jedoch hielt er zuverlässig jeden Termin ein. Herr B. beschrieb weiterhin Lustlosigkeit, starkes Grübeln, geringen Antrieb, Existenzängste, starken sozialen Rückzug, Schlaflosigkeit und innere Unruhe sowie starkes Craving nach dem Konsum von Amphetaminen. Mittels kognitiv-verhaltenstherapeutischer Verfahren wurde die Umstrukturierung der absolutistischen Forderungen, der dichotomen Denkmuster sowie Gedankenstopp als Möglichkeit zur Steuerung des starken Grübelns eingesetzt (vgl. Beck, 1999, S. 175–176). Die Medikamentencompliance besserte sich durch psychotherapeutisch motivationale und psychoedukative Interventionen.

Nutzen von Ressourcen

Wir nutzten sozialtherapeutisch die Ressource des Patienten, positive Emotionen mit Fahrradfahren erleben zu können. Hier zeigte sich auch ein gesundheitsfördernder Aspekt bzgl. der somatischen Erkrankungen des Patienten.

In der weiteren Nutzung von Ressourcen stellte sich das Gärtnern dar, das biografisch positiv durch den Großvater verankert war. Es gelang im Verlaufe von Monaten, mit Herrn B. eine Möglichkeit zu finden, das Gärtnern regelmäßig auszuüben, indem ein kostengünstiger Schrebergarten gefunden wurde. Da eine Erwerbstätigkeit einen stark selbstwertstabilisierenden Effekt für Herrn B. hatte, suchten wir aus sozialtherapeutischer Perspektive gemeinsam nach Möglichkeiten. Eine geringfügige Tätigkeit zeigte sich als wenig realistisch, so dass wir alternativ die Tätigkeit in der Gemeinnützigen Werkstatt vorschlugen. Hier zeigte sich Herr B. tendenziell offen, lehnte jedoch konkrete Schritte ab. Die prekäre soziale Wohnsituation von Herrn B. hätte einen Umzug erfordert, dies stellte sich kurzfristig aber aufgrund des belastenden örtlichen Wohnungsmarktes als nicht realisierbar heraus. Es wurden praktikable Lösungen gesucht, die Wohnung so umzugestalten, dass er sich dort wohlfühlen und eine emotionale Distanz zu den Erinnerungen der Konsumzeiten in der Wohnung entwickeln konnte (z. B. hellere Farben, neue Möbel beim Sozialkaufhaus).

Krisen und der Einfluss der sozialen Faktoren im weiteren Verlauf

Trotz der stabilisierenden Interventionen kam es immer wieder zu starken depressiven Einbrüchen. Der sozialtherapeutischen Installation eines ambulant betreuten Wohnens zeigte sich Herr B. weiterhin kritisch gegenüber, ebenso dem Besuch von Selbsthilfegruppen. Es gelang vor dem Hintergrund der Symptomverschlechterung und des dauerhaften Cravings über Monate hinweg und in kleinen Schritten, Herrn B. für eine stationäre Therapie in der angeschlossenen Klinik, die ein Behandlungsprogramm für Komorbidität entwickelt hat, zu gewinnen. Herr B. fürchtete die soziale und räumliche Nähe einer stationären Behandlung. Wir berichteten über das Behandlungskonzept und besuchten gemeinsam die Station. Schließlich willigte Herr B. ein und wurde 5 Wochen stationär bzgl. der Suchterkrankung und der zunehmenden depressiven Symptomatik behandelt. Es gelang ihm, sich weitgehend zu stabilisieren. Besonders war, dass Herr B. die entstandenen sozialen Kontakte als positiv bewertete und das starke soziale Misstrauen erstmalig zu bröckeln begann. Er lehnte jedoch Kontakte zu den Mitpatienten (z. B. einen gemeinsamen Selbsthilfegruppenbesuch) über die Behandlungszeit hinaus ab.

Herr B. wechselte wieder in den Behandlungsrahmen der Suchtambulanz. Zunächst zeigte er sich zuversichtlich, die neue gewonnene Stabilität aufrechthalten zu können. Im weiteren Verlauf kam es jedoch immer wieder zu depressiven Einbrüchen sowie starkem Craving. Die auslösenden Bedingungen konnten überwiegend durch die emotionalen Konflikte aufgrund der weiterhin drogenkonsumierenden und delinquenten Söhne exploriert werden. Hier zeigte sich erneut der belastende Einfluss der sozialen Dimension, die entsprechend in den

Behandlungsfokus gerückt wurde. Wir erarbeiteten sozialtherapeutisch mittels Netzwerktherapie den notwendigen Ablösungsprozess in der Rolle des Vaters. Dies zeigte sich fortlaufend krisenhaft und nahm regelmäßig Raum ein. Der Aufbau konstruktiver Sozialkontakte, die die emotionale Distanz zum malignen familiären System ermöglichen könnten, gelang in dieser Behandlungsphase nicht. Hier wäre z. B. das Freizeitangebot eines suchtfreien Cafés sowie die Integration in eine Selbsthilfegruppe möglich. Es wurde weiterhin motivational und psychotherapeutisch interveniert, um die sozialen Ängste abzubauen. Schließlich entstanden erneute Konflikte mit dem zuständigen Sozialamt. Herr B. beschrieb eine deutliche Zunahme der inneren Unruhe und der Existenzängste, des Weiteren könnte er aggressive Impulse nur mit hohem Kraftaufwand und unter der Bedarfsmedikation steuern, die zu einem starken Hangover führte, was wiederum selbstwertdestabilisierend wirkte. Herr B. wurde sozialtherapeutisch durch gemeinsame Telefonate und briefliche Korrespondenz mit den zuständigen Sachbearbeitern unterstützt. Er fürchtete jedoch, bei einem persönlichen Kontakt mit den zuständigen Mitarbeitern die Kontrolle über die aggressiven Impulse zu verlieren.

Einen großen Schritt weiter

Wir schlugen erneut die Unterstützung durch das Ambulant Betreute Wohnen (»Bewo«) vor, das eine alltagsnahe Begleitung und auch sozial integrierende Angebote (z. B. Freizeitgestaltung) anbietet. Erstmalig zeigt sich Herr B. offen. Es gelang, erneut in kleinen Schritten und über mehrere Wochen, die notwendigen Kontakte zum »Bewo« zu gestalten, so dass er nun dieses Angebot wahrnimmt. Herr B. beschrieb eine große Entlastung, da er sich nun im Umgang mit Behörden und bei anderen Problemlagen ausreichend und zeitnah unterstützt fühlt. Die ersten Erfolge durch die Begleitung der »Bewo-Betreuerin« bei Behördengängen stellten sich ein, Herr B. erfuhr eine zunehmende psychische Entlastung durch eine deutliche Abnahme seiner Existenzängste und aggressiven Impulse. Parallel erarbeiteten wir in der Einzeltherapie den Aufbau der Emotions– sowie Impulskontrolle (vgl. Beck, 1999, S. 177–178). Die Tätigkeit bei der Gemeinnützigen Werkstatt, eine regelmäßige fachärztliche Behandlung der somatischen Erkrankungen sowie höhere Selbstfürsorge (z. B. Ernährung) sind nun die nächsten Ziele, die sowohl im einzeltherapeutischen Setting als auch durch das Ambulant Betreute Wohnen bearbeitet werden. Über eine regelmäßige Erwerbstätigkeit, die ausreichend Rücksicht auf die körperliche und psychische Situation von Herrn B. nimmt, sowie eine kontinuierliche medizinische Begleitung könnten eine weitere Stabilisierung und erste Schritte in der Aufweichung der sozialen Distanz ermöglicht werden.

11.3 Schlussbemerkung/Plädoyer für die Koexistenz von Psychotherapie und Sozialtherapie insbesondere in der Suchttherapie

Im oben beschriebenen Fall wären unseres Erachtens nach rein psychotherapeutische sowie pharmakologische Interventionen nicht ausreichend gewesen. Wirkfaktoren wie der Aufbau einer tragfähigen therapeutischen Arbeitsbeziehung, die suchttherapeutische Vermittlung der psychoedukativen Techniken zum Umgang mit Craving sowie der motivationale Fokus zur Aufrechterhaltung der Abstinenzmotivation zeigten sich zunächst deutlich stabilisierend. Weiterhin stützend wirkten die regelmäßige Teilnahme an der Ergotherapie und die krisenauffangende stationäre Behandlung. Sozialtherapeutische Ziele wie die Verbesserung der Wohnqualität, die Nutzung von Ressourcen sowie das Pachten eines Gartens trugen deutlich zur Selbstwertstabilisierung bei. Schließlich zeigten sich die supportiven Verfahren wie die Installation des Ambulant Betreuten Wohnens als wesentlich, da dies Herrn B. außerhalb des klinischen Kontextes zur Verfügung steht und damit alltagsnäher ist. Die Belastungen des Herrn B. in den unterschiedlichen Dimensionen können nicht isoliert betrachtet und behandelt werden, vielmehr können diese als dynamische Prozesse eingeordnet werden, die seitens der Behandler eben diese Dynamik in den Interventionen fordern. Hierzu bedarf es der entsprechenden psychologischen Konzepte (klinisch-psychologischer, suchtpsychologischer, sozialpsychologischer, motivationspsychologischer Konzepte etc.) sowie der entsprechenden Interventionsmethoden (vgl. Wallroth, 2013, S. 5). Das Eingehen auf die soziale Dimension zeigte sich erneut in der Behandlung der Suchterkrankung als wesentlich. Abschließend möchten wir noch anmerken, dass dieses komplexe Therapieangebot durch die Struktur einer Suchtambulanz, die innerhalb eines psychiatrischen Fachkrankenhauses einen Behandlungsbaustein bildet, in dieser Form möglich ist. Die lange Behandlungszeit, die ergänzenden therapeutischen Angebote sowie die enge Zusammenarbeit mit den Fachärzten sowie Stationen sind in diesem Setting zeitnah möglich. Häufig benötigen gerade die in langjährigen Multiproblemlagen verhafteten suchterkrankten Klienten einen langwierigen Aufbau der therapeutischen Arbeitsbeziehung, die die Voraussetzung für die weiteren Entwicklungsschritte darstellt, gezeichnet von Verhaltens- und Substanzrückschritten. Sozialtherapie kann und sollte leisten, dass Menschen in diesen besonders belastenden Lebenssituationen differenzierte und komplexe Unterstützung zur Verfügung gestellt wird.

Literatur

Beck, A. T. & Freeman, A. (1999). *Kognitive Therapie der Persönlichkeitsstörungen*. 4. Auflage. Weinheim: Beltz.

Beushausen, J. (2014). Ressourcenfokussierung. In S. B. Gahleitner, G. Hahn & R. Glemser (Hrsg.), *Psychosoziale Krisen. Psychosoziale Interventionen* (S. 122–139). Köln: Psychiatrie Verlag

Becker, P. (2006). *Gesundheit als Bedürfnisbefriedigung.* Göttingen: Berlin, Bern.

Beushausen, J. (2014). *Hard to Reach Klienten – (Sozial-)Therapie 2. Klasse.* Berlin: ZKS Verlag.

Deloie, D. (2011). *Soziale Psychotherapie als Klinische Sozialarbeit. Traditionslinien – Theoretische Grundlagen – Methoden.* Gießen: Psychosozial-Verlag.

Deloie, D. (2013). Konzeption für eine Soziale Psychotherapie für den Indikationsbereich Abhängigkeitserkrankungen. *Klinische Sozialarbeit 9*(1), 6–10

DHS Stellungnahmen. Versorgungsstrukturen. URL: http://www.dhs.de/dhs-stellungnahmen/versorgungsstrukturen.html (Stand 01.01.2018)

Felitti, Vincent J. (2002). Belastungen in der Kindheit und Gesundheit im Erwachsenenalter; die Verwandlung von Gold in Blei. *Zeitschrift für Psychosomatische Medizin und Psychotherapie, 48* (4), 359–369.

Feuerlein, Wilhelm (2008). *Alkoholismus – Warnsignale – Vorbeugung – Therapie.* München: C. H. Beck.

Gahleitner, S. B. (2014). Bindung biopsychosozial: Professionelle Beziehungsgestaltung in der Klinischen Sozialarbeit. In A. Trost (Hrsg.), *Bindungsorientierung in der Sozialen Arbeit* (S. 55–72). Basel: Borgmann

Gahleitner, S. B. (2017). *Soziale Arbeit als Beziehungsprofession: Bindung, Beziehung und Einbettung professionell ermöglichen.* Weinheim. Beltz.

Geißler-Piltz, B., Mühlum, A. & Pauls, H. (2005). *Klinische Sozialarbeit.* München: Ernst Reinhardt Verlag.

Kruse, G., Körkel, J. & Schmalz, U. (2000). *Alkoholabhängigkeit erkennen und behandeln.* Bonn: Psychiatrie-Verlag.

Lammel, U. & Funk, K. (2017). Sozialtherapeutische Ansätze in der ambulanten und stationären Suchtarbeit. In: U. Lammel & H. Pauls (Hrsg.), *Sozialtherapie. Sozialtherapeutische Interventionen als dritte Säule der Gesundheitsversorgung* (S. 194–209). Dortmund: Verlag modernes lernen.

Moggi, F. & Donati, R. (2004). *Psychische Störungen und Sucht: Doppeldiagnosen.* Göttingen. Hogrefe Verlag.

Röh, D., Ortman, K. & Ansen, H. (2017). Sozialtherapie als Handlungskonzept der Klinischen Sozialarbeit. In: U. Lammel & H. Pauls (Hrsg), Sozialtherapie (S. 27–45). Dortmund: Verlag modernes lernen.

Panksepp, J. (2005). On the Neuro-Evolutionary Nature of Social Pain, Support and Empathy. In M. Aydede (Ed.), *Pain: New Essays on Its Nature and the Methodology of Its Study 2005* (pp. 376–387). Massachusetts Institute of Technology. MIT Press.

Pauls, H. (2013). *Klinische Sozialarbeit. Grundlagen und Methoden psycho-sozialer Behandlung.* Weinheim und Basel: Beltz Juventa.

Rutz, W. & Paul, H. (2017). Gesundheitsversorgung im gesellschaftlichen Wandel. Ein Aufruf für eine europäische biopsychosoziale Gesundheitsperspektive. In U. Lammel & H. Pauls (Hrsg.). *Sozialtherapie* (S. 17–26). Dortmund: Verlag modernes lernen.

Wallroth, M. (2013). Stärken und Chancen Klinischer Sozialarbeit. *Klinische Sozialarbeit. Zeitschrift für psychosoziale Praxis und Forschung 9*(1), 4–6.

12 Erziehungs- und Familienberatung – Schnittmengen Sozialer Arbeit und Psychotherapie

Mathias Berg

12.1 Einleitung

Eine Standortbestimmung von Erziehungs- und Familienberatung (EB) im Jahr 2019 vorzunehmen sollte nicht schwerfallen. EB ist eine Leistung der Jugendhilfe, die institutionalisiert als Beratungsstellen in einer Kommune allen dort lebenden Familien, Eltern und Kindern mit Rat und Hilfe zur Verfügung steht. Wie andere erzieherische Hilfen weist sich die Leistung, die zugleich Institution ist, damit als originäres Arbeitsfeld der Sozialen Arbeit aus ... so wäre es zumindest anzunehmen. Doch ebenso kann EB als langjähriges Praxisfeld der Psychologie betrachtet werden, arbeiten doch mehrheitlich PsychologInnen in derartigen Beratungsstellen und bringen dort u. a. ihre klinische Expertise ein. Und ist die EB damit auch gleichsam ein Arbeitsfeld der Psychotherapie?

Wie im Weiteren aufgezeigt wird, gehören in der EB Methoden der Psychotherapie zum alltäglichen Handwerk, denn nahezu jede Fachkraft dort ist psychotherapeutisch weitergebildet. Therapeutische Prozesse werden in der EB aber auf der Grundlage des achten Sozialgesetzbuchs (§ 27 Abs. 3 Satz 1) vor allem mit Kindern, Jugendlichen und ganzen Familien durchgeführt. Nicht umsonst geriet die Erziehungsberatungsstelle als Ort der praktischen Ausbildung von Kinder- und JugendlichenpsychotherapeutInnen nach dem Psychotherapeutengesetz (PsychThG), immer wieder in die Diskussion (Menne, 2015).

Ob in der Praxis der EB sozialarbeiterische und psychotherapeutische Methoden integrativ und interdisziplinär genutzt werden oder ob, z. B. durch die gesetzlich geforderte Multiprofessionalität, ein Nebeneinander an Verfahren und Handlungsoptionen vorliegt, ist schwer zu bestimmen. Um etwaige Schnittmengen zwischen den unterschiedlichen Professionen und Disziplinen zu ergründen und zu skizzieren, lohnt ein genauerer Blick auf das Arbeitsfeld.

12.2 Erziehungs- und Familienberatung: Ein multidisziplinäres Arbeitsfeld?

EB ist eine im Kinder- und Jugendhilfegesetz (KJHG) verankerte Hilfe zur Erziehung (§ 27 ff. SGB VIII), die darauf abzielt »... Kinder, Jugendliche, Eltern und andere

Erziehungsberechtigte bei der Klärung und Bewältigung individueller und familienbezogener Probleme und der zugrunde liegenden Faktoren, bei der Lösung von Erziehungsfragen sowie bei Trennung und Scheidung [zu] unterstützen« (§ 28 Satz 1 SGB VIII). Vom Grundsatz her ist sie niederschwellig, kostenfrei und die dort arbeitenden Fachkräfte unterliegen der Schweigepflicht. Die EB richtet sich grundsätzlich an Familien mit Kindern bis zum 21. Lebensjahr, kann aber in Ausnahmefällen auch bei jungen Erwachsenen bis 27 Jahren gewährt werden (§ 41 SGB VIII). Am häufigsten suchen Eltern bzw. sorge- und erziehungsberechtigte Personen die Dienste der Beratungsstellen auf. Empfänger der Hilfe sind dann immer die Kinder und Jugendlichen, da nach gesetzlichem Auftrag die Personensorgeberechtigten in ihrer Erziehung unterstützt werden sollen, um eine, dem Wohl des Kindes entsprechende, Erziehung sicherzustellen. In einigen Fällen melden sich auch Jugendliche selbst zu Beratungsgesprächen an oder werden beispielsweise von ihrer Schule an die EB weitergeleitet. Im Jahr 2012 lag das Alter bei mehr als der Hälfte der angemeldeten Kinder und Jugendlichen, die EB samt ihrer Familien in Anspruch nahmen, zwischen dem sechsten und 15. Lebensjahr (55 %, 169 017 Kinder und Jugendliche absolut; Menne, 2014).

Anliegen und Fragestellungen, mit denen sich Ratsuchende an die EB wenden, sind vielfältig. Sie reichen von Belastungen des jungen Menschen durch familiäre Konflikte (49,9 %) über Entwicklungsauffälligkeiten bzw. seelische Probleme des jungen Menschen (28,2 %) bis zu eingeschränkter Erziehungskompetenz der Eltern/Personensorgeberechtigten (24,5 %) und Auffälligkeiten im sozialen Verhalten des jungen Menschen (22,3 %), um nur die statistisch häufigsten Gründe für Beratung zu nennen (ebd.).[4]

Beratungsstellen halten zur Beantwortung der sich dahinter verbergenden Vielzahl an Problemkonstellationen ein breites Spektrum an Leistungen vor, die in Anlehnung an Körner und Hensen (2008) in fünf Bereiche eingeteilt werden können:

1. Diagnostischer Bereich (z. B. Leistungstests, projektive Testverfahren, Verhaltensbeobachtung, Anamnese etc.).
2. Beraterischer Bereich (z. B. Aufzeigen erzieherischer Methoden, Schullaufbahnberatung, informations- und alltagsweltorientierte Angebote etc.).
3. (Psycho-)Therapeutischer Bereich (z. B. Kinder- und Spieltherapie, humanistische, verhaltenstherapeutische, systemtherapeutische oder psychodynamische Ansätze, kreative und körperorientierte Ansätze etc.).
4. Bereich des Clearings (z. B. Krisenintervention, Maßnahmen bei drohender Kindeswohlgefährdung, Weiterverweisung von KlientInnen an geeignete Institutionen).
5. Organisatorischer Bereich (z. B. Netzwerkarbeit, Öffentlichkeitsarbeit, Organisation von Unterstützung für KlientInnen mit verschiedenen Institutionen wie Jugendamt, Sozialamt etc.).

---

4 Auf einen Beratungsprozess entfielen durchschnittlich 1,7 Gründe für die Aufnahme der Beratung

Auf diese Bereiche, insbesondere die Punkte eins bis vier, sowie ihre sozialarbeiterischen bzw. psychotherapeutischen Orientierungslinien soll weiter unten näher eingegangen werden.

Zunächst gilt es festzuhalten, dass für die EB seit den Grundsätzen zur Förderung der Erziehungsberatung von 1973 ein multidisziplinäres Fachteam vorgeschrieben ist, das 1991 gesetzlich im KJHG verankert wurde (§ 28 Satz 2 SGB VIII). Nach Angaben der Bundeskonferenz für Erziehungsberatung (bke) wird das multidisziplinäre Team der EB daher heute durch die Fachrichtungen: Psychologie, Soziale Arbeit/Sozialpädagogik, Kinder- und Jugendlichenpsychotherapie, Pädagogik/Erziehungswissenschaft sowie andere beraterisch-therapeutische Fachkräfte gebildet. Wie der Verband weiter ausführt, ergänzt die beraterisch-therapeutische Fachkraft das Fachteam entsprechend der konkreten Aufgabenstellung der Einrichtung. In Betracht kommen dafür Fachkräfte mit den Qualifikationen Psychologische Psychotherapie, Heilpädagogik, Logopädie oder Ehe- und Lebensberatung (bke, 2012, S. 23). Konstitutiv für die EB ist, dass ihre Fachkräfte eine mehrjährige curriculare beraterisch-therapeutische Weiterbildung in einem anerkannten Verfahren absolviert haben. Neben den wissenschaftlich anerkannten Psychotherapieverfahren Psychoanalytische/Tiefenpsychologisch fundierte Therapie, Verhaltenstherapie, Systemische Therapie und Gesprächspsychotherapie führt die bke auch die Gestalttherapie und das Psychodrama als relevante Zusatzqualifikation auf (ebd.; vgl. auch Kriz, 2008). Abbildung 12.1 zeigt die häufigsten therapeutischen Zusatzqualifikationen von bundesweit 5 419 Fachkräften der EB (bke, 2010a). Wie deutlich zu erkennen ist, hat der überwiegende Teil der BeraterInnen und TherapeutInnen eine familientherapeutische oder systemische Weiterbildung absolviert.

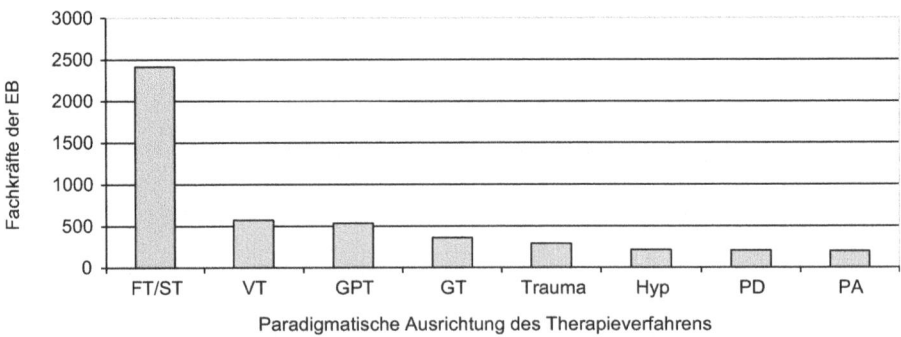

Abb. 12.1: Therapeutische Qualifikationen in der EB (FT/ST: Familientherapie/Systemische Therapie; VT: Verhaltenstherapie; GPT: Gesprächspsychotherapie; GT: Gestalttherapie; Trauma: Traumatherapie [nicht näher bezeichnet]; Hyp: Hypnotherapie; PD: Psychodrama; PA: Psychoanalyse)

Damit stellt sich EB als psychotherapienahes, multidisziplinäres Arbeitsfeld dar, das, gemessen an wissenschaftlichen Publikationen, häufiger innerhalb der akademischen Psychologie als in der Sozialen Arbeit rezipiert wird (Berg, 2013). Da die SozialarbeiterInnen aber sowohl in der EB als auch in der klinisch-therapeutischen

Behandlung (▶ Kap. 2) eine lange Tradition vorweisen können, lohnt ein Blick auf das Beratungsselbstverständnis und die sozialpädagogische Profession innerhalb des Arbeitsfeldes.

12.3 Soziale Arbeit in der Familienberatung: Klinische Sozialarbeit?

Gemessen an statistischen Erhebungen bildet die Gruppe der SozialpädagogInnen und SozialarbeiterInnen (39,2 % aller Fachkräfte) gemeinsam mit den PsycholgInnen (40,1 %) die zahlenmäßig bedeutsamste Profession in der EB (bke, 2010a). Doch was bedeutet sozialarbeiterisches Handeln in der EB? Folgt man der Darstellung im vorangegangenen Abschnitt, könnte auch kritisch hinterfragt werden, inwieweit es sich überhaupt noch um ein genuines Arbeitsfeld der Sozialen Arbeit handelt bzw. ob Soziale Arbeit mit Blick auf die Zusatzqualifikationen der Fachkräfte in der EB bereits einer »Therapeutisierung« unterliegt (Sawatzki, 2016).

Die bke hat 2013 die allgemeinen und spezifischen Kompetenzen, die eine Fachkraft der Sozialen Arbeit in das multiprofessionelle Team einbringt, definiert. Unter anderem gehören dazu,

> »... zentral[e] Kenntnisse psychologischer Zusammenhänge, aber ebenso Kenntnisse der rechtlichen und gesellschaftlichen Rahmenbedingungen. Dieses Wissen wird in der psychosozialen Diagnose zusammengeführt« (bke, 2013, S. 5).

Weiterhin heißt es dort:

> »Der Kern der Fachkenntnisse wird gebildet durch
>
> - Kenntnisse in einschlägigen Rechtsgebieten (Sozialrecht, Familienrecht, Verwaltungsrecht, Strafrecht),
> - Kenntnisse der Sozialstrukturen,
> - Analyse sozialer Kontexte (kulturell, politisch, historisch),
> - Analyse sozialer Differenzen,
> - Gesellschaftliche Inklusion und Exklusion,
> - Kenntnisse der regionalen Jugendhilfestrukturen,
> - Kenntnisse einschlägiger sozialer Hilfen und Unterstützungsangebote.
>
> Die Spezifik der sozialarbeiterischen Kompetenz liegt in der Integration dieser vielfältigen Gebiete.« (ebd., S. 5).

Und weiter unten:

> »Die Mitwirkung von Fachkräften der Sozialen Arbeit in der Erziehungs- und Familienberatung ist mithin unverzichtbar, da sie Erfahrungen aus ihrer beruflichen Praxis insbesondere mit schwierigen und in alle Lebenslagen hineinreichende Problemlagen der Kinder und ihrer Familien mitbringen. Sie sind darin geübt, psychische, soziale, rechtliche und gesellschaftliche Aspekte von Lebenssituationen in ihrer Gesamtheit zu erfassen und im Rahmen der vorstehend beschriebenen fachlichen und personalen Kompetenzen in einer individuellen Lösung für die Familien und zum Wohl der Kinder zu integrieren« (ebd., S. 6).

Mit Thiersch (1993), so könnte man schlussfolgern, ist mit dieser propagierten Fülle auch ein signifikantes Merkmal Sozialer Arbeit, nämlich ihre »Allzuständigkeit«, angesprochen. Andererseits ist das Aufgabengebiet in der EB nicht diffus, sondern klar umrissen: Es handelt sich um institutionalisierte, »formelle Beratung« (vgl. Sickendiek et al., 2008). Beratung im Feld EB ist zudem, in Anlehnung an Vossler (2003) und Hundsalz (2007), gekennzeichnet durch:

- Personenbezogenheit: Gemeint ist die persönliche Beziehung zwischen Ratsuchenden und BeraterIn, die zu Einsichten und Verhaltensänderungen führt. Der/Die KlientIn selbst wird dabei zum Gegenstand der Beratung.
- Offenheit bzgl. der AdressatInnen: EB bietet Unterstützung in schwierigen Lebenssituationen, ohne dass dazu eine Krankheitsdefinition wie bei einer Psychotherapie notwendig wäre.
- Familieneinbezug: Da sämtliche Anlässe, eine Beratungsstelle aufzusuchen, auch den Kontext der Familie betreffen (vor allem Erziehungs-, Beziehungs- und Entwicklungsprobleme), wird in Beratungsstellen häufig die Familie des Ratsuchenden bzw. des angemeldeten Kindes miteinbezogen.
- Alltagsorientierung: EB thematisiert sowohl das intrapsychische Geschehen des Ratsuchenden, aber auch die äußere Welt mit Kontextfaktoren und -bedingungen sowie konkreten Lebensumständen.
- Kind im Mittepunkt: Die Beratungsleistungen in der EB können nur in Anspruch genommen werden, wenn es betroffene Kinder im Alltag der Ratsuchenden gibt. Das Wohl des Kindes ist dabei Ausgangspunkt jeglicher psychosozialen Intervention in der Beratung.
- Konzeptionelle Offenheit in der EB: Beratungs- und Therapieansätze bedürfen nicht wie in der Gesundheitsversorgung einheitlicher (Psychotherapie-)Richtlinien. So kommen unterschiedliche Beratungsformen und -verfahren zum Einsatz.

Insbesondere in den Punkten Offenheit bzgl. der AdressatInnen, Familieneinbezug und Alltagsorientierung gibt es starke Überschneidungspunkte mit spezifisch sozialpädagogischen Beratungsansätzen (vgl. z. B. Galuske, 2013).

Psychosoziale Beratung, wie sie zum Markenkern der EB gehört, findet sich auch als wesentliche Kompetenz und Methode innerhalb der klinischen Fachsozialarbeit wieder. Pauls (2011) beschreibt sie als »konstituierendes Element Klinischer Sozialarbeit« (S. 255), die häufig sozial- und psychotherapeutische Anteile enthält und auf Klärung von Konflikten, auf Ressourcenaktivierung sowie Problemlösungs- und Handlungshilfe abzielt. Klinische Sozialarbeit im Allgemeinen ist gekennzeichnet dadurch, dass sie gegen eine Verkürzung oder unangebrachte, einseitige Individualisierung oder Psychologisierung von menschlichen Problemen argumentiert. Vielmehr fügt sie bei individualisierten Problemen [wie sie u. a. von KlientInnen in der EB vorgebracht werden, M.B.], die in Wirklichkeit mit strukturell-systemischen Bedingungen zusammenhängen, diese in ein sozialarbeiterisches Gesamtkonzept ein und wirkt politisch darauf ein, beispielsweise im Rahmen von Gremienarbeit, wie des Jugendhilfeausschusses (ebd., 2011).

Weitere Facetten Klinischer Sozialer Arbeit in Arbeitsbereich EB sind eine wachsende Sozialraumorientierung und die Aufgabe des Kinderschutzes. Ersteres zeigt sich

u. a. in »zugehenden« Angeboten und Projekten der EB, welche die übliche »Komm-Struktur«, die für einige Bevölkerungsgruppen eine zu hohe Barriere bedeuten kann, überwinden. Explizit zu benennen wären hier z. B. die Einrichtung von Stadtteilbüros (Hartwig et al., 2006), offene Sprechstunden, Elternabende und weitere Angebote in Kindertagesstätten (Krist, 2006), Beratungsarbeit in Grundschulen (Klubert, 2014) oder Kooperationen mit anderen niederschwelligen sozialen Diensten, wie von Scheuerer-Englisch et al. (2014) am Beispiel einer Mutter-Kind-Einrichtung dargestellt. Die Prävention von Kindeswohlgefährdungen und damit der Kinderschutz, stellen für die EB einen zentralen Aspekt ihrer Arbeit dar. Seit 2005 festgehalten im § 8a des SGB VIII und erweitert durch das Bundeskinderschutzgesetz im Jahr 2012, fungieren BeraterInnen und TherapeutInnen in der EB als »insoweit erfahrene Fachkräfte« und unterstützen Kindertagesstätten, Schulen und andere Institutionen bei der Gefährdungseinschätzung (bke, 2012; Schlund, 2014). Nicht zuletzt stellen alle Fachkräfte der EB in ihren Beratungs- und Therapieleistungen das Wohl des Kindes in den Mittelpunkt, selbst wenn sie vornehmlich nur mit einem Elternteil oder einer Fachkraft, die das Kind betreut, arbeiten. Die Kinderschutzperspektive ist dabei implizit Teil des anamnestischen Prozesses und es gibt klare Verfahrensabläufe und Bestimmungen, die im Falle von »gewichtigen Anhaltspunkten« für eine Kindeswohlgefährdung zur Anwendung kommen sollten. Praktisch bedeutet dies, das EB in bedeutendem Maße als Leistung in Anspruch genommen wird bzw. das Jugendamt Eltern zu dieser Hilfe zur Erziehung verpflichtet, um eine Gefährdungslage bei Kindern und Jugendlichen abzuwenden (bke, 2012).

Auch um eine Gefährdungseinschätzung nach § 8a SGB VIII vorzunehmen, jedoch vielmehr um Kindern, Jugendlichen und ihren Familien adäquat, effektiv und nachhaltig Unterstützung anbieten zu können, verfügt die EB über ein breites Instrumentarium an diagnostischen Möglichkeiten. Schnittmengen und Unterschiede zur kassenfinanzierten Psychotherapie umreißt der folgende Abschnitt, bevor unmittelbar im Anschluss psychotherapeutische Interventionen in der EB skizziert werden.

12.4 Diagnostik im Kontext von Familienberatung

Diagnostik wurde weiter oben als eigener Leistungsbereich definiert. Ob dies in der EB jedoch zutrifft, kann zumindest diskutiert werden. Mit Ausnahme der Entscheidung über Eingliederungshilfe für seelisch behinderte Kinder und Jugendliche nach § 35a SGB VIII und der damit vom Jugendamt angefragten psychodiagnostischen Kompetenz handelt es sich bei Diagnostik in der EB eher um ein prozessuales Geschehen, das der eigentlichen Beratung und Therapie zuzuordnen ist, weil es gleichsam Teil eben jener ist.

Spezifisch für die Diagnostik in der EB ist:

- dass sie keine Legitimationsfunktion nach außen besitzen muss und demnach nicht an psychiatrische Klassifikationssysteme (ICD, DSM) geknüpft ist;

- dass sie immer in Bezug zu den in der Familie lebenden Kindern bzw. dem in der Beratung vorgestellten Kind steht;
- dass sie den systemisch-pragmatischen Kriterien der Nachvollziehbarkeit, dem therapeutischen Nutzen und der Ressourcenorientierung genügen sollte. Dies meint, dass Fachkräfte im Therapie- und Beratungsprozess es vermögen, am jeweiligen System (z. B. Familiensystem) anzukoppeln, sich selbst und dem/n Ratsuchenden neue Optionen des Verstehens zu ermöglichen und diesbezüglich Veränderungsmöglichkeiten aufzeigen zu können.

Exemplarisch fassen Scheuerer-Englisch und Mitarbeiter (2008) die Diagnostikbereiche der EB zusammen, hier vereinfacht wiedergegeben in folgendem Kasten:

Diagnostik betrachtet bezogen auf das vorgestellte Kind

- Familiendynamik
- Erweiterte Familie
- weitere Umwelt
- enge soziale Umwelt
- Individuum
- Eltern-Kind-Beziehung
- Eltern- und Partnerbeziehungen

Die konkrete Ausgestaltung und Differenzierung der einzelnen Bereiche obliegt jeder Beratungsstelle selbst, bemessen an ihren regionalen Besonderheiten und Erfordernissen. Nach mehr als 100 Jahren erziehungsberaterischer Tradition in Deutschland hat sich dabei herausgebildet, dass sich Diagnostik in diesem Arbeitsfeld an den Herkunftsprofessionen und den therapeutischen Aus- und Weiterbildungen der Fachkräfte orientiert. So finden sich sowohl standardisierte Instrumente der Klinischen und Entwicklungspsychologie als auch Methoden aus psychodynamischen, systemischen oder humanistischen Therapieverfahren. Nicht zuletzt bringen PädagogInnen und SozialarbeiterInnen ihr sozial-diagnostisches Know-how in das Fallverstehen in der EB ein. Mit Blick auf die psychologische Testdiagnostik gehören zu den häufigsten Verfahren in der EB:

- Intelligenztests (z. B. WISC-IV, K-ABC-II),
- Fragebogenverfahren (z. B. CBCL/6-18R, DISYPS-III, EBI),
- projektive Gestaltungsverfahren (z. B. Sceno, therapeutisches Sandspiel),
- verbal-thematische Verfahren (z. B. Satzergänzungstests, TAT) sowie
- projektive Zeichentests (z. B. Familie in Tieren, Verzauberte Familie, Mann-Zeichen-Test)
  (vgl. Nestler & Castello, 2003; Scheuerer-Englisch et al., 2008).

Der starken systemtherapeutischen Orientierung der allermeisten Beratungsstellen geschuldet sind darüber hinaus häufig systemisch-familientherapeutische Methoden zu finden (z. B. Genogramm, Familienbrett und andere Aufstellungsformate) (vgl.

Berg & Trost, 2014). Auch wenn die diagnostischen Methoden mit denen der Psychotherapie, v. a. der Kinder- und Jugendlichenpsychotherapie, in einer Vielzahl deckungsgleich sind, versteht sich jede Diagnostik in der EB, bisweilen dazu kontrastiert, in einem systemischen Sinne als Möglichkeit, »[d]as Zusammenspiel von kindlichem Verhalten und elterlichem Verhalten zu verstehen« (bke, 2012, S. 26). Da wie bereits angerissen, keine psychischen Störungen im medizinisch-psychiatrischen Sinne diagnostiziert werden bzw. die therapeutische Maßnahme legitimieren müssen, richtet sich das Erkenntnisinteresse häufig auf das Eltern-Kind-System, welches fortwährend Entwicklungsaufgaben zu bewältigen hat. Diagnostik in Beratungsstellen kann insofern übergeordnet als Entwicklungsdiagnostik bezeichnet werden. Im Rahmen einer solchen entwicklungsdiagnostischen Perspektive kann für die EB eine ausgeprägte Ressourcenorientierung postuliert werden (z. B. innerhalb des Salutogenese-Modells, vgl. Vosser, 2003). Den professionellen Hintergrund dieser Ressourcendiagnostik im Arbeitsfeld bilden unter anderem die Soziale Arbeit sowie die systemische Beratung und Therapie (Knecht & Buttner, 2009; Winkelmann, 2014). Methoden wie das Ressourceninterview (Schiepek & Cremers, 2003) oder verschiedene Varianten der Netzwerkkarte (Pantucek, 2009) bieten die Möglichkeit, vor allem mit Jugendlichen und Erwachsenen eine problembezogene Perspektive um mögliche Potenziale zu erweitern. In der Arbeit mit jüngeren Kindern zeigt sich deutlich, wie sehr ressourcenorientierte Diagnostik bereits mit therapeutischen Interventionen verknüpft sein kann. In der EB genutzte lösungsorientierte Ansätze wie das »Ich schaffs!«-Programm (Furman, 2005), eine Entwicklungsbegleitung mit Marte Meo (Bünder et al., 2015) oder kreative, kurzzeittherapeutische Methoden (Vogt-Hillmann & Burr, 2009) nutzen dezidiert eine ressourcenorientierte Perspektive zur Diagnostik und Intervention. Gleichsam wird dabei auch nochmals deutlich, inwiefern sich eine »Diagnose« im Arbeitsfeld EB im Verlauf des Beratungsgesprächs mit der Familie entwickeln kann, indem der/die TherapeutIn dazu Hypothesen entwickelt, Anknüpfungspunkte für mögliche Veränderungen der Situation sucht und sodann mit dem Kind und seiner Familie bespricht. In der Folge kann zwar attestiert werden: »Erziehungsberatung baut also immer auf psychologischem Diagnostizieren auf« (Kubinger & Holocher-Ertl, 2008, S. 86) bzw. »Ohne psycho-soziale Diagnostik ist eine verantwortliche psycho-soziale Behandlung nicht möglich.« (Pauls, 2011, S. 194), jedoch ist diese in der EB auch immer eingebettet in Beratung und Therapie.

12.5 Psychotherapie in der Familienberatung

Ähnlich wie Diagnostik und Intervention in der EB »Hand in Hand« gehen, verhält es sich auch mit der Beziehung zwischen Beratung und Therapie bzw. Psychotherapie. Differenzierungen zur Abgrenzung und Überschneidung der Interventionsformen wurden und werden an anderer Stelle diskutiert und können hier nicht in ihrer Breite wiedergegeben werden (vgl. Nestmann, 2002; Großmaß, 2007; bke &

BPtK, 2008; Sawatzki, 2016). Im Folgenden wird Psychotherapie nicht engführend als abgegrenzter Bereich einer Krankenbehandlung (Belardi et al., 2011) verstanden, sondern als weiter gefasster Begriff, welcher eine Maßnahme beschreibt, bei der eine psychotherapeutische Intervention angewandt wird, um Denken, Fühlen und/oder Handeln, einer oder mehrerer Personen zur Lösung eines Problems bzw. zur Verbesserung eines Zustands zu verändern. Ausgangspunkt in der EB ist dabei immer der erzieherische Bedarf sowie das Kindeswohl. Die bke schreibt hierzu:

> »Wenn im Rahmen der Erziehungsberatung psychotherapeutische Interventionen eingesetzt werden, etwa weil Problemlagen eines Kindes sich verfestigt haben oder die lebensgeschichtlichen Erfahrungen von Eltern sie so stark prägen, dass sie zunächst selbst einer Unterstützung bedürfen, bevor ihr Erziehungsverhalten gefördert werden kann, dann orientiert sich dies – dem Auftrag der Jugendhilfe gemäß – am Wohl des Kindes und an der Erziehungsfähigkeit der Eltern« (bke, 2012, S. 24).

Zwei der sicherlich häufigsten Settings in Beratungsstellen sollen im Weiteren näher betrachtet werden.

12.5.1 Kinder- und Jugendlichentherapie

Wie bereits eingangs erwähnt, stellen die Kinder- und JugendlichenpsychotherapeutInnen nach Definition der bke eine eigene Fachrichtung im Team der EB dar. Verfolgt man die Geschichte der EB zurück, hat die Behandlung von Kindern, zunächst durch Psychagogen, später analytische KindertherapeutInnen, eine lange Tradition im Arbeitsfeld (Presting, 1991). Heute arbeiten die meisten aller in der Jugendhilfe angestellten approbierten Kinder- und JugendlichenpsychotherapeutInnen in der EB (BPtK, 2015). Eine Approbation ist jedoch keine grundsätzliche Einstellungsvoraussetzung in Beratungsstellen. Wie die bke betont, können auch entsprechend qualifizierte und weitergebildete nicht approbierte Fachkräfte in der EB kindertherapeutisch tätig werden (bke, 2010b).

Kinder- und Jugendlichenpsychotherapie ganz allgemein befasst sich mit der Behandlung, Prävention, Rehabilitation und Begutachtung psychischer, psychosozialer, psychosomatischer, entwicklungsbedingter und neurologischer Erkrankungen oder Störungen sowie mit psychischen und sozialen Verhaltensauffälligkeiten im Kindes- und Jugendalter (Lehndorfer, 2009). Wissenschaftlich anerkannt im Sinne des PsychThG sind momentan nur drei Psychotherapieverfahren, die auch das Gros der Ausrichtung der EB wiederspiegeln: Analytische und tiefenpsychologische Kindertherapie, Kinderverhaltenstherapie und systemische Kindertherapie.[5] Spezifisch für die EB ist, dass diese und weitere Ansätze, hier sind vor allem humanistische und hypnotherapeutische Verfahren zu nennen, nahezu ausnahmslos in Beratungsprozesse mit relevanten Systemmitgliedern eingebunden sind. Diese Kontextorientierung, die besonders in der Systemischen Therapie betont wird, verweist u. a. auf die Umweltbedingungen von Problemen und Störungen der Kinder und Jugendlichen

---

5 Zur Vertiefung der einzelnen Verfahren sei hier auf Buchartz, Hopf und Lutz (2016), Borg-Laufs (2007) sowie Hanswille (2015) verwiesen.

und mündet im Einzelfall in beraterisch-therapeutischen oder sozialpädagogischen Interventionen auf Ebene der Eltern bzw. Erziehungspersonen oder der Schule.

Neben diesen einzelfallbezogenen Angeboten finden in vielen Beratungsstellen auch therapeutische Gruppenangebote für Kinder und Jugendliche statt. Exemplarisch zu nennen wären hier Programme wie das Therapieprogramm für Kinder mit hyperkinetischem und oppositionellem Problemverhalten THOP (Döpfner et al., 2013) oder das Training mit aggressiven Kindern (Petermann & Petermann, 2012).

12.5.2 Paar- und Familientherapie

Jenseits der Therapie von Kinder- und Jugendlichen stellen Paartherapie und Familientherapie weitere bedeutsame, weil häufig angewandte Settings im Arbeitsfeld EB dar. Beide Mehrpersonensettings sind an dieser Stelle zusammengefasst, da sie untereinander erhebliche Schnittmengen aufweisen und in Weiterbildungsgängen teilweise gemeinsam gelehrt werden. Sowohl Paar- als auch Familientherapie können, wie schon für Kindertherapie beschrieben, in unterschiedlichen Therapieverfahren durchgeführt werden (z. B. psychoanalytisch, systemisch usw.). Im Unterschied zur Kinder- und Jugendlichentherapie werden Paar- und Familientherapie außerhalb von Beratungsstellen nicht von den gesetzlichen Krankenkassen finanziert. Familientherapie, insbesondere die systemische Familientherapie, nimmt in der EB eine prominente Stellung ein, da sie zum einen die häufigste therapeutische Qualifikation der Fachkräfte darstellt, zum anderen familientherapeutische Ansätze scheinbar eine sehr hohe Passung mit den Problemanliegen der KlientInnen der EB aufweisen. Dieses Setting scheint gewissermaßen das Mittel der Wahl vieler Fachkräfte zu sein, um mit schwierigen familiären Problemlagen therapeutisch umzugehen. Wie Ohling (2015) nachweist, sind es dabei mehrheitlich SozialarbeiterInnen und SozialpädagogInnen, die diese therapeutische Weiterbildung absolvieren, weit vor PsychologInnen und anderen in der EB vertretenen Professionen.

Die Familientherapie entwickelte sich in den 1950er-Jahren in den USA und hat sich bis heute im deutschsprachigen Raum am deutlichsten in der Systemischen Therapie etabliert, die letztlich aus familientherapeutischen Schulen entstanden ist. Immer noch werden beide Begriffe teils synonym verwendet, wobei ein systemtherapeutisches Paradigma, wie zuvor angeklungen, weit mehr Settings bedient als das der Familie oder des Paars (von Schlippe & Schweitzer, 2012). In der EB gibt es keine formelle Trennung der Interventionen Familienberatung und Familientherapie. Die Übergänge können fließend beschrieben werden, wobei eine Definition, wie sie für Kindertherapie mit einer Behandlung von Störungen mit Krankheitswert angeführt wird, im Bereich der Paar- und Familientherapie nicht vorliegt. Klassisch für den Einsatz von familientherapeutischen Ansätzen ist es, dass die Probleme von einzelnen KlientInnen besonders eng mit ihren Familienbeziehungen im Zusammenhang stehen oder zumindest so gesehen werden können. Auch kommt es vor, dass mehrere Familienangehörige psychosozial belastet sind und von einer Psychotherapie profitieren können. Systemische (Familien-)TherapeutInnen in der EB arbeiten dann, sofern es die Personalstruktur erlaubt, zu zweit mit den KlientInnen und verändern das Setting je nach Bedarf und Therapieverlauf. Systemische Familientherapien umfassen in der Regel nicht mehr als zehn Sitzungen, was sie für den Einsatz in Beratungsstellen besonders zweckmäßig macht. Instrumente, um eine Psychotherapie für Paare und/oder Familien als induziert anzusehen, liegen z. B. mit einer Einschätzung des familialen Funktionsniveaus der Beziehungen vor (z. B. die GARF-Skala, vgl. Cierpka & Stasch, 2003), werden aber in der EB nicht in der Breite angewendet. Es dominieren hier therapeutische Methoden und Techniken aus dem systemisch-konstruktivistischen Fundus, wie z. B. die Timeline-Arbeit, die Arbeit mit Metaphern, das Externalisieren von Problemen und den bereits erwähnten Aufstellungsverfahren im Raum oder auf einem Brett (vgl. Caby & Caby, 2011; 2013).

12.6 Zwischen Multi- und Interdisziplinarität: Ein Fazit

EB erfordert sowohl psychotherapeutisches als auch sozialpädagogisches Wissen und Handeln, dies wird aus den bisherigen Ausführungen deutlich. Beides scheint in der Praxis des Arbeitsfeldes zuweilen untrennbar miteinander verwoben zu sein. Dennoch bemüht sich die bke (2012) um eine Wahrung der Multiprofessionalität, indem sie spezielle Tätigkeiten in der Beratungsstelle für einzelne Berufsgruppen definiert. Diese Mindestvoraussetzungen, um die Vielzahl der vorstellbaren Aufgaben in der EB wahrzunehmen, dienen zwar zum einen der Qualitätssicherung, bilden auf der anderen Seite allerdings nur bedingt die Wirklichkeit der Praxis ab. Interdisziplinäres Handeln ist sowohl für PsychologInnen, SozialarbeiterInnen und PädagogInnen als auch für PsychotherapeutInnen in der EB selbstverständlich geworden. Inwiefern sich Fachkräfte der EB, nach absolvierter therapeutischer Aus- und Weiterbildung, überhaupt noch einer Profession zuordnen würden, wäre eine andere interessante Frage. Untersuchungen wie die bereits zitierte von Ohling (2015) legen nahe, dass zumindest für die berufliche Identität von SozialpädagogInnen mehrere Möglichkeiten denkbar wären, welche von einer weitgehenden Distanzierung zur ursprünglichen Profession bis hin zu einer Integration als »SozialpädagogIn mit psychotherapeutischer Weiterbildung« (ebd., S. 192) reichen können. Für eine Vielzahl familiärer Problemlagen, wie sie die EB zum Gegenstandsbereich hat, wäre eine biopsychosoziale Kompetenz wünschenswert. Dies erkennt auch die Psychotherapeutenkammer Berlin, wenn sie sich zu den Besonderheiten der Psychotherapie in der Jugendhilfe äußert (PtK Berlin, 2017). Innerhalb der Disziplin Sozialer Arbeit könnte insbesondere die Klinische Soziale Arbeit das Arbeitsfeld EB diesbezüglich bereichern und interprofessionelle Zusammenarbeit begünstigen. Da explizite Verknüpfungen zwischen beiden Bereichen noch ausstehen, wäre dies eine lohnende Zukunftsperspektive.

Literatur

Belardi, N., Akgün, L., Gregor, B., Pütz, T., Neef, R. & Sonnen, F. R. (2011). *Beratung: Eine sozialpädagogische Einführung.* Weinheim: Juventa

Berg, M. (2013). *Bindungswissen und Bindungsdiagnostik in der Erziehungsberatung. Fragen – Befunde – Perspektiven.* Coburg: ZKS-Verlag.

Berg, M. & Trost, A. (2014). Der professionelle Blick auf die Eltern-Kind-Beziehung. Bindungswissen in der Erziehungsberatung – Ergebnisse einer Untersuchung in Nordrhein-Westfalen. In H. Scheuerer-Englisch, A. Hundsalz & K. Menne (Hrsg.), *Jahrbuch für Erziehungsberatung* (S 188–207). Band 10. Weinheim: Beltz Juventa.

Borg-Laufs, M. (Hrsg.) (2007). *Lehrbuch der Verhaltenstherapie mit Kindern und Jugendlichen.* Band I und II. Tübingen: dgvt-Verlag.

Bünder, P., Sirringhaus-Bünder, A. & Helfer, A. (2015). *Lehrbuch der MarteMeo-Methode. Entwicklungsförderung mit Videounterstützung.* Göttingen: Vandenhoeck & Ruprecht.

Burchartz, A., Hopf, H. & Lutz, C. (2016). *Psychodynamische Therapien mit Kindern, Jugendlichen und jungen Erwachsenen. Geschichte, Theorie, Praxis.* Stuttgart: Kohlhammer.

Bundeskonferenz für Erziehungsberatung (bke) (2010a). Erziehungsberatung in Deutschland. Berufe der Beratungsfachkräfte in der Erziehungsberatung (ohne Honorarkräfte) 2010/Zusatzqualifikationen 2010. Online verfügbar unter: http://www.bke.de/content/html/statistik/personell.html?SID=0FA-5AA-2CC-E7B [Zugriff am 18.09.2017]

Bundeskonferenz für Erziehungsberatung (bke) (2010b). Kinder- und Jugendlichenpsychotherapeuten im multidisziplinären Team der Erziehungsberatung. Kompetenzen und Qualifikationen. *Informationen für Erziehungsberatungsstellen, H.1,* 4–7.

Bundeskonferenz für Erziehungsberatung (bke) (2012). *Familie und Beratung. Memorandum zur Zukunft der Erziehungsberatung.* bke-Eigenverlag

Bundeskonferenz für Erziehungsberatung (bke) (2013). Soziale Arbeit als Fachrichtung in der Erziehungsberatung. Kompetenzen und Qualifikationen. *Informationen für Erziehungsberatungsstellen, H.3,* 4–7.

Bundeskonferenz für Erziehungsberatung (bke) & Bundespsychotherapeutenkammer (BPtK) (2008). Psychotherapeutische Kompetenz in der Erziehungs- und Familienberatung. Gemeinsame Stellungnahme der Bundeskonferenz für Erziehungsberatung (bke) und der Bundespsychotherapeutenkammer (BPtK). *Informationen für Erziehungsberatungsstellen, H.2,* 3–5.

Bundespsychotherapeutenkammer (BPtK) (2015). BPtK-Studie Psychotherapeuten in der Jugendhilfe einschließlich Erziehungsberatung. Ergebnisse einer Befragung von angestellten Psychotherapeutinnen und Psychotherapeuten. Online verfügbar unter: http://www.bptk.de/fileadmin/user_upload/Publikationen/BPtK-Studien/Psychotherapeuten_in_Jugendhilfe/20150526_bptk_studie_jugendhilfe_2015.pdf [Zugriff am 18.09.2017]

Caby, F. & Caby, A. (2011). *Die kleine Psychotherapeutische Schatzkiste – Teil 1. Tipps und Tricks für kleine und große Probleme im Kindes-, Jugend- und Erwachsenenalter.* Dortmund: Borgmann

Caby, F. & Caby, A. (2013). *Die kleine Psychotherapeutische Schatzkiste – Teil 2. Weitere systemisch-lösungsorientierte Interventionen für die Arbeit mit Kindern, Jugendlichen, Erwachsenen oder Familien.* Dortmund: Borgmann

Cierpka, M. & Stasch, M. (2003). Die GARF-Skala. Ein Beobachtungsinstrument zur Einschätzung der Funktionalität von Beziehungssystemen. Familiendynamik. *Systemische Praxis und Forschung, 28, H.2,* 176–200.

Döpfner, M., Schürmann, S. & Fröhlich, J. (2013). *Therapieprogramm für Kinder mit hyperkinetischem und oppositionellem Problemverhalten THOP.* Weinheim: Beltz.

Furman, B. (2005). *Ich schaffs! Spielerisch und praktisch Lösungen mit Kindern finden – Das 15-Schritte-Programm für Eltern, Erzieher und Therapeuten.* Heidelberg: Carl Auer.

Galuske, M. (2013). *Methoden der Sozialen Arbeit. Eine Einführung.* (Bearbeitet v. Bock, K. & Fernandez Martinez, J.). Weinheim, Basel: Beltz Juventa.

Großmaß, R. (2007). Psychotherapie und Beratung. In F. Nestmann, F. Engel & U. Sickendiek (Hrsg.), *Das Handbuch der Beratung* (S. 89–102). Band 1. Tübingen: dgvt-Verlag.

Hartwig, L., Kohlmann, N. & Mockewitz, R. (2006). Von der Gemeinwesenarbeit zur Sozialraumorientierung. 30 Jahre stadtteilorientierte Erziehungsberatung. In A. Zimmer & C. Schrapper (Hrsg.), *Zukunft der Erziehungsberatung. Herausforderungen und Handlungsfelder* (S. 127–140). Weinheim: Juventa.

Hanswille, R. (Hrsg.) (2015). *Handbuch systemische Kinder- und Jugendlichenpsychotherapie.* Göttingen: Vandenhoeck & Ruprecht.

Hundsalz, A. (2007). Erziehungs- und Familienberatung. In F. Nestmann, F. Engel & U. Sickendiek (Hrsg.), *Das Handbuch der Beratung* (S. 977–988). Band 2. Tübingen: dgvt-Verlag.

Klubert, A. (2014). Erziehungsberatung an Grundschulen. Ein Kooperationsprojekt der Beratungsstelle Monschau. In H. Scheuerer-Englisch, A. Hundsalz & K. Menne (Hrsg.), *Jahrbuch für Erziehungsberatung* (S. 106–127). Band 10. Weinheim: Beltz Juventa.

Knecht A. & Buttner P. (2009). Wege der Ressourcendiagnostik in der Sozialen Arbeit – ein ressourcentheoretisch fundierter Überblick. In P. Pantucek & D. Röh (Hrsg.), *Perspektiven Sozialer Diagnostik. Über den Stand der Entwicklung von Verfahren und Standards* (S. 99–110). Münster: LIT-Verlag.

Körner, W. & Hensen, G. (2008). Erziehungsberatung: Strömungen, Entwicklungen und Standortbestimmung der institutionellen Beratung in der Jugendhilfe. In G. Hörmann & W. Körner (Hrsg.), *Einführung in die Erziehungsberatung* (S. 10–26). Stuttgart: Kohlhammer.

Krist, M. (2006). Modelle »Zugehender Beratung.« Erfahrungen aus dem Projekt »Zugehende Beratung in Kindertagesstätten« und damit verbundene Perspektiven für die Erziehungsberatungsstellen im Bistum Trier. In A. Zimmer & C. Schrapper (Hrsg.), *Zukunft der Erziehungsberatung. Herausforderungen und Handlungsfelder* (S. 95–106). Weinheim: Juventa.

Kriz, J. (2008). Grundorientierungen in der Erziehungsberatung. In G. Hörmann & W. Körner (Hrsg.), *Einführung in die Erziehungsberatung* (S. 101–120). Stuttgart: Kohlhammer.

Kubinger, K. D. & Holocher-Ertl, S. (2008). Diagnostische Verfahren. In G. Hörmann & W. Körner (Hrsg.), Einführung in die Erziehungsberatung (S. 86–100). Stuttgart: Kohlhammer.

Lehndorfer, P. (2009). *Perspektiven der Kinder- und Jugendlichenpsychotherapie.* Vortrag am 26.05.2009 bei der Psychotherapeutenkammer Berlin. Online verfügbar unter: http://www2.psychotherapeutenkammer-berlin.de/uploads/2009_05_24_perspektiven_berlin_lehndorfer.pdf [Zugriff am 18.09.2017]

Menne, K. (2014). Erziehungsberatung im Kontext der Hilfen zur Erziehung. Fakten aus der Statistik. In H. Scheuerer-Englisch, A. Hundsalz & K. Menne (Hrsg.), *Jahrbuch für Erziehungsberatung* (S. 224–254). Band 10. Weinheim: Beltz Juventa.

Menne, K. (2015). Psychotherapeutisch kompetente Erziehungsberatung – ihre Rahmenbedingungen und rechtlichen Grundlagen. *Praxis der Kinderpsychologie und Kinderpsychiatrie, 64*, H. 1, 4–19.

Nestler, J. & Castello, A. (2003). Testdiagnostik an Erziehungsberatungsstellen. Ergebnisse einer repräsentativen Untersuchung in der Bundesrepublik. Unveröffentlicher Forschungsbericht Universität Freiburg i. Br., Institut für Psychologie. *Informationen für Erziehungsberatungsstellen, H.1,* 31–35.

Nestmann, F. (2002). Verhältnis von Beratung und Therapie. *Psychotherapie im Dialog. 3,* H. 4, 402–409

Ohling, M. (2014). *Soziale Arbeit und Psychotherapie. Veränderung der beruflichen Identität von SozialpädagogInnen durch Weiterbildungen in psychotherapeutisch orientierten Verfahren.* Weinheim, Basel: Beltz Juventa

Pantucek, P. (2009). *Soziale Diagnostik. Verfahren für die Praxis Sozialer Arbeit.* Wien: Böhlau Verlag

Pauls, H. (2011). *Klinische Sozialarbeit. Grundlagen und Methoden der psycho-sozialen Behandlung.* Weinheim: Juventa.

Petermann, F. & Petermann, U. (2012). *Training mit aggressiven Kindern.* Weinheim: Beltz.

Presting, G. (Hrsg.) (1991). *Erziehungs- und Familienberatung. Untersuchungen zu Entwicklung, Inanspruchnahme und Perspektiven.* Weinheim: Juventa.

Psychotherapeutenkammer Berlin (Hrsg.) (2017). *Psychotherapie in der Jugendhilfe Handbuch 2017.* 4. überarbeitete und erweiterte digitale Auflage. Berlin. Online verfügbar unter: http://www2.psychotherapeutenkammer-berlin.de/uploads/handbuch_pt_jugendhilfe_2017_final.pdf [Zugriff am 18.09.2017]

Sawatzki, M. (2016). *Therapeutisierung der Erziehungsberatung? Verortung und Auftrag der Erziehungsberatung im Kontext der sozialpädagogisch-orientierten Kinder- und Jugendhilfe – eine qualitative Studie.* Hamburg: disserta-Verlag.

Scheuerer-Englisch, H., Braun-Vilsmeier, C. & Koss, I. (2014). Mütter wertschätzen, Bindungen stärken, Kinder schützen. Ein Kooperationsprojekt einer Erziehungsberatungsstelle und einer Mutter-Kind-Einrichtung. In H. Scheuerer-Englisch, A. Hundsalz & K. Menne (Hrsg.). *Jahrbuch für Erziehungsberatung* (S. 128–152). Band 10. Weinheim: Beltz Juventa.

Scheuerer-Englisch, H., Dilling, P., Ewald, S. K., Renges, A., Seus-Seberich E. & Thorwart, D. (2008). Testdiagnostik in der Erziehungsberatung. Empfehlungen auf der Grundlage einer Erhebung in Bayern. In H. Scheuerer-Englisch, A. Hundsalz & K. Menne (Hrsg.), *Jahrbuch für Erziehungsberatung* (S. 129–150). Band 7. Weinheim: Juventa.

Schiepek, G. & Cremers, S. (2003). Ressourcenorientierung und Ressourcendiagnostik in der Psychotherapie. In H. Schemmel & J. Schaller (Hrsg.), *Ressourcen. Ein Hand- und Lesebuch zur therapeutischen Arbeit* (S. 147–193). Tübingen: dgvt-Verlag.

von Schlippe, A. & Schweitzer, J. (2012). *Lehrbuch der systemischen Therapie und Beratung I. Das Grundlagenwissen.* Göttingen: Vandenhoeck & Ruprecht.

Schlund, M. (2014). Die »insoweit erfahrene Fachkraft« in der Erziehungsberatungsstelle. Ein Erfahrungsbericht. In H. Scheuerer-Englisch, A. Hundsalz & K. Menne, K. (Hrsg.), *Jahrbuch für Erziehungsberatung* (S. 59–89). Band 10. Weinheim: Beltz Juventa.

Sickendiek, U., Engel, F. & Nestmann, F. (2008). *Beratung. Eine Einführung in sozialpädagogische und psychosoziale Beratungsansätze.* Weinheim: Juventa

Thiersch, H. (1993). Strukturierte Offenheit. Zur Methodenfrage einer lebensweltorientierten Sozialen Arbeit. In T. Rauschenbach (Hrsg.), Der sozialpädagogische Blick. *Lebensweltorientierte Methoden in der sozialen Arbeit* (S. 11–28). Weinheim: Juventa.

Vogt-Hillmann, M. & Burr, W. (Hrsg.) (2009). *Kinderleichte Lösungen. Lösungsorientierte Kreative Kindertherapie.* Dortmund: Borgmann.

Vossler, A. (2003). *Perspektiven der Erziehungsberatung. Kompetenzförderung aus Sicht von Jugendlichen, Eltern und Beratern.* Tübingen: dgvt-Verlag.

Winkelmann, I. (2014). *Systemisch-ressourcenorientiertes Arbeiten in der Jugendhilfe.* Heidelberg: Carl Auer

13 Psychosoziale Versorgung von Geflüchteten und Asylsuchenden

Maximiliane Brandmaier und Adrian Golatka

13.1 Einführung

Seit dem »langen Sommer der Migration« im Jahr 2015 nahm auch das Interesse am Thema Trauma erheblich zu. Zahlreiche aktuelle Publikationen widmen sich der psychosozialen sowie therapeutischen Begleitung traumatisierter geflüchteter Menschen (u. a. Gahleitner, Zimmermann & Zito, 2017; Joksimovic, Bergstein & Rademacher, 2019; Liedl, Böttche, Abdallah-Steinkopff & Knaevelsrud, 2017; Maier, Morina, Schick & Schnyder, 2019; Özkan & Belz, 2019; Reddemann, Joksimovic, Kaster & Gerlach, 2019; Schneck, 2017; Zito & Martin, 2016) und neuen Entwicklungen und Herausforderungen in der Sozialen Arbeit (u. a. Hartwig, Mennen & Schrapper, 2017; Boße, Gliemann, Kosmann, Kotthaus & Szypulski, 2017; Duscha, Gräfe, Witte & Wrulich, 2016; Prasad, 2018).

Es kann davon ausgegangen werden, dass bei Geflüchteten die Prävalenz der Posttraumatischen Belastungsstörung im Vergleich zur Allgemeinbevölkerung um etwa das Zehnfache erhöht ist (Fazel, Wheeler & Danesh, 2005), bei Kindern sogar um das Fünfzehnfache (Ruf, Schauer, & Elbert, 2010). Angesichts der hohen Rate auch an Depression, Angst- und Somatisierungsstörungen (vgl. Brandmaier & Kruse, 2013) besteht ein großer Bedarf an Psychotherapie und psychiatrischer Behandlung. Zugleich ist dies nicht für jede Person indiziert, bei vielen bedarf es zunächst niedrigschwelliger Angebote der Sozialen Arbeit, um bei der Lösung der subjektiv oft im Vordergrund stehenden alltäglichen Probleme zu unterstützen, vor allem im Rahmen des Asylverfahrens. Denn geflüchteten Überlebenden von Folter und anderen Formen extremer Gewalt fällt es schwerer, mit erneuten Stressbelastungen umzugehen, nicht nur aufgrund der hohen psychischen Belastung, sondern auch hinsichtlich des beschränkten Zugangs zu sozialen, ökonomischen und kulturellen Ressourcen. Es ist oft schwer, die ohnehin nur sehr begrenzt vorhandenen Einflussmöglichkeiten zu erkennen, wodurch sie sich erneut als fremdbestimmt und handlungsunfähig erleben.

Gerade die Wiederherstellung von Selbstbestimmung über den eigenen Körper und von Kontrolle über das eigene Leben sind jedoch zentrale Faktoren für die Verarbeitung des Traumas (Brandmaier & Ahrndt, 2012). Die dauerhafte Unsicherheit erschwert Stabilisierung und eine notwendige Erholungsphase. Es zeigt sich zudem, dass Postmigrationsstressoren wie Angst vor Abschiebung, ein eingeschränkter Zugang zum Gesundheitssystem, geringe ökonomische Ressourcen, Diskriminierung und die Unterbringung in Sammelunterkünften einen ähnlich großen Einfluss auf den Schweregrad der psychischen Belastung haben können wie traumatische Erfahrungen vor der Flucht (vgl. Brandmaier & Kruse, 2013; Porter, 2007; Porter & Haslam, 2005; Ryan, Kelly & Kelly, 2009).

Aufgrund der komplexen Belastungen und des hohen Bedarfs an psychosozialer Unterstützung ist eine enge Zusammenarbeit zwischen Psychotherapie, Sozialer Arbeit und Rechtsberatung notwendig, idealerweise im Rahmen einer integrierten Versorgung, die derzeit in der Praxis jedoch noch eine Ausnahme darstellt. Ein Beispiel für eine solche gelingende Zusammenarbeit im Jugendhilfekontext wird anhand eines Beispiels einer Therapeutischen Wohngemeinschaft am Ende des Artikels näher illustriert.

13.2 Bedarf an Unterstützung und Schwierigkeiten in der psychosozialen Praxis

Wenn die Phasen vor, während und nach der Flucht als jeweils eigenständige traumatische Sequenzen (Keilson, 1979/2005) mit jeweils spezifischer Qualität verstanden werden, so verstärken sequenziell auftretende Belastungsfaktoren einander in der Destabilisierung der adaptiven Systeme der Betroffenen (Schreiber, Iskenius, Bittenbinder, Brünner & Regner, 2006). Nach dem Modell der sequenziellen Traumatisierung ist zur »endgültigen Beurteilung des massiven kumulativen Traumatisierungsgeschehens« (Keilson, 1979/2005, S. 269) besonders das Ausmaß an verfügbarer Unterstützung in der Phase *nach* der eigentlichen Verfolgung entscheidend. Für die Integration und Bewältigung der traumatischen Erlebnisse sind neben professioneller psychotherapeutischer und psychosozialer Hilfe daher vor allem soziale Unterstützung und Anerkennung von großer Bedeutung. Geflüchtete verfügen, abhängig von ihrem psychischen und körperlichen Gesundheitszustand sowie dem ihnen zugewiesenen Wohnort, über unterschiedlich große und differenzierte soziale und professionelle Netzwerke, um den alltäglichen Problemen und Herausforderungen zu begegnen. Erfahrungen sozialer Wertschätzung können zur Stärkung von Selbstvertrauen, Selbstwert und Selbstachtung beitragen (Honneth, 2012; Nestmann, 2010). Hier kommt vor allem Erwerbsarbeit – sofern die Tätigkeit den eigenen Kompetenzen entspricht und in der Gesellschaft Wertschätzung erfährt –, aber auch gemeinnütziger oder freiwilliger Tätigkeit sowie der Unterstützung von Ehrenamtlichen große Bedeutung zu (Brandmaier, 2019). Soziale Kontakte zu knüpfen und sich gestaltend einzubringen, wirkt auch Isolationstendenzen entgegen.

An psychotherapeutischer Unterstützung empfinden Geflüchtete vor allem emotionale Entlastung und Stabilisierung, die Reduktion psychischer Beschwerden und die Entwicklung von Problemlösestrategien als hilfreich (Brandmaier, 2019; Ollech, 2002). Psychotherapie hat darüber hinaus das Potenzial, Prozesse der Selbstbemächtigung zu begleiten und Empowerment zur eigenständigen Durchsetzung von Lebensinteressen und der Achtung der Grundbedürfnisse zu unterstützen. Über Stabilisierung und Aktivierung von Ressourcen und Problemlösekompetenzen werden auch Selbstwert, Selbstvertrauen und Selbstachtung gestärkt (Ottomeyer, 2011b, 2014). Stabilität ist während des Asylverfahrens oft jahrelang nicht gegeben und kann nur punktuell im Alltag hergestellt werden, immer wieder bedroht von negativen Entscheidungen der Behörden, schlechten Nachrichten aus dem Herkunftsland, Diskriminierung und Rassismus oder anderen Gewalterlebnissen im Aufnahmeland.

Trotz dieser immer nur prekären Stabilität empfiehlt sich in der Psychotherapie sowie in der psychosozialen Praxis allgemein ein dreischrittiges Vorgehen: (1) Stabilisierung bzw. Herstellung von Sicherheit, (2) Unterstützung zur Trauma- und Problembewältigung, (3) Unterstützung der Integration des Erlebten in die eigene Lebensgeschichte und in den Lebensalltag (Gahleitner, Zimmermann & Zito, 2017; Liedl & Knaevelsrud, 2011). Gerade in der Anfangsphase der Behandlung kommt stabilisierenden Maßnahmen eine wesentliche Bedeutung zu. In der ersten Stabilisierungsphase können Aktivitäten angeregt werden, im Rahmen derer Geflüchtete sich (wieder) als handelnde Subjekte mit Ressourcen und Kompetenzen erfahren, mit dem Ziel, sich sukzessive im alltäglichen Leben (wieder) selbstbestimmt zu erleben. Zudem kann über Themen wie sozialen Interaktionen im Alltag an einer traumareaktiven, misstrauischen Wahrnehmung der Welt und anderer Menschen gearbeitet werden (Brandmaier, 2019).

Der Aufbau einer vertrauensvollen und tragfähigen Beziehung bildet die Grundlage aller weiteren Schritte. Voreilige Interventionen können bei KlientInnen Gefühle von Ohnmacht und Hilflosigkeit auslösen, die an die traumatische Situation erinnern. Ein Mindestmaß an Vertrauen, eine den Interventionen vorausgegangene genaue diagnostische Abklärung der sozialen und individuellen Problemlagen sowie der Ressourcen und ein gemeinsam erarbeitetes und genau miteinander abgestimmtes Vorgehen wirken dem entgegen. Zu den typischen Symptomen einer traumareaktiven Störung zählen auch Misstrauen und Beeinträchtigungen der Beziehungsfähigkeit. Transparenz im Vorgehen, Berücksichtigung des sozialen und kulturellen Kontextes und die Haltung, mit der Überlebenden extremer Gewalt begegnet wird, spielen daher eine zentrale Rolle. Gerade in diesem Praxisfeld behindert eine wertneutrale Haltung, die von politischen und gesellschaftlichen Realitäten absieht, den Aufbau einer hilfreichen therapeutischen Beziehung, da sie Menschenrechtsverletzungen, Diskriminierungserfahrungen usw. negiert bzw. nicht eindeutig verurteilt und somit an die traumatogene soziale Umgebung erinnert (Brandmaier & Ahrndt, 2012). Ein wesentlicher Arbeitsschwerpunkt vieler psychosozialer Zentren zur Behandlung und Rehabilitation traumatisierter Geflüchteter liegt in der Lobby- und Menschenrechtsarbeit (Ahrndt, 2011).

Ebenso wie psychotherapeutische Verfahren stellen besonders Klinische Sozialarbeit und Traumapädagogik den Aufbau einer vertrauensvollen Beziehung in den Mittelpunkt professionellen Handelns. Dieser Prozess braucht gerade bei Menschen, die extreme Gewalt erfahren haben und im Ankunftsland immer wieder auf Ablehnung stoßen, sehr viel Zeit – und ist dabei aber zentral für den Heilungsprozess (Brandmaier & Ahrndt, 2012). Das Konzept der »schützenden Inselerfahrungen« (Gahleitner, 2005, S. 63), welches das Vorhandensein schon einer einzigen förderlichen Bindung in einem ansonsten dysfunktionalen Umfeld als potenziell bedeutsamen Schutzfaktor für den gesamten Lebensverlauf eines traumatisierten Menschen darstellt, konkretisiert sich im psychosozialen Alltag u. a. in »emotional korrigierenden Erfahrungen« (Brisch, 1999, S. 94). Hierbei handelt es sich um andere, heilende Erfahrungen bezogen auf traumatisierende Vorerfahrungen. Emotional wichtige Erlebnissequenzen werden so von anderen Menschen empathisch, traumakompetent und bindungssensibel unterstützt, gelingende Beziehungssituationen werden zentral für die weitere emotionale, soziale und kognitive Entwicklung (Gahleitner, 2005). Innerhalb des geschützten Rahmens sind alternative interpersonelle Erfahrungen zum traumatisierenden Umfeld sowie zu Diskriminierungserfahrungen im Alltag und in Institutionen möglich.

Prozesse der Stabilisierung und der Stärkung von Handlungsfähigkeit und Selbstbestimmung finden also nicht nur im Rahmen von Psychotherapie statt. Gerade in der Traumapädagogik und der Klinischen Sozialarbeit stehen z. B. Prozesse der Selbstbemächtigung (Weiß, 2016a, b) im Mittelpunkt der Interventionen. Während Psychotherapie überwiegend individuumzentriert auf die Stärkung von Bewältigungsstrategien und Resilienz ausgerichtet ist, so hat vor allem traumapädagogische und sozialtherapeutische Arbeit das Potenzial, Handlungsfähigkeit, Ressourcen und Problemlösekompetenzen im konkreten sozialen Umfeld und in Auseinandersetzung mit den institutionellen und gesellschaftlichen Bedingungen zu erweitern (Ahrndt, 2011).

Während in vielen psychosozialen Zentren für traumatisierte Geflüchtete und Folteropfer PsychotherapeutInnen und SozialarbeiterInnen in multiprofessionellen Teams eng zusammenarbeiten (s. u.), führen die prekäre finanzielle Situation und die Abhängigkeit von Spenden und Fördergeldern in manchen Einrichtungen dazu, dass *entweder* psychotherapeutische Behandlung *oder* psychosoziale Hilfen bzw. Sozialarbeit angeboten wird. Dies erfordert ebenso wie für niedergelassene PsychotherapeutInnen ein wesentlich höheres Maß an Koordination mit anderen Institutionen. Gerade in der Psychotherapie zeigt sich dann häufig, dass aufgrund der vielfältigen psychosozialen Problemlagen, der geringen Ressourcen und nur schwach ausgeprägten Netzwerke Anliegen an TherapeutInnen herangetragen werden, die eigentlich nicht Gegenstand der psychotherapeutischen Behandlung sind (Ottomeyer, 2011a). So schildert eine Kärntner Psychotherapeutin[6]:

> »Das ist auch etwas, worunter wir Therapeuten eigentlich leiden, weil wir können keine klassische Traumatherapie machen unter diesen Bedingungen, unter denen die Menschen leben, diese psychosozialen Sachen, die spielen also ständig in die Therapie hinein. Und daher werden wir oft zu Sozialarbeitern« (vgl. Brandmaier, 2019, S. 391).

An PsychotherapeutInnen werden ebenso wie an SozialarbeiterInnen häufig Anliegen herangetragen, stellvertretend für ihre asylsuchenden KlientInnen tätig zu werden, da diese ihnen eine größere Handlungsmacht zuschreiben, die sie real auch häufig haben. Konkrete Lebensbedingungen werden vor allem dann Thema in der Psychotherapie, wenn sie für die betroffenen Personen nur schwer erträglich sind – z. B. wegen ländlicher, abgeschiedener Lage der Sammelunterkunft, unhygienischem oder baufälligem Zustand des Gebäudes, Konflikten mit MitbewohnerInnen

---

6 Die hier abgedruckten Zitate stammen aus einer qualitativen Interviewstudie in Kärnten, Tirol und Wien (Brandmaier, 2019).

bzw. dem Personal oder retraumatisierenden Vorfällen bzw. Gefühlen der Bedrohung. Hier sehen sich vor allem PsychotherapeutInnen gefordert, Aufgabenbereiche klar zu definieren und Anliegen auch abzuweisen, um psychotherapeutische, insbesondere traumatherapeutische Prozesse zu ermöglichen. So sagt eine Tiroler Psychotherapeutin:

> »Ich glaub', dass da die Verführung oft sehr groß ist, den therapeutischen Handlungsrahmen zu verlassen, und ich glaub', dass der auch eigene Möglichkeiten hat, nämlich des selbst Verantwortung Übernehmens von den Menschen und so viel wie möglich selber lernen, da in diesem rigiden System sich doch Handlungsräume zu erstreiten« (ebd., S. 390).

Die in der kommunalen Versorgung tätigen BetreuerInnen oder SozialarbeiterInnen sind direkt in ein System der »organisierten Desintegration« (Täubig, 2009) eingeflochten und stehen in einem widersprüchlichen Verhältnis von Hilfe und Kontrolle. Trotz ihrer Nähe zu staatlichen Instanzen und ihrem institutionellen Kontrollauftrag können sie potenziell als parteilich und solidarisch wahrgenommen werden, wenn sie dies in ihrer alltäglichen Betreuungsarbeit glaubhaft vermitteln und durch engagierten Einsatz für die BewohnerInnen unter Beweis stellen, wodurch ihnen eine wichtige entlastende Funktion im Alltag zukommt (Brandmaier, 2019). Erfolgt die psychotherapeutische oder sozialarbeiterische Unterstützung durch unabhängige Beratungsstellen oder NGOs, so stehen diese – im Gegensatz zu BetreuerInnen oder SozialarbeiterInnen in kommunalen Jugendhilfeeinrichtungen, Sammelunterkünften oder Sozialdiensten – nicht in einem Kontrollverhältnis zu den KlientInnen. Es fällt dann leichter, Aufträge zur Interessenvertretung und zur Durchsetzung von Rechten anzunehmen. Zugleich besteht hier die Gefahr, sich als »Retter« zu inszenieren bzw. einen »(menschenrechts-)politischen Ego State« (Ottomeyer, 2011a, S. 70) so dominant werden zu lassen, dass die Handlungsfähigkeit der Betroffenen wieder begrenzt wird.

13.3 Notwendigkeit einer integrierten psychosozialen Versorgung

Die Behandlung komplexer Traumata erfordert ein breites, multiprofessionelles Versorgungskonzept, das neben der klinischen Symptomatik und intrapsychischen Prozessen sowohl die psychosozialen Bedürfnisse als auch den kulturellen und den sozialstrukturellen Kontext der KlientInnen berücksichtigt. Traumatisierte geflüchtete Menschen stehen häufig vor existenziellen Fragen im Zusammenhang mit der Flucht und der unsicheren Aufenthaltssituation im Exil. Psychotherapeutische wie psychosoziale Handlungsoptionen werden stark durch den Aufenthaltsstatus der KlientInnen beeinflusst, traumafokussierende psychotherapeutische Interventionen gestalten sich bei Asylsuchenden schwieriger und langwieriger (Birck, 2002; Maier, 2007; Wenk-Ansohn & Gutteta, 2005). Häufig schafft Soziale Arbeit überhaupt erst die Grundlage dafür, spezifische Hilfen anbieten zu können, indem sie zur Stabilisierung der äußeren Rahmenbedingungen und zur Sicherung des Aufenthaltes beiträgt. Ebenso wichtig wie medizinisch-psychotherapeutische Versorgung sind daher (Klinische) Sozialarbeit und eine enge Vernetzung mit RechtsanwältInnen. Dabei kommen dem Aufbau einer vertrauensvollen und wertschätzenden Arbeitsbeziehung, der Würdigung der Gesamtsituation, der Etablierung eines Gefühls der Sicherheit sowie ersten stabilisierenden Maßnahmen im sozialen Umfeld eine weit größere Bedeutung zu als der Funktion, die Helfende innerhalb der Institution einnehmen (vgl. Ahrndt, 2011; Brandmaier & Ahrndt, 2012).

Gerade, weil das persönliche Netzwerk in der ersten Zeit nach der Flucht häufig hohe Defizite aufweist, sind zu Beginn der Behandlung eine sorgfältige Ermittlung des sozialen Netzwerks, eine Differenzierung der Problemlagen, Klärung der Zuständigkeiten sowie die Koordination der Unterstützungsleistungen notwendig. In einem multiprofessionellen Team, z. B. in einem Psychosozialen Zentrum (PSZ), sind diese Schritte Teil eines interdisziplinären Behandlungsangebots. Dementsprechend verfügen alle Beteiligten über etablierte Kommunikationswege innerhalb der Institution und mit anderen Institutionen (wie z. B. Jugendamt, Sozialbehörden etc.) und professionelle Netzwerke und Kontakte (z. B. zu RechtsanwältInnen, niedergelassenen ÄrztInnen, Ehrenamtlichen). Denn durch die Erweiterung des sozialen und institutionellen Netzwerks kann dieses bei Bedarf stellvertretend für die eigenen Belange mobilisiert werden. Wichtig ist für die geflüchteten Menschen auch diese Erfahrung der »Hilfe aus einem Guss« – während sie alltäglich in Institutionen die Erfahrung machen, von einer Tür zur anderen geschickt zu werden und sich niemand für ihre Anliegen zuständig sieht, können im Rahmen eines integrierten Versorgungsangebots diese Unterstützungsleistungen einfacher koordiniert, Anliegen schneller bearbeitet und Probleme damit effizienter und effektiver gelöst werden.

In einem integrierten Versorgungskonzept wie im Berliner »Zentrum Überleben« (ehemals bzfo) steht das Angebot der (Klinischen) Sozialarbeit und der Sozialtherapie zwar über den gesamten Behandlungsverlauf kontinuierlich zur Verfügung, hat jedoch nicht in jeder Phase dieselbe Relevanz, etwa, wenn KlientInnen über eigene Ressourcen und Lösungsstrategien verfügen. Die Klinische Sozialarbeit richtet ihren Blick auf die soziale Systemebene und bezieht sowohl die Person als auch deren Lebenskontext mit ein. Sie ergänzt die medizinische und psychologische, klassifikatorische Diagnostik, indem sie sowohl die Ressourcen und Belastungen der Person als auch die stärkenden und belastenden Umgebungsfaktoren in ihre Diagnostik mit einbezieht und so zu einer an den Bedürfnissen und Problemlagen der KlientInnen orientierten Versorgung beitragen kann (Ahrndt, 2011). Bei komplexer Traumatisierung helfen etwa biografische sowie sozial- und lebensweltorientierte Diagnostik dabei, ressourcenorientiert die Stärkung der eigenen Handlungs- und Einflussmöglichkeiten zu erkunden und einen indikationsspezifischen Behandlungsplan zu entwickeln (vgl. Gahleitner, Hahn & Glemser, 2013).

Eine besondere Bedeutung kommt der Informationsvermittlung sowie der Aufklärung über strukturelle und rechtliche Rahmenbedingungen und Abläufe zu, da sie der Orientierung dient und Gefühlen von Ohnmacht und Ausgeliefertsein entgegenwirken kann. Zudem gilt ein sicheres, schützendes und unterstützendes Umfeld als Voraussetzung für Stabilisierung und Rehabilitation nach Traumatisierung. Grundsätzlich muss psychosoziale Unterstützung für Geflüchtete genügend interkulturelle Sensibilität und Kompetenz aufweisen. Der Fokus sollte nicht nur auf

Problemen und Störungen liegen, sondern die Förderung positiver Lebensinhalte und Möglichkeiten zur Zerstreuung in den Blick nehmen. Deshalb sind Angebote zur Alltags- und Freizeitgestaltung in ihrer Bedeutung nicht zu unterschätzen (Brandmaier & Ahrndt, 2012), und die Zusammenarbeit mit freiwilligen MitarbeiterInnen ist häufig eine wichtige flankierende Maßnahme zu Psychotherapie und Sozialer Arbeit.

Die medizinische, psychotherapeutische und psychosoziale Versorgung und Rehabilitation von Geflüchteten und Folteropfern wird in Deutschland nach wie vor hauptsächlich durch die mittlerweile 41 Einrichtungen getragen, die sich unter dem Dachverband »Bundesweite Arbeitsgemeinschaft der Psychosozialen Zentren für Flüchtlinge und Folteropfer e. V.« (BAfF) zusammengeschlossen haben.[7] In diesen Zentren arbeiten ÄrztInnen, PsychotherapeutInnen (und manchmal auch Kreativ- sowie KörpertherapeutInnen) und SozialarbeiterInnen in interdisziplinären Teams zusammen, um auf den verschiedenen Ebenen der komplexen psychosozialen Problemlagen ansetzen zu können. Dies erfordert gewisse strukturelle Voraussetzungen, wie z. B. regelmäßige Fallbesprechungen, ein für alle Beteiligten einsehbares Dokumentationssystem und Supervision. Auf interpersoneller Ebene bedarf es der gegenseitigen Wertschätzung und der gleichberechtigten Zusammenarbeit (Ahrndt, 2011).

Obwohl sich die Kapazitäten der psychosozialen Zentren in den letzten Jahren deutlich erhöht hat, übersteigt die Anzahl hilfesuchender KlientInnen die vorhandenen Therapieplätze immer noch bei Weitem, es bestehen lange Wartelisten (Baron & Flory, 2018). Angesichts hoher struktureller Hürden finden Geflüchtete außerhalb dieser Zentren nur schwer einen Behandlungsplatz. Auch die seit Oktober 2015 bestehende Möglichkeit, dass auch PsychotherapeutInnen und ÄrztInnen ohne Kassenzulassung sich ermächtigen lassen können für die ambulante psychotherapeutische und psychiatrische Versorgung von Überlebenden extremer Gewalt, die Leistungen nach dem Asylbewerberleistungsgesetz empfangen, änderte an dieser Situation nichts. In der Praxis ist ein Großteil der geflüchteten Menschen mit Behandlungsbedarf, darunter unbegleitete minderjährige Geflüchtete, weiterhin strukturell von der Versorgung ausgeschlossen (BAfF, 2017).

13.4 Integrierte Versorgung am Beispiel einer therapeutischen Wohngruppe

Das Konzept der »schützenden Inselerfahrung« (Gahleitner, 2005, S. 63), das den unumstritten wichtigsten Schutzfaktor vor möglicherweise weiteren Traumafolgestörungen darstellt, lässt sich gut durch die alltägliche Arbeit eines multidiszi-

---

7 In Österreich sind mittlerweile zehn psychosoziale Zentren im Netzwerk NIPE »Netzwerk für Interkulturelle Psychotherapie nach Exremtraumatisierung« zusammengeschlossen.

plinären Teams in einer therapeutischen Wohngruppe (TWG) illustrieren. In einer TWG für männliche Jugendliche von 14–18 Jahren werden seit 2016 auch unbegleitete minderjährige Geflüchtete betreut. In der Wohngemeinschaft leben sechs Jugendliche. Der Anteil Geflüchteter beträgt, konzeptionell begründet, maximal 50 %. Die Jugendlichen werden durch ein multiprofessionelles Team, bestehend aus SozialpädagogInnen, ErzieherInnen, einer Hauswirtschaftskraft und einem systemischen Familientherapeuten, begleitet.

Die als belastend erlebte aufenthaltsrechtliche Situation, in der sich viele unbegleitete minderjährige Geflüchtete befinden, führt u. a. dazu, dass von AnwältInnen, Jugendämtern sowie VormundInnen gleichermaßen die zentrale Bedeutung eines regelmäßigen Schulbesuchs betont wird. Dieser sei die unabdingbare Voraussetzung, um die Chancen auf einen Verbleib in Deutschland zu erhöhen. Nun gibt es bei Geflüchteten häufiger als bei Nichtgeflüchteten (Macsenaere, Köck & Hiller, 2017) eine starke intrinsische Motivation zum Schulbesuch. Dennoch kann hier auch die schlichte Anstrengung, tagtäglich aus existenzieller Notwendigkeit heraus etwas leisten zu müssen, eine Belastung darstellen. Wenn nun also ein Jugendlicher nach der Schule in die Wohngruppe zurückkehrt und müde und geschafft vom Schultag beim Essen mit der Pädagogin äußert, dass er eigentlich Hausaufgaben machen müsse, aber gleichzeitig auch Kopfschmerzen habe, müde sei, dann »hilft« die Einordung der Pädagogin. Das Angebot, erst einmal auszuruhen und dann später gemeinsam die Hausaufgaben zu bewältigen, hat, so banal es scheinen mag, eine zentrale entlastende und schützende Wirkung auf den Jugendlichen. Ergänzend soll erwähnt sein, dass die SozialpädagogInnen versuchen, eine von Leichtigkeit, Wärme und Humor geprägte Atmosphäre in der Wohngemeinschaft zu schaffen. Entsprechend wird viel miteinander gelacht und gemeinsam Zerstreuung gesucht.

Selbstbemächtigung, Empowerment und Partizipation stellen sich im Alltag in ähnlichen »kleinen« Sequenzen dar. So kommt dem wöchentlich stattfindenden Gruppenabend als Forum zur Äußerung eigener Bedürfnisse und Ideen zentrale Bedeutung zu. Hier werden, moderiert durch die PädagogInnen und den Therapeuten der Einrichtung, z. B. Freizeitaktivitäten, Dienste in der WG besprochen. Der Partizipationsgrad der Jugendlichen ist hier entsprechend hoch. Das Wissen über die Wirkung und das Vorhandensein dieses Formats führt im Alltag dazu, dass geflüchtete Jugendliche sich als gleichberechtigter, mitbestimmungsfähiger Teil einer Wohngemeinschaft erleben. Darüber hinaus sind die Gestaltung des eigenen Zimmers sowie die Mitentwicklung der jährlichen Gruppenreise zentrale Partizipationserfahrungen. Des Weiteren ist die Begleitung im Hilfeplanverfahren, in Kontakten mit der Institution Jugendamt insgesamt, ein wesentlicher Bestandteil der pädagogischen Arbeit. Jugendliche hier über ihre Rechte aufzuklären und sie parteiisch – mit ihnen und für sie – zu vertreten, zeichnet die Betreuungsbeziehung aus und stellt einen »positive[n] Gegenhorizont« (Gahleitner, 2017, S. 62) her zur häufig erlebten Ohnmacht, gerade zu staatlichen Institutionen sowie deren Entscheidungen.

Als Teil des multidisziplinären Teams weist die Rolle des Therapeuten der Wohngemeinschaft einige Besonderheiten auf. So hat sich ein Konzept entwickelt, das den Therapeuten im Alltag verfügbar macht ohne eine »Therapeutisierung des Alltags« (Gahleitner, 2017, S. 10). Vor dem Hintergrund häufig schwieriger Vertrauensanbahnungsprozesse und einer zu beobachtenden Abneigung gegenüber dem Begriff »Therapie« hat sich eine niedrigschwellige Anbahnung der therapeutischen Arbeitsbeziehung im Alltag etabliert. So begleitet der Therapeut Aufnahmegespräche, moderiert den Gruppenabend und ist über die Dauer einzelner Sitzung hinaus in der Einrichtung verfügbar. Diese Sichtbarkeit macht die Persönlichkeit des Therapeuten greifbar und setzt möglichen Fantasien zur Person reale Begegnungserfahrungen im Alltag entgegen. Hieraus kann sich eine mögliche gemeinsame Freizeitaktivität, wie die Besorgung neuer Möbel, ergeben. Diese Sequenz ist ein möglicher Auftakt zu weiteren gemeinsamen Terminen, die dann in Art, Umfang und Frequenz deutlich variieren können. Es gibt in der Einrichtung keine Verpflichtung zur Therapie.

Gemein haben die so begonnenen Prozesse, dass es zu Beginn um Stabilisierung, im Verlauf um Bearbeitung und schließlich um Integration vorwiegend der traumatischen Erlebnisse, aber auch anderer als belastend erlebter Erfahrungen und eigener Verhaltensweisen geht. In diesen drei Phasen unterscheidet sich die Zusammenarbeit mit den PädagogInnen. So wird während der Stabilisierungsphase die Begleitung im Asylverfahren sowie die Hinzuziehung von RechtsanwältInnen durch die SozialpädagogInnen gewährleistet, während die damit verbundenen Termine, insbesondere die Anhörung im Asylverfahren, jeweils abhängig von der Qualität der Beziehung durchaus auch durch den Therapeuten begleitet werden. Die Bearbeitungsphase ist zentral therapeutisch verortet, braucht aber eine angemessene Rahmung durch die PädagogInnen. So ist beispielsweise der nonverbale sowie verbale Ausdruck bei der Erinnerung an einen Therapietermin stets zu reflektieren. Eine wohlwollende, konkurrenzfreie Haltung ist angezeigt (Wolff & Hartig, 2013). Schließlich wird in der Phase der Integration über Rückmeldungen der PädagogInnen im Alltag sowie Psychoedukation im therapeutischen Prozess gleichermaßen an der Implementierung zuvor bearbeiteter Inhalte gearbeitet. Während aller drei Phasen ist steter Austausch zwischen den MitarbeiterInnen die Grundvoraussetzung für eine gelingende Hilfe.

13.5 Fazit

Soziale Arbeit wie auch Psychotherapie sind nicht nur zentrale Bestandteile der psychosozialen Versorgung traumatisierter geflüchteter Menschen, sondern sie sind geradezu aufeinander angewiesen, um die Menschen in ihren komplexen psychosozialen Problemlagen angemessen zu begleiten und zu unterstützen. Methodenintegration und ein umfassendes biopsychosoziales Verständnis der traumareaktiven Störungen und der aktuellen Problemlagen trägt zur Effektivität der Behandlung wesentlich bei. Besonders Klinische Sozialarbeit zeichnet sich durch eine Vielfalt von Hilfeformen und Methoden aus – wie etwa psychosoziale Diagnostik und Beratung,

Case Management, sozialtherapeutische Begleitung, Psychoedukation sowie Krisenintervention –, die fallbezogen und flexibel eingesetzt werden. Eine enge Zusammenarbeit mit SozialarbeiterInnen hilft PsychotherapeutInnen wiederum, sich auf genuin psychotherapeutische und/oder traumatherapeutische Prozesse zu konzentrieren. Psychosoziale Unterstützung kann dazu beitragen, ein positives Bild der eigenen Handlungsfähigkeit und Kontrollmöglichkeiten wiederherzustellen und Lebensbedingungen als verstehbar und bewältigbar zu erleben.

Literatur

Ahrndt, A. (2011). *Zur Bedeutung der Klinischen Sozialarbeit im Kontext der Behandlung und Rehabilitation von traumatisierten Flüchtlingen*. Masterthesis. Berlin: Katholische Hochschule für Sozialwesen.

Baron, J. & Flory, L. (2018). *Versorgungsbericht. Zur psychosozialen Versorgung von Flüchtlingen und Folteropfern in Deutschland* (4., aktualisierte Auflage). Berlin: BAfF. Zugriff am 30.08.2019 unter http://www.baff-zentren.org/wp-content/uploads/2018/08/Versorgungsbericht_4.Auflage.pdf.

Birck, A. (2002). Psychotherapie mit traumatisierten Flüchtlingen. Gesellschaftliche Bedingungen und therapeutische Konsequenzen. *Psychotraumatologie, 3*, 4, Art. 42. Zugriff am 03.02.2018 unter https://www.thieme-connect.com/products/ejournals/html/10.1055/s-2002-35024.

Boße, M., Gliemann, K., Kosmann, M., Kotthaus, J. & Szypulski, A. (Hrsg.) (2017). Flucht und Wohnen [Themenheft]. *Sozialmagazin, 42*, 10.

BAfF – Bundesweite Arbeitsgemeinschaft der psychosozialen Zentren für Flüchtlinge und Folteropfer (2017). *(Keine) Behandlung mit der Ermächtigung*. April 2017. Berlin: BAfF. Zugriff am 03.02.2018 unter http://www.baff-zentren.org/wp-content/uploads/2008/05/Keine-Behandlung-mit-der-Erm%C3%A4chtigung-_-Stellungnahme-der-BAfF.pdf.

Brandmaier, M. (2019). *Angepasstes und widerständiges Handeln in der Lebensführung geflüchteter Menschen. Handlungsfähigkeit im Verhältnis zu Anerkennung und (psycho-)sozialer Unterstützung in österreichischen Sammelunterkünften*. Weinheim: Beltz Juventa.

Brandmaier, M. & Ahrndt, A. (2012). Neue Perspektiven – Klinische Sozialarbeit mit traumatisierten Flüchtlingen. In S. B. Gahleitner & G. Hahn (Hrsg.), *Übergänge gestalten. Lebenskrisen begleiten* (Reihe: Klinische Sozialarbeit. Beiträge zur psychosozialen Praxis und Forschung, Bd. 4; S. 305–323). Bonn: Psychiatrie-Verlag.

Brandmaier, M. & Kruse, J. (2013). Bio-psycho-soziale Folgen von Folter – ein systematischer Literaturüberblick. In K. Altenhain, R. Görling & J. Kruse (Hrsg.), *Die Wiederkehr der Folter? Interdisziplinäre Studien über eine extreme Form der Gewalt, ihre mediale Darstellung und ihre Ächtung* (S. 309–350). Göttingen: V&R unipress.

Brisch, K. H. (1999). *Bindungsstörungen. Von der Bindungstheorie zur Therapie*. Stuttgart: Klett-Cotta.

Duscha, A., Gräfe, R., Witte, M. D. & Wrulich, A. (Hrsg.) (2016). Flucht und Asyl [Themenheft]. *Sozialmagazin*, 41, 3–4.

Fazel, M., Wheeler, J. & Danesh, J. (2005). Prevalence of serious mental disorder in 7000 refugees resettled in western countries. A systematic review. *The Lancet, 365*, 9467, 1309–1314.

Gahleitner, S. B. (2005). *Neue Bindungen wagen. Beziehungsorientierte Therapie bei sexueller Traumatisierung* (Reihe: Personzentrierte Beratung & Therapie, Bd. 2). München: Reinhardt.

Gahleitner, S. B. (2017). *Das pädagogisch-therapeutische Milieu in der Arbeit mit Kindern und Jugendlichen. Trauma- und Beziehungsarbeit in stationären Einrichtungen* (2., überarbeitete und aktualisierte Auflage). Köln: Psychiatrie-Verlag.

Gahleitner, S. B., Hahn, G. & Glemser, R. (Hrsg.) (2013). *Psychosoziale Diagnostik* (Reihe: Klinische Sozialarbeit – Beiträge zur psychosozialen Praxis und Forschung, Bd. 5). Köln: Psychiatrie-Verlag.

Gahleitner, S. B., Zimmermann, D. & Zito, D. (2017). *Psychosoziale und traumapädagogische Arbeit mit geflüchteten Menschen* (Reihe: Fluchtaspekte). Göttingen: Vandenhoeck & Ruprecht.

Hartwig, L., Mennen, G. & Schrapper, C. (2017). *Handbuch Soziale Arbeit mit geflüchteten Kindern und Familien*. Weinheim: Beltz Juventa.

Honneth, A. (2012). *Kampf um Anerkennung. Zur moralischen Grammatik sozialer Konflikte* (7., unveränderte Auflage). Frankfurt: Suhrkamp (Erstauflage erschienen 1992).

Joksimovic, L., Bergstein, V. & Rademacher, J. (2019). *Mentalisierungsbasierte Psychotherapie und Beratung von Geflüchteten. Grundlagen und Interventionen für die Praxis*. Stuttgart: Kohlhammer.

Keilson, H. (2005). *Sequentielle Traumatisierung bei Kindern. Untersuchung zum Schicksal jüdischer Kriegswaisen* (Reihe: edition psychosozial; unveränd. Nachdr. der Erstausg.). Gießen: Psychosozial-Verlag (Original erschienen 1979).

Liedl, A., Böttche, M., Abdallah-Steinkopff, B. & Knaevelsrud, C. (Hrsg.) (2017). *Psychotherapie mit Flüchtlingen – neue Herausforderungen, spezifische Bedürfnisse. Das Praxisbuch für Psychotherapeuten und Ärzte*. Stuttgart: Schattauer.

Liedl, A. & Knaevelsrud, C. (2011). Psychotraumatologische Folgen von Folter. In G. H. Seidler, H. J. Freyberger & A. Maercker (Hrsg.), *Handbuch der Psychotraumatologie* (Reihe: Trauma & Gewalt; S. 519–527). Stuttgart: Klett-Cotta.

Macsenaere, M., Köck, T. & Hiller, S. (Hrsg.) (2017). *Unbegleitete minderjährige Flüchtlinge in der Jugendhilfe. Erkenntnisse aus der Evaluation von Hilfeprozessen*. Freiburg: Lambertus.

Maier, T. (2007). Psychotherapie mit Folter- und Kriegsopfern: Allgemeine Aspekte. In T. Maier & U. Schnyder (Hrsg.), *Psychotherapie mit Folter- und Kriegsopfern. Ein praktisches Handbuch* (Reihe: Klinische Praxis; S. 76-95). Bern: Huber.

Maier, T., Morina, N., Schick, M. & Schnyder, U. (Hrsg.) (2019). *Trauma - Flucht – Asyl. Ein interdisziplinäres Handbuch für Beratung, Betreuung und Behandlung*. Bern: Hogrefe.

Nestmann, F. (2010). Soziale Unterstützung – Social Support. In W. Schröer & C. Schweppe (Hrsg.), *Enzyklopädie Erziehungswissenschaft* Online (S. 1–39). Weinheim: Juventa.

Özkan, I. & Belz, M. (2019). *Sprachreduzierte Ressourcen- und Traumastabilisierungsgruppe. Manuale zur Gruppenpsychotherapie mit Geflüchteten und Migranten*. Stuttgart: Schattauer.

Ollech, A. (2002). »Wir sind hier total aufgeschmissen!« Subjektive Krankheits-, Problem- und Therapievorstellungen extremtraumatisierter Flüchtlinge im Exil. In A. Birck, C. Pross & J. Lansen (Hrsg.), *Das Unsagbare. Die Arbeit mit Traumatisierten im Behandlungszentrum für Folteropfer Berlin. Festschrift zum 10jährigen Bestehen des Behandlungszentrums für Folteropfer Berlin* (S. 17–29). Berlin: Springer.

Ottomeyer, K. (2011a). *Die Behandlung der Opfer. Über unseren Umgang mit dem Trauma der Flüchtlinge und Verfolgten* (Reihe: Leben lernen, Bd. 240). Stuttgart: Klett-Cotta.

Ottomeyer, K. (2011b). Traumatherapie zwischen Widerstand und Anpassung. *Journal für Psychologie, 19*, 3, Art. 4. Zugriff am 03.02.2018 unter https://www.journal-fuer-psychologie.de/index.php/jfp/article/download/89/35.

Ottomeyer, K. (2014). Glück, Gesundheit, Identität. Psychologie und Psychotherapie zwischen Widerstand und Anpassung. In K.-J. Bruder, C. Bialluch & B. Lemke (Hrsg.), *Machtwirkung und Glücksversprechen. Gewalt und Rationalität in Sozialisation und Bildungsprozessen* (S. 441–458). Gießen: Psychosozial Verlag.

Porter, M. (2007). Global evidence for a biopsychosocial understanding of refugee adaptation. *Transcultural Psychiatry, 44*, 3, 418–439.

Porter, M. & Haslam, N. (2005). Predisplacement and postdisplacement factors associated with mental health of refugees and internally displaced persons – A meta-analysis. *JAMA – The Journal of the American Medical Association, 294*, 5, 602–612.

Prasad, N. (Hrsg.) (2018). *Soziale Arbeit mit Geflüchteten. Rassismuskritisch, professionell, menschenrechtsorientiert.* Opladen/Toronto: Verlag Barbara Budrich.

Reddemann, L., Joksimovic, L., Kaster, S. D. & Gerlach, C. (2019*). Trauma ist nicht alles. Ein Mutmach-Buch für die Arbeit mit Geflüchteten.* Stuttgart: Klett-Cotta.

Ruf, M., Schauer, M. & Elbert, T. (2010). Prävalenz von traumatischen Stresserfahrungen und seelischen Erkrankungen bei in Deutschland lebenden Kindern von Asylbewerbern. *Zeitschrift für Klinische Psychologie und Psychotherapie, 39*, 3, 151–160.

Ryan, D. A., Kelly, F. E. & Kelly, B. D. (2009). Mental health among persons awaiting an asylum outcome in western countries. A literature review. *International Journal of Mental Health, 38*, 3, 88–111.

Schneck, U. (2017). *Psychosoziale Beratung und therapeutische Begleitung von traumatisierten Flüchtlingen.* Köln: Psychiatrie-Verlag.

Schreiber, V., Iskenius, E.-L., Bittenbinder, E., Brünner, G. & Regner, F. (2006). »In meiner Heimat haben sie mich mit Stöcken geschlagen, hier schlagen sie mich mit Watte«. Exil in Deutschland als traumatische Sequenz. *Zeitschrift für Politische Psychologie, 14,* 1+2, 273–293.

Täubig, V. (2009). *Totale Institution Asyl. Empirische Befunde zu alltäglichen Lebensführungen in der organisierten Desintegration.* Weinheim: Juventa.

Weiß, W. (2016a). Die Pädagogik der Selbstbemächtigung. Eine Einführung. In W. Weiß, T. Kessler & S. B. Gahleitner (Hrsg.), *Handbuch Traumapädagogik* (S. 93–105). Weinheim: Beltz.

Weiß, W. (2016b). Die Pädagogik der Selbstbemächtigung. Eine traumapädagogische Methode. In W. Weiß, T. Kessler & S. B. Gahleitner (Hrsg.), *Handbuch Traumapädagogik* (S. 290-302). Weinheim: Beltz.

Wenk-Ansohn, M. & Gutteta, T. (2005). Therapeutische Arbeit mit Folterüberlebenden: Möglichkeiten und Hindernisse. *Psychosozial, 28*, 2 [Nr. 100], 37–49.

Wolff, M. & Hartig, S. (2013). *Gelingende Beteiligung in der Heimerziehung. Gute Praxis beim Mitreden, Mitwirken und Mitbestimmen von Kindern und Jugendlichen im Heimalltag. Ein Werkbuch für Jugendliche und ihre BetreuerInnen* (Reihe: Edition Sozial). Weinheim: Beltz Juventa.

Zito, D. & Martin, E. (2016). *Umgang mit traumatisierten Flüchtlingen. Ein Leitfaden für Fachkräfte und Ehrenamtliche.* Weinheim: Beltz Juventa.

14 Mehrdimensionale Bewältigung von traumatischen Erfahrungen – Die Bedeutung sozialer Interventionen für traumatisierte Menschen

Julia Gebrande und Janine Lebküchner

14.1 Gemeinsamkeiten und Unterschiede von Psychotherapie und Beratung

»Das Verhältnis von Beratung und Psychotherapie ist ein konzeptionell, praktisch und professionspolitisch schwieriges. Insbesondere ein im deutschsprachigen Raum noch geringer entwickeltes Selbstverständnis von Beratung – bei gleichzeitigem »Beratungsboom« in allen Lebensbereichen – macht Abgrenzungen schwierig« (Nestmann, 2002, S. 404).

Neben vielen Gemeinsamkeiten, Überschneidungen und Parallelen in den historischen Wurzeln, dem Methodenrepertoire sowie der professionellen Gestaltung eines Hilfeprozesses lassen sich aber auch viele Unterschiede und Abgrenzungen feststellen. Frank Nestmann hat mehrere unterschiedliche Modelle identifiziert, die »implizite Vorstellungen oder explizite Positionen in den psychosozialen und Gesundheitsversorgungsbereichen, in den Fachdisziplinen und in der Öffentlichkeit« (Nestmann, 2002, S. 404) charakterisieren.

So gibt es neben der »Vorstellung der absoluten Kongruenz« (Nestmann, 2002, S. 404), die beispielsweise von Carl Rogers vertreten wurde[8] und der gegenteiligen Vorstellung einer grundsätzlichen Verschiedenheit und klaren Trennschärfe von Beratung und Psychotherapie auch Vorstellungen von Beratung als der kleinen Schwester oder einem Ableger der tiefgreifenderen und fundierteren psychotherapeutischen Behandlung, die den akademischen Heilberufen zugeordnet wird[9] (Nestmann, 2002). In den Fachdiskursen wie im Alltagsverständnis finden sich zahlreiche Zuschreibungen, die die »Psychotherapie als Domäne der Psychologie und Medizin als kurativ, tiefgehend und strukturverändernd« und in Abgrenzung zur »Beratung als Arbeitsbereich Sozialer Arbeit als kurzfristig, situativ und präventiv« konzipieren (Gahleitner & Pauls, 2010, S. 367). Damit einher geht häufig deren Höherbewertung und Zuständigkeit für ernsthafte, psychopathologische Erkrankungen mit Störungswert, die nur in die Hände ausgesuchter SpezialistInnen gegeben und dann durch die Krankenkassen finanziert werden können. Diese Vorstellung widerspricht allerdings der Realität, in der ein hochschwelliges Angebot mit Kommstruktur wie die Psychotherapie von Menschen in biopsychosozialen Notla-

---

8 »Es gibt keinen Unterschied« zwischen Beratung/Counseling und Psychotherapie/Psychotherapy (Nestmann 2002, S. 404).
9 Die symptomatische Frage lautet hier: »Ist das noch Beratung oder schon Therapie?« (Nestmann 2002, S. 405)

gen kaum wahrgenommen werden kann und sie damit zu Zielgruppen der Sozialen Arbeit werden.

Gleichzeitig existiert aber ebenso die Vorstellung, dass Psychotherapie als »ein vertieftes methodisches und individuell fokussiertes Sonderelement in einem umfassenden Beratungskontext« (Nestmann, 2002, S. 405) eine Form spezialisierter Beratung darstelle. Zusammenfassend plädiert Nestmann für ein Überschneidungsmodell, das die »verschiedenen theoretischen, methodischen, setting- und kontextbezogenen Dimensionen als Pole von Kontinuen beschreiben [kann], mit großen Schnittflächen und trotzdem deutlichen Tendenzen zur einen oder anderen Seite« (Nestmann, 2002, S. 405). So können die eigenständigen professionellen Selbstverständnisse und Profile betont werden und gleichzeitig auch Unterschiede der einzelnen psychotherapeutischen Schulen sowie verschiedene Beratungskonzepte Beachtung finden (Nestmann, 2002). Voraussetzung für ein gelingenderes Verhältnis »ist primär die gegenseitige Achtung und Anerkennung als ›verschieden‹ und doch ›ähnlich‹ und ›gleichwertig‹«(Nestmann, 2002, S. 408).

Während es im Allgemeinen also sehr schwierig ist, Psychotherapie und psychosoziale Beratung voneinander klar abzugrenzen, können die Verantwortlichkeiten im Bereich der Arbeit mit traumatisierten Menschen deutlicher benannt werden: Für die Stabilisierung und die Neuorientierung braucht es ein Netzwerk unterschiedlicher Professionen, das die physischen, psychischen, kognitiven, moralischen, sozialen und rechtlichen Integritäten der Menschen berücksichtigt, wahrt und achtet oder wieder herzustellen anstrebt (Gebrande, Melter & Bliemetsrieder, 2017). Lediglich die Traumakonfrontation und -exposition ist alleine dem geschützten Rahmen der Psychotherapie zugeordnet.

Eine Traumatisierung stellt immer eine Verletzung der Integritäten eines Menschen dar, deren Bewältigung daher folgerichtig unterschiedliche Dimensionen umfassen muss (Gebrande et al., 2017). Im biopsychosozialen Modell von Gesundheit wird der Bezug zu den Integritäten der Menschen deutlich. Daher macht es Sinn, sich zunächst mit der theoretischen Grundlage des biopsychosozialen Modells zu beschäftigen, bevor die Traumabewältigung ins Zentrum gestellt werden soll.

14.2 Das biopsychosoziale Modell von Gesundheit und Krankheit

Das biopsychosoziale Modell gilt nach Egger (2005) als die bedeutendste Theorie, um den Zusammenhang zwischen Körper, Geist und Seele in Bezug auf Krankheit und Gesundheit zu beschreiben. Es kann damit gleichzeitig als gemeinsames Modell einer interprofessionellen Kooperation verwendet werden, welches alle drei Ebenen, also die biologische, die psychologische und die soziale Perspektive sowie die dazugehörigen Professionen miteinschließt (Sommerfeld et al., 2016; ▶ Kap. 1). Dem Modell liegt ein ganzheitliches Krankheitsverständnis zugrunde (Egger, 2005), welches nicht nur besagt, dass neben biologischen und medizinischen Aspekten bei der Behandlung auch die psychosoziale Ebene miteinbezogen werden muss (Egger, 2005), sondern alle drei Ebenen als gleichrangig betrachtet (Sommerfeld et al., 2016). Es existiert im biopsychosozialen Modell nichts isoliert, sondern alle Ebenen sind miteinander verbunden und stehen in Wechselwirkung zueinander (Egger, 2005; Sommerfeld et al., 2016). Dementsprechend ist es nicht nur relevant, auf welcher Ebene eine Krankheit sichtbar wird, sondern welche Auswirkungen sie auf allen anderen Ebenen hat (Egger, 2005). Diese Erkenntnis bedeutet gleichzeitig, dass eine Änderung auf einer Ebene auch eine Veränderung auf einer anderen Ebene bewirken kann, sodass beispielsweise soziale Interventionen Verbesserungen auf psychischer und sogar auf körperlicher Ebene hervorrufen können (Egger, 2005).

Durch ihren Fokus auf »lebenspraktische Hilfen, die zu einer positiven Veränderung von Wohn-, Arbeits- und Beziehungsverhältnissen beitragen« (Mosser & Schlingmann, 2013, S. 14) können, stellt die Soziale Arbeit im Gesundheitswesen und insbesondere die Klinische Sozialarbeit daher eine wichtige Ergänzung der traditionellen Perspektiven auf Gesundheit und Krankheit dar.[10] Entgegen der individuumszentrierten Zugänge der Medizin, Psychiatrie und Psychologie bietet die Soziale Arbeit ein doppelt fokussiertes Angebot: Zum einen bietet sie personzentrierte Hilfe für den Einzelnen (im Sinne einer Fokussierung des Verhaltens), zum anderen strebt sie die Änderungen der Lebensbedingungen und der Gesellschaft (im Sinne einer Fokussierung der Verhältnisse) an (Gebrande et al., 2017).[11] Der Schwerpunkt dieses Beitrags liegt deshalb auf dieser doppelten sozialen Perspektive, sodass der Stellenwert der Sozialen Arbeit im Kontext von Traumatisierungen verdeutlicht werden kann.

14.3 Stabilisierungskompetenzen im Zentrum von Traumabewältigung

Lange Zeit wurde die Behandlung von traumatisierten Menschen fast ausschließlich der Psychiatrie und Psychotherapie zugeschrieben und bis heute existiert die Vorstellung, dass alleine eine Traumatherapie »wirklich helfen« könne, was in der Wahrnehmung häufig zu einer Hierarchisierung von Angeboten der Traumabewältigung führt (Gebrande, 2018). Im Allgemeinen weisen alle professionell be-

---

10 Bis heute schlägt sich diese Vorstellung allerdings nicht in der gesellschaftlichen Anerkennung und entsprechenden Bezahlung im Vergleich zu den offiziell anerkannten Heilberufen (wie Arzt/Ärztin, Psychiater/Psychiaterin, Psychotherapeut/Psychotherapeutin) nieder.
11 Nach Silvia Staub-Bernasconi gibt es zudem ein drittes Mandat Sozialer Arbeit, das diese sich selbst gibt und den wissenschaftlichen und politischen Anspruch umfasst, dass die Menschenwürde, die Menschenrechte und das Prinzip der sozialen Gerechtigkeit die ethische Basis des Handelns darstellen (Staub-Bernasconi, 2010, S. 198 ff.).

gleiteten Bewältigungsprozesse eine Dreiteilung in eine Stabilisierungsphase, eine Phase der Traumabehandlung und -exposition und eine Phase der Traumaintegration auf (Scherwath & Friedrich, 2014; Huber, 2013; Reddemann, 2008; ▶ Kap. 5).

Die erste Phase ist die der *Stabilisierung*. Diese Phase hat das Ziel des Aufbaus äußerer und innerer Sicherheit, der Informationsvermittlung zur Entlastung und zur Einordnung des Erlebten (Psychoedukation), der Ressourcenaktivierung sowie des Erlernens von Techniken zur Distanzierung von belastenden Erinnerungen, zum Stoppen von Dissoziationen und zur Orientierung im Hier und Jetzt sowie zur Entspannung (Huber, 2013; Reddemann, 2008). Michaela Huber (2013) betont den hohen Stellenwert dieser ersten Phase: Ihren Erfahrungen zufolge macht die Stabilisierung und Ressourcenaktivierung 99,9 % der Traumabehandlung aus. Eine Konfrontation und die Durcharbeitung sind zwar hilfreich für eine Integration der traumatischen Erinnerungen, aber nur etwa die Hälfte aller komplex traumatisierten Menschen sind soweit zu stabilisieren, dass eine Traumaexposition überhaupt stattfinden kann (Kluft, 1997, zit. nach Huber, 2013).

Die zweite Phase, die Phase der *Traumakonfrontation bzw. -exposition*, wird häufig als das Kernstück angesehen. Es gibt inzwischen eine Reihe von Methoden der gezielten Exposition und der Traumadurcharbeitung, die ausschließlich in einem therapeutischen Setting erfolgen dürfen (für einen Überblick siehe Huber, 2013; Reddemann, 2008). Diese Phase ist also eindeutig dem psychotherapeutischen Handlungsfeld zugeordnet (Beckrath-Wilking & Biberacher, 2013) und somit den ÄrztInnen und PsychologInnen mit einer psychotherapeutischen Ausbildung vorbehalten. Damit wird aber gleichzeitig suggeriert, dass die Konfrontation und Durcharbeitung der Erinnerungen an die traumatische(n) Situation(en) die schwierigste und wichtigste Arbeit darstelle, für die eine besondere Qualifikation notwendig sei.[12]

Im Anschluss an eine Traumakonfrontation erfolgt eine letzte Phase der *Integration* der Erfahrung in die eigene Lebensgeschichte, was häufig mit Trauerarbeit, Sinnfragen und Spiritualität sowie einer Neuorientierung einhergeht (Huber, 2013).

Die Stabilisierung, aber auch die Traumaintegration können neben der Psychotherapie [13] ebenfalls sozialen Handlungsfeldern zugeordnet werden. In Wohngruppen der Kinder- und Jugendhilfe (aktuell auch für traumatisierte unbegleitete minderjährige Geflüchtete) arbeiten ErzieherInnen mit traumapädagogischen Konzepten, in Bera-

---

12 Selbst bei den psychotherapeutischen Hilfen ist die Gewichtung der Phasen allerdings unterschiedlich stark ausgeprägt. Scherwath und Friedrich (2014) beschreiben ein Kontinuum der Traumatherapie zwischen Stabilisierung und Traumaexposition: Auf der einen Seite stehen Ansätze, die die Stabilisierung als die eigentliche Traumatherapie ansehen und davon ausgehen, dass in manchen Fällen eine Integration des Traumas niemals möglich sein und sich stattdessen darauf beschränkt wird, die Lebensqualität weitestgehend wiederherzustellen. Auf der anderen Seite benennen sie Therapieansätze, in denen die Stabilisierung weniger eine eigenständige Phase darstellt, sondern vielmehr als die notwendige Voraussetzung für die Traumaexposition angesehen wird (Scherwath & Friedrich, 2014).

13 Viele Menschen, aber längst nicht alle, erhalten nach Traumatisierungen für wenige Stunden in der Woche eine Traumatherapie, aber ansonsten meist keinerlei traumasensible Unterstützung im Alltag. Die zuständigen Fachkräfte fühlen sich dafür auch nicht qualifiziert, Ängste und Unsicherheit im Umgang mit Betroffenen sowie mit dem Thema der Traumatisierung – so zeigen Studien in psychosozialen und pädagogischen Arbeitsfeldern – sind nach wie vor groß (Gebrande, 2014 und 2018).

tungsstellen oder Frauenhäusern wird von SozialpädagogInnen traumasensible Beratung und Stabilisierung angeboten. Diese kann überall stattfinden, und mit jeder Stabilisierung im Alltag wird auch die Integration der Traumaerinnerungen vorangetrieben (Hantke, 2012). Entgegen der Wahrnehmung in der Öffentlichkeit erfüllt die Soziale Arbeit, insbesondere die Klinische Sozialarbeit mit ihren Handlungsansätzen, Konzepten und Methoden der traumasensiblen, psychosozialen Beratung, der Traumapädagogik und der Stabilisierung bereits jetzt in den breitgefächerten Arbeitsfeldern des Gesundheitswesen, der Sozialpsychiatrie und der Beratungs- und Anlaufstellen einen Hauptanteil an der Arbeit mit traumatisierten Menschen (Gahleitner, 2017).

> »Während Psychotherapie gezielt Veränderungen für gesundheitliche Beeinträchtigungen und ihre Folgen bewirken will und im Falle des Möglichen eine konzentrierte Durcharbeitung des Traumas anbieten kann, zeichnet sich Traumaberatung dadurch aus, dass sie neben den individuellen Zielen und dem Prozess dialogischer Problemlösung immer auch psychosoziale Vermittlungsarbeit betreibt. Sie ist damit wesentlich breiter gefasst als Psychotherapie und kann subjekt-, aufgaben- und kontextbezogen sowie präventiv, kurativ und rehabilitativ einwirken (vgl. auch Nestmann 2008)« (Gahleitner & Rothdeutsch-Granzer, 2016, S. 146).

14.4 Kritik an rein individuumszentrierten Zugängen

Die Diagnose einer Traumafolgestörung[14] kann zur Anerkennung von Leid beitragen, wenn sie nicht benutzt wird, um die traumatischen Erfahrungen und das daraus entstandene Leid zu individualisieren, zu pathologisieren und zu entpolitisieren. Wenn ausschließlich die Symptome und deren Bewältigung im Vordergrund stehen, werden der Kontext und die Auslöser für diese Reaktionen vernachlässigt (Brenssell, 2014). Viele Traumatisierungen sind zwar die Folge von gesellschaftlich bestimmten Machtverhältnissen und Dominanz- und Ungleichheitsstrukturen in Form von struktureller Gewalt und Diskriminierung, werden aber als »Einzelschicksal« individualisiert und entkontextualisiert (Gebrande, 2017).

Ein alleiniger Bezug auf psychiatrische Traumadiagnosen kann nach Brenssell (2013, S. 11) eine Kette von Ausblendungen zur Folge haben:

> »Menschen, die Gewalt erlebt haben, werden zu traumatisierten Menschen. Mit ihnen werden Bilder von Störung und Krankheit verbunden. Die Diagnose-Sprache verschiebt soziale, gesellschaftliche Probleme zu klinischen. Sie werden an die Medizin delegiert. Probleme werden herausgelöst aus der gesellschaftlichen Situation. Das geschieht ›Guten Gewissens‹, denn es ist ja jemand ›anderes‹ dafür zuständig. Damit bleiben die gewaltför-

---

14 Am bekanntesten ist wohl die Posttraumatische Belastungsstörung (PTBS). Nach einer Traumatisierung können sich aber viele weitere belastende Folgen, psychische Erkrankungen bis hin zu Persönlichkeitsstörungen entwickeln (für einen Überblick siehe Schmid, Fegert & Petermann 2010). Viele Folgeerscheinungen sind dabei nicht nur als Konsequenz traumatischer Ereignisse zu verstehen, sondern auch als Bewältigungsversuche im Rahmen der individuellen Möglichkeiten (Gahleitner & Rothdeutsch-Granzer, 2016).

migen Verhältnisse ›quasi‹ normal. Der Normalzustand, der Gewalt produziert und fortsetzt, bleibt unangetastet.«

Nach David Becker (2014) ist ein Trauma in erster Linie ein politisches Problem, das in spezifische politische Verhältnisse sowie verschiedene soziale und kulturelle Kontexte eingewoben ist. Es bestehe die Gefahr, dass Traumadiagnostik und -forschung als Krankheitslehre mit einer universellen, weltweiten Traumadefinition betrieben werden.

»Das theoretische Konzept und die sich daraus ableitenden Behandlungsmethoden können traumatisierten Menschen sowohl helfen als auch ihren Zustand verschlimmern. […] Behandelt man Trauma als rein intrapsychischen Prozess, verleugnet man die gesellschaftlichen Dimensionen. Spricht man ausschließlich von den politischen und kollektiven Aspekten, verleugnet man die reale individuelle Wunde« (Becker, 2014, S. 165/166).

Diese Überlegungen münden zusammenfassend in der Frage, ob eine Sprache gefunden werden kann, die das Leid der Menschen anerkennt, ohne sie deshalb als verrückt abzustempeln (Becker, 2014; Gebrande, 2018).

14.5 Soziale Interventionen der Unterstützung von Traumabewältigung

Im Folgenden soll eine Auswahl an sozialen Interventionen der Stabilisierung zur Unterstützung von Traumabewältigung vorgestellt werden (Gebrande, 2016). Es können anhand des derzeitigen Forschungsstandes fünf Wirkfaktoren zur Förderung der Resilienz[15] von Einzelnen, Gruppen und Gemeinschaften beschrieben werden, die psychosoziale Interventionen für traumatisierte Menschen stärken sollten: Förderung von Sicherheit, Ruhe, menschliche Verbundenheit, Selbst- und kollektive Wirksamkeit sowie Hoffnung[16] (Hobfoll et al., 2007).

14.5.1 Förderung von Sicherheit

Ein Gefühl von Sicherheit kann nur entstehen, wenn im Außen Sicherheit und Schutz vorhanden ist. Die Institution zu einem »soweit als möglich sicheren Ort« zu machen, sollte oberste Priorität haben – aus der Kinder- und Jugendhilfe, in der traumapäd-

---

15 Resilienz ist die Fähigkeit, erfolgreich mit belastenden Lebensumständen (wie z. B. mit einer traumatischen Erfahrung) umzugehen und an Schicksalsschlägen nicht zu zerbrechen, sondern im Gegenteil daraus eventuell sogar gestärkt hervorzugehen. Sie ist kein stabiles Persönlichkeitsmerkmal, sondern entsteht durch den Einfluss von inneren und äußeren Risiko- und Schutzfaktoren (Gebrande, 2014).
16 2007 legten Hobfoll et al. einen Überblick der empirischen Untersuchungen zu psychosozialen Interventionsformen vor und leiteten daraus diese fünf empirisch überprüfte Wirkfaktoren ab.

agogische Standards schon seit vielen Jahren (weiter)entwickelt werden, lassen sich viele Grundhaltungen und Konzepte für Institutionen übertragen (BAG Traumapädagogik, Lang et al., 2013). Zur Vermeidung einer Retraumatisierung und zur Stabilisierung ist ein äußerer Rahmen zu schaffen, der Sicherheit und Geborgenheit vermittelt und der den Aufbau einer inneren Sicherheit ermöglicht (Kühn, 2013).

Zudem braucht es zur Wiederherstellung der Handlungsfähigkeit und der Orientierung Information und Transparenz. Alles, was dagegen verstanden und eingeordnet werden kann, ist hilfreich, um sich nicht länger als ohnmächtig und abhängig zu erleben sowie um das Kohärenzgefühl zu steigern. Nach Aaron Antonovsky (1997) beschreibt das Kohärenzgefühl ein grundsätzliches Gefühl des Vertrauens in das Leben, eine allgemeine positive Grundhaltung gegenüber der Welt, welche seiner Forschung zufolge für die Entwicklung von Gesundheit und vor allem für die Bewältigung von traumatisierenden Erlebnissen entscheidend ist. Die erste von drei Komponenten ist das Gefühl von Verstehbarkeit (sense of comprehensibility), das sich auf das Ausmaß bezieht, in welchem ein Mensch sein Leben als überschaubar, geordnet und erklärbar ansieht (Antonovsky, 1997).

Auch Psychoedukation kann dabei hilfreich sein. Sie meint die Vermittlung von fundiertem Fachwissen im Rahmen von altersentsprechenden Erklärungen für die Folgen eines Traumas, damit die Kinder, Jugendlichen und Erwachsenen sich selbst besser verstehen und akzeptieren sowie eigene (vielleicht unverständliche) Reaktionen einordnen können. Psychoedukation ermöglicht im Idealfall eine Umdeutung und ein Sinnverstehen der Symptomatik, sodass das traumabasierte Verhalten als normale Reaktion auf ein unnormales Erlebnis betrachtet wird (Scherwath & Friedrich, 2014). Psychoedukation passiert nicht durch einmaliges Erklären, sondern im Prozess und in Dialogform (Scherwath & Friedrich, 2014). In der Traumapädagogik wird in diesem Zusammenhang auch vom »Konzept des guten Grundes« (Weiß, 2013) zur Förderung des Selbstverstehens und der Unterstützung der Selbstakzeptanz gesprochen.

14.5.2 Ruhe bzw. Beruhigung

Zunächst ist es hilfreich, dass zentrale Grundbedürfnisse des Menschen wie Schlaf, Durst und Hunger gestillt werden. Individuelle Hilfen zur Selbstregulation können zusätzlich zur Beruhigung der inneren, gefühlten Situation von traumatisierten Menschen beitragen. Dabei können Techniken vermittelt werden, die eine Distanzierung von belastenden Erinnerungen und das Stoppen von Dissoziationen ermöglichen. Auch Ideen zur Angstreduktion, zur Orientierung im Hier und Jetzt, zur Entspannung und zur Stressreduktion sowie zum Erlangen innerer Sicherheit bspw. durch Imaginationsübungen wie dem inneren sicheren Ort können einen Beitrag zur Stabilisierung leisten (für einen Überblick siehe Reddemann & Dehner-Rau, 2006; Hantke & Görges, 2012).

14.5.3 Menschliche Verbundenheit

Auch wenn in den ersten beiden Punkten zunächst einmal sehr praktische Anforderungen benannt wurden, die sich vor allem über Fach- und Methodenkompetenzen der Helfenden sowie über strukturelle und politische Rahmenbedingungen verbessern lassen, so können diese Ideen nur dann auf fruchtbaren Boden fallen, wenn eine Vertrauensbasis von Mensch zu Mensch geschaffen werden kann. Durch Verlässlichkeit, Verständnis und Empathie kann eine vertrauensvolle Beziehung entstehen und es können korrigierende Beziehungserfahrungen ermöglicht werden. »Dies sind alternative, andere, heilende Erfahrungen bezogen auf die traumatisierenden Vorerfahrungen. Gelungene Beziehungssituationen werden auf diese Weise – ähnlich wie in der Kindheitsentwicklung – Stück für Stück zu einem grundlegenden Prinzip der emotionalen, sozialen und kognitiven Entwicklung« (Gahleitner & Golatka, 2016, S. 7). Es geht darum, einen Raum zum Erzählen zu schaffen, der durch bloßes Da-Sein und aktives Zuhören geprägt ist. Ziel ist es, dass ein (zwischen) menschlicher Kontakt entsteht, der individuelles Leid ernst nimmt und so die Achtung, die Anerkennung der Würde und den Respekt der AdressatInnen wahrt (Gebrande, 2017).

14.5.4 Selbstwirksamkeit und kollektive Wirksamkeit

Selbstwirksamkeit

In ihrem Konzept der Selbstbemächtigung beschreibt Wilma Weiß, wie Menschen »Stück für Stück das Gefühl für sich selbst wiederfinden, sich, ihre Gefühle und Empfindungen wahrnehmen lernen« (Weiß, 2013, S. 168). Durch eine Sensibilisierung für die Wahrnehmung von Gefühlen, Körperempfindungen und der Körpersprache sowie durch eine Förderung der Selbst-Regulation kann diese (wieder-)erlangt werden (Weiß, 2013). Um die Bewältigung von potenziell traumatisierenden Erlebnissen zu unterstützen, ist es hilfreich, Menschen nach früheren Erfahrungen mit stressreichen Situationen und ihren Bewältigungsstrategien zu fragen. Gemeinsam könnte eine Liste mit Strategien (»Was hat mir bisher geholfen, wenn ich gestresst war?«) erstellt werden. Menschen sind so individuell, dass es fatal wäre, die eigenen Tipps und Tricks im Umgang mit Belastungen auf andere übertragen zu wollen. Stattdessen gilt es, den Menschen in seiner Vielfältigkeit wahrzunehmen. Mit einer Haltung von Offenheit gepaart mit etwas Neugier lassen sich gemeinsam – vielleicht überraschende – hilfreiche Lösungen finden. Diese tragen zu einer Steigerung des Gefühls der Selbstwirksamkeit bei.

Dabei können auch die Förderung der Wahrnehmung von Gefühlen und die Förderung der Körperwahrnehmung hilfreich sein. Menschen mit Traumaerfahrungen haben sich als Schutz oft von ihren Gefühlen und ihrem Körper abgespalten. Eine vorsichtige Annäherung an positive Emotionen, das Verbalisieren von Gefühlszuständen, die Arbeit mit Literatur und Spielen zum Thema »Gefühle« oder auch Angebote für kreativen und gestalterischen Ausdruck (ohne Sprache) können dabei unterstützen, (wieder) einen Zugang zu den eigenen Gefühlen zu bekommen (Gebrande, 2014). Genusstraining, das die Sinnesorgane anspricht, und Bewegung gegen die körperliche Stressreaktion, sportliche Aktivitäten, Atemübungen sowie Achtsamkeit eignen sich vor allem, um körperliche Erstarrung und Blockaden abzubauen und sich gezielt von unangenehmen Gefühlszuständen abzulenken (Zito & Martin, 2016).

Auch die Stärkung des Selbstwertgefühls durch das Ermöglichen von Erfolgserlebnissen z. B. durch das Übertragen von Verantwortung, das Anregen von Hobbys oder Freizeitaktivitäten kann dazu beitragen. Ein Motto aus der Traumapädagogik lautet: »Viel Freude trägt viel Belastung!« (Lang et al., 2013)

Kollektive Wirksamkeit

Neben der Fokussierung auf das Individuum sind im Sinne der Initiierung von Empowerment-Prozessen auch die Perspektiven der Gruppen- und Gemeinschaftsebene einzunehmen. Zur Stabilisierung trägt neben der Etablierung von Sicherheit auch der Aufbau eines sozialen Netzwerkes als Stützungssystem bei. Vertrauensvolle Kontakte nach außen sollten deshalb auch von Professionellen unterstützt werden, um soziale Isolation zu vermeiden (Loch, 2012). Soziale Begleitung nach einem traumatischen Ereignis ist nach Gräbener (2013) von hoher Bedeutung. Sie äußert sich durch emotionale Unterstützung, indem Betroffene die Möglichkeit haben einem/einer empathischen ZuhörerIn von der traumatischen Situation zu erzählen, in Form von sozialer Begleitung (durch Anwesenheit einer Vertrauensperson) und durch instrumentelle Unterstützung bei der Alltagsbewältigung (aktive Hilfe durch Einkaufen, finanzielle Unterstützung, Alltagshilfe). Ein soziales Netzwerk kann beispielsweise durch soziale Interventionen aufgebaut werden, indem Kontakte zu Angehörigen und FreundInnen aufgenommen oder Interessensgruppen gegründet werden, an denen die Betroffenen teilnehmen können (Flatten et al., 2011). Das Ziel ist dabei, durch sozialraumorientierte Aktivitäten Menschen in Kontakt zu bringen und dadurch gesellschaftliche Teilhabe und Partizipation zu fördern (Walther, 2017).

14.5.5 Hoffnung

Um potenziell traumatisierte Menschen zu unterstützen, gilt es, Hoffnung zu vermitteln. Trauma darf in diesem Sinne eben nicht nur als Krankheit und Störung begriffen werden. Angeknüpft werden kann hier an die Prinzipien der Salutogenese – statt den Blick auf die Defizite zu richten, stellt sich die Frage: Was hilft, gesund zu bleiben oder wieder gesund zu werden (Antonovsky, 1997)? Wichtig ist die Botschaft, dass eine Verarbeitung traumatisierender Erfahrungen möglich ist.

Zudem geht es natürlich auch um die Anerkennung, denn nach traumatischen Erfahrungen ist es von »wesentlicher Bedeutung, wie sich die Allgemeinheit zum individuellen Elend« (Fischer & Riedesser, 2009, S. 66) der Betroffenen verhält. »Unterliegen diese der gesellschaftlichen Verdrängung, Ausgrenzung oder gar Missachtung, weil sie durch ihr Leid an die ›Katastrophe‹ erinnern, so ist für sie die traumatische Situation noch keineswegs beendet« (Fischer & Riedesser, 2009, S. 65 f.). Die soziale Dimension von Traumata wird hier besonders deutlich. Für den Heilungsprozess spielt es eine entscheidende Rolle, ob Betroffenen angemessene gesellschaftliche Wertschätzung und Unterstützung zukommt, wie Keilson (1979/

2005) mit seinem Konzept der »Sequenziellen Traumatisierung« zeigen konnte.[17] Eine rechtliche und gesellschaftliche Anerkennung des Leids sowie eine Bestätigung der Glaubwürdigkeit von traumatisierten Menschen können sich positiv auf ihren Bewältigungsprozess auswirken.

14.6 Fazit

Die Umsetzung der benannten Ideen zur Unterstützung von Bewältigung entlang dieser Wirkfaktoren verlangt von den Fachkräften ein hohes Maß an Kompetenz: Fach- und Methodenwissen über Traumatisierung und Bewältigungsprozesse, ein gutes Netzwerk unterschiedlicher Professionen sowie Selbstreflexion und eine ausreichende Selbstfürsorge sind notwendig. Eine grundsätzliche Haltung, welche die Verhaltensweisen traumatisierter Menschen als eine normale Reaktion auf extreme Stressbelastung begreift, einen guten Grund für alle ihre Vorannahmen, Reaktionen und Verhaltensweisen annimmt, die bisherige (Über-)Lebensleistung traumatisierter Menschen anerkennt sowie Fachkompetenzen zur Verfügung stellt, dabei die traumatisierten Menschen jedoch als die ExpertInnen für ihr eigenes Leben ansieht, bildet die Grundlage für ein dementsprechendes Handeln (Weiß, 2011; Gahleitner & Rothdeutsch-Granzer, 2016). Diese Überlegungen sind ein Plädoyer für eine traumasensible klinische Sozialarbeit als biopsychosoziale Unterstützungsleistung, die durch professionelle Beziehungsarbeit, traumasensible psychosoziale Beratung und Krisenintervention sowie traumapädagogische Angebote neben der Psychiatrie und der Psychotherapie eine wichtige dritte Säule in der Versorgung traumatisierter Menschen darstellt. Durch die mehrdimensionale Perspektive kann traumatisierten Menschen eine ambitionierte parteiliche, soziale und politische Unterstützung angeboten werden, die sie weder individualisiert noch ihre Erlebnisse pathologisiert, sondern Bewältigungsprozesse nach Traumatisierungen fachlich begleitet (Gebrande, 2017).

Literatur

Antonovsky, A. (1997). *Salutogenese. Zur Entmystifizierung der Gesundheit*. Tübingen: DGVT.
Becker, D. (2014). *Die Erfindung des Traumas. Verflochtene Geschichten*. Gießen: Psychosozial Verlag.

---

17 Keilson (1979/2005) hat in seiner Langzeitstudie über das Schicksal von jüdischen, niederländischen Kriegswaisen ein Prozessverständnis von Traumatisierung entwickelt: Die Zeit nach den ursprünglichen Gewalterfahrungen war dabei entscheidend für den weiteren Verlauf der kindlichen Entwicklung und die Schwere der traumatischen Folgeschäden.

Beckrath-Wilking, U. & Biberacher M. (2013). »Gemeinsamkeiten, Unterschiede und Grenzen der Traumaarbeit in Psychotherapie, Beratung und pädagogischen Arbeitsfeldern«. In U. Beckrath-Wilking (Hrsg.), *Traumafachberatung, Traumatherapie & Traumapädagogik: Ein Handbuch für Psychotraumatologie im beratenden, therapeutischen & pädagogischen Kontext* (S. 267–271). Paderborn: Junfernmann Verlag.

Brenssell, A. (2013). *Trauma als Prozess – wider die Pathologisierung struktureller Gewalt und ihrer innerpsychischen* Folgen. Verfügbar unter: https://www.medico.de/fileadmin/_migrated_/document_media/1/trauma-als-prozess.pdf [28.11.2017]

Brenssell, A. (2014). Traumaverstehen. In A. Brenssell & K. Weber (Hrsg.), *Störungen* (S. 123–150). Hamburg: Argument Verlag.

Egger, J. W. (2005). »Das biopsychosoziale Krankheitsmodell: Grundzüge eines wissenschaftlich begründeten ganzheitlichen Verständnisses von Krankheit«. *Forschung und Lehre*, 16 (2), 3–12.

Fischer, G. & Riedesser, P. (2009). *Lehrbuch der Psychotraumatologie*. München: Reinhardt.

Flatten, G. et al. (2011). »S3- Leitlinie: Posttraumatische Belastungsstörung ICD-10: F43.1«. *Trauma & Gewalt*, 5 (3), 202–208.

Gahleitner, S. B. (2017). *Das pädagogisch-therapeutische Milieu in der Arbeit mit Kindern und Jugendlichen: Trauma- und Beziehungsarbeit in stationären Einrichtungen*. 2., überarbeitete und aktualisierte Aufl. Köln: Psychiatrie Verlag.

Gahleitner, S. & Golatka, A. (2016). Schützende Inselerfahrungen. Psychosoziale Zufluchtsorte als adäquate Antwort auf traumatische Fluchterfahrungen. *Forum Sozialarbeit + Gesundheit*, 2, 6–10.

Gahleitner, S. B. & Pauls, H. (2010). Soziale Arbeit und Psychotherapie. Zum Verhältnis sozialer und psychotherapeutischer Unterstützungen und Hilfen. In W. Thole (Hrsg.), *Grundriss Soziale Arbeit. Ein einführendes Handbuch* (S. 367–374, 3., überarb. Aufl.). Wiesbaden: VS.

Gahleitner, S. B. & Rothdeutsch-Granzer, C. (2016). Traumatherapie, Traumaberatung und Traumapädagogik – ein Überblick über aktuelle Unterstützungsformen zur Bewältigung traumatischer Erfahrungen. *Psychotherapie Forum*, 21(4), 142–148.

Gebrande J. (2014). *Kinder mit sexualisierten Gewalterfahrungen unterstützen. Bedarfsanalyse von pädagogischen Fachkräften in Kindertageseinrichtungen*. Opladen/Berlin/Toronto: Barbara Budrich Verlag.

Gebrande J. (2016). Trauma: Flucht. Traumatisierung von geflüchteten Personen. In *Flucht – Migration und Soziale Arbeit. Eine Handreichung für Sozialarbeitende und Studierende im Arbeitsfeld Asyl und Migration in Anlehnung an den gleichnamigen Fachtag*. Hildesheim: HAWK.

Gebrande, J. (2017). Kritisch ambitionierte Soziale Arbeit mit Frauen, die durch sexualisierte Gewalt traumatisiert wurden. In J. Gebrande, C. Melter & S. Bliemetsrieder (Hrsg.), *Kritisch ambitionierte Soziale Arbeit. Praxeologische Perspektiven*. Weinheim und Basel: Beltz Juventa.

Gebrande, J. (2018). Kritische Impulse zur Trauma-Diagnostik in der Klinischen Sozialarbeit. In S. Bliemetsrieder, K. Maar, J. Schmidt & A. Tsirikiotis (Hrsg.), *Partizipation in sozialpsychiatrischen Handlungsfeldern* (S. 112-126). Esslingen: Hochschule Esslingen (open access).

Gebrande, J., Melter, C. & Bliemetsrieder, S. (Hrsg.) (2017). *Kritisch ambitionierte Soziale Arbeit. Praxeologische Perspektiven*. Weinheim und Basel: Beltz Juventa.

Gräbener, J. (2013). *Umgang mit traumatisierten Patienten*. Köln: Psychiatrie Verlag.

Hantke, L. (2012). Traumazentrierte Arbeit im psychosozialen Feld. Unterschiede und Gemeinsamkeiten von Traumatherapie, -beratung und -pädagogik. In Trauma & Gewalt. Forschung und Praxisfelder, H. 3, 198–205.

Hantke, L. & Görges. H. J. (2012). *Handbuch Traumakompetenz: Basiswissen für Therapie, Beratung und Pädagogik*. Paderborn: Junfermannsche Verlagsbuchhandlung.

Hobfoll, S. E., P. Watson, C. C. Bell, R. A. Bryant, M. J. Brymer, M. J. Friedman, M. Friedman, B. P. R. Gersons, J. T. V. M. de Jong, C. M. Layne, S. Maguen, Y. Neria, A. E. Norwood, R. S. Pynoos, D. Reissman, J. I. Ruzek, A. Y. Shalev, Z. Solomon, A. M. Steinberg & R. J. Ursano (2007). Five Essential Elements of Immediate and Mid-Term Mass Trauma Intervention: Empirical Evidence. *Psychiatry*, 70, 4, 283–315.

Huber, M. (2013). *Wege der Traumabehandlung. Trauma und Traumabehandlung.* Paderborn: Junfermann.

Keilson, H. (1979/2005). *Sequentielle Traumatisierung. Deskriptiv-klinische und quantifizierend-statistische follow-up Untersuchung zum Schicksal der jüdischen Kriegs-waisen in den Niederlanden.* Gießen: Psychosozial-Verlag.

Kühn, M. (2013): »Macht Eure Welt endlich wieder zu meiner!« Anmerkungen zum Begriff der Traumapädagogik. In: J. Bausum et al. (Hrsg.), *Traumapädagogik. Grundlagen, Arbeitsfelder und Methoden für die pädagogische Praxis* (S. 24–37). Weinheim und Basel: Beltz Juventa.

Lang, B., Schirmer, C., Lang, T., Andreae de Hair, I., Wahle, T., Bausum, J., Weiß, W. & Schmid, M. (Hrsg.) (2013). *Traumapädagogische Standards in der stationären Kinder- und Jugendhilfe. Eine Praxis- und Orientierungshilfe der BAG Traumapädagogik.* Weinheim und Basel: Beltz Juventa.

Loch, U. (2012).»Professionelle Beziehungen gestalten mit AdressatInnen nach traumatischen Erfahrungen«. In H. Schulze, U. Loch & S. B. Gahleitner (Hrsg.), *Soziale Arbeit mit traumatisierten Menschen: Plädoyer für eine Psychosoziale Traumatologie* (S. 151–165). Baltmannsweiler: Schneider Verlag.

Mosser, P. & Schlingmann, T. (2013). Plastische Chirurgie an den Narben der Gewalt – Bemerkungen zur Medizinisierung des Traumabegriffs. *Forum Gemeindepsychologie, 18* (1), Verfügbar unter: http://www.gemeindepsychologie.de/fg-1-2013_04.html [12.11.2017]

Nestmann, F. (2002). Verhältnis von Beratung und Therapie. *Psychotherapie im Dialog, 3*(4), 404–409.

Nestmann, F. (2008). Die Zukunft der Beratung in der sozialen Arbeit. *Beratung Aktuell, 9*(2), 72–96.

Reddemann, L. (2008). *Psychodynamisch Imaginative Traumatherapie. PITT – Das Manual.* Stuttgart: Klett-Cotta.

Reddemann, L. & Dehner-Rau, C. (2006).Trauma. *Folgen erkennen, überwinden und an ihnen wachsen.* Stuttgart: Trias.

Scherwath, C. & Friedrich, S. (2014). *Soziale und pädagogische Arbeit bei Traumatisierungen.* München: Ernst Reinhardt Verlag.

Schmid, M., Fegert, J. & Petermann, F. (2010). Aktuelle Kontroverse. Traumaentwicklungsstörung: Pro und Contra. *Kindheit und Entwicklung, 19*(1), 47–63.

Sommerfeld, P. et al. (2016). *Klinische Soziale Arbeit und Psychiatrie: Entwicklungslinien einer handlungstheoretischen Wissensbasis.* Wiesbaden: Springer Verlag.

Staub-Bernasconi, S. (2010). *Soziale Arbeit als Handlungswissenschaft. Systemtheoretische Grundlagen und professionelle Praxis – Ein Lehrbuch* (2. Auflage). Bern/Stuttgart/Wien: UTB.

Walther, C. (2017).»Soziale Arbeit und Psychiatrie«. In J. Bischkopf et al. (Hrsg.), *Soziale Arbeit in der Psychiatrie* (S. 18–37). Köln: Psychiatrie Verlag.

Weiß, W. (2011). *Philipp sucht sein Ich. Zum pädagogischen Umgang mit Traumata in den Erziehungshilfen* (6. Aufl.). Weinheim: Juventa.

Weiß, W. (2013).»Selbstbemächtigung – ein Kernstück der Traumapädagogik«. In J. Bausum et al. (Hrsg.), *Traumapädagogik: Grundlagen, Arbeitsfelder und Methoden für die pädagogische Praxis* (S. 167–181). Weinheim und Basel: Beltz Juventa.

Zito, D. & Martin, E. (2016). *Umgang mit traumatisierten Flüchtlingen. Ein Leitfaden für Fachkräfte und Ehrenamtliche.* Weinheim und Basel: Beltz Juventa.

15 Sozialtherapie mit straffällig gewordenen Menschen

Gernot Hahn

15.1 Theorie und rechtliche Rahmenbedingungen

Die rechtlichen Bedingungen der Behandlung straffällig gewordener Menschen haben sich in den vergangenen 20 Jahren erheblich verändert. Für die Behandlung in Straf- und Maßregelvollzug markiert die Einführung eines Gesetzes »Zur Bekämpfung von Sexualdelikten und anderen gefährlichen Straftaten« im Jahr 1998 eine wichtige Etappe und war Anlass für die weitere Entwicklung. Die rechtlichen Maßnahmen stellen keine reine Strafrechtsverschärfung dar, sondern zielen im Kern auf die Differenzierung des Umgangs mit (vorwiegend) gefährlichen Gewalt- und Sexualstraftätern. Wesentliche Inhalte dieses Gesetzes sind u. a. die Ausformulierung der Voraussetzungen für die Aussetzung einer Strafe zur Bewährung, die Vorgabe der Einholung eines Gutachtens vor der Strafrechtsaussetzung zur Bewährung, die Verlegung und Behandlung von Sexualstraftätern in sozialtherapeutische Anstalten, die Möglichkeit der Therapieweisung bei der Straf- und Strafrestaussetzung zur Bewährung und die Neuformulierung der Entlassbedingungen bei Aussetzung der weiteren Vollstreckung einer freiheitsentziehenden Maßregel nach §§ 63 und 64 StGB. Insgesamt führten die getroffenen Änderungen zu einer Ausweitung und Differenzierung der Führungsaufsicht. Auch in anderen Bereichen des Strafrechts und vor allem des Strafvollzugs haben sich sichtbare Veränderungen ergeben: z. B. die Einführung der elektronischen Aufenthaltsüberwachung (»elektronische Fußfessel«), die Anpassung im Bereich der Sicherungsverwahrung und zuletzt die 2017 übereilt beschlossene Novellierung des Sexualstrafrechts.

Die inhaltlichen Veränderungen in der Straftäterbehandlung lassen sich gut am Aspekt der Entlassbedingungen freiheitsentziehender Maßregeln (§§ 63, 64 StGB) darstellen. Das neue Gesetz zielt auf § 67d Abs. 2 StGB, wo die Voraussetzungen für eine bedingte Entlassung neu formuliert wurden. Die bedingte Entlassung erfolgt seit 1998 nur, »wenn zu erwarten ist, dass der Untergebrachte ... keine rechtswidrigen Taten mehr begehen wird«, also eine umfassende positive prognostische Einordnung möglich ist. Bis 1998 lautete der entsprechende Passus, dass eine Aussetzung dann erfolgen kann, »wenn verantwortet werden kann zu erproben, ob der Untergebrachte ... keine rechtswidrigen Taten mehr begehen wird«. Ein gewisses Restrisiko erneuter Straftaten wurde damit erfasst, die Entlassung insgesamt mit weniger restriktiv formulierten Bedingungen ermöglicht. Die Folge waren eine deutlich zurückhaltendere Entlasspraxis der Maßregelkliniken und eine Verzögerung der Entlassschritte bei gleichzeitig längerer Erprobung der Patienten im Rahmen von Lockerungsmaßnahmen.

Weitere rechtliche Entwicklungsschritte umfassen die Föderalismusreform 2006, in deren Rahmen die Gesetzgebung für den Strafvollzug auf die Länder übergegangen ist, das Urteil des Bundesverfassungsgerichts 2001 (2 BvR 2365/09), das die Behandlung gefährlicher Straftäter in der Sicherungsverwahrung einfordert, und die Reform der Führungsaufsicht 2007, mit der erstmals die Einführung forensischer Nachsorgeambulanzen erfasst wird (Hahn, 2007a). Auch wenn diese Maßnahmen noch keinen Paradigmenwechsel bedeuten (die Behandlung von Straftätern mit dem Ziel der Rückfallprävention hat eine lange Tradition), wurden in Deutschland wichtige Impulse gesetzt, die einen erheblichen Einfluss auf die Intensität und die Vielfalt der Behandlungsansätze nach sich zogen.

15.2 Praxis der Straftäterbehandlung

Die Behandlung straffällig gewordener Menschen orientiert sich an den Zielen Rückfallprävention und Rehabilitation. Anders als bei Psychotherapien ist Kriminaltherapie nicht ausschließlich an der Heilung oder Linderung individueller Leidenszustände orientiert. Sie zielt vielmehr darauf, weitere Straftaten zu verhindern, indem verschiedene internale und externale Kontrollmechanismen vermittelt und verbindlich implementiert werden. Kennzeichen der Straftäterbehandlung sind ein hohes Maß an Kontrolle, die Berücksichtigung von Sicherheitsaspekten und die Unfreiwilligkeit der Maßnahmen: Die Behandlung erfolgt im Zwangskontext von Justiz, Psychiatrie und sozialer Kontrolle (Wagner & Werdenich, 1998), was eine Reihe von Behandlungsproblemen (z. B. Motivation, Widerspruch, Hilfe und Kontrolle) nach sich zieht. Damit besteht ein Bedingungsgefüge, das durch Unfreiwilligkeit und Zwang (Kähler & Zobrist, 2013) gekennzeichnet ist

Ein Grundgerüst für die kriminalpräventive Therapie haben Andrews und Bonta (2010) mit dem Risk-Need-Responsivity-Modell (RNR) entwickelt. Der weit verbreitete Ansatz betont die Notwendigkeit, dass besonders die Täter mit einem hohen Rückfallrisiko (Risk) angesprochen werden müssen und die Behandlungsmaßnahmen die kriminogenen Bedürfnisse der Täter hinsichtlich bestehender Defizite zu berücksichtigen habe (Need). Mit dem Begriff Ansprechbarkeit ist gemeint, inwieweit die Interventionen die Fähigkeiten und Lernstile der Täter ansprechen können (Responsivity). Das Modell geht davon aus, dass acht zentrale Risikofaktoren eine deliktbegünstigende Auswirkung haben (▶ Abb. 15.1). Diese Risikomerkmale erfassen psychische und soziale Aspekte, deren Aufschichtung als psychosoziale Problemlage das individuelle Bedingungsgefüge für die Entstehung kriminellen Verhaltens kennzeichnet und gilt als Planungsgrundlage für die Falleinschätzung und Therapieplanung.

Hanson, Bourgon, Helmus und Hodgson (2009) haben in einer Metaanalyse überprüft, in welchem Ausmaß die Berücksichtigung dieser Prinzipien und Faktoren bei der Behandlung einen Einfluss auf das Rückfallrisiko hat. Die Analyse belegte die Wirksamkeit der RNR-Aspekte: Je mehr dieser Prinzipien berücksichtigt, also in der

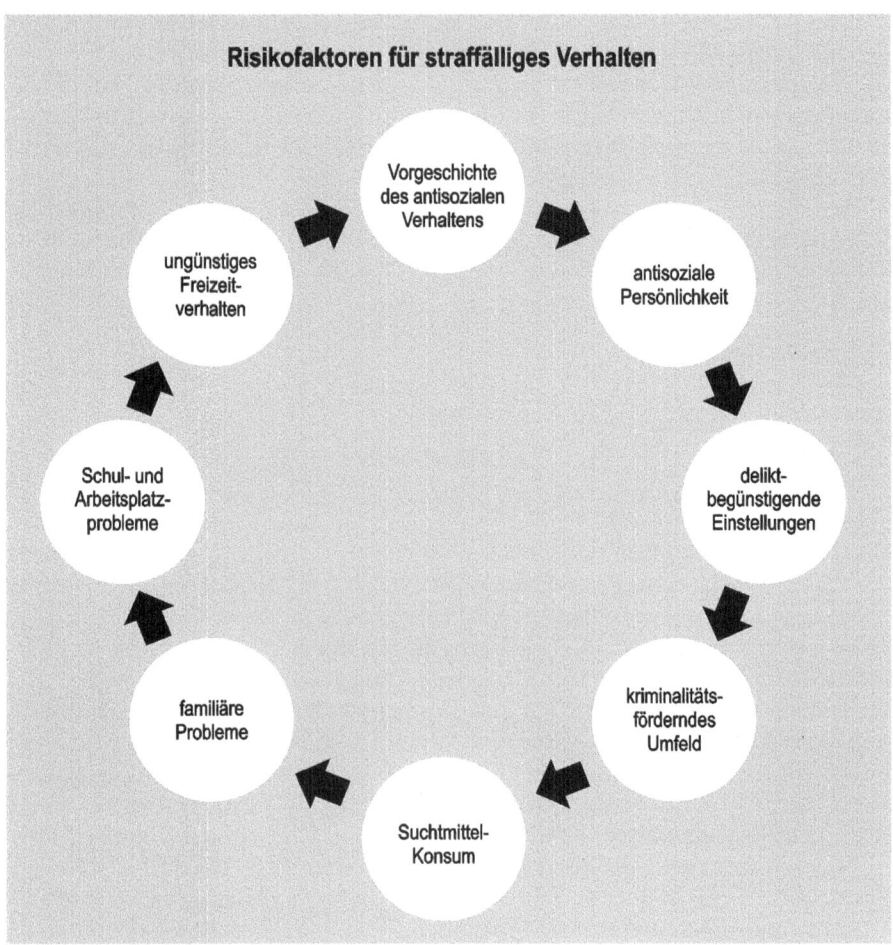

Abb. 15.1: Risikofaktoren für straffälliges Verhalten

Behandlung aufgegriffen wurden, desto stärker konnte das Rückfallrisiko minimiert werden.

Die Behandlung von Straftätern erfolgt im Kontext der Risikominimierung. Diese geschieht durch Psychotherapie, deliktbezogene Interventionsmaßnahmen und störungsbezogene Behandlung (z. B. bei Psychoseerkrankung) sowie durch psychosoziale Interventionen, Resozialisierungs- und Bildungsmaßnahmen, rehabilitative Ansätze und freizeitbezogene Angebote. Ziele sind die direkte Minimierung des Rückfallrisikos und eine allgemeine Verbesserung der Lebensführung durch die Förderung prosozialer Anteile. Stark strukturierte, kognitiv-behavioral ausgerichtete Behandlungsprogramme haben sich als besonders wirksam erwiesen (Schmucker, 2004). Den Kern solcher Behandlungsprogramme bildet eine strukturierte Verhaltensanalyse auf Grundlage der Deliktrekonstruktion. Dabei werden die zur Einweisung und Unterbringung führenden Delikte einer umfassenden Analyse unterzogen und vor allem die Aspekte, die als deliktbegünstigend identifiziert werden können, bearbeitet (Urbaniok, 2003; Hahn, 2008). In dieser Analyse werden einzelne Tatablaufsequenzen berücksichtigt, die als Abfolge von Entscheidungen, in Verbindung mit sozialen Faktoren, Verhaltensweisen, Gedanken, emotionalen, körperlichen und situativen Merkmalen im Sinne eines Deliktzyklus durchgearbeitet werden (▶ Abb. 15.2).

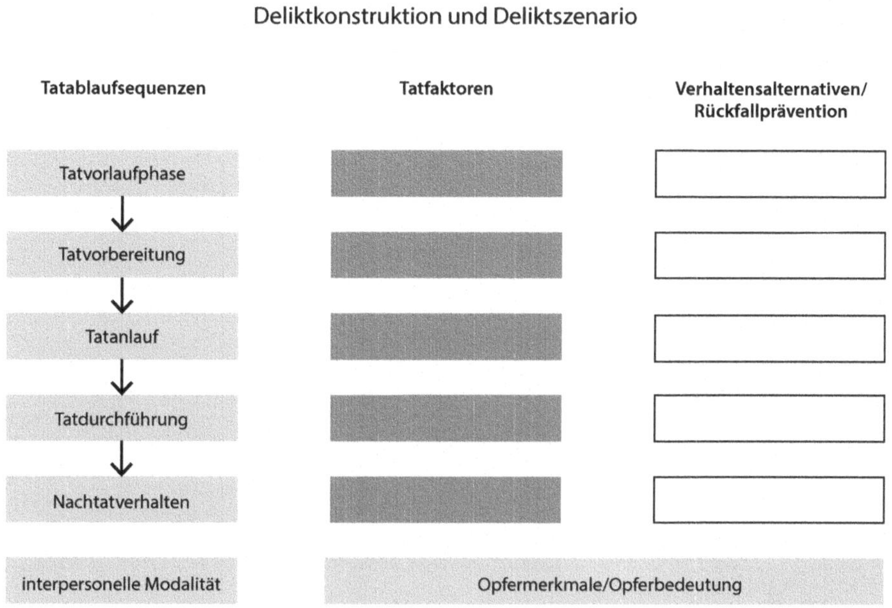

Deliktkonstruktion und Deliktszenario

Tatablaufsequenzen	Tatfaktoren	Verhaltensalternativen/ Rückfallprävention
Tatvorlaufphase		
↓		
Tatvorbereitung		
↓		
Tatanlauf		
↓		
Tatdurchführung		
↓		
Nachtatverhalten		
interpersonelle Modalität	Opfermerkmale/Opferbedeutung	

Abb. 15.2: Deliktrekonstruktion und Deliktszenario

Die spezifischen Tatfaktoren der einzelnen Sequenzen werden als Risikoaspekte bewertet und dienen als Grundlage für die Entwicklung rückfallpräventiver Verhaltensansätze und von Möglichkeiten der (Selbst-)Kontrolle. Straffällig gewordene Menschen lernen dabei, dass die Begehung von Straftaten kein zufälliges Geschehen ist, sondern eine Abfolge von Entscheidungen, Reaktionen und Verhaltensweisen, die von ihnen gesteuert werden können. Die individuellen Deliktmuster und rückfallpräventiven Maßnahmen werden abschließend in einen Rückfallvermeidungsplan (Schmidt-Quernheim & Hax-Schoppenhorst, 2008) integriert. Dieser wird als Anleitung für den Umgang mit deliktbegünstigenden Situationen und zur (Selbst-)Kontrolle im Alltag implementiert. Dieses Vorgehen wird zunächst im stationären Behandlungsrahmen erprobt, gegebenenfalls korrigiert und nach der Entlassung aus Haft oder Unterbringung als Grundlage für die nachsorgende Behandlung genutzt. In diesem Zusammenhang hat sich die strukturierte, verbindliche und auf rehabilitative und rückfallpräventive Aspekte zentrierte Nachsorge (Hahn & Stiels-Glenn, 2010) als erfolgreiche Maßnahme im Rahmen von Straftäterambulanzen erwiesen.

Einen weniger auf Risiko- und Defizitanteile fokussierten Ansatz vertritt das Good-Lives-Modell (GLM) von Ward, Yates und Willis (2012). Es setzt nicht bei Vermeidungszielen an, die auf Risikomerkmale fokussieren, sondern formuliert positive Annäherungsziele und setzt auf die Förderung internaler und externaler Ressourcen des straffällig gewordenen Menschen. Diese finden im Therapieprozess als Protektivfaktoren (vgl. Hahn, 2007b) Beachtung. Die Grundidee dieses Modells ist die Annahme, dass Menschen nach der Erfüllung bestimmter Grundbedürfnisse streben, um ein zufriedenstellendes Leben zu erreichen. Das GLM unterscheidet sog. primäre und sekundäre Güter. Hiermit sind Lebensbereiche gemeint, die für jeden Menschen von Bedeutung sind. Als primäre Güter werden dabei empirisch fundierte Bedürfnisse und Werte verstanden, z. B. das Bedürfnis nach sozialer Verbundenheit und Gemeinschaft, deren Erfüllung von den Menschen angestrebt wird und die eine hohe motivationale Kraft aufweisen. Sekundäre Güter sind in diesem Modell die Mittel zur Erreichung der primären Güter, also konkrete Aktivitäten zur Umsetzung einer langfristigen Lebensplanung. Im Kontext des GLM-Ansatzes werden sekundäre Güter, also Handlungsstrategien, entwickelt, die geeignet sind, solche langfristigen Zielsetzungen zu verwirklichen (Ward et al., 2012; ▶ Tab. 15.1).

Tab. 15.1: Primäre und sekundäre Güter im GLM (nach Ward, Yates & Willis, 2012)

Leben	gesunder Lebensstil, physische Funktionsfähigkeit erhalten	Joggen, gesundes Essen, Meditation, Finanzplan, um regelmäßige Nahrung zu gewährleisten etc.
Wissen	Dinge über sich, die Mitmenschen, die Umwelt verstehen	Fragen stellen, Ausbildung machen, lesen, Austausch mit Fachleuten suchen etc.
Vortrefflichkeit	Kompetenzen in Freizeit und Arbeit, Befriedigung durch Leistung, Verbesserung von Fertigkeiten, Stolz, Individualität	an Wettbewerben teilnehmen, Sportvereine, Hobbys, Weiterbildung, Üben von Abläufen etc.
Autonomie	selbstbestimmt eigene Ziele setzen und verfolgen, selbstständig Entscheidungen treffen, unabhängig sein von anderen	selbstbewusst handeln, andere dominieren, sich selbst reflektieren etc.
innerer Friede	emotionale Ausgeglichenheit, Gefühle wahrnehmen, benennen, regulieren	Musik hören, mit anderen reden, meditieren, Entspannungsübungen, Sport etc.
Verbundenheit	Bindungsbedürfnis. Warme, liebevolle emotional enge Beziehungen zu anderen: PartnerIn, Familie, Freunde, Offenheit, körperlicher Kontakt, gemeinsam Zeit verbringen, Unterstützung, Nähe in Sexualität	Freunde besuchen und einladen, persönliche Themen besprechen, Gefühle zeigen, Kommunikation, Offenheit üben

Tab. 15.1: Primäre und sekundäre Güter im GLM (nach Ward, Yates & Willis, 2012) – Fortsetzung

Leben	gesunder Lebensstil, physische Funktionsfähigkeit erhalten	Joggen, gesundes Essen, Meditation, Finanzplan, um regelmäßige Nahrung zu gewährleisten etc.
Gemeinschaft	Zugehörigkeit zu einer Gruppe mit gleichen Interessen und Werten, Gefühl, in ein soziales Netz integriert zu sein	Engagement in Vereinen, politischen Parteien, Chor, Kirchengemeinde
Spiritualität	einen Sinn oder eine Bedeutung im Leben finden	Zugehörigkeit zu spirituellen Gruppen, sich mit Philosophie beschäftigen o. Ä.
Glück/ Freude	Freude und Spaß haben, sich gut fühlen im Hier und Jetzt, mit dem eigenen Leben einverstanden sein, tiefe innere Zufriedenheit	Genuss von Massagen, Essen, Sex, Aktivitäten, die man nur wegen der Freude selbst durchführt
Kreativität	Neues im eigenen Leben entdecken, neue Wege einschlagen, künstlerisch tätig sein, Neues ausprobieren	Gärtnern, Malen, in Ausstellungen gehen, die Wohnung umräumen, Probleme lösen/tüfteln, Instrument spielen

Orientiert an diesen beiden Modellen sind in den letzten Jahren unterschiedliche Behandlungs- und Rehabilitationsprogramme entstanden. Diese gehen grundsätzlich von einer fallbezogenen Perspektive aus, die auf Grundlage eines individuellen Störungsmodells eine Erklärung für das Deliktverhalten suchen (vgl. Endres, Schwanengel & Behnke, 2012). Die kriminaltherapeutische Einzelfallklärung benennt Ursachen und auslösende Faktoren für das Deliktverhalten einer konkreten Person. Sie fragt, welche erkennbaren Entwicklungen stattgefunden haben und welche deliktrelevanten Muster dabei aufgetreten sind. Die so generierten Delikthypothesen sind Ansatzpunkt für Interventionen, welche dysfunktionale Muster (Denk-, Entscheidungs- und Verhaltensmuster, emotionale Muster) verändern sollen und so möglichst dauerhaft ein deliktfreies Leben ermöglichen sollen. Die als relevant identifizierten auslösenden Faktoren (z. B. spezielle Belastungsmerkmale, Suchtmittelkonsum, Aspekte des Lebensstils) erfahren in der Behandlung eine Modifikation, die auf die Beseitigung von Defiziten, den Erwerb neuer Fähigkeiten, die Verbesserung der Selbstwahrnehmung und Selbstkontrolle abzielen.

Die Wirksamkeit kriminaltherapeutischer Interventionen hängt dabei wesentlich von der Vollständigkeit und angemessenen Beurteilung der zugrunde liegenden individuellen Fallmerkmale ab. Ein idealtypisches System individueller Kriminalitätsfaktoren wurde von Urbaniok (2004/2016) entwickelt. Das Forensisch Operationalisierte Therapie-Risiko-Evaluations-System FOTRES bietet eine Standardisierung zur Falleinschätzung und Risikodiagnostik anhand eines Katalogs von strukturellen Risikofaktoren, der Persönlichkeitsaspekte und spezifische Problembereiche erfasst. Durch die Identifikation der relevanten Deliktfaktoren ermöglicht das System die Formulierung einer umfassenden Delikthypothese, die Ansatzpunkt für kriminaltherapeutische Interventionen ist. Ähnlich diesem sehr differenzierten Modell ist eine Vielzahl weiterer Konzepte aufgebaut (z. B. der Deliktzyklus nach Laws, 1989), die auf Delikteinsicht, Verantwortungsübernahme, die Entwicklung (sozialer) Kompetenzen und die Arbeit mit Rückfallvermeidungsplänen zielen.

Abhängig von den rechtlichen Rahmenbedingungen (z. B. Fragen der Schuldfähigkeit, Suchtmittelabhängigkeit) oder von der Deliktart (z. B. Gewalt- und Sexualdelinquenz) erfolgt die Behandlung von Straftätern in sozialtherapeutischen Einrichtungen (Egg, 2006), im Maßregelvollzug nach §§ 63, 64 StGB (Leygraf, 2006), als Behandlungsangebot im Strafvollzug (z. B. David, Wegner, Mielke & Grein, 2005) oder als ambulante Behandlungsmaßnahme (Hahn & Stiels-Glenn, 2010). Mehrheitlich kommen standardisierte, meist risikoorientierte, kognitiv-verhaltenstherapeutisch ausgerichtete Behandlungsprogramme zur Anwendung (Hahn & Stiels-Glenn, 2010), deren Wirksamkeit durch zahlreiche Studien (Schmucker, 2004) belegt werden konnte.

15.3 Kriminalprognose

Der gesamte Prozess kriminaltherapeutischer Behandlung und Nachsorge wird durch die Notwendigkeit kriminalprognostischer Einschätzungen und Fragestellungen geprägt. Diese treten zu Beginn einer Behandlung (Umfang von Sicherungsmaßnahmen) auf, kehren im weiteren Verlauf (Vollzugslockerungen) sowie bei Beendigung der therapeutischen Bearbeitungsphase (Entlassvorbereitung, Vollzugslockerungen, Bewährung) wieder und stellen sich erneut bei der Nachsorge (Statusüberprüfung, Kriseneinschätzung, Sicherungsmaßnahmen).

Die strukturierte Kriminalprognose fußt zunächst auf der Erhebung statischer und dynamischer Risikofaktoren, die in ihrer Bedeutung für die aktuelle Situation eines (zuvor straffällig gewordenen) Menschen bewertet werden. Grob eingeteilt lassen sich beinahe alle Prognoseverfahren und -instrumente in zwei Gruppen aufteilen: klinische und statistische Prognosemethoden, die entweder empirisch erhobene Zusammenhänge von Merkmalen in ihrer Auftretenswahrscheinlichkeit (statistisch) erfassen oder individuelle und soziale Merkmale in ihrem Ausprägungsgrad (nach klinischem Eindruck, Symptomatik, Situation) berücksichtigen.

Als State of the Art haben sich integrierende Prognoseverfahren erwiesen und etabliert, die ausgehend von statistischen Basiswerten eine individuelle Risikosituation hinsichtlich der Begehung erneuter Straftaten im Zusammenhang mit individuellen Merkmalen (zusätzlich bestehende Risiko- oder Schutzfaktoren) beschreiben (Gretenkord, 2013). Risikoeinschätzungen erfolgen anhand strukturierter, in ihrer Validität überprüfter Prognoseinstrumente. Diese erfassen anlassbezogen die Besonderheit des konkreten Falls hinsichtlich (Täterpersönlichkeit, -merkmale, Delinquenz), der aktuellen Situation (Lebenswelt, Anlass der prognostischen Bewertung) und der abzuschätzenden Perspektiven (abzusehende Entwicklung, sich ankündigende Belastungen, Ressourcen). Sie sollten »1. wissenschaftlich fundierte

Risikofaktoren enthalten, 2. möglichst alle relevanten Risikofaktoren enthalten, 3. es ermöglichen, Maßnahmen zur Reduzierung des Rückfallrisikos einzuleiten und den Anforderungen an die 4. Risikokommunikation sowie 5. Transparenz genügen« (ebd., S. 30). Entsprechend dieser allgemeinen Standards kriminalprognostischer Methoden wurde eine Vielzahl von Instrumenten entwickelt, die z. B. das allgemeine Kriminalitätsrisiko, die besondere Situation jugendlicher Straftäter, die Merkmale von Gewalt- oder Sexualstraftätern oder von Tätern mit antisozialen Persönlichkeitsmerkmalen erfassen und bewerten (Rettenberger & von Franqué, 2013).

15.4 Nach der Behandlung – strukturierte Nachsorge

Auch in der Behandlung straffälliger Menschen hat sich gezeigt, dass die durch intensive therapeutische Bemühungen erzielten Veränderungen und Erfolge einer Weiterbearbeitung und Begleitung im Sinn fachlicher Nachsorge bedürfen. Deliktverhalten, insbesondere in der Form schwerer Gewalt- und Sexualstraftaten, sind oft Ausdruck ausgeprägter Verhaltensmuster, deren dauerhafte Veränderung eher mittel- bis langfristig erreicht werden kann und nicht durch Kurzzeitinterventionen beeinflusst werden kann. Die Umsetzung therapeutisch erarbeiteter neuer Verhaltensstrategien, der Einsatz der oben beschriebenen Präventionsstrategien, die Identifikation neu auftretender Risikokonstellationen und die dann sichere Anwendung von Rückfallvermeidungsstrategien bedürfen der Unterstützung und Kontrolle (vgl. Hahn & Stiels-Glenn 2010). Im Bereich der Straffälligenhilfe haben sich hier beginnend ab den 1990er-Jahren Straftäterambulanzen, zunächst im Feld der Forensischen Psychiatrie, später auch als Fachambulanzen für Haftentlassene etabliert, deren fachliche Expertise (Risikoeinschätzung, nachsorgende Psycho- und Sozialtherapie, Netzwerkarbeit, Krisenintervention) sich günstig auf die Rückfallhäufigkeit und/oder -schwere auswirkt. Neben dieser – weitgehend flächendeckend eingeführten – fachlichen Begleitung kommt es auf die Integration des sozialen Umfelds in die Behandlung und nachsorgende Begleitung an. Die fortlaufende Kontrolle individueller Risiko- und Schutzfaktoren, deren Ausprägungsgrad und Balance, bedarf einer breiteren Etablierung und gelingt erfolgreicher, wenn beispielsweise Rückfallvermeidungspläne mit sozialen Bezugspersonen verknüpft werden können, die in der Lebenswelt der Betroffenen den unmittelbaren Verlauf erleben und eine Rückmeldung an den Betroffenen oder sein fachliches Helfernetz geben können. Allerdings bestehen hier Grenzen hinsichtlich Integration und Belastung von Angehörigen unter dem Aspekt der Rückfallprävention, etwa aus Gründen der (kriminellen) Vorgeschichte, sozialer Belastungsmerkmale oder Loyalitätsaspekte (Hahn, 2014). Sind die Wirkeffekte zu kriminaltherapeutischen Interventionen i. e. S. mittlerweile relativ gut evaluiert, steht hinsichtlich der sozialen Netzwerkarbeit eine empirische Überprüfung derzeit noch weitgehend aus.

15.5 Ausblick

Die Behandlungsmöglichkeiten straffällig gewordener Menschen haben eine erfreuliche Differenzierung erfahren. Sie erfolgen entweder im stationären Rahmen des Straf- oder Maßregelvollzugs oder als ambulante Angebote z. B. für jugendliche Straftäter (Dollinger & Schmidt-Semisch, 2011) und psychisch kranke Straftäter (Hahn & Stiels-Glenn, 2010). Der Fokus dieser Behandlungsformen ist stark auf die Risikomerkmale gerichtet: Straftäterbehandlung ist zunächst die Behandlung der Delinquenz. Die Risikoorientierung dieser Behandlungsprogramme wurde zuletzt als Einengung der Therapieperspektiven kritisiert (z. B. Ward et al., 2012), die dort formulierten Vermeidungsziele (Deliktvermeidung, Risikokontrolle) wirken sich negativ auf die Motivation der Probanden aus, zudem wird der Blick auf Ressourcen und Fähigkeiten der Straftäter vernachlässigt (Hahn & Stiels-Glenn, 2010). Entsprechend sind ressourcenorientierte Methoden in Diagnostik, Therapie und Kriminalprognose stark unterrepräsentiert bzw. bedürfen der weiteren Ausformulierung. Dazu bedarf es verstärkter Forschungsbemühungen, die den Blick auf gelungene Behandlungsverläufe richten (Hahn, 2007b). Die rein statistische Auswertung von Behandlungsprogrammen (Hahn, 2015) wird dafür nicht ausreichend sein. Vielmehr benötigt es die strukturierte Analyse von Einzelfällen und die Darstellung der darin erkennbaren Aspekte, Strukturen und Möglichkeiten. »Gut konzipierte Einzelfallstudien bieten vielfältige Möglichkeiten, Hypothesen zu entwickeln und zu erproben und unser Wissen weiterzuentwickeln. Viele Einzelfälle verdienen daher einen angemessenen methodischen Zugriff, um die Ergebnisse und Schlussfolgerungen, die sie zu liefern imstande sind, optimal vorzubereiten und zu nutzen« (Reicherts & Genoud, 2015, S. 13).

Neben der Betrachtung von Einzelfällen wird es aber auch um die Messung von Gruppeneffekten gehen und dabei um die Frage, inwiefern einzelne Tätergruppen (z. B. Jugendliche, psychisch kranke Straftäter) von Hilfs- und Kontrollmaßnahmen profitieren können. Letztlich stellt sich hier die Frage, welchen Beitrag dazu die Soziale Arbeit leistet. Beispielsweise konnte für einen speziellen Bereich des Jugendstrafvollzugs, den sog. »Warnschuss-Arrest« (Gernbeck, 2017), gezeigt werden, dass verurteilte jugendliche Straftäter mit erheblichen Sozialisationsmängeln und umfangreichen psychosozialen Problemlagen zwar kurzfristig durch solche stationären sozialen Trainingsmaßnahmen erreicht und in diese Angebote integriert werden können, sich aber keine Langzeiteffekte hinsichtlich sozialer Konformität und Straffreiheit ergeben. Offensichtlich besteht nach Abschluss solcher Kurzzeitinterventionen (die in Fachkreisen stark umstritten sind) ein erheblicher psychosozialer Beratungs- und längerfristiger sozialpädagogischer Unterstützungsbedarf, der auf Grundlage der konventionellen Angebote (Bewährungshilfe, Jugendgerichtshilfe) bisher nicht erbracht wird bzw. nicht im erforderlichen Umfang erbracht werden kann.

Andere empirische Befunde weisen auf erhebliche Wirkeffekte hin. So konnte für den Bereich der ambulanten Versorgung psychisch kranker Straftäter (Hahn, 2015) gezeigt werden, dass insbesondere schwer und chronisch schwer beeinträchtigte straffällig gewordene Menschen auch langfristig in stabile soziale Bezüge zu integrieren sind und auch mit häufig auftretenden psychosozialen Krisen ein meist dauerhaft straffreies Leben realisierbar ist.

Letztlich geht es um die Evidenzbasierung kriminaltherapeutischer Praxis, wodurch die Sicherheit der Behandlungsinterventionen erhöht werden kann und von deren Erfolg nicht nur die Gesellschaft profitieren wird, sondern auch die Täter.

Literatur

Andrews, D. A. & Bonta, J. (2010). *The psychology of criminal conduct* (5., überarbeitete und erweiterte Auflage). New Providence: Anderson.

David, K.-P., Wegner, K., Mielke, F. & Grein, N. (2005). *Ambulante Tätertherapie. Arbeit mit Sexual- und Gewalttätern*. Kiel: Beratungsstelle im Packhaus. Zugriff am 15.02.2018 unter http://www.packhaus-kiel.de/images/pdf/Ambulante_Taetertherapie.pdf.

Dollinger, B. & Schmidt-Semisch, H. (Hrsg.). (2011). *Handbuch Jugendkriminalität. Kriminologie und Sozialpädagogik im Dialog* (2., durchgesehene Auflage). Wiesbaden: VS.

Egg, R. (2006). Sozialtherapeutische Anstalt. In H.-L. Kröber, D. Dölling, N. Leygraf & H. Sass (Hrsg.), *Handbuch der Forensischen Psychiatrie. Bd. 3: Psychiatrische Kriminalprognose und Kriminaltheorie* (S. 221–233). Darmstadt: Steinkopff.

Endres, J., Schwanengel, M. F. & Behnke, M. (2012). Diagnostik und prognostische Beurteilung in der Sozialtherapie. In B. Wischka, W. Pecher & H. v. d. Boogaart (Hrsg.), *Behandlung von Straftätern. Sozialtherapie, Maßregelvollzug, Sicherungsverwahrung* (Reihe: Studien und Materialien zum Straf- und Maßregelvollzug, Bd. 26; S. 101–122). Freiburg: Centaurus.

Gernbeck, U. (2017). *Stationäres soziales Training im (Warnschuss-)Arrest. Implementation und Evaluation eines Modellprojekts in Baden-Württemberg* (Reihe: Schriften zur Kriminologie, Bd. 8). Baden-Baden: Nomos.

Gretenkord, L. (2013). Warum Prognoseinstrumente? In M. Rettenberger & F. v. Franqué (Hrsg.), *Handbuch kriminalprognostischer Verfahren* (S. 19–36). Göttingen: Hogrefe.

Hahn, G. (2007a). Anmerkungen zur Reform der Führungsaufsicht aus Sicht des Maßregelvollzugs. *Neue Kriminalpolitik. Forum für Praxis, Recht und Kriminalwissenschaften, 19*, 1, 7–10.

Hahn, G. (2007b). *Rückfallfreie Sexualstraftäter. Salutogenetische Faktoren bei ehemals im Maßregelvollzug behandelten Patienten* (Reihe: Forschung für die Praxis – Hochschulschriften). Bonn: Psychiatrie-Verlag.

Hahn, G. (2008). Behandlung der Sexualdelinquenz. In DBH-Fachverband für Soziale Arbeit, Strafrecht und Kriminalpolitik (Hrsg.), *Betreuung und Kontrolle von gefährlichen Straftätern. Prävention von Rückfällen* (Reihe: DBH-Materialien, Bd. 61; S. 95–110). Köln: DBH.

Hahn, G. (2014). Zwischen Belastung, Hilfen und Resozialisierung. Angehörige von Straffälligen. In S. B. Gahleitner, G. Hahn & R. Glemser (Hrsg.), *Psychosoziale Interventionen* (Reihe: Klinische Sozialarbeit – Beiträge zur psychosozialen Praxis und Forschung, Bd. 6; S. 158–169). Köln: Psychiatrie-Verlag.

Hahn, G. (2015). Stichtagserhebung Forensische Ambulanzen in Deutschland. In G. Hahn & M. Hüttemann (Hrsg.), *Evaluation psychosozialer Interventionen* (Reihe: Klinische Sozialarbeit – Beiträge zur psychosozialen Praxis und Forschung, Bd. 7; S. 109–124). Köln: Psychiatrie Verlag.

Hahn, G. & Stiels-Glenn, M. (Hrsg.). (2010). *Ambulante Täterarbeit. Intervention, Risikokontrolle und Prävention*. Bonn: Psychiatrie-Verlag.

Hanson, R. K., Bourgon, G., Helmus, L. & Hodgson, S. (2009). *A meta-analysis of the effectiveness of treatment for sexual offenders: Risk, need and responsivity*. Ottawa: Public Safety Canada.

Zugriff am 15.02.2018 unter https://www.publicsafety.gc.ca/cnt/rsrcs/pblctns/2009-01-trt/ 2009-01-trt-eng.pdf.

Kähler, H. D. & Zobrist, P. (2013). *Soziale Arbeit in Zwangskontexten: Wie unerwünschte Hilfe erfolgreich sein kann* (2., überarbeitete Auflage). München: Reinhardt.

Laws, D. R. (1989). *Relapse prevention with sex offenders.* New York: Guilford.

Leygraf, N. (2006). Psychiatrischer Maßregelvollzug (§ 63 StGB). In H.-L. Kröber, D. Dölling, N. Leygraf & H. Sass (Hrsg.), *Handbuch der Forensischen Psychiatrie. Bd. 3: Psychiatrische Kriminalprognose und Kriminaltheorie* (S. 193–221). Darmstadt: Steinkopff.

Reicherts, M. & Genoud, P. A. (2015). Vorwort. In M. Reicherts & P. A. Genoud (Hrsg.), *Einzelfallanalysen in der psychosozialen Forschung und Praxis* (Reihe: Schriften zur psychosozialen Gesundheit; S. 13–14). Coburg: ZKS-Verlag. Zugriff am 15.02.2018 unter http://www.zks-verlag.de/files_s620_e2325_o24540_0_size_o_reicherts-genoud-hrsg.-einzelfallanalysen-in-der-psychosozialen-forschung-und-praxis.pdf.

Rettenberger, M. & Franqué, F. v. (Hrsg.). (2013). *Handbuch kriminalprognostischer Verfahren.* Göttingen: Hogrefe.

Schmidt-Quernheim, F. & Hax-Schoppenhorst, T. (2008). *Professionelle forensische Psychiatrie. Behandlung und Rehabilitation im Maßregelvollzug* (Reihe: Psychiatrische Pflege; 2., vollständig überarbeitete und erweiterte Auflage). Bern: Huber.

Schmucker, M. (2004). *Kann Therapie Rückfälle verhindern? Metaanalytische Befunde zur Wirksamkeit der Sexualstraftäterbehandlung* (Reihe: Studien und Materialien zum Straf- und Maßregelvollzug, Bd. 22). Herbolzheim: Centaurus.

Urbaniok, F. (2003). Der deliktorientierte Therapieansatz in der Behandlung von Straftätern – Konzeption, Methodik und strukturelle Rahmenbedingungen im Zürcher PPD-Modell. *Psychotherapie Forum, 11,* 4, 1–12. Zugriff am 15.02.2018 unter http://www.iotschweiz.ch/index.cfm?action=act_getfile&doc_id=100055&spr=de.

Urbaniok, F. (2016). *FOTRES. Forensisches Operationalisiertes Therapie-Risiko-Evaluations-System. Diagnostik, Risikobeurteilung und Risikomanagement bei Straftätern* (3., vollständig aktualisierte und erweiterte Auflage). Berlin: MWV (Erstauflage erschienen 2004).

Wagner, E. & Werdenich, W. (Hrsg.). (1998). *Forensische Psychotherapie. Psychotherapie im Zwangskontext von Justiz, Medizin und sozialer Kontrolle.* Wien: Facultas.

Ward, T., Yates, P. M. & Willis, G. M. (2012). The good lives model and the risk need responsivity model. A critical response to Andrews, Bonta and Wormith (2011). *Criminal Justice and Behavior, 29,* 1, 94–110. Zugriff am 15.02.2018 unter https://www.researchgate.net/publication/254082894.

16 Fallbeispiele zur Kooperation von Psychotherapie/neuropsychologischer Therapie und Sozialer Arbeit bei neurologischen Erkrankungen

Alexander Thomas und Marilena de Andrade

Menschen mit Behinderung haben Anspruch auf Eingliederungshilfe durch Leistungen zur sozialen Teilhabe.

> »Leistungen zur Sozialen Teilhabe werden erbracht, um eine gleichberechtigte Teilhabe am Leben in der Gemeinschaft zu ermöglichen oder zu erleichtern (...). Hierzu gehört, Leistungsberechtigte zu einer möglichst selbstbestimmten und eigenverantwortlichen Lebensführung im eigenen Wohnraum sowie in ihrem Sozialraum zu befähigen oder sie hierbei zu unterstützten« (§ 76 SGB IX n. F.).

Diese Hilfeleistungen sind in der Regel maßgeblich eingebettet in Unterstützungen von MitarbeiterInnen aus der Sozialen Arbeit. Durch die Psychiatrie-Enquête 1975 haben sich auf dieser gesetzlichen Grundlage psychosoziale Leistungen in differenzierter Form für Menschen mit psychischen Erkrankungen und seelischer Behinderung entwickelt (Heim, Heißler, Prins & Zechert, 2017).

Ebenso kann Eingliederungshilfe im Rahmen der Behindertenhilfe als Finanzierung dienen, um neurokompetente psychosoziale Beratung, Begleitung und Unterstützung für Menschen mit neurologischen Erkrankungen anzubieten (DVfR, 2013). So können Personen mit neurologischen Erkrankungen, wie z. B. schwer einstellbaren Epilepsien, neurokompetent in ihrer Gesundheitssorge beraten, begleitet und unterstützt werden.

Seit 2012 können neuropsychologische Therapien als ambulante SGB V-Leistung erbracht werden (BMG, 2012).[18]

Wenn bei KlientInnen in psychotherapeutischen oder neuropsychologischen Behandlungen psychosoziale Problemlagen im Vordergrund stehen und die soziale Teilhabe einschränken, bietet es sich an, Soziale Arbeit mit in den Hilfeprozess einzubinden. Konkrete Beispiele für die Aufgaben, die SozialarbeiterInnen, sind – eingebettet in eine umfassende und netzwerkorientierte psychosoziale Versorgung – Hilfe bei der Schuldenregulierung, Umgang mit Finanzen und Behördenangelegenheiten, Begleitung bei der Alltagsstrukturierung, Hilfe in Wohnangelegenheiten sowie Unterstützung in der Gesundheitssorge. Umgekehrt empfiehlt es sich natür-

---

18 »Die neuropsychologische Diagnostik und Therapie dient der Feststellung und Behandlung von hirnorganisch verursachten Störungen geistiger (kognitiver) Funktionen, des emotionalen Erlebens, des Verhaltens und der Krankheitsverarbeitung sowie der damit verbundenen Störungen psychosozialer Beziehungen. Ziel ist es, die aus einer Schädigung oder Erkrankung des Gehirns resultierenden und krankheitswertigen kognitiven, emotionalen und motivationalen Störungen sowie die daraus folgenden psychosozialen Beeinträchtigungen und Aktivitätseinschränkungen der Patientin oder des Patienten zu erkennen und zu heilen oder zu lindern« (BMG, 2012, § 1).

lich genauso, psychotherapeutische wie neuropsychologische Therapieangebote zur Krankheitsbewältigung, Krankheitsverarbeitung, zur neuropsychologischen Diagnostik und Therapie mit in den Sozialarbeitskontext zu integrieren. Eine inter- und transdisziplinäre Zusammenarbeit in der Begleitung und Behandlung der KlientInnen ist hier von immens hoher Relevanz und ermöglicht Schritte für und mit Betroffenen, die nicht ohne enge Kooperation möglich sind. Die nachfolgenden Fallbeispiele in diesem Kapitel untermauern diese These.

16.1 Gesundheitsbezogene Soziale Arbeit im Unterstützten Wohnen für Menschen mit Epilepsien

Im Praxisalltag kann festgestellt werden, dass langjährige Epilepsien mit geringen bis keinen Therapieerfolgen in der Regel zu einem hohen Unterstützungsbedarf in der Sozialen Arbeit führen. Neben der Relevanz einer Diagnose und Therapie für die Lebensqualität ist auch die Aufklärung über die Folgen der Krankheit und deren Auswirkung auf das Alltagsleben zentral (Elger & Berkenfeld, 2017).

Darüber hinaus haben an Epilepsie erkrankte Menschen eine erhöhte psychiatrische Komorbidität (Schmitz & Schöndienst, 2006).

In einer epilepsiespezifischen Begleitung müssen dementsprechend hohe Sicherheitsaspekte und psychosoziale Problematiken der Erkrankung (also negative Auswirkung auf das soziale Leben wie Familie, Beruf, Partnerschaft, Schule etc.) in der alltagsorientierten Hilfe an sich berücksichtigt werden. Aufgrund der Komplexität von Epilepsien sind bei langjährigem Krankheitsverlauf auch häufig psychiatrische Thematiken zu berücksichtigen, die eine Zusammenarbeit mit erfahrenen PsychotherapeutInnen im Bereich neurologischer Erkrankungen unabdingbar machen. Was eine solche ineinandergreifende Kooperation von Psychotherapie und Sozialer Arbeit bewirken kann, zeigt das folgende Fallbeispiel von Frau Z., der letztendlich der Weg in die Selbstständigkeit über einen Zeitraum von zwölf Jahren gelingt.

Frau Z. lebt in einer stationären Wohngemeinschaft (WG) für Menschen mit Epilepsie. Ein zentraler Bereich ihrer Hilfe ist die bezugssozialarbeiterische und pädagogische Begleitung in gesundheitlichen Belangen. Dazu gehört die psychosoziale Beratung im Umgang mit der Erkrankung, die Unterstützung und Begleitung bei epileptischen Anfällen, die damit zusammenhängende Berücksichtigung von Sicherheitsaspekten, das gemeinsame Wahrnehmen von Terminen bei ÄrztInnen und die Hilfe in der Umsetzung der ärztlichen Verordnungen.

Eine konkrete und anschauliche Hilfemaßnahme ist bei Frau Z. das Führen eines sogenannten Anfallkalenders. Nach jedem epileptischen Anfall werden hier mögliche Auslöser gemeinsam mit den SozialarbeiterInnen festgestellt und dabei Anzeichen reflektiert, die auf einen anstehenden Anfall hätten deuten können. Aufgrund dieser regelmäßigen Reflexion kann dann herausgearbeitet werden, wie folgende Anfallssituationen besser bewältigt werden könnten. Unterstützend bei diesem Prozess sind die Elemente der »Anfallselbstkontrolle« (Reker, 2014, S. 14) aus der begleitenden Psychotherapie, die so in den Alltag transferiert werden können.

Aufgrund einer hohen Anfallsfrequenz mit sowohl komplex fokalen epileptischen Anfällen[19] als auch dissoziativen nicht epileptischen Anfällen unterbricht ein stationärer Aufenthalt in einer psychosomatischen Epileptologie ihren Aufenthalt in der WG für kurze Zeit. Nach medikamentösen Umstellungen und psychotherapeutischer Behandlung wird Frau Z. dann jedoch anfallsfrei aus der Klinik entlassen, was zu einer entscheidenden Wende und einer zunehmenden Stabilisierung führt.

Durch die folgenden kontinuierlichen Unterstützungen kann sie aufgrund arbeitsorientierter Projektarbeit in der WG zunehmend praktische Arbeiten durchführen. Diese Fähigkeit verhilft ihr zum Einstieg in die Teilhabe am Arbeitsleben: Frau Z. gelingt der Schritt in eine Werkstatt für Menschen mit Behinderungen. Auch in diesem neuen Setting wird sie stets von ihrer Psychotherapie begleitet, in der Probleme aus ihrem Alltag bearbeitet werden können; genauso erfährt sie in der WG sozialpädagogische Unterstützung darin, die Methoden, die sie in den therapeutischen Sitzungen zum Umgang mit Konflikten besprochen und erlernt hat, regelmäßig anzuwenden. So schafft es Frau Z. mit der Zeit immer besser, die Übungen tatsächlich in ihren Alltag zu integrieren und sie situativ bei realen Konflikten einzusetzen.

Nach mehreren Jahren kann der nächste Schritt in eine eigene Wohnung im ambulant Unterstützten Wohnen erfolgen. Aufgrund weiterer stetiger Stabilisierungen geht Frau Z. einige Jahre später die nächste Stufe in Richtung Selbstständigkeit und wechselt in die Ausbildung einer Integrationsfirma. Danach schafft sie sogar noch den finalen Schritt einer Festanstellung auf dem allgemeinen Arbeitsmarkt. Dieser Schritt in die Selbstständigkeit kann zum großen Teil als Ergebnis der kooperativen und produktiven Zusammenarbeit von Psychotherapie und Sozialer Arbeit angesehen werden.

16.2 Gesundheitsbezogene Soziale Arbeit im Unterstützten Wohnen für Menschen mit erworbenen Hirnschädigungen

In diesem Abschnitt wird der Fokus auf die Unterstützung von Menschen gerichtet, die an einer erworbenen Hirnschädigung leiden. Auch wenn der Arbeitskontext (UW)

---

19 Bei einfachen fokalen Anfällen tritt keine Bewusstseinsstörung auf. Im Gegensatz dazu ist bei komplex-fokalen Anfällen das Bewusstsein in unterschiedlich großem Ausmaß betroffen.

derselbe ist, verschiebt sich die Ausrichtung der alltäglichen Arbeit doch sehr deutlich. Da das Gehirn ein zentrales Steuerungsorgan für kognitive Leistungen, Wahrnehmung, Willkürbewegungen und Emotionen ist, führen Hirnschädigungen entsprechend ihrer Lokalisation zu neuropsychologischen Krankheitsbildern und Störungen (Fries & Reuther, 2017). Im Gegensatz zur Begleitung von Menschen mit Epilepsie, in der oftmals die Zusammenarbeit mit PsychotherapeutInnen zentral ist, spielt hier also die wechselseitige Kooperation mit NeuropsychologInnen eine tragende Rolle.

Soziale Arbeit kann Personen mit erworbener Hirnschädigung in diesem klinischen Kontext in einem spezifischen, neurokompetenten Angebot nach der stationären Rehabilitation wohnortnah in der eigenen Wohnung unterstützen, sodass einer weiteren stationären Unterbringung vorgebeugt wird.

Im nun folgenden Beispiel werden Möglichkeiten des Unterstützten Wohnens für Menschen mit erworbener Hirnschädigung als Bestandteil der kontextsensitiven Neurorehabilitation in der Phase E (Bundesarbeitsgemeinschaft für Rehabilitation, 2013) beschrieben. »Kontextsensitiv meint, die Patienten in der Neurorehabilitation in ihrer sozialen und biografischen Lebenswelt zu sehen und die Aufgaben und Therapien auf die Teilhabe an den verschiedenen Lebenswelten auszurichten« (Frommelt & Grötzbach, 2010). Nach der stationären Neurorehabilitation kann gesundheitsbezogene Soziale Arbeit den Transfer von therapeutischen Inhalten in den konkreten Alltag unterstützen.

> Frau S. zeigt in Folge eines Schlaganfalls deutliche Beeinträchtigungen in Gedächtnisleistungen und in den damit zusammenhängenden ausführenden Handlungen auf. Als sich finanzielle Problematiken, Konflikte mit ihrem Vermieter und allgemein anderen behördlichen Bereichen häufen, vermittelt sie ihre behandelnde Neuropsychologin daraufhin in das Unterstützte Wohnen, um sie besser mit ihren Aufmerksamkeitsdefiziten, ihrer emotionalen Selbstkontrolle und der Bewältigung ihres Alltages aufzufangen.
>
> Neben der Begleitung durch SozialarbeiterInnen im Unterstützten Wohnen werden mit ihr in der neuropsychologischen Therapie alltagsorientierte Übungen (Gedächtnishilfen, direktes Eintragen von abgesprochenen Terminen ins Smartphone, das Führen eines Gedächtnisbuches) entwickelt, darüber hinaus werden jedoch auch ihre Bewältigung der plötzlichen schweren Erkrankung und deren Folgen thematisiert und aufgearbeitet.
>
> Außerhalb ihrer Therapie werden die darin behandelten Übungen weitergeführt, da eine enge Zusammenarbeit durch regelmäßigen Austausch ermöglicht wird. So kann Frau S. beispielsweise an das Eintragen von Terminen erinnert und in der Umsetzung der Wochenplanung unterstützt werden, die bereits in der neuropsychologischen Therapie besprochen wurden. Die Beratung und Begleitung durch die Fachkräfte im Alltag können das Hilfespektrum mit weiteren notwendigen Aktivitäten ergänzen. Hierzu gehören die Gestaltung der Wohnung, die notwendigen Klärungen mit dem Vermieter, Termingestaltungen in der Beantragung und Bearbeitung von Anträgen auf Grundsicherung. Ebenso werden die Einnahmen und Ausgaben konkret aufgelistet, um den Umgang mit Geld zu verbessern. Zur Bearbeitung der Schuldenregulierung wird mit der Schuldnerberatung zusammengearbeitet.

16.3 Reha-Management für Menschen mit erworbener Hirnschädigung zur beruflichen Reintegration

Neben dem oben erwähnten Anspruch auf Leistungen zur sozialen Teilhabe haben versicherte Personen in Deutschland nach einem Unfall oder einer Erkrankung Anspruch auf Leistungen zur Teilhabe am Arbeitsleben, wenn sie ihre bisherige berufliche Tätigkeit nicht mehr ausüben können. Für Betroffene von Hirnschädigungen gibt es aufgrund der Intensität und Langwierigkeit der Betreuung ein spezialisiertes ambulantes betrieblich orientiertes Reha-Management. Dieses nennt sich Reha-Management für Menschen mit erworbenen Hirnschädigungen zur Beruflichen Reintegration. Durch diese Hilfen werden betriebliche Umschulungen aufgrund vielfältiger individueller, krankheitsbezogener Unterstützung möglich. Der Fall von Herrn N. wird dieses Angebot näher beleuchten.

Herr N. leidet an einer frühkindlichen Epilepsie, die ihn aber in seinem beruflichen und privaten Alltag in keiner Weise beschränkt. Aufgrund eines entzündlichen Prozesses im Gehirn treten jedoch plötzlich komplex fokale Anfälle in Form einer symptomatischen Epilepsie auf. Die Ursache für die Anfälle ist also die Folge des entzündlichen Prozesses, in der auch das Bewusstsein gestört ist. Dies hat zur Folge, dass die weitere Ausübung seines Berufes als Elektrikergeselle durch den Betriebsarzt untersagt wird, da die Gefährdung während seiner Anfälle für das Arbeiten in Höhen als zu hoch eingestuft wird.

Der Verlust des Berufs verändert das Leben von Herrn N. grundlegend. Innerhalb kürzester Zeit verliert er jeglichen Halt. Zwei Jahre lang muss er immer wieder in stationäre Kliniken eingewiesen werden, ist kaum noch sozial eingebunden und bleibt aufgrund der komplexen Erkrankung mit psychosozialen Problemlagen sehr auf die Hilfe der Familie angewiesen.

Als Herr N. nach einem seiner Klinikaufenthalte durch eine Neuropsychologin an das Unterstützte Wohnen vermittelt wird, kann das oben genannte spezielle Angebot des Reha-Managements beginnen.

Am Anfang der Rehamaßnahme erfolgt ein Erstgespräch mit dem Versicherten und seiner Mutter. Aufgrund der komplexen Erkrankung werden grundsätzlich nach Möglichkeit Angehörige mit einbezogen, da diese in der beruflichen und sozialen Anamnese wichtige Informationen einbringen können. Herrn N.s Mutter berichtet, dass ihr Schwierigkeiten bei seiner Gedächtnisleistung und Merkfähigkeit im Alltag auffallen. Daraufhin folgt eine Kontaktaufnahme zu der behandelnden Neuropsychologin aus der Epilepsieklinik, um anamnestische Informationen zu generieren, die die folgende Maßnahme besser planbar machen. Gleichzeitig wird eine psychologische Testung zur möglichen neuen Berufsfindung durchgeführt.

Im Kontakt zur Neuropsychologin des Epilepsiezentrums stellt sich heraus, dass kein Fortschreiten der Erkrankung ersichtlich ist: Der Gesundheitszustand von Herrn N. hat sich stabilisiert. In den Testergebnissen können keine gravierenden neuropsychologischen Störungen festgestellt werden, aber insgesamt ist deutlich, dass sich seine Gedächtnisleistung in der Zeit zwischen Beruf und Maßnahmebeginn verschlechtert hatte. Die Unterforderung im Alltag könnte hierfür eine Erklärung sein.

Sehr zentral für den weiteren Hilfeverlauf ist die Bestätigung, dass die aktuelle, gut eingestellte Medikation von Herrn N. unproblematisch für eine Umschulung ist. Bildschirmarbeiten könne Herr N. ausführen, ebenso sei eine betriebliche Umschulung denkbar, wenn er Hilfe bekäme, um leichter in eine Routine und Selbstständigkeit zurückzufinden. Außerdem gibt sie den Hinweis, dass das Einleiten einer Neuropsychologischen Therapie sinnvoll sei, sobald Herr N. Defizite bei der Strukturierung und der Gedächtnisleistung aufweise.

Nun kann der zweite Teil der Maßnahme beginnen. Die Reha-Beratung des Kostenträgers erteilt Herrn N. eine Bewilligung zu ambulanten betrieblich orientierten Arbeitserprobungen im Bereich Fachinformatik, Informationselektronik und Groß- und Einzelhandelskaufmann.

Zum einen bestehen diese Arbeitserprobungen aus einem Bewerbungscoaching in einer Berufsakademie, in der in Einzelarbeit Kundengespräche trainiert werden und in denen Förderunterricht in Gruppen stattfindet. Zum anderen sind die Beratung und Begleitung durch bezugspädagogische Fachkräfte bei der Praktikumssuche und bei Arbeitsplatzgesprächen vorgesehen. Bei den Gesprächen am potenziellen Arbeitsplatz werden ArbeitgeberInnen bezüglich der Erkrankungen beraten und das Arbeitsverhalten im Praktikum regelmäßig gemeinsam reflektiert.

Sowohl in den Praktikumsstellen als auch in der Fortbildungsakademie, die Herr N. besucht, wird schnell deutlich, dass er gravierende Defizite in der Kommunikation zeigt. Deshalb tritt nun der empfohlene Schritt der vorherigen Neuropsychologin ein und er beginnt mit einer neuropsychologischen Therapie.

Hier wird deutlich, dass er an einer nicht aphasischen Kommunikationsstörung[20] bei gleichzeitig guter Dauerbelastbarkeit und durchschnittlichem Gedächtnis leidet. Auch wenn somit keine Aphasie vorliegt, ist das Verständlichmachen von Sachverhalten für Herrn N. ziemlich schwer. Die nicht aphasische Kommunikationsstörung erklärt seine Beeinträchtigungen im Kommunikationsverhalten und Textverstehen und damit auch die Schwierigkeiten im Praktikum. Trotzdem kann Herr N. als umschulungsfähig eingestuft werden. Deshalb wird mit ihm intensiv daran gearbeitet, sich klarer auszudrücken, relevante Informationen besser zu erkennen, Verallgemeinerungen stets zu präzisieren und das Vorwissen der GesprächspartnerInnen in Kommunikationen zu berücksichtigen. Ziel ist es, sprachliche Analysen von Texten machen zu können und durch genaues Lesen richtig schlussfolgern zu können.

Ein großer Vorteil ist, dass Herr N. sehr gute praktische Fertigkeiten besitzt, die seine Schwierigkeiten in der Kommunikation kompensieren. Deshalb wird

---

20 Aphasien sind erworbene Sprachstörungen. Nicht aphasische Kommunikationsstörungen sind durch kognitive Beeinträchtigungen in der Kommunikation gekennzeichnet, ohne dass klassische aphasische Symptome vorliegen.

ihm nach der betrieblichen Erprobung die Umschulung zum Fahrradmonteur angeboten. Die Reha-Beraterin des Kostenträgers bewilligt bis zum Beginn der Umschulung einen Reha-Vorbereitungslehrgang im Rahmen des Reha-Managements für sechs Monate, um diese vorzubereiten. Das Einzelcoaching wird in diesem Schritt weitergeführt, damit ein enger und regelmäßiger Kontakt mit Herrn N. zum Umschulungsbetrieb gewährleistet ist. Ebenso erfolgt Einzel- und Gruppenunterricht zur Vorbereitung der Inhalte in der Berufsschule. Mit Beginn der Umschulung findet weiterhin Einzelcoaching und regelmäßiger Kontakt zur Berufsschule und zum Ausbildungsbetrieb statt. So können Missverständnisse in der Kommunikation oder mögliches defizitäres Leistungsvermögen frühzeitig aufgedeckt und gemeinsame Lösungswege erarbeitet werden. Bei auftauchenden Schwierigkeiten in bestimmten Unterrichtsfächern kann darüber hinaus kurzfristig durch entsprechenden individuellen Stützunterricht interveniert werden.

Mit diesem Schritt findet Herr N. in neue, aber stabile Arbeits- und Alltagsverhältnisse zurück und kann trotz der vielen Umstellungen in seinem Leben wieder deutlich selbstständiger sein.

Dass er selbst mit so großen Hürden in den Arbeitsalltag zurückzukehren konnte, kann natürlich zum einen dem hervorragenden Zusammenspiel unterschiedlicher Disziplinen zugesprochen werden. Nicht zu vernachlässigen ist jedoch seine eigene Motivation und Stärke zur Mitarbeit bei all den schwierigen und neuen Schritten.

16.4 Behandelnde Klinische Sozialarbeit im interdisziplinären Kontext

Mit dem folgenden Fallbeispiel soll verdeutlicht werden, wie zentral es gerade bei komplexen Erkrankungen ist, mit niedrigschwelligen Hilfen zu arbeiten.

Frau X. ist bei Aufnahme in das Unterstützte Wohnen 60 Jahre alt und hat infolge einer Encephalitis[21] eine symptomatische Epilepsie und deshalb ein neurologisch bedingtes fehlendes Störungsbewusstsein. Da sie fast tägliche Anfallsserien erleidet und demnach eine deutlich intensivere Betreuung bräuchte, wird ihr eine Aufnahme in ein Altersheim empfohlen, was sie jedoch ablehnt, da sie unter keinen Umständen ihre Selbstständigkeit aufgeben möchte und nicht einsehen kann, in welchem Risiko sie sich befindet, wenn sie ohne Hilfe starke Anfälle erleidet. Deshalb ermöglicht ihre rechtliche Betreuerin mithilfe des Pflegedienstes und des Unterstützten Wohnens eine Rückkehr in ihre eigene Wohnung.

---

21 Entzündung des Gehirns

Einige der dann folgenden Eingriffe in ihre Privatsphäre durch die pädagogischen Fachkräfte (Hilfen beim Einkaufen, Reinigung der Wohnung, Regelung der Finanzen und ihrer Freizeitgestaltung etc.) können von Frau X. angenommen werden. Weiterhin stoßen ihre UnterstützerInnen jedoch regelmäßig an Grenzen, wenn es um Themen geht, in denen sie die Gefahr sieht, weiter in ihrer Selbstständigkeit eingeschränkt zu werden. Die Unmöglichkeit, mit ihrer Erkrankung Auto zu fahren, ist zum Beispiel ein Konflikt, genauso wie Themen der Selbstgefährdung, wenn ein Notfall durch eine Anfallsserie vorliegt. Frau X. möchte selbst in solchen Akutsituationen teilweise nicht zur notwendigen stationären Behandlung gehen, obwohl es in mehreren Fällen lebensnotwendig scheint. Sehr zentral nach solchen Notfallsituationen sind dann die gemeinsame Reflexion und das Abwägen des Grades der Selbstbestimmung im Verhältnis zur Notwendigkeit einer stationären Akutbehandlung.

Durch die regelmäßige psychosoziale Begleitung über einen langen Zeitraum kann Frau X. jedoch zunehmend Vertrauen aufbauen und die Grenzen, die von außen gesetzt werden, besser annehmen. In gemeinsamen Kontakten mit dem Pflegedienst und der rechtlichen Betreuerin können nach und nach Schritte erarbeitet werden, die notwendig sind, um ihrem weiterhin großen Wunsch nach Selbstständigkeit Rechnung zu tragen. Im ersten Schritt wird die Anzahl der Hausbesuche durch den Pflegedienst regelmäßig verringert, bis dieser gar nicht mehr kommen muss. Im zweiten Schritt stellt sie in Absprache mit der rechtlichen Betreuerin einen Antrag, um die rechtliche Betreuung zu beenden, der bewilligt wird. Einige Zeit später schafft sie tatsächlich auch den letzten Schritt in die vollständige Eigenständigkeit zurück. Ihr gelingt damit ein Schritt, der wie ein Wunder wirkt, wenn man bedenkt, dass sie, wenn sie ihren Willen nicht durchgesetzt hätte, schon Jahre im Altersheim gelebt hätte.

Zum Ende aller Hilfen kann sie zurückmelden, dass sie jetzt bemerkt, wie notwendig alle Unterstützungen gewesen sind. Sie bedankt sich sogar immer wieder für die lange Begleitung.

Handlungsleitend in der Hilfe war ein vertrauensvoller Beziehungsaufbau, der maßgeblich durch Gespräche in den alltäglichen Hilfen zustande kam.

Beispielsweise wollte Frau X. ein Zimmer aufräumen, in dem sie vor ihrer Erkrankung ihren Lebensgefährten gepflegt hatte. In der darauf folgenden Unterstützung hierbei konnten sich lange biografische Gespräche entwickeln, die im Sinne einer »narrativen Bewältigung« (Schulze, 2006, S. 11) zu sehen sind. Frau X. wurde nicht einfach mitgeteilt, dass sie nicht in der Lage sei, ihren Lebensgefährten wieder zu sich zu holen, sondern es wurde mit ihr gemeinsam besprochen, in welcher Form die Verantwortung für ihn realistisch umsetzbar sei. Hilfreich während der gesamten Kommunikation war die systemische Sichtweise, in der verschiedene Konstruktionen der Wirklichkeit gleich gültig sind (Gérard, 2011). Diese Perspektive ist lohnend, um sich auf die unterschiedlichen Weltanschauungen insbesondere der Menschen mit Hirnschädigung einzulassen und sie verstehen zu lernen.

16.5 Schlussfolgerungen und Ausblick

Gerade in der postmodernen globalisierten Welt, mit der sich benachteiligte und kranke Menschen konfrontiert sehen und die von fragmentierten Erfahrungen, pluralen Lebenslagen und extremer Individualisierung gekennzeichnet ist, sind »soziale Ressourcen« (Keupp, 1997, S. 66) in Form stabiler psychosozialer Geborgenheit sowie professioneller Zufluchtsorte als positive Gegenerfahrung eine besondere Aufgabe für die moderne Hilfelandschaft. In der ambulanten neurologischen Rehabilitation kann die gesundheitsbezogene Soziale Arbeit den KlientInnen daher im Zusammenspiel aus Ergotherapie, Logopädie, Pflege, Physiotherapie und Neuropsychologie eine sinnvolle Einbettung und Verortung bieten, die das durcheinander geratene Leben alltags- und lebensweltorientiert (Grunwald & Thiersch, 2016) unterstützt – als eine »sozial gebündelte, reflexive wie tätige Antwort auf bestimmte Realitäten, die als sozial und kulturell problematisch bewertet werden« (Staub-Bernasconi, 1991, S. 3).

Im optimalen Fall kann auch im Rahmen von ambulanten wohnortnahen Hilfen ein interdisziplinäres »virtuelles« Netzwerk zur Komplexbehandlung entstehen, welches eine tragfähige und aufeinander abgestimmte Behandlung ermöglicht. Neben der Unterstützung von KlientInnen in der alltagsorientierten Therapie ist dann ein wichtiger Bestandteil die inter- und transdisziplinäre Netzwerkarbeit. Im Sinne eines klinischen Case Managements könnte die Klinische Sozialarbeit das Case Management durch Sozialtherapeutische Beratung zu einer psychosozialen Versorgung ergänzen, die nicht Gefahr läuft, dass KlientInnen in zahlreichen Hilfeleistungen verloren gehen (Ehlers, Müller & Schuster, 2017). Das Knüpfen einer professionellen Beziehung bedeutet daher immer zugleich auch die Gestaltung einer angemessenen Einbettung in das umgebende soziale und professionelle Gefüge (Gahleitner, 2017), als ein im Alltag sichtbares Bindeglied zwischen Person und System (Giddens, 1990/1995).

Die Fallbeispiele aus der Eingliederungshilfe und der beruflichen Rehabilitation zeigen eindrücklich die Potenziale einer gesundheitsbezogenen Sozialen Arbeit als eigenständige Sozialtherapeutische Beratung (Pauls, Stockmann & Reicherts, 2013) sowie die Wichtigkeit der Kooperation mit Psychotherapie und Neuropsychologie. Die Stärke der Sozialen Arbeit liegt dabei vor allem in ihrem niedrigschwelligen, alltagsorientierten Zugang zu chronisch kranken Menschen mit komplexen Bedarfslagen. Hier ist eine flexible Verbindung grundständiger Sozialer Arbeit, klinischer Fachlichkeit und psychosozialer Behandlung (Pauls, 2004) hilfreich. So können in der alltagsorientierten Unterstützung situativ flexibel behandelnde Aspekte methodisch integriert werden.

Entlang des biopsychosozialen Modells von Krankheit und Gesundheit ist davon auszugehen, dass auch andere chronisch erkrankte Menschen mit komplexen biopsychosozialen Problemlagen von Sozialtherapeutischer Beratung zur Gesundheitsentwicklung profitieren könnten (Gahleitner, Hahn & Glemser, 2014). Leider sind diese derzeit von der Soziotherapierichtlinie ausgeschlossen. Auch eine Reihe anderer Abrechnungsmöglichkeiten fehlt, um dem komplexen Anforderungsprofil der Sozialen Arbeit angemessen nachkommen zu können. Zielsetzung wäre letztlich nicht nur die interdisziplinäre, sondern auch die transdisziplinäre Zusammenarbeit, in der die jeweilige Disziplin die anderen mit einbezieht (Beusen, 2012; Herwig-Lempp & Kühling, 2012). Dorthin ist es noch ein weiter Weg, aber jeder Schritt in diese Richtung zählt.

Literatur

Beushausen, J. (2012). Ist es nützlich, Soziale Arbeit als anspruchsvoller als Psychotherapie zu bezeichnen? Reflexionen zur professionellen Identität der Sozialen Arbeit. *Zeitschrift für systemische Therapie und Beratung, 30*, 3, 121–129.

Bundesarbeitsgemeinschaft für Rehabilitation (BAR) (2013). Phase E der Neurologischen Rehabilitation. Empfehlungen. Frankfurt: BAR. Zugriff am 11.12.2017 unter https://www.bar-frankfurt.de/fileadmin/dateiliste/publikationen/empfehlungen/downloads/BAREmpfPhaseE7.1.web.pdf.

Bundesministerium für Gesundheit (BMG) (2012). Bekanntmachung eines Beschlusses des Gemeinsamen Bundesausschusses über die Änderung der Richtlinie Methoden vertragsärztliche Versorgung: Neuropsychologische Therapie. Vom 24. November 2011. *Bundesanzeiger, 64*, 31, 747. Zugriff am 11.12.2017 unter https://www.g-ba.de/informationen/beschluesse/1415/.

Deutsche Vereinigung für Rehabilitation (DVfR) (2013). *Phase E der Neuro-Rehabilitation als Brücke zur Inklusion. Stellungnahme der DVfR zur Neuorientierung der postakuten Rehabilitation und Nachsorge bei Erwachsenen mit erworbenen Hirnschädigungen.* Heidelberg: DVfR. Zugriff am 11.12.2017 unter http://www.dvfr.de/fileadmin/user_upload/DVfR/Downloads/Stellungnahmen/Neuro-Reha_Phase_E_Stellungnahme_DVfR.pdf.

Ehlers, C., Müller, M. & Schuster, F. (Hrsg.). (2017). *Stärkenorientiertes Case Management: Komplexe Fälle in fünf Schritten bearbeiten.* Opladen: Budrich.

Elger, C. E. & Berkenfeld, R. (2017). *Leitlinien für Diagnostik und Therapie in der Neurologie. Erster epileptischer Anfall und Epilepsien im Erwachsenenalter. Entwicklungsstufe: S1.* Berlin: DGN. Zugriff am 11.12.2017 unter https://www.dgn.org/images/red_leitlinien/LL_2017/PDFs_Download/030041_LL_Erster-epileptischer-Anfall_2017.pdf.

Fries, W. & Reuther, P. (2017). Rehabilitation zur Teilhabe: Eine Standortbestimmung. In W. Fries, P. Reuther & H. Lössl (Hrsg.), *Teilhaben!! NeuroRehabilitation und Nachsorge zu Teilhabe und Inklusion* (2., aktualisierte und erweiterte Auflage; S. 1–6). Bad Honnef: Hippocampus.

Frommelt, P. & Grötzbach, H. (2002). Kontextsensitive Neurorehabilitation. Einführung in die klinische Neurorehabilitation. In P. Frommelt & H. Grötzbach (Hrsg.), *NeuroRehabilitation. Ein Praxisbuch für interdisziplinäre Teams* (S. 3–22). Berlin: Springer.

Gahleitner, S. B. (2017). *Soziale Arbeit als Beziehungsprofession. Bindung, Beziehung und Einbettung professionell ermöglichen.* Weinheim: Beltz Juventa.

Gahleitner, S. B., Hahn, G. & Glemser, R. (Hrsg.) (2014). *Psychosoziale Interventionen.* Köln: Psychiatrie-Verlag.

Gérard, C. (2011). *Kein Anschluss unter dieser Nummer! Hirngeschädigte »erreichen« und verstehen.* Bad Honnef: Hippocampus.

Giddens, A. (1995). *Konsequenzen der Moderne.* Frankfurt: Suhrkamp (englisches Original erschienen 1990).

Grunwald, K. & Thiersch, H. (2016). Lebensweltorientierung. In K. Grunwald & H. Thiersch (Hrsg.), *Praxishandbuch Lebensweltorientierte Soziale Arbeit. Handlungszusammenhänge und*

Methoden in unterschiedlichen Arbeitsfeldern (3., vollständig überarbeitete Auflage; S. 24–64). Weinheim: Beltz Juventa.

Heim, S., Heißler, M., Prins, S. & Zechert, C. (2017). Spielräume (Ökologie der Selbst- und Fremdhilfe). In K. Dörner, U. Plog, T. Bock, P. Brieger, A. Heinz & F. Wendt (Hrsg.), *Irren ist menschlich. Lehrbuch der Psychiatrie und Psychotherapie* (24., vollständig überarbeitete Auflage; S. 751–821). Köln: Psychiatrie Verlag.

Herwig-Lempp, J. & Kühling, L. (2012). Sozialarbeit ist anspruchsvoller als Therapie. *Zeitschrift für systemische Therapie und Beratung, 30,* 2, 51-56. Zugriff am 11.12.2017 unter http://www.herwig-lempp.de/daten/ZSTB-2012-Sozialarbeit-ist-anspruchsvoller-als-Therapie-121108.pdf.

Keupp, H. (1997). *Ermutigung zum aufrechten Gang.* Tübingen: DGVT.

Pauls, H. (2004). *Klinische Sozialarbeit. Grundlagen und Methoden psycho-sozialer Behandlung.* Weinheim: Reinhardt.

Pauls, H., Stockmann, P. & Reicherts, M. (Hrsg.) (2013). *Beratungskompetenzen für die psycho-soziale Fallarbeit. Ein sozialtherapeutisches Profil.* Freiburg: Lambertus.

Reker, M. (2014). *Selbstkontrolle bei Epilepsie. Zwischen Autonomie und Abhängigkeiten: Selbst- und Fremdbestimmung bei Epilepsie* (2., überarbeitete Auflage). Berlin: Schwarz. Zugriff am 12.12.2017 unter https://www.martin-reker.de/app/download/5392678/Selbstkontrolle+und+Epilepsie+2014.pdf.

Schmitz, B. & Schöndienst, M. (2006). Anfälle: Epilepsie und Disoziation. Die Psychosmatik epileptischer und nicht epileptischer Anfälle. In P. Henningsen, H. Gündel & A. Ceballos-Baumann (Hrsg.), *Neuro-Psychosomatik. Grundlagen und Klinik neurologischer Psychosomatik* (S. 131–175). Stuttgart: Schattauer.

Schulze, H. (2006). Biografietheoretische Konzeptualisierung als soziale und geschichtliche Dimensionierung des Psychischen. *Klinische Sozialarbeit, 2,* 2, 10–12. Zugriff am 12.12.2017 unter http://www.zks-verlag.de/files/s620_e2327_o25430/0.

Staub-Bernasconi, S. (1991). Das Selbstverständnis Sozialer Arbeit in Europa: frei von Zukunft – voll von Sorgen? *Sozialarbeit, 32,* 2, 2–32.

17 Klinische Sozialarbeit mit Menschen mit Essstörungen

Eva Wunderer

17.1 Essstörungen als biopsychosoziale Erkrankungen

Essstörungen sind weit mehr als nur Probleme mit dem Essen. Sie sind Hinweise auf tiefgehende seelische Probleme und Schwierigkeiten, aus denen die Betroffenen keinen anderen Ausweg wissen. Unterschieden werden in der neuen, fünften Version des Diagnostischen und Statistischen Manuals Psychischer Störungen DSM-5 (American Psychiatric Association, 2015) drei Arten von Essstörungen: die Anorexia nervosa, die Bulimia nervosa und die Binge-Eating-Störung. Als eine Art »Restkategorie« gibt es ferner die atypischen bzw. (nicht) näher bezeichneten Essstörungen. Bei den meisten Betroffenen finden sich zudem komorbid ein oder mehrere weitere psychiatrische Störungsbilder.

Essstörungen sind stets multifaktoriell bedingt, biologische, psychologische und soziale Faktoren wirken bei Entstehung und Verlauf mit (▶ Abb. 17.1). Auslöser einer Essstörung können kritische Lebensereignisse sein, beispielsweise ein Schulwechsel oder die Trennung vom Partner/von der Partnerin. Im Folgenden werden die sozialen und soziokulturellen Einflussfaktoren kurz beleuchtet, da diese an der Schnittstelle zur Klinischen Sozialarbeit besonders relevant sind.

Familiäre Beziehungen und Strukturen nehmen zweifelsfrei Einfluss auf den Verlauf der Essstörung (Zeeck et al., 2011). Inwieweit sie auch als ursächlich für deren Entstehung gesehen werden können, ist unklar und methodisch schwierig zu ermitteln. Ohnehin sind lineare Ursache-Wirkungs-Hypothesen (»Wenn die Eltern sich so und so verhalten, dann entwickelt das Kind eine Essstörung«) nicht angebracht, da die Entwicklung in Familien ein systemisches, transaktionales Geschehen ist (Le Grange et al., 2010). Als einflussreich im familiären Umfeld haben sich bislang vor allem folgende Aspekte erwiesen: psychische Störungen bzw. Essstörungen anderer Familienmitglieder; kritische Kommentare bezüglich Essverhalten, Figur und Gewicht; defizitäre familiäre Kommunikationsmuster sowie ein negatives Modell der Eltern oder anderer Familienmitglieder in Sachen Essen und Bewegung (Keel & Forney, 2013). Ein nicht unbeträchtlicher Teil der Betroffenen hat ferner Grenzverletzungen, emotionalen oder sexuellen Missbrauch erlebt (Jacobi et al., 2011).

Mangelnde soziale Unterstützung wird ebenfalls mit der Entstehung und Aufrechterhaltung von Essstörungen in Verbindung gebracht (Jacobi et al., 2011; Treasure & Schmidt, 2013; Vocks et al., 2011). Der soziale Rückzug, der Essstörungen in der Regel begleitet, verstärkt diese Problematik weiterhin. Andererseits können Peers auch zur Entwicklung von Körperunzufriedenheit und Sorgen rund um Essen und Gewicht beitragen, wenn sie beispielsweise restriktives Essverhalten vorleben, Druck

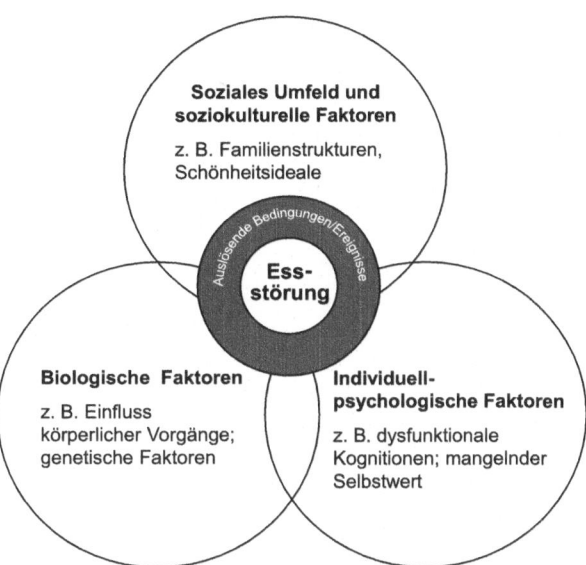

Abb. 17.1: Die biopsychosoziale Entstehung von Essstörungen

bezüglich Aussehen und Gewicht ausüben und/oder abweichende Körperformen als Zielscheibe für Hohn und Spott nutzen (Keel & Forney, 2013; Quiles Marcos et al., 2013).

Essstörungen gehen mit erheblichen psychosozialen Einschränkungen für die Betroffenen einher (Bohn et al., 2008; Tanofsky-Kraff et al., 2013; Tchanturia et al., 2013). Da der Ersterkrankungszeitpunkt häufig im Jugendalter liegt, ist die Bewältigung einer wesentlichen Entwicklungsphase gefährdet. Die Entwicklung von Peer- und Liebesbeziehungen, von Autonomie und Identität, Schulabschluss und berufliche Orientierung überfordern Betroffene und sind nicht altersadäquat möglich.

Die vorliegenden epidemiologischen Daten lassen insgesamt den Rückschluss zu, dass soziokulturelle Faktoren das Krankheitsrisiko beeinflussen. Essstörungen wurden, mit Ausnahme der Antarktis, auf allen Kontinenten beobachtet, in reichen ebenso wie in armen Ländern. Somit sind Essstörungen keine kultur-gebundenen Syndrome, wenngleich sich einzelne Symptome zwischen den Kulturen unterscheiden mögen (Levine & Smolak, 2010). Dabei sind Essstörungen in westlichen Industriestaaten nach wie vor am weitesten verbreitet, was nicht zuletzt an dem in westlichen Ländern vorherrschenden Schönheitsideal liegt. Massenmedien machen Schönheit und Schlankheit zu den ausschlaggebenden Kriterien dafür, ob eine Person beliebt und erfolgreich ist (Brown & Bobkowski, 2011; Levine & Murnen, 2009). Sie üben Druck vor allem auch auf Jugendliche aus, die die Medien in hohem Maße nutzen und im Zuge der Identitätsentwicklung Leitbilder und Orientierung suchen. Den traurigen Höhepunkt bilden sogenannte »Pro-ANA-« oder »Pro-MIA-Foren« im Internet, die Essstörungen verherrlichen und eine soziale Gemeinschaft schaffen, die sich über lebensgefährliche Krankheitssymptome definiert (Wunderer, 2007).

17.2 Der Beitrag der Klinischen Sozialarbeit

Entsprechend der biopsychosozialen Genese müssen Essstörungen auch biopsychosozial und interdisziplinär behandelt werden (Wunderer & Schnebel, 2008). Soziale und Umweltfaktoren spielen eine wesentliche ursächliche und aufrechterhaltende Rolle, entsprechend benötigen Menschen mit Essstörungen spezifische Unterstützung im sozialen Bereich, die – neben der individuellen Lebensweise – auch die Lebenslage der Betroffenen ins Zentrum rückt, sich an ihrer konkreten Lebenswelt orientiert. Menschen mit Essstörungen sind in nahezu allen Bereichen ihres Lebens eingeschränkt, in sozialen Beziehungen, Freizeitaktivitäten, Schule, Beruf, im finanziellen Bereich, Alltagsroutinen und Alltagsstrukturierung. Somit sind viele Themen berührt, die genuin in den Bereich der Sozialen Arbeit fallen. Grundlegende Methoden der Sozialen Arbeit können einen wertvollen Beitrag leisten auf dem Weg aus der Essstörung, beispielsweise psychosoziale Diagnostik, sozialpädagogische Beratung, Case Management, soziale Gruppenarbeit, Präventionsarbeit und Angehörigenarbeit (▶ Abb. 17.2).

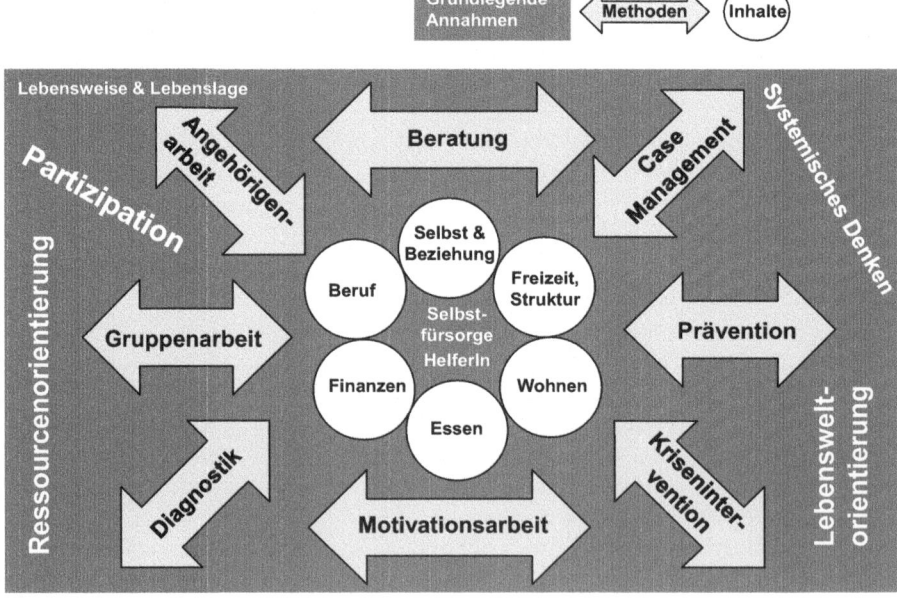

Abb. 17.2: Grundlegende Annahmen, Methoden und Inhalte Klinischer Sozialarbeit mit Menschen mit Essstörungen

Leitgedanke Klinischer Sozialarbeit ist der Ansatz an Schwierigkeiten, vor allem aber auch Ressourcen Betroffener unter Einbezug ihrer sozialen Beziehungen und der gesellschaftlichen Hintergründe und damit der systemischen Zusammenhänge.

KlientInnen werden als ExpertInnen verstanden, als aktiv Mitwirkende und Teilhabende (Stichwort: Partizipation).

Im Folgenden sollen diejenigen Handlungsbereiche im Vordergrund stehen, bei denen sich die deutlichsten Überschneidungen zwischen (ambulanter und stationärer) Psychotherapie und Klinischer Sozialarbeit ergeben. Dies sind die berufliche (Re-)Integration, der Umgang mit finanziellen Schwierigkeiten sowie der Wohnsituation der Betroffenen. Für weitere wichtige Schnittstellen und Handlungsfelder Klinischer Sozialarbeit sei auf Wunderer (2015) verwiesen.

17.2.1 Wohnsituation

Ausgangslage

Viele von Essstörungen Betroffene leben zu Beginn der Behandlung noch bei ihren Eltern. Doch gerade eine stationäre Behandlung der Essstörung motiviert junge Erwachsene in der Folge häufig zu einer Neuorientierung, was die Wohnsituation angeht. Dabei spielt zum einen die finanzielle Situation eine wichtige Rolle, zum anderen stellt sich die Frage, wie viel soziale Einbettung erwünscht und ratsam ist.

Unterstützung durch die Klinische Sozialarbeit

Der/die Klinische SozialarbeiterIn unterstützt insbesondere in folgenden Fragen (Wunderer, 2015):

- Entscheidung für eine Wohnform;
- Auswahl geeigneter Angebote;
- Begleitung zu Besichtigungsterminen in den in Frage kommenden Wohneinrichtungen, Vor- und Nachbesprechen von Vorstellungsgesprächen;
- Übergabegespräche mit den BetreuerInnen vor Ort (bei pädagogisch begleiteten Anschlussmaßnahmen);
- Beratung bzgl. des Mietvertrags;
- Unterstützung bei Beantragung von Hilfeleistungen, z. B. Wohngeld;
- ggf. Training hauswirtschaftlicher Kompetenzen, um jugendliche KlientInnen auf ihre erste eigenständige Wohnsituation vorzubereiten.

Bezüglich der Auswahl geeigneter Wohnformen ist zuvorderst zu entscheiden, ob eine pädagogisch begleitete Anschlussmaßnahme angezeigt ist oder die/der Betroffene sich auf dem freien Wohnungsmarkt eine Bleibe sucht. Die Beratung wie auch die Vernetzungs- und Vermittlungsarbeit, die damit verbunden sind, sind Kernfelder Klinischer Sozialarbeit.

Als pädagogisch begleitete Anschlussmaßnahmen kommen therapeutische Wohngruppen (TWG) oder Betreutes Einzelwohnen (BEW) in Betracht. Dabei ist zwingend darauf zu achten, dass die BetreuerInnen vor Ort sich mit Essstörungen auskennen und Alarmsignale wahrnehmen, ohne den Fokus permanent auf Essen, Figur und Gewicht zu lenken. Sucht sich der/die KlientIn selbst auf dem freien

Wohnungsmarkt eine Bleibe, so gilt zunächst zu überlegen, ob er/sie alleine oder zusammen mit anderen wohnen möchte. Alleine zu wohnen ist zum einen finanziell nicht immer umzusetzen, zudem birgt es die Gefahr, ungehindert der Essstörungssymptomatik nachzugehen und sich (weiter) sozial zu isolieren. Dies kann durch Zusammenleben mit anderen, beispielsweise in einer Wohngemeinschaft mit Gleichaltrigen, ein Stück weit vermieden werden. In letzterem Fall ist wichtig zu entscheiden, ob und wann die MitbewohnerInnen von der Essstörung erfahren. Das Wissen um die Essstörung kann Verständnis schaffen und den MitbewohnerInnen die Möglichkeit eröffnen, bei einem Rückfall ins Symptomverhalten einzuschreiten. Andererseits kann es einfacher für den/die KlientIn sein, wenn er/sie in Bezug auf Essen so normal wie möglich behandelt wird – und das ist in der Regel eher der Fall, wenn niemand ihre Vorgeschichte kennt. Der Wunsch, mit anderen Betroffenen zusammenzuziehen, die man beispielsweise bei einem gemeinsamen Aufenthalt in einer Klinik kennengelernt hat, sollte im Hinblick auf mögliche »Abwärtsspiralen« bei einem Rückfall eines/r der MitbewohnerInnen kritisch mit allen Beteiligten erörtert werden.

17.2.2 Berufliche (Re-)Integration

Ausgangslage

Eine (Re-)Integration in Berufstätigkeit bzw. Schule kann helfen, die soziale Integration und das Selbstwertgefühl sowie die finanzielle Situation des/der KlientIn zu sichern bzw. zu verbessern (Noordenbos, 2013). KlientInnen, bei denen die Essstörung bereits im Jugendalter begann und über mehrere Jahre hinweg andauert, haben oft keine Ausbildung abgeschlossen oder sind mit dem gewählten Berufsweg unzufrieden, da sie sich nicht an ihren eigenen Neigungen und Interessen, sondern an reellen oder vermeintlichen Ansprüchen und Anforderungen ihrer Umwelt orientiert haben. So ist das Thema Ausbildung und Beruf oftmals mit großer Angst und Unsicherheit besetzt, die Symptomatik kann eine Schutz- und Vermeidungsstrategie sein. Diese (kurzfristigen) »Vorteile« der Essstörung gilt es anzuerkennen, jedoch auch mit der Betroffenen kritisch zu hinterfragen und den »Kosten« gegenüberzustellen; dies kann auch Thema in der Psychotherapie sein.

Unterstützung durch die Klinische Sozialarbeit

Themen in der Klinischen Sozialarbeit mit Menschen mit Essstörungen sind:

- Beratung bei Problemen im Arbeitsalltag;
- Strukturieren des Arbeitsalltags;
- Information über Arbeits- und Unterstützungsmöglichkeiten;
- Kooperation mit Jobcenter und Arbeitsagentur;
- Interessen und Ressourcen entwickeln und erproben;
- konkrete Anforderungen des/der KlientIn an die Arbeitsstelle erkunden;
- Bewerbungssituation vorbereiten;

- funktionalen Umgang mit Absagen finden;
- Umgang mit schulischen und beruflichen Leistungsanforderungen;
- Entscheidung über Offenlegen der Essstörung.

Ein geregelter Arbeitsalltag hilft den Betroffenen, einerseits Symptomverhalten, andererseits aber auch Überforderung zu vermeiden. Entsprechend kann es nötig sein, die wöchentliche Stundenzahl der Berufstätigkeit anzupassen oder den/die KlientIn auf ärztliche Anweisung hin von einzelnen Schulstunden befreien zu lassen, um ausreichend Erholungszeiten zu haben. Im Schul- oder Arbeitsalltag gilt es, ggf. in Absprache mit dem/der SchuldirektorIn bzw. ArbeitgeberIn ausreichend Pausen, vor allem auch für Mahlzeiten, einzuplanen.

Um den/die KlientIn bei der beruflichen (Neu-)Orientierung zu unterstützen, leitet der/die SozialarbeiterIn ihn/sie zum einen an, sich über verschiedene Schulabschlüsse, Ausbildungs- und Studiengänge sowie Berufe zu informieren – sei es durch Informationsbroschüren, Gespräche mit Personen in den jeweils angestrebten Tätigkeiten oder den Besuch im Berufsinformationszentrum der Arbeitsagentur.

Da viele Betroffene auf Arbeitslosengeld angewiesen sind, ist eine kontinuierliche Zusammenarbeit mit den AnsprechpartnerInnen in Arbeitsagentur bzw. Jobcenter unabdingbar. Zudem gilt es die Betroffenen darüber zu informieren, welche Unterstützungsleistungen ihnen zur Verfügung stehen und welche Anforderungen und Verpflichtungen damit verbunden sind. Hilfreich kann dabei eine Zusammenarbeit mit darauf spezialisierten Einrichtungen sein, wie beruflichen Fortbildungszentren und Bildungswerken. Verhindert die Essstörung bereits über viele Jahre hinweg eine Ausbildung oder Berufstätigkeit, ist es möglich, dass die Betroffenen als erwerbsgemindert oder erwerbsunfähig eingestuft werden. Dies kann einerseits als entlastend, andererseits aber auch als stigmatisierend empfunden werden und jegliche Motivation im Keim ersticken. Ziel der sozialpädagogischen Unterstützung muss eine Reintegration in die Arbeitswelt sein, daher ist zu große Schonung kontraproduktiv – auch wenn auf die zeitliche, psychische und physische Belastung durch die Essstörung Rücksicht genommen werden muss. Im schulischen oder beruflichen Umfeld wieder eine Perspektive und erste kleine Erfolge zu sehen, ist oft ein wesentlicher Motor auf dem Weg aus der Essstörung.

Weiterhin versucht der/die SozialarbeiterIn, die Interessen und Ressourcen des/der KlientIn zu entdecken und zu entwickeln. Dabei sind unter anderem berufliche Interessenstests eine gute Hilfe, zudem knüpft der/die SozialarbeiterIn an Praktika und Jobs an, die dem/der KlientIn Spaß gemacht haben oder für die er/sie sich schon einmal beworben hat, und spricht mit ihm/ihr ganz allgemein über Hobbys und Vorlieben. Schwierig wird es, wenn der/die KlientIn kaum Ressourcen und Interessen benennen kann, da er/sie »eh nichts kann« oder sich, oft aus Angst vor den Reaktionen des sozialen Umfelds, keine (abweichende) eigene Meinung erlaubt. Dann kann es hilfreich sein, bestimmte Berufsfelder unter professioneller Begleitung auszuprobieren, z. B. im Rahmen eines Praktikums, und entsprechende Ängste auch im Rahmen der Psychotherapie zu thematisieren.

Um konkrete Anforderungen an die Arbeitsstelle zu erkunden, kann überlegt werden, welche Funktion die Arbeitsstelle für die/den Betroffenen erfüllen soll: Steht im Vordergrund, den Lebensunterhalt zu verdienen oder sich selbst und seine

Kompetenzen zu entfalten und Sinn zu erleben (Lindenmeyer, 2011)? Weiterhin ist wichtig zu eruieren, wie viel Flexibilität die/der Betroffene zeigen will, z. B. in Bezug auf die Art der Beschäftigung, Entfernung zum Arbeitsplatz und Gehalt (Hortig et al., 2010). Es gilt zudem genau aufzunehmen, welches die individuellen Grenzen im körperlichen und psychischen Bereich sind und welche zeitlichen Ressourcen für den Beruf zur Verfügung stehen.

Die Bewerbung kann dann konkret vorbereitet werden, indem die Bewerbungsmappe nach Mustervorlagen ansprechend zusammengestellt wird. Ferner wird individuell mit dem/der KlientIn ein Plan ausgearbeitet, wo er/sie Stellenanzeigen findet, mit wem er/sie daraufhin wann und wie in Kontakt treten will (z. B. Anruf vorab) und an wen er/sie sich gegebenenfalls mit Initiativbewerbungen zu wenden gedenkt. Wichtig ist, ein konkretes Zeitraster festzulegen und dieses bei jedem erneuten Beratungstermin zu überprüfen. Als Vorbereitung auf ein Bewerbungsgespräch dient idealerweise ein Rollenspiel, in dem häufige und kritische Fragen des Arbeitgebers vorweggenommen werden (Hortig et al., 2010). Auch eigene Fragen an den potenziellen zukünftigen Arbeitgeber können überlegt und im Rollenspiel erprobt werden. Gruppenangebote unterstützen die berufliche Orientierung, wenn sich zum Beispiel mehrere KlientInnen in einer ähnlichen Lebenssituation zusammenfinden, gemeinsam Bewerbungsstrategien erarbeiten und sich gegenseitig in ihrem Suchprozess begleiten – aber auch ein Stück weit kontrollieren, indem sie die Ergebnisse von einer zur anderen Woche kommentieren.

Wenn KlientInnen sehr misserfolgsängstlich sind bzw. negative Ereignisse, wie die Absage eines potenziellen Arbeitgebers, wenig selbstwertdienlich attribuieren, sollte der Umgang mit Absagen angesprochen werden. Dabei ist nicht zuletzt darauf zu achten, dass der/die KlientIn auch kleine Erfolge ausreichend würdigt und auf ihrer Ressourcenseite verbucht. Allgemein ist der Umgang mit schulischen und beruflichen Leistungsanforderungen – gerade vor dem Hintergrund der oft überhöhten Leistungsansprüche der Betroffenen und ihrer Familien – ein individuelles Thema, das ggf. auch in der Psychotherapie aufgegriffen wird.

Der/die Klinische SozialarbeiterIn muss in der Kontaktaufnahme mit dem Arbeitgeber vorsichtig sein, da das Wissen um die Essstörung zu Stigmatisierungsprozessen führen kann und dies außerdem einen Eingriff in die Autonomie des/der KlientIn darstellt. Ob, wann und wem gegenüber der/die KlientIn selbst ihre Essstörung offenlegt, sollte individuell je nach Vertrauensverhältnis erwogen werden. Hilfreich kann es dann sein, wenn der/die KlientIn häufiger feste Therapietermine wahrnehmen muss und dies eine entsprechende Rücksichtnahme von Seiten des Arbeitgebers erforderlich macht. Im Team an der Arbeitsstelle kann je nach persönlicher Einschätzung mit dem Thema umgegangen werden. Wichtig ist, die Betroffenen darin zu bestärken, dass sie ihre Schwierigkeiten nicht offenlegen müssen – schließlich würde auch keiner erwarten, dass ich jede medizinische Einschränkung sofort allen mitteile. Oft setzen sich die Betroffenen selbst sehr unter Druck und fühlen sich als »LügnerInnen« oder »Mogelpackungen«, wenn sie sich nicht zu ihrer Essstörung bekennen.

17.2.3 Hilfe in finanziellen Angelegenheiten

Ausgangslage

Essstörungen, die mit Essanfällen und Purging-Verhalten einhergehen, sind oft mit erheblichen finanziellen Kosten verbunden und führen zu Verschuldung bis hin zur Privatinsolvenz sowie, ähnlich wie Suchterkrankungen, bisweilen sogar zu einer Beschaffungskriminalität, z. B. in Form von Diebstahl von Lebensmitteln oder Geld.

Unterstützung durch die Klinische Sozialarbeit

Die Klinische Sozialarbeit kann in folgenden Bereichen Unterstützung bieten:

- Schulden regulieren, Vermittlung an Schuldnerberatungsstellen;
- Umgang mit Geld erlernen;
- Freizeitaktivitäten auf finanzielle Lage abstimmen.

Haben Betroffene größere Schulden und brauchen Hilfe bei der Verhandlung mit Gläubigern, vermittelt der/die Klinische SozialarbeiterIn an Schuldnerberatungsstellen. Viele Betroffene müssen lernen, sich den Geldbetrag, den sie monatlich zur Verfügung haben, richtig einzuteilen. Dabei helfen ein Haushaltsbuch oder Finanzprotokolle, mithilfe derer alle Einnahmen und Ausgaben aufgelistet und kritisch hinterfragt werden. Dazu muss nicht selten zunächst einmal liegengebliebene Rechnungspost sortiert und gesichtet werden, manche KlientInnen kommen mit einer ganzen Kiste ungeöffneter Briefe, da sie aus Angst und Scham die Auseinandersetzung gemieden haben.

Gerade bei Personen mit Anorexie ist oft nicht das impulsive Ausgeben zu großer Geldbeträge Thema, sondern im Gegenteil das geradezu zwanghafte Sparen. In diesem Fall kann ein Finanzprotokoll mit entsprechenden daraus abgeleiteten »Konsum-Vorsätzen« für die kommende Woche dabei helfen, sich selbst mehr zu gönnen. Hilfreich kann eine lebenspraktische Unterstützung des/der KlientIn durch den/die SozialarbeiterIn sein, indem diese beispielsweise bei Einkäufen begleitet oder ein Einkaufstraining für Lebensmittel anbietet. Zudem wird in Einzelgesprächen, ggf. auch im Rahmen der Psychotherapie, an den Hintergründen gearbeitet: Warum fällt es mir so schwer, mir etwas zu gönnen? Was hält mich davon ab?

Weiterhin ist es wichtig, die Freizeitaktivitäten auf das jeweils zur Verfügung stehende finanzielle Budget abzustimmen. Dazu kann es hilfreich sein, auf einem Arbeitsblatt eine Menge von Aktivitäten anzubieten, die nicht zwangsläufig viel Geld kosten müssen, und mit den Betroffenen individuell passende auszusuchen, z. B. Mitgliedschaft in Vereinen und Verbänden, sich ehrenamtlich engagieren, Chor- oder Laienspielgruppen etc.

Literatur

American Psychiatric Association (2015). *Diagnostisches und Statistisches Manual Psychischer Störungen DSM-5*. Deutsche Ausgabe herausgegeben von Peter Falkai und Hans-Ulrich Wittchen. Göttingen: Hogrefe.

Bohn, K., Doll, H. A., Cooper, Z., O'Connor, M., Palmer, R. L. & Fairburn, C. G. (2008). The measurement of impairment due to eating disorder psychopathology. *Behaviour Research and Therapy, 46* (10), 1105–1110.

Brown, J. D. & Bobkowski, P. S. (2011). Older and Newer Media: Patterns of Use and Effects on Adolescents' Health and Well-Being. *Journal of Research on Adolescence, 21* (1), 95–113.

Hortig, A., Schmidt, C. & Lindenmeyer, J. (2010). Bewerbungstraining. In J. Lindenmeyer (Hrsg.), Therapie-Tools Offene Gruppen 1 (S. 99–126). Weinheim: Beltz.

Jacobi, C., Jäger, B., Kersting, A., Rustenbach, S. J., Salbach-Andrae, H., Wietersheim, J. von et al. (2011). Bulimia nervosa. In S. Herpertz, B. Herpertz-Dahlmann, M. M. Fichter, B. Tuschen-Caffier & A. Zeeck (Hrsg.), *S3-Leitlinie Diagnostik und Behandlung der Essstörungen* (S. 157–202). Heidelberg: Springer.

Keel, P. K. & Forney, K. J. (2013). Psychosocial risk factors for eating disorders. *International Journal of Eating Disorders, 46* (5), 433–439.

Le Grange, D., Lock, J., Loeb, K. L. & Nicholls, D. (2010). Academy for eating disorders position paper: The role of the family in eating disorders. *International Journal of Eating Disorders, 43* (1), 1–5.

Levine, M. P. & Murnen, S. K. (2009). ›Everybody knows that mass media are/are not [pick one] a cause of eating disorders‹: A critical review of evidence for a causal link between media, negative body image, and disordered eating in females. *Journal of Social and Clinical Psychology, 28* (1), 9–42.

Levine, M.P. & Smolak, L. (2010). Cultural Influences on Body Image and the Eating Disorders. In W. S. Agras (Hrsg.), *The Oxford handbook of eating disorders* (S. 223–246). New York: Oxford University Press.

Lindenmeyer, J. (Hrsg.) (2011). *Therapie-Tools Offene Gruppen 2*. Weinheim: Beltz.

Noordenbos, G. (2013). *Recovery from Eating Disorders. A Guide for Clinicians and Their Clients*. Chichester: Wiley-Blackwell.

Quiles Marcos, Y., Quiles Sebastián, M. J., Pamies Aubalat, L., Botella Ausina, J. & Treasure, J. (2013). Peer and family influence in eating disorders: a meta-analysis. *European Psychiatry: Journal Of The Association Of European Psychiatrists, 28* (4), 199–206.

Tanofsky-Kraff, M., Bulik, C. M., Marcus, M. D., Striegel, R. H., Wilfley, D. E., Wonderlich, S. A. & Hudson, J. I. (2013). Binge eating disorder: The next generation of research. *International Journal of Eating Disorders, 46* (3), 193–207.

Tchanturia, K., Hambrook, D., Curtis, H., Jones, T., Lounes, N., Fenn, K. et al. (2013). Work and social adjustment in patients with anorexia nervosa. *Comprehensive Psychiatry, 54* (1), 41–45.

Treasure, J. & Schmidt, U. (2013). The cognitive-interpersonal maintenance model of anorexia nervosa revisited: a summary of the evidence for cognitive, socio-emotional and interpersonal predisposing and perpetuating factors. *Journal of Eating Disorders, 1*, 13.

Vocks, S., Pietrowsky, R., Tuschen-Caffier, B., Kersting, A., Hagenah, U., Salbach-Andrae, H. & Herpertz, S. (2011). Binge-Eating-Störung. In S. Herpertz, B. Herpertz-Dahlmann, M. M. Fichter, B. Tuschen-Caffier & A. Zeeck (Hrsg.), S3-Leitlinie Diagnostik und Behandlung der Essstörungen (S. 203–221). Heidelberg: Springer.

Wunderer, E. (2007). »Du sollst nicht essen ohne dich schuldig zu fühlen.« Pro-ANA-Websites verharmlosen Essstörungen als »Lifestyle«. *Ernährungs Umschau (4),* 206–207.

Wunderer, E. (2015). *Praxishandbuch Soziale Arbeit mit Menschen mit Essstörungen*. Weinheim: Juventa.

Wunderer, E. & Schnebel, A. (2008). *Interdisziplinäre Essstörungstherapie. Psychotherapie, Medizinische Behandlung, Sozialpädagogische Begleitung, Ernährungstherapie.* Weinheim: Beltz.

Zeeck, A., Cuntz, U., Hartmann, A., Hagenah, U., Friederich, H.-C., Groß, G. et al. (2011). Anorexia nervosa. In S. Herpertz, B. Herpertz-Dahlmann, M. M. Fichter, B. Tuschen-Caffier & A. Zeeck (Hrsg.), *S3-Leitlinie Diagnostik und Behandlung der Essstörungen* (S. 47–155). Heidelberg: Springer.

18 Sozialtherapeutische Unterstützung von Menschen mit Psychosen aus dem schizophrenen Formenkreis

Christine Kröger

18.1 Einleitende Überlegungen zu sozialen Folgen schizophrener Erkrankungen

Psychosen aus dem schizophrenen Formenkreis können aus anthropologischer Perspektive als extreme menschliche Erfahrungen verstanden werden, die sich nicht zuletzt durch ein existenzielles Ringen um die eigenen Grenzen auszeichnen (vgl. z. B. Bock, 2010, 2006/2017; Bock & Heinz, 2016). Aus psychiatrisch-psychotherapeutischer Sicht gehören Schizophrenien zu den gravierendsten psychischen Erkrankungen überhaupt (Bäuml, 2008; Häfner, 2017; Hahlweg, 2009), die meist mit einer tiefen Erschütterung und erheblichem Leid nicht nur der Psychoseerfahrenen selbst, sondern auch ihrer Angehörigen verbunden sind. Diese beiden Blickwinkel schließen einander nicht aus – ganz im Gegenteil (vgl. Bock, Dörner & Naber, 2004/2014): Kranksein, Verletzlichkeit und Krisen stellen menschliche Grunderfahrungen dar, die – so schmerzvoll sie sind – wichtige Impulse für die Entwicklung von Menschen zu geben vermögen. Dementsprechend liegen bei schizophrenen Psychosen – wie bei allen anderen psychischen Störungen auch – dysfunktionale, d. h. beeinträchtigende Aspekte und funktionale Anteile, die vor dem Hintergrund biografischer Erfahrungen verstehbar werden und eine schützende, konstruktive Funktion haben, nah beieinander. Gleichwohl sind das soziale Eingebundensein und die soziale Entwicklung von schizophrenieerfahrenen Menschen in besonderer Weise gefährdet.

Die für akutpsychotische Phasen charakteristische produktive Symptomatik (z. B. Halluzinationen, wahnhaftes Erleben) trägt oft unmittelbar eine zerstörerische Kraft in zwischenmenschliche Beziehungen. Das von diesen Beschwerden geprägte Erleben und Verhalten bleibt für Angehörige, Freunde und Nachbarn unverständlich, wirkt bizarr, irritierend und häufig auch bedrohlich – gleichzeitig erleben die Betroffenen selbst Kontakte, z. B. aufgrund von Wahnvorstellungen, deutlich verändert, teils als überfordernd, ängstigend und gefährlich. Die Negativsymptomatik (z. B. Antriebslosigkeit, Interessenverlust, Affektverflachung) wirkt sich eher schleichend, aber sehr viel nachhaltiger destruktiv auf die sozialen Beziehungen und die soziale Teilhabe aus. Dabei gibt es empirische Hinweise darauf, dass psychoseerfahrene Menschen soziale Beziehungen im Freundeskreis und in der Familie schon vor der ersten akutpsychotischen Episode als unbefriedigender sowie weniger unterstützend erleben, sich insgesamt einsamer fühlen und weniger sozial kompetent sind als Menschen ohne Psychoseerfahrungen (vgl. z. B. Gayer-Anderson & Morgan, 2013; Hooley, 2010; Robustelli, Newberry, Whisman & Mittal, 2017).

Für die soziale Entwicklung spielt zudem eine Rolle, dass schizophrene Psychosen am häufigsten im jungen Erwachsenenalter das erste Mal auftreten (Stilo & Murray, 2010) – also in einem Lebensabschnitt, in dem entscheidende Weichen für die soziale Integration gestellt werden. Werden die anstehenden Entwicklungsaufgaben, wie die Ablösung von der Herkunftsfamilie und das Entwickeln einer den eigenen Potenzialen entsprechenden beruflichen Perspektive, krankheitsbedingt nicht oder nur unzureichend bewältigt, so fehlen mitunter wichtige Voraussetzungen für die Gestaltung eines zufriedenen und selbstbestimmten Lebens.

Darüber hinaus wird die soziale Teilhabe von psychoseerfahrenen Menschen durch eine zunehmende Stigmatisierung behindert: In ihrer Übersicht verdeutlichen Schomerus und Bauch (2017), dass die Ablehnung von Menschen mit schizophrenen Erkrankungen in den letzten Jahren gestiegen ist, wobei es sich tatsächlich um eine schizophreniespezifische Entwicklung handelt, die sich für andere Erkrankungen, wie Depressionen oder Substanzkonsumstörungen so nicht zeigt. Dies erklärt sich wesentlich durch ein zunehmend biologisches Krankheitskonzept der Schizophrenie in der Allgemeinbevölkerung, was dazu führt, Betroffenen eine grundsätzliche Andersartigkeit, Unberechenbarkeit und auch Gefährlichkeit zuzuschreiben (Schomerus, Matschinger & Angermeyer, 2014). Solche Stigmatisierungsprozesse haben beschädigende Auswirkungen auf Identität und Selbstwertgefühl und sind mit gravierender sozialer Benachteiligung verbunden (Finzen, 2013), was prekäre sozioökonomische Lebenslagen wesentlich mitbedingt. Inwieweit individuelle und strukturelle Stigmatisierung eine Rolle dabei spielen, dass Menschen mit Schizophrenie schwerer Zugang zu ambulanter Psychotherapie bekommen als Menschen mit anderen Erkrankungen, lässt sich noch nicht abschließend beantworten (vgl. Schlier, Wiese, Frantz & Lincoln, 2017). Fest steht, dass sie psychotherapeutisch unterversorgt sind, wenngleich der Gemeinsame Bundesausschuss schizophrene Erkrankungen im Jahr 2014 uneingeschränkt in den Indikationsbereich für ambulante Psychotherapie aufgenommen hat (BMG, 2014; vgl. auch Schlier & Lincoln, 2016).

18.2 Werden Psychosen aus dem schizophrenen Formenkreis biopsychosozial verstanden?

»Der Weg in die Psychose ist ein Lebensweg, keine genetische Vorbestimmung.« (Aderhold & Borst, 2009, S. 383)

Obwohl in nahezu allen Publikationen zur Frage der Entstehung von schizophrenen Psychosen auf ein multifaktorielles Geschehen im Sinne eines Vulnerabilitäts-Stress-Bewältigungs-Modells (z. B. Zubin & Spring, 1977) rekurriert wird, hat sich ein differenziertes biopsychosoziales Verständnis noch nicht umfassend etablieren können. Am deutlichsten spiegelt sich das in der Behandlungsrealität wider, die nach wie vor überwiegend medikamentös ausgerichtet ist (für eine kritische Auseinandersetzung hiermit vgl. Aderhold, 2016). Dementsprechend wird Vulnerabilität häufig als in erster Linie genetisch bestimmt konzeptualisiert – als sozial bedingt gilt vor allem das Rückfallrisiko, da (psycho)sozialen Erfahrungen zumindest der Stellenwert von Auslösern psychotischer Krisen eingeräumt wird. Dieses »versteckte Endogenitätsmodell« vermittelt mitunter auch die gängige Psychoedukation (Klimitz, 2006; Schmidt, 2012). Dies erschwert die Entwicklung einer ressourcenorientierten Perspektive auf Psychoseerfahrungen, die (neben dem Leid, das keineswegs bagatellisiert werden soll!) schützende und funktionale Anteile sichtbar machen könnte. Vielmehr begünstigt ein reduktionistisches biomedizinisches Verständnis eine Entkoppelung der auftretenden Symptome von der eigenen Person und der individuellen Biografie, »die Krankheitserfahrungen werden zu sinnfreien, krankhaften Produktionen des hirnstoffwechselgestörten Gehirns« (Schmidt-Hoffmann, 2017, S. 862). Dabei wird die enge Verwobenheit von Psychoseerfahrungen mit Entwicklungsbedingungen und Lebensthemen in etlichen First-person-Accounts eindrucksvoll deutlich (z. B. Buck-Zerchin, 2005; Schulz, 2014, 2016; Thessier, 2014).

Insgesamt ist zu vermuten, dass sozialpathologische Einflüsse bei der Entwicklung von Vulnerabilität in den letzten Jahren unterschätzt worden sind (vgl. Bentall, 2015). Immer mehr Publikationen untermauern die Bedeutung von schädigenden sozialen Erfahrungen, vor allem von frühen Traumatisierungen, Diskriminierung und spezifischen Migrationsbelastungen für die Entstehung schizophrener Psychosen (z. B. Aderhold & Borst, 2009; Cantor-Graae & Selten, 2005; Heinz, Deserno & Reininghaus, 2013; Longden & Read, 2016; Os, Kenis & Rutten, 2010; Varese et al., 2012). Besondere Aufmerksamkeit richtet sich auf den Einfluss früher Traumata durch sexuelle und körperliche Gewalt sowie durch schwere Vernachlässigung (Bebbington et al., 2011; Kampfhammer, 2012, 2013; Read, Rudegeair & Farrelly, 2015). Bock und Heinz (2016, S. 51) fassen die Art der verschiedenen Zusammenhänge zusammen: Traumatisierungen können wesentlich zur Genese von schizophrenen Psychosen beitragen, gleichzeitig können Psychoseerfahrungen aber auch traumatisierend sein bzw. zu Traumatisierungen führen (z. B. im Rahmen psychiatrischer Behandlungen), und schließlich können Psychosen manchmal als Bewältigungs- und Verarbeitungsversuche von Traumata verstanden werden (ebd.).

Bei der Frage danach, was genau die schädigenden Agentia von Erfahrungen wie Traumatisierungen oder Migration sind, ist ein Bezug auf Grawes (2000, 2004) konsistenztheoretische Überlegungen hilfreich. Hier wird aus einer metatheoretischen Sicht betont, dass insbesondere schwere und/oder chronische Verletzungen psychischer Grundbedürfnisse beeinträchtigend wirken. Es sind demnach u. a. der Verlust von Zugehörigkeit, der Mangel an Selbstwertbestätigung und die Erfahrung von Kontrollverlust und Hilflosigkeit, die Gesundheit gefährden. Hierbei handelt es sich nicht um eine schizophreniespezifische Perspektive – ihre Bedeutung liegt eher in der anthropologischen Dimension. Was uns Menschen miteinander verbindet, ist, dass wir alle dieselben psychischen Grundbedürfnisse teilen: Wir alle sind zutiefst soziale Wesen, da diese Grundbedürfnisse (Bindung, Orientierung und Kontrolle, Selbstwerterhöhung sowie Lustgewinn und Unlustvermeidung; vgl. Grawe, 2000) nur in zwischenmenschlichen Beziehungen erfüllbar sind, was einmal mehr die Bedeutung von sozialen Erfahrungen für Gesundheit und Krankheit untermauert (vgl. auch Zurhorst, 2008).

Für ein präzises Verständnis schizophreniespezifischer Prozesse ist entscheidend, die entsprechenden Interaktionen zwischen genetischer Ausstattung und Umwelterfahrungen möglichst gut zu erfassen: In beeindruckender Weise wurde dies in der finnischen Adoptionsstudie von der Arbeitsgruppe um Tienari (Tienari et al., 2002) realisiert – ein wichtiges Ergebnis ist, dass das Aufwachsen in einer wenig konflikthaften funktionierenden Adoptivfamilie Kinder mit einem erhöhten genetischen Risiko (leibliche Mutter mit Schizophrenie) vor der Entwicklung einer eigenen schizophrenen Erkrankung zu schützen vermag. Demgegenüber ist bei vulnerablen Kindern eine besondere Sensibilität gegenüber entwicklungsgefährdenden Umweltbedingungen gegeben, wobei nicht vergessen werden darf, dass Vulnerabilität auch erworben, d. h. sozial bedingt sein kann. Wichtig bleibt, noch genauer die Mechanismen zu identifizieren, die zwischen sozialen Erfahrungen, deren innerpsychischer Verarbeitung und den damit verbundenen neuronalen und biochemischen Prozessen vermitteln. Gleichzeitig scheint es lohnenswert, Ressourcen der Familien bzw. des nahen sozialen Umfelds noch stärker in den Mittelpunkt des wissenschaftlichen und klinischen Interesses zu rücken.

18.3 Sozialtherapeutische Potenziale und Aufgaben in der Begleitung von Menschen mit Psychosen aus dem schizophrenen Formenkreis

»In der Psychose gehe ich mir als Mitmensch in der Welt verloren. Ich bin nicht mehr bei den anderen Menschen, ich bin in der grenzenlosen Hölle verschwunden. Das macht sehr große Angst und Panik. Um mich zu beruhigen, um zurück zu den Menschen kommen zu können, bin ich darauf angewiesen, dass sie mir Verbindung anbieten.« (Schulz, 2014, S. 68 f.)

Dieses Zitat der psychoseerfahrenen Autorin Gwen Schulz macht darauf aufmerksam, wie bedeutsam gelingende Beziehungsangebote für Menschen in psychotischen Krisen sind – das müssen psychiatrische, psychotherapeutische und sozialtherapeutische Behandlungsansätze gleichermaßen ernst nehmen.

Mit dem Begriff »sozialtherapeutisch« ist ein möglichst niedrigschwelliger, aufsuchender therapeutischer Zugang angesprochen, »der bei und mit den handelnden Individuen in ihrem Alltagsleben ansetzt und mit und neben der personenbezogenen Hilfe auch die interpersonalen Beziehungen und Beziehungssysteme, die privaten und professionellen sozialen Unterstützungen sowie die beteiligten Erziehungs-, Sozial- und Gesundheitsinstitutionen im Sinne einer sozialklinischen Einzelfallhilfe einbezieht« (Pauls & Hahn, 2015, S. 30). Da der Verlauf schizophrener Erkrankungen interindividuell sehr unterschiedlich ist, wird Sozialtherapie besonders wichtig, wenn Beeinträchtigungen der Teilhabe am sozialen Leben drohen. Vom Grundverständnis her basiert Sozialtherapie auf einer Recovery-Orientierung (vgl. Amering & Schmolke, 2012), d. h., es geht um einen ermutigenden, ganzheitlichen und entwicklungsfördernden Ansatz, der im Sinne des Konzepts der

Person-in-Environment vor allem in den Blick nimmt, wie Menschen in und mit ihrem Umfeld möglichst gesund und zufrieden leben können.

Sozialtherapeutische Maßnahmen in der Begleitung von Menschen mit schizophrenen Psychosen lassen sich grob in die Bereiche der System-, Familien- und Einzelinterventionen gliedern. Unter Systeminterventionen werden Maßnahmen zusammengefasst, die darauf abzielen, Versorgungsangebote zu organisieren und zu koordinieren, wie z. B. Netzwerk-/Öffentlichkeitsarbeit oder Case Management. Familieninterventionen sind auf die gesamtfamiliale Bewältigung der schizophrenen Erkrankung ausgerichtet (z. B. im Rahmen einer Familienbetreuung; vgl. Hahlweg, Dürr, Dose & Müller, 2006), während Einzelinterventionen in erster Linie die Entwicklung von individuellen Fähigkeiten und Ressourcen fördern, die soziale Teilhabe ermöglichen. Zu Familien- und Einzelinterventionen gehören Aufgaben und Methoden, wie z. B. Psychoedukation, Beratung und Unterstützung in Konflikt- und Krisensituationen, Erhaltung und Förderung von sozialen Kompetenzen und sozialen Kontakten, Tagesstrukturierung (z. B. durch Anleitung und Unterstützung bei der Freizeitgestaltung) und Förderung der Alltagsbewältigung (vgl. auch Pauls, 2011/2013, S. 303).

Dabei ist das heilsame Potenzial der Begleitung im Alltag nicht zu unterschätzen: Alltagsrituale und bewältigbare Aufgaben vermitteln Halt und Zuversicht und tragen wesentlich dazu bei, die tiefe Verunsicherung, die mit psychotischen Erfahrungen einhergeht, abzumildern und zu verarbeiten. Gleichzeitig muss sich auch die Rückfallprophylaxe in den lebensweltlichen Bezügen bewähren – geht es doch darum, im Alltag gut auf sich zu achten, ohne »geradezu das Leben zu vermeiden« (Bock & Heinz, 2016, S. 169). Dabei bieten sozialtherapeutische Familien- und Einzelinterventionen insbesondere dann Chancen, wenn eine psychiatrische Orientierung auf Symptomreduktion und ein intensives psychotherapeutisches Beziehungsangebot als sehr bzw. zu bedrohlich erlebt werden. Gerade, weil bei alltagsbezogener Sozialtherapie nicht die direkte Symptomminderung im Fokus steht, ermöglicht sie, dass Menschen ihr eigenes Tempo bei der Auseinandersetzung mit ihren Psychoseerfahrungen und damit in Zusammenhang stehenden Lebensthemen entwickeln können, was »das Kunststück ... der richtigen Dosierung der professionellen Zuwendung« (Gonther, 2017, S. 276) leichter gelingen lässt. Sie erlaubt in besonderer Weise ein vorsichtiges Austarieren von Nähe und Distanz, von Sich-Einlassen und Rückzug, was so bedeutsam ist, weil schizophrene Psychosen (und manchmal auch deren Behandlung) von Erfahrungen des Kontroll- und Grenzverlusts begleitet werden, die das Ausmaß einer Traumatisierung annehmen können (vgl. Rodrigues & Anderson, 2017).

Insofern zeichnet sich eine gelingende sozialtherapeutische Unterstützung durch das konsequente Ermöglichen von Selbstwirksamkeitserfahrungen aus – auf das Potenzial, das hier liegt, haben Thurm und Häfner (1987) schon vor über 30 Jahren mit ihrer Interviewstudie aufmerksam gemacht, in der nur 8 % der Befragten mit chronischer (!) Schizophrenie angaben, sie könnten nichts tun, um einem Rückfall vorzubeugen. Gleichzeitig wurde deutlich, dass es vor allem schwer zu bewältigende zwischenmenschliche Erfahrungen im sozialen Nahraum (wie z. B. Konflikte) sind, die zu einer Verschlechterung des Befindens führen. Dementsprechend ist soziales Rückzugsverhalten von Psychoseerfahrenen auch als »Schutzmechanismus« (und nicht nur als Beeinträchtigung) zu verstehen. Gleichzeitig wird klar, wie wichtig Interventionen sind, die das unmittelbare soziale Umfeld von Betroffenen einbeziehen. Immerhin können Angehörige eine zentrale Ressource für Menschen mit schizophrenen Psychosen sein, erleben aber oft selbst gravierende klinisch relevante Belastungen (Jungbauer, 2005; Weber, 2017).

Mittlerweile liegen einige Publikationen zu Interventionsansätzen vor, die versuchen, Familien und Lebensgemeinschaften als Ganzes zu stärken, um mit Psychoseerfahrungen und den damit in Zusammenhang stehenden Belastungen und Besonderheiten besser zurechtzukommen (Überblick z. B. bei DGPPN, 2013). Exemplarisch sei auf die verhaltensorientierte psychoedukative Familienbetreuung sensu Hahlweg et al. (2006) verwiesen, die gut evaluiert ist, aber gerade in der Praxis kaum aufsuchend umgesetzt wird. Das Vorgehen basiert unter anderem auf den Befunden der Expressed-emotion-Forschung (vgl. Hooley, 2007) und zielt darauf ab, Familien ressourcenorientiert »Hilfe zur Selbsthilfe« zu vermitteln. Entscheidend ist, dass die Lebensqualität der gesamten Familie in den Blick genommen wird. Mit Fokus auf aktuellen Herausforderungen des familialen Zusammenlebens werden Kommunikations- und Problemlösekompetenzen gezielt aufgebaut. Aus sozialtherapeutischer Perspektive erscheint es allerdings sinnvoll, das diagnostische Vorgehen stärker psychosozial auszurichten und bei der Erarbeitung eines Störungsverständnisses in höherem Maße ein lebensgeschichtliches Verständnis sichtbar werden zu lassen. Wenn dies ohne unzulässige Schuldzuweisungen gelingt, ist es in der Regel auch für Angehörige in besonderer Weise entlastend, wenn deutlich wird, dass das, was stört, durchaus auch Sinn macht bzw. in der Vergangenheit sinnhaft war. Gleichzeitig verbindet sich mit dem Kompetenzaufbau die Chance, dass Menschen mit schizophrenen Psychosen nicht nur im unmittelbaren familialen Umfeld, sondern insgesamt an sozialen Handlungsfähigkeiten dazugewinnen.

18.4 Schlussfolgerungen und Ausblick

Sozialtherapie meint Interventionen »aus und mit sozialem Fokus« (Pauls & Hahn, 2015, S. 30), die darauf abzielen, Menschen in komplexen biopsychosozialen Problemkonstellationen heilsame Erfahrungen zu ermöglichen, um soziale Teilhabe zu erhalten und zu fördern. Insgesamt ist die soziale Dimension psychischer Erkrankungen nach wie vor »unterbelichtet« – vor allem bei Menschen mit schweren psychischen Erkrankungen werden biopsychosoziale Wechselwirkungen oftmals weder angemessen erfasst noch entsprechend bei der Interventionsplanung und Begleitung berücksichtigt (vgl. Sommerfeld, Dällenbach, Rüegger & Hollenstein, 2016). Dies gilt in besonderer Weise für schizophrene Erkrankungen (▶ Kap. 18.1, ▶ Kap. 18.2). Da die Behandlungsdauer in der Akutpsychiatrie – angestoßen durch die Psychiatrie-Enquête und den Ausbau komplementärer Einrichtungen – vergleichsweise kurz geworden ist, muss und soll sich ein Großteil der »Genesungsarbeit« in der natürlichen Lebenswelt vollziehen (vgl. auch Davidson, 2013, S. 34). Damit dies wirklich zu einer Chance für Menschen mit schizophrenen Psychosen werden kann, braucht es eine kompetente sozialtherapeutische Unterstützung, die das nahe soziale Umfeld angemessen einbezieht. Diese alltagsnahe, auch aufsuchende therapeutische Arbeit – verbunden mit der bei dieser Zielgruppe so wichtigen interdisziplinären Netzwerk- und Zusammenarbeit – können Psychotherapeutinnen und Psychotherapeuten oftmals nicht leisten, sodass gerade die herausfordernden und schwierigsten Fälle nicht erreicht werden und damit als »hard to reach« gelten (vgl. auch Beushausen, 2014; Pauls, 2010). Auch wenn die Grenze zwischen sozial- und psychotherapeutischer Arbeit auf inhaltlich-methodischer Ebene nicht immer trennscharf ist und auch gar nicht sein sollte (Pauls & Stockmann, 2013), darf Sozialtherapie nicht als »Lückenbüßer« verstanden werden, der dann greift, wenn Psychotherapie an Grenzen stößt. Es geht vielmehr darum, das besondere Potenzial einer sozialen, lebensweltnahen Perspektive für Diagnostik und Behandlung nutzbar zu machen (▶ Kap. 18.3); bei Menschen mit Psychosen aus dem schizophrenen Formenkreis besteht dies auch darin, dass eine ressourcenorientierte, den sozialen Nahraum einbeziehende, am Alltag orientierte partizipative »Hilfe zur Selbsthilfe« wesentlich dazu beitragen kann, die in der Psychose erschütterte Selbstverständlichkeit (vgl. Bock & Heinz, 2016) zurückzugewinnen.

Wenn »Psychotherapie Behandlung in, durch und mit Beziehung ist« (Schmidt-Hoffmann, 2017, S. 856), dann ist Sozialtherapie als Behandlung und Begleitung in, durch und mit Beziehung*en* zu konzeptualisieren. Hiermit ist akzentuiert, dass ein sozialtherapeutischer Zugang nicht in erster Linie die dyadische Beziehung zum Behandler bzw. zur Behandlerin als das Heilsame versteht, sondern vielmehr darauf abzielt, konstruktive soziale Unterstützungspotenziale der Gemeinschaft, in der psychoseerfahrene Menschen leben, zu entdecken und zu fördern. Dabei sind mit Gemeinschaft sowohl die gesamtgesellschaftliche Umgebung als auch die unmittelbaren zwischenmenschlichen Beziehungen angesprochen.

Literatur

Aderhold, V. (2016). Neuroleptika minimal – warum und wie. In R. Merod (Hrsg.), *Psychotherapie und Psychopharmaka in der Behandlung von Menschen mit schizophrenen Psychosen* (S. 69–173). Tübingen: DGVT.

Aderhold, V. & Borst, U. (2009). Viele Wege in die Psychose. Neue Empirie zur alten Hypothese von Vulnerabilität und Stress. *Familiendynamik, 34*, 4, 370–385.

Amering, M. & Schmolke, M. (2012). *Recovery. Das Ende der Unheilbarkeit* (5., überarbeitete Auflage). Bonn: Psychiatrie-Verlag.

Bäuml, J. (2008). *Psychosen aus dem schizophrenen Formenkreis. Ein Ratgeber für Patienten und Angehörige. Ein Leitfaden für professionelle Helfer. Eine Einführung für interessierte Laien* (2., aktualisierte und erweiterte Auflage). Heidelberg: Springer.

Bebbington, P., Jonas, S., Kuipers, E., King, M., Cooper, C., Brugha, T. S., Meltzer, H., McManus, S. & Jenkins, R. (2011). Childhood sexual abuse and psychosis: Data from a cross-sectional national psychiatric survey in England. *The British Journal of Psychiatry, 199*, 1, 29–37.

Bentall, R. P. (2015). The environment and psychosis. Rethinking the evidence. In W. Larkin & A. P. Morrison (Hrsg.), *Trauma and psychosis. New directions for theory and therapy* (S. 7–22). London: Routledge.

Beushausen, J. (2014). *Beratung und Therapie. Ein paradoxer Unterschied.* Coburg: ZKS-Verlag. Zugriff am 02.02.2018 unter http://www.zks-verlag.de/files_s620_e2325_o24823_0_size_o_j_rgen-beushausen-beratung-und-therapie.pdf.

Bock, T. (2010). Wie gesund ist krank? Anthropologische Aspekte psychischer Erkrankungen und ihre Bedeutung für die Suizidprophylaxe. *Suizidprophylaxe, 37,* 2 [Nr. 141], 50–55.

Bock, T. (2017). *Eigensinn und Psychose – »Noncompliance« als Chance* (8., unveränderte Auflage). Neumünster: Paranus (Erstauflage erschienen 2006).

Bock, T., Dörner, K. & Naber, D. (Hrsg.). (2014). *Anstöße. Zu einer anthropologischen Psychiatrie* (5., unveränderte Auflage). Bonn: Psychiatrie-Verlag (Erstauflage erschienen 2004).

Bock, T. & Heinz, A. (2016). *Psychosen. Ringen um Selbstverständlichkeit* (Reihe: Anthropologische Psychiatrie, Bd. 2). Bonn: Psychiatrie-Verlag.

Buck-Zerchin, D. S. (2005). *Auf der Spur des Morgensterns. Psychose als Selbstfindung* (Neuausgabe). Neumünster: Paranus.

Bundesministerium für Gesundheit (BMG) (2014). *Bekanntmachung eines Beschlusses des Gemeinsamen Bundesausschusses über eine Neufassung der Arbeitsunfähigkeits-Richtlinien: redaktionelle Anpassung/Arbeitsunfähigkeit von arbeitslosen Schwangeren und bei Organ- und Gewebespenden. Vom 14. November 2013. Bekanntmachung. Veröffentlicht am Montag, 27. Januar 2014, BAnz AT 27.01.2014 B4.* Berlin: Bundesanzeiger Verlag.

Cantor-Graae, E. & Selten, J.-P. (2005). Schizophrenia and migration. A meta-analysis and review. *American Journal of Psychiatry, 162,* 1, 12–24. Zugriff am 02.02.2018 unter https://pdfs.semanticscholar.org/57d7/0eab93820153eefc5c6115322c8fcdfd9b72.pdf.

Davidson, L. (2013). Recovery-Föderung durch Psychotherapie und andere Mittel. In C. Burr, M. Schulz, A. Winter & G. Zuaboni (Hrsg.), *Recovery in der Praxis – Voraussetzungen, Interventionen, Projekte* (S. 22–39). Köln: Psychiatrie-Verlag.

DGPPN – Deutsche Gesellschaft für Psychiatrie und Psychotherapie, Psychosomatik und Nervenheilkunde (Hrsg.). (2013). *S3-Leitlinie Psychosoziale Therapien bei schweren psychischen Erkrankungen. S3-Praxisleitlinien in Psychiatrie und Psychotherapie.* Heidelberg: Springer. Zugriff am 02.02.2018 unter https://www.dgppn.de/_Resources/Persistent/624d163d1df61ca1e079a5ca496f6b6595e83d6b/S3-LL-PsychosozTherapien_Langversion.pdf.

Finzen, A. (2013). *Stigma psychische Krankheit. Zum Umgang mit Vorurteilen, Schuldzuweisungen und Diskriminierungen.* Bonn: Psychiatrie-Verlag.

Gayer-Anderson, C. & Morgan, C. (2013). Social networks, support and early psychosis: A systematic review. *Epidemiology and Psychiatric Sciences, 22,* 2, 131–146. Zugriff am 02.02.2018 unter https://www.researchgate.net/publication/230567337_Social_networks_support_and_early_psychosis_A_systematic_review.

Gonther, U. (2017). Der sich und Anderen fremd werdende Mensch (Schizophrenie). In K. Dörner, U. Plog, T. Bock, P. Brieger, A. Heinz & F. Wendt (Hrsg.), *Irren ist menschlich. Lehrbuch der Psychiatrie und Psychotherapie* (24., vollständig überarbeitete Auflage; S. 235–284). Köln: Psychiatrie-Verlag.

Grawe, K. (2000). *Psychologische Therapie* (2., korrigierte Auflage). Göttingen: Hogrefe.

Grawe, K. (2004). *Neuropsychotherapie.* Göttingen: Hogrefe.

Häfner, H. (2017). *Das Rätsel Schizophrenie. Eine Krankheit wird entschlüsselt* (4., völlig neu bearbeitete Auflage). München: Beck.

Hahlweg, K. (2009). Schizophrenie. In J. Margraf & S. Schneider (Hrsg.), *Lehrbuch der Verhaltenstherapie. Bd. 2: Störungen im Erwachsenenalter – Spezielle Indikationen – Glossar* (3., vollständig überarbeitete und erweiterte Auflage; S. 407–434). Berlin: Springer.

Hahlweg, K., Dürr, H., Dose, M. & Müller, U. (2006). *Familienbetreuung schizophrener Patienten. Ein verhaltenstherapeutischer Ansatz zur Rückfallprophylaxe* (Reihe: Therapeutische Praxis; 2., überarbeitete und erweiterte Auflage). Göttingen: Hogrefe.

Heinz, A., Deserno, L. & Reininghaus, U. (2013). Urbanicity, social adversity, and psychosis. *World Psychiatry, 12,* 3, 187–197.

Hooley, J. M. (2007). Expressed emotion and relapse of psychopathology. *Annual Review of Clinical Psychology, 3,* 1, 349–372.

Hooley, J. M. (2010). Social factors in schizophrenia. *Current Directions in Psychological Science, 19*(4), 238-242. Zugriff am 02.02.2018 unter https://www.researchgate.net/publication/247781310_Social_Factors_in_Schizophrenia.

Jungbauer, J. (2005). *Unser Leben ist jetzt anders. Belastungen und Belastungsfolgen bei Angehörigen schizophrener Patienten* (Reihe: Forschung für die Praxis – Hochschulschriften). Bonn: Psychiatrie-Verlag.

Kampfhammer, H.-P. (2012). Trauma und Psychose – Teil I. *Neuropsychiatrie, 26,* 4, 171–178.

Kampfhammer, H.-P. (2013). Trauma und Psychose – Teil II. *Neuropsychiatrie, 27,* 1, 21–37.

Klimitz, H. (2006). Psychoedukation bei schizophrenen Störungen – Psychotherapie oder »Unterwanderung«? *Psychiatrische Praxis, 33,* 8, 372–379.

Longden, E. & Read, J. (2016). Social adversity in the etiology of psychosis: A review of the evidence. *American Journal of Psychotherapy, 70,* 1, 5–33.

Os, J. v., Kenis, G. & Rutten, B. P. F. (2010). The environment and schizophrenia. *Nature, 468,* Nr. 7321, 203–212.

Pauls, H. (2010). »hard-to-reach« – Gedanken zur Aporie des Alleingangs. In C. Labonté-Roset, H.-W. Hoefert & H. Cornel (Hrsg.), *hard to reach. Schwer erreichbare Klienten in der Sozialen Arbeit* (S. 94–106). Berlin: Schibri.

Pauls, H. (2013). *Klinische Sozialarbeit. Grundlagen und Methoden psycho-sozialer Behandlung* (Reihe: Grundlagentexte Soziale Berufe; 3., unveränderte Auflage). Weinheim: Beltz Juventa (letzte überarbeitete Auflage erschienen 2011).

Pauls, H. & Hahn, G. (2015). Sozialtherapie. In U. A. Lammel, J. Jungbauer & A. Trost (Hrsg.), *Klinisch-therapeutische Soziale Arbeit. Grundpositionen – Forschungsbefunde – Praxiskonzepte* (S. 29–43). Dortmund: vml.

Pauls, H. & Stockmann, P. (2013). Sozialtherapeutische Beratung – eine Begriffsbestimmung. In H. Pauls, P. Stockmann & M. Reicherts (Hrsg.), *Beratungskompetenzen in der psychosozialen Fallarbeit. Ein sozialtherapeutisches Profil* (S. 11–20). Freiburg: Lambertus.

Read, J., Rudegeair, T. & Farrelly, S. (2015). The relationship between child abuse and psychosis. Public opinion, evidence, pathways and implications. In W. Larkin & A. P. Morrison (Hrsg.), *Trauma and psychosis. New directions for theory and therapy* (S. 23–57). London: Routledge.

Robustelli, B. L., Newberry, R. E., Whisman, M. A. & Mittal, V. A. (2017). Social relationships in young adults with ultra high risk for psychosis. *Psychiatry Research, 247,* 1, 345–353.

Rodrigues, R. & Anderson, K. K. (2017). The traumatic experience of first-episode psychosis. A systematic review and meta-analysis. *Schizophrenia Research, 189,* 1, 27–36.

Schlier, B. & Lincoln, T. M. (2016). Blinde Flecken? Der Einfluss von Stigma auf die psychotherapeutische Versorgung von Menschen mit Schizophrenie. *Verhaltenstherapie, 26,* 4, 1–12.

Schlier, B., Wiese, S., Frantz, I. & Lincoln, T. M. (2017). Chancengleichheit in der ambulanten Therapie: Ein Experiment zur Bereitschaft von niedergelassenen Psychotherapeuten, Patienten mit Schizophrenie zu behandeln. *Verhaltenstherapie, 27,* 3, 161–168.

Schmidt, F. (2012). *Nutzen und Risiken psychoedukativer Interventionen für die Krankheitsbewältigung bei schizophrenen Erkrankungen. Eine mehrperspektivische Studie* (Reihe: Forschung für die Praxis – Hochschulschriften). Bonn: Psychiatrie-Verlag.

Schmidt-Hoffmann, F. (2017). Den Mensch in den Blick nehmen. *Verhaltenstherapie und psychosoziale Praxis, 49,* 4, 859–871.

Schomerus, G. & Bauch, A. (2017). Hat sich die Stigmatisierung von Menschen mit psychischen Krankheiten verändert? Befunde aus Bevölkerungsstudien der letzten 25 Jahre. *Verhaltenstherapie und psychosoziale Praxis, 49,* 2, 297–306.

Schomerus, G., Matschinger, H. & Angermeyer, M. C. (2014). Causal beliefs of the public and social acceptance of persons with mental illness. A comparative analysis of schizophrenia, depression and alcohol dependence. *Psychological Medicine, 44,* 2, 303–314. Zugriff am 02.02.2018 unter https://www.researchgate.net/profile/Georg_Schomerus/publication/2361 91257.

Schulz, G. (2014). Ich bin nicht ohne Grund ver-rückt. In T. Bock, K. Klapheck & F. Ruppelt (Hrsg.), *Sinnsuche und Genesung. Erfahrungen und Forschungen zum subjektiven Sinn von Psychosen* (S. 67–71). Bonn: Psychiatrie-Verlag.

Schulz, G. (2016). Auf der Suche nach dem Sinn meiner Psychose. In T. Bock & A. Heinz (Hrsg.), *Psychosen. Ringen um Selbstverständlichkeit* (Reihe: Anthropologische Psychiatrie, Bd. 2; S. 155–164). Bonn: Psychiatrie-Verlag.

Sommerfeld, P., Dällenbach, R., Rüegger, C. & Hollenstein, L. (2016). *Klinische Soziale Arbeit und Psychiatrie. Entwicklungslinien einer handlungstheoretischen Wissensbasis.* Wiesbaden: Springer VS.

Stilo, S. A. & Murray, R. M. (2010). The epidemiology of schizophrenia. Replacing dogma with knowledge. *Dialogues in Clinical Neuroscience, 12,* 3, 305–315. Zugriff am 02.02.2018 unter https://www.researchgate.net/publication/47457613.

Thessier, R. (2014). Psychose oder Die Vision des Kreuzes. In T. Bock, K. Klapheck & F. Ruppelt (Hrsg.), *Sinnsuche und Genesung. Erfahrungen und Forschungen zum subjektiven Sinn von Psychosen* (S. 109–113). Bonn: Psychiatrie-Verlag.

Thurm, I. & Häfner, H. (1987). Perceived vulnerability, relapse risk and coping in schizophrenia. *European Archives of Psychiatry and Neurological Science, 237,* 1, 46–53.

Tienari, P., Wynne, L. C., Sorri, A., Lahti, I., Läksy, K., Moring, J., Naarala, M., Nieminen, P., Wahlberg, K.-E. & Miettunen, J. (2002). Genotype-environment interaction in the Finish adoptive family study. In H. Häfner (Hrsg.), *Risk and protective factors in schizophrenia. Towards a conceptual model of the disease process* (S. 29–38). Darmstadt: Steinkopff.

Varese, F. L., Smeets, F., Drukker, M., Lieverse, R., Lataster, T., Viechtbauer, W., Read, J., Os, J. v. & Bentall, R. P. (2012). Childhood adversities increase the risk of psychosis. A meta-analysis of patient-control, prospective and cross-sectional cohort studies. *Schizophrenia Bulletin, 38,* 4, 661–671.

Weber, M. (2017). *Wenn Angehörige gehört werden ... Belastungserleben, Bewältigungsstrategien und klinisch-sozialarbeiterischer Hilfebedarf von Eltern psychoseerfahrener junger Erwachsener.* Unveröffentlichte Masterarbeit. Coburg: Hochschule Coburg.

Zubin, J. & Spring, B. (1977). Vulnerability – a new view of schizophrenia. *Journal of Abnormal Psychology,* 86(2), 103–126.

Zurhorst, G. (2008). Die Verortung psychischer Gesundheit und Krankheit im biopsychosozialen Paradigma. In G. Zurhorst & N. Gottschalk-Mazouz, *Krankheit und Gesundheit* (Reihe: Philosophie und Psychologie im Dialog, Bd. 4; S. 7–59). Göttingen: Vandenhoeck & Ruprecht.

Stichwortverzeichnis

A

Abhängigkeitserkrankungen 126
Allgemeine Systemtheorie 30
alltagsorientierte Unterstützung 195
Alltagsorientierung 142
Alltagsstabilisierung 89
ambulante Hilfssysteme 119
Anerkennung 153
Angehörige 213
Arbeitsbündnis 86
– Freiwilligkeit 87
– sanktionierendes Setting 87
Arbeitslosigkeit 71
Ausgrenzung 115
Autonomieförderung 115

B

Behandlungsstrategien, adäquate 80
Beratung 79, 82
Beratungsstelle 147–148
Berufliche (Re-)Integration 202
Bewältigung 166, 170–171, 173
Biografiearbeit 83
biopsychosozial 126, 199–200
biopsychosoziales Modell 53, 58, 94

C

Chancenstruktur 38
Clinical Social Work (CSW) 54

D

Deliktfaktoren 181
Deliktrekonstruktion 178
Diagnostik 139, 143

E

Eingliederungshilfe 187
Empowerment 172

Epilepsien 188
Erziehungsberatung 138, 140–141
Essstörung 198, 202–204
Ethik 102
ethische Reflexion 105

F

Fachkulturen, unterschiedliche 107
Familie 212–213
Familienberatung *Siehe* Erziehungsberatung 145
Familientherapie 147
finanzielle Angelegenheiten 205

G

GAS – General Adaptation Syndrome 30
Gewalterfahrung 78
Good-Lives-Modell 180
Grundbedürfnisse, psychische 97

H

hard to reach 33, 52, 55
Hilfe zur Selbsthilfe 89

I

Inklusion 111–112, 114
Inklusionskonzept 113
Integrationsebenen 38
Integrierte Versorgung 158
Interdisziplinarität 80, 200
International Classification of Functioning, Disability and Health (ICF) 31

J

Jugendhilfe 138, 141, 146

K

Kinder- und Jugendlichenpsychotherapie 138
Kinder- und Jugendlichentherapie *Siehe* Kinder- und Jugendlichenpsychotherapie 146
Kindertherapie *Siehe* Kinder- und Jugendlichenpsychotherapie 147
Kindeswohlgefährdung 143
Klinische Sozialarbeit 52–54, 128, 141–142, 193
konsistenztheoretisches Modell 98
Konsistenztheorie 96
Kriminalprognose 182

L

Lebensführungssystem 33
Lebenslagesicherung 34
Leistungen zur sozialen Teilhabe 187
Logik medizinischer und sozialer Diagnosen 108

M

Maguire 54
Manifestationsebene 37
Maßregelvollzug 182
Mehrebenenmodell sozialtherapeutischer Beratungskompetenzen 59
Menschen mit erworbener Hirnschädigung 190
multidisziplinär *Siehe* Multiprofessionalität 140
multifaktoriell 198
multiple Problemlagen 129
Multi-Problem-Fälle 38
Multiprofessionalität 148

N

Netzwerkkarte 145
neuropsychologische Therapien 187
Normen, ethische 104

P

Paartherapie 147
Partizipation 159, 201
Passungsprobleme 38
person-in-environment 35, 211
Phasen-Modell 80
poststationäre Betreuung 119
Problemlösung 60

Profession
- neue 103
- Organisationsformen 106
professionstypische Haltungen 107
Psychiatrie 53
psychische Störungen
- Risikofaktoren 92
Psychoedukation 167, 170
psychosoziale Beratung 32
psychosoziale Probleme 65
- Indikationsliste Sozialarbeit 66
- Intervention durch den Psychotherapeuten 65
- soziale Problemlagen 65
Psychotherapie 52–54, 94, 96, 138, 140, 214
- als Profession 93

R

Realitätsprüfung und Informationsvermittlung 88
Recovery 211
Reha-Management 193
Ressourcen 60, 200, 211
- -orientiert 213
- soziale 92, 99–100
Ressourcendiagnostik *Siehe* Diagnostik 145
Richmond 54
Rückfallvermeidungsplan 179

S

Salutogenese 172
- Kohärenzgefühl 170
schizophrene Psychose 208
Schizophrenie 208
Selbstbemächtigung 153
Selbsteinbindung 36
Sequenzielle Traumatisierung 153
Soziale Arbeit 94, 96, 166, 168, 173
- Selbstverständnis 93
soziale Dimension 134
soziale Intervention 38
soziale Problemlagen 68
- Ängste und Resignation 68
- Arbeitslosigkeit 71
- Arbeitsunfähigkeit – Aussteuerung Krankengeld 69
- Ausbildungsabbrüche 72
- drohende Wohnungslosigkeit 69
- familiäre Überforderung im Alltag (Tagesstruktur, Kinder, pflegende Angehörige) 73
- finanzielle Engpässe 68

Soziale Psychotherapie 55
soziale Teilhabe 209
Soziale Therapie 41, 55
soziale Unterstützung 32
soziale Unterstützungsinterventionen 35
Sozialpathologie 29
sozialstrukturelle Arbeitsbedingungen 36
sozialtherapeutische Einzelberatung 90
sozialtherapeutische Interventionen 56
sozialtherapeutisches Gruppenkonzept 90
Sozialtherapie 55, 126, 128, 208, 211, 214
– Definition 55
soziosomatische Gesundheit 31
Soziotherapie 55
Stabilisierung 165, 167–170, 172
Standards, ethische 104
Stigmatisierung 209
Straftäterbehandlung 177
Suchtbehandlung 126
Suchttherapie 127
Systeme gesellschaftlicher Versorgung 108
Systemische Therapie 140, 144, 147

T

Teilhabe 31, 111–112, 114
Therapeutische Wohngruppe 159
Therapie 79
transdisziplinäres Denken 108
transkulturelle Kommunikation 108
Trauma 81

Traumapädagogik 155, 167–168, 170, 172
Traumatisierung 165, 168–169, 173, 210

U

Unterstütztes Wohnen 190
Unterstützungsbedarf 188
Unterstützungsleistungen 114

V

Verantwortung 103
Verhältnis zwischen Sozialer Arbeit und Psychotherapie 41–42, 93
– Annäherung und Integration 45
– Psychotherapeutengesetz 43
– Verbindungslinien und Differenzen 42
Vertrauensverlust 81
Vulnerabilität 210

W

Weltgesundheitsorganisation 31
Wohnsituation 201

Z

Zugehörigkeit 36
zweite Moderne 103